MATTHES & SEITZ BERLIN

PAPERBACK

Jean Giono

PROVENCE

Aus dem Französischen von
Siglind Schüle-Ehrenthal,
Herausgegeben von Henri Godard

Matthes & Seitz Berlin

Jean Giono, am 30. März 1895 in Manosque, Basses-Alpes geboren und am 8. Oktober 1970 dort gestorben, zählt zu den bedeutendsten Schriftstellern Frankreichs. Der überzeugte Pazifist war ein Verfechter des einfachen Lebens und lebte zurückgezogen in der Provence. Er veröffentlichte zahlreiche Romane, Gedichte und Theaterstücke. Zu seinen berühmtesten Büchern gehört der auch mehrfach verfilmte Roman »Der Husar auf dem Dach«.

INHALT

Vorwort von Henri Godard 9

I. Gesamtansichten

1. »Wie ein zerfließender Ölfleck …« 25
2. »Es ist vergeblich, vereinen zu wollen …« 29
3. »Kommt man von Norden und hat Valence hinter sich gelassen« 68
4. Frühling in der Haute-Provence 79
5. Brief über die provenzalischen Landschaften 85

II. Von Pan zu Shakespeare

6. »Ich kenne die Provence nicht …« 91
7. »Das, was ich über die Provence schreiben will …« 94
8. Arcadie! Arcadie! 134
9. »Auch wenn ich in diesem Land geboren bin …« 190
10. »Nie ist das Kennenlernen zu Ende …« 241

III. Bildausschnitte und Reiserouten

11. »Über eine Schulgeografie der Basses-Alpes …« 249
12. Basses-Alpes 253
13. 04 259
14. Manosque 264
15. bis Manosque 268
16. Reiseroute von Nyons nach Manosque 272

17. Reiseroute von Manosque nach Bargemon 279
18. Liebreiz von Gréoulx 290
19. Revest-du-Bion 301
20. Das Lure-Gebirge 309
21. Die Erhebungen des Vaucluse. Gordes 315
22. Die Schluchten des Verdon 319
23. Die Crau 320
24. Das Mittelmeer 327

IV. Tradition und Wandel
25. Legenden von der Haute-Provence 331
26. Die Santons 335
27. Über die toten Olivenbäume (I) 339
28. Über die toten Olivenbäume (II) 344
29. Der Lavendel 347
30. Die Bauernhöfe halten mit dem Jahrhundert nicht Schritt 349
31. Häuser in der Provence 355
32. Eine Landschaft, in der man glücklich ist 363
33. Protest gegen die Anlage eines Nuklearzentrums in Cadarache 371
34. »Das ganze 19. Jahrhundert hindurch …« 373

Index der Ortsnamen 377

VORWORT

Jean Giono ist kein provenzalischer Schriftsteller; er ist ein französischer Schriftsteller, der in der Provence geboren ist. Das sagt er selbst, und zu Beginn dieses Bandes muss das wiederholt werden. Ebenfalls sagt er, und auch da muss man ihm Aufmerksamkeit schenken: »Es gibt keine Provence. Wer sie liebt, liebt die Welt, oder er liebt nichts.« Immer in Opposition zu den nichtssagenden Redensarten, findet er noch im Jahr 1954 diese andere Formulierung: »Der Schriftsteller, der die Provence am besten beschrieben hat, ist Shakespeare.«

Man versteht ihn. Es hat ihn viel Zeit gekostet, um das Etikett des Regionalschriftstellers loszuwerden, und über die Provence schreiben heißt, jedes Mal Gefahr laufen, wiederum so gedeutet zu werden. Seit Ende des letzten Jahrhunderts haben ein paar Schriftsteller die Provence zu ihrem Spezialgebiet gemacht, von denen er sich schließlich unterscheiden muss, noch dazu da das Land selbst mittlerweile durch den erstarkten Tourismus an mehr als einem Ort einen Postkartenaspekt annahm.

Allein, Giono mag noch so sehr auf Distanz gehen, ja immer wieder betonen, dass er nur durch Zufall in der Provence geboren sei, Tatsache bleibt nichtsdestoweniger, dass es ihm die Augen geöffnet hat, dass es ihn geprägt hat und dass er dort fast sein gesamtes Leben verbracht hat. Für ihn selbst, der immer unterstrich, das Reisen nicht zu mögen, war das nicht reisen, sondern eher, diese Basses-Alpes, inzwischen Alpes-de-Haute-Provence, in jeder Hinsicht zu durchstreifen, und das hat er sich nicht entgehen lassen. Die vielen Stunden, die er mitten durch diese Landschaften zog und seine natürliche Fähigkeit schulte, Sinneseindrücke und Freude aus der Welt zu ziehen, konnten gar nicht anders sein, als danach auch mit Lust darüber zu schreiben. Auf diesem Gebiet hat er alle Eigenschaften, um mit seinen Vorgängern rivalisieren zu können, und sei es sogar mit Shakespeare.

In gewisser Weise hat er nie aufgehört, über die Provence zu schreiben, auch wenn sich das Territorium seiner Romanwelt selbst nicht mit ihr vermischt. Weder die Anzahl noch die Bedeutsamkeit der Romane, deren Handlung im südlichen Teil des Dauphiné stattfindet, können verhindern, dass in unserer Erinnerung die Provence nicht doch der dominante Rahmen dieser Welt bliebe. Geografische Namen und beschreibende Details vermischen sich in diesem Gesamteindruck. Was immer das Trièves-Gebiet in Gionos Imagination für eine Bedeutung haben mag, nur über die Provence hat sich Gionos Werk eröffnet, und nur über sie wird es sich auch wieder schließen. Es waren, und zwar aus gutem Grund, ganz provenzalische Landschaften, die er unter dem Deckmantel griechischer Namen in seinem ersten Roman »La Naissance de l'Odyssée« heraufbeschwor. Die folgenden aber geben sich freimütig als provenzalisch aus, denn hier wird vermehrt Manosque erwähnt, die Durance, das Lure-Gebirge und viele andere Orte, die mit Leichtigkeit erkennbar sind. Im Jahr 1935 hat Giono dann in der illustrierten Ausgabe der »Vraies Richesses« Landschaftsfotos der Region mit Zitaten kommentieren lassen, die seinen Romanen entnommen waren, als ob er dadurch deren Echtheit beglaubigen wolle. Auch nach dem Krieg zieht Angelus immer noch durch die Provence, in den ersten drei Bänden des Zyklus vom Husaren von Montgenèvre nach Manosque und von Manosque nach Théus, und dann nach Marseille, wo Pauline sterben wird. In »L'Iris de Suse«, seinem letzten Roman, gönnt Giono sich das Vergnügen, in der Fantasie noch einmal seine heimatliche Provence, diesmal von Süden nach Norden, zu durchlaufen, indem er Tringlot und seiner Herde beim Auftrieb folgt.

Diese scheinbar so offenkundige Lokalisierung ist dennoch immer doppelsinnig gewesen. Wo Giono authentische Namen nennt, achtet er sorgfältig darauf, die Orte im Verhältnis zueinander zu verschieben und die Fährten noch mal zu verwischen, indem er fiktive Namen einstreut. Auch wenn er sich bisweilen damit amüsiert, selbst den Weg seiner Helden in die Wanderkarten einzuzeichnen: er lässt es sich nicht nehmen, zu variieren. Es mag so aussehen, als ob die geografische Realität den Rahmen geliefert hätte, sie selber war jedoch auch raffiniert in die Fiktion mit einbezogen. Selbst wenn die Namen von Städten, Dörfern, Flüssen, Hügeln oder Gipfeln noch zahlreicher vertreten wären, die Provence wäre auch da immer präsent, wo sie gar nicht vorhanden ist. Durch die Namen nimmt Giono zweifelsohne mehr Bezug auf die Provence als Faulkner auf den Mississippi; aber er nimmt genau wie dieser in Anspruch, einen imaginären Süden zu schaffen.

Es war also, je nachdem, wie die Romane einen zur Aufmerksamkeit zwangen, ganz natürlich, dass der Wunsch entstand, zu erfahren, was Giono über die Provence selbst zu sagen hatte. Einladungen und Anfragen ließen nicht auf sich warten. Manches davon führte zu beträchtlichem Umfang, so beispielsweise die zwei Extreme im Werk, Manosque-des-Plateaux *ab 1930, und das Ensemble kurzer Texte, die die Fotografien kommentierten, welche 1967 unter dem bezeichnenden Titel* Provence perdue *publiziert wurden. Andere Projekte waren mehr oder weniger eine direkte Gelegenheit für ihn, über die Provence zu reden, wie das Szenario des Films* L'Eau vive, *der es Giono entsprechend dem Verlauf seines Helden erlaubte, die Achse und gleichsam das Rückgrat der Provence freizulegen, oder der »Essay sur le charactère des Personnages«, der den Notizen zur Affäre Dominici hinzugefügt war. Doch neben diesen Essays von einigem Umfang hatte er auf die gleiche Art Anfrage genauso in zahlreichen, viel kürzeren Texten geantwortet, in Einleitungen, Artikeln, veröffentlichten Briefen und sogar in aufgenommenen Vorträgen. Diese Texte sind in dieser Sammlung enthalten. Ausgenommen zwei Texte, waren sie bis heute verstreut in Zeitschriften oder Broschüren erschienen, sowie in Büchern, wo sie als Vorwort dienten. Viele, insbesondere die Einleitungen, waren ohne Titel oder waren nur überschrieben mit »Provence«. Hier sind sie durch dem Text selbst entlehnte Formulierungen kenntlich gemacht, oft mit den ersten Worten des Textes. Die zwei einzigen Texte, die in die Sammlung nochmal aufgenommen werden mussten, sind der von 1939, hier betitelt mit »Ce que je veux écrire sur la Provence …«, der in den Band* L'Eau vive *eingefügt worden war, und »Arcadie! Arcadie!«, der in der posthumen Sammlung* Le Déserteur *eine Rolle spielt. Ein anderer Text war geschrieben worden, um einer teilweisen Umstellung von vier früheren Essays, mit demselben Titel* Provence, *als Vorwort zu dienen. Giono ist, wenn er seine Texte schreibt, nicht mehr Erzähler, sondern Zeuge. Insofern spricht er als in Manosque Gebürtiger und im Namen einer lebenslangen Vertrautheit mit der Provence. Seine schriftstellerischen Fähigkeiten stehen hier im Dienste dieser Zeugenschaft. Dank ihrer kann er die Provence zum Leben erwecken und ihre Formgebung variieren. Da, wo von etwas gesprochen wird, das sich eigentlich gleich bleibt, hat er keine Schwierigkeiten, dieses Motiv neu erscheinen zu lassen, indem er im ganzen Umkreis Wegrouten und Rundblicke, von einem höher gelegenen Punkt aus betrachtet, aufeinander folgen lässt – manchmal während er dem Vorrücken der Sonne folgt, wenn sie sich allmählich über der Region erhebt und ab einer bestimmten Höhe gleichzeitig weit auseinanderliegende Punkte im Raum berührt, mitunter ist es eine Strecke von der Straße, oder die Marschroute eines Wanderers, manchmal ein Fremder, manchmal er selbst, und in diesem Fall wird die Gegenwart*

Schritt für Schritt belebt, bald leibhaftig in erlebter Erzählung, bald in erzählter Erinnerung. Eins nach dem anderen bieten sich ihm Bilder an, die er hier vor allem als Mittel einsetzt, um die Wirklichkeit besser erfahrbar zu machen. Zu der Zeit, als er die meisten seiner Texte schreibt, hat Giono eine Meisterlichkeit in der Schreibkunst erlangt, die ununterbrochen von vollendeter Sensibilität geprägt ist.

Doch man darf bei Giono nicht erwarten, dass er sich selbst da, wo er in Essay- oder Zeugnisform davon spricht, was sein Land ausmacht, zu eng an diese Realität hielte. Wahr ist, dass er tatsächlich alle Wanderwege, die er darstellt, abgelaufen ist. Schreibt er aber, so breitet er oft auf seinem Tisch die Karten aus, die ihm an sich schon eine Quelle des Vergnügens sind, und behält sie ständig im Blick. Das, was er schreibt, stammt ebenso aus der Vision wie aus dem, was die Karten ihm eigentlich nur aus seiner Erinnerung anbieten. Wenn er irgendein winziges Detail der Landschaft präzisiert oder umgekehrt wiederum alle weit weg liegenden Ebenen und Anhaltspunkte, vom selben Blickpunkt aus gesehen, einzeln ausführt, so stellt er keineswegs immer Nachforschungen an über den gegenwärtigen oder vergangenen Zustand von diesem Detail, oder fragt sich, in welcher Jahreszeit oder unter welchen zeitlichen Umständen diese Markierungen denn alle auf einmal sichtbar wären. Man könnte sich nicht an Giono wenden, wenn man einen Touristenführer suchte. Aber jeder, der angesichts einer Landschaft jemals von Männern und Frauen träumte, die zu ihr passen könnten, fände Spaß daran, zu lesen, was Giono diesbezüglich über die Provence zu sagen hat. Obwohl sein Wissen über dieses Land eine erworbene Sache ist und es hierbei selbstverständlich sein Ziel ist, andere an seinem Wissen teilhaben zu lassen, bleibt festzustellen, dass jenseits der Realität, die jeder beschreiben kann, das Interesse von der Vision ausgeht, die zur Wahrnehmung noch hinzukommt. Bei Giono tendiert die Grenze zwischen beschreibendem Essay und Roman unmerklich zu verwischen, wozu sich der Leser nur beglückwünschen kann. Der Text von Ennemonde *ist zuerst unter dem Titel* Le Haut Pays *publiziert worden, und sein ganzer erster Teil könnte tatsächlich in einer solchen Textsammlung wie dieser hier platziert werden, genauso wie eine gewisse Anzahl von Seiten aus »Camargue« nur dazu da waren, mit dem einen oder anderen Text die Figuren entstehen zu lassen. Die Provence von Giono bleibt auf diese Weise ununterbrochen ein Land, das von den Schatten der Personen bewohnt ist, die an jeder Wegbiegung solche Landschaften, wie er sie beschreibt, hervorgerufen haben oder hervorrufen könnten.*

Wenn es sich auch immer um die gleichen Landschaften handelt, so sind doch der Blick auf sie und mehr noch das Imaginäre, in das sie sich fügen, immer wieder etwas, das sich verändert. Geschrieben in Abständen über einen Zeitraum von mehr als dreißig Jahren, ermöglichen diese hier vereinten Texte mit einem einzigen Blick, die Entwicklung von Vision und Stil zu erfassen, die Giono charakterisiert, wobei Konstanten und Brüche miteinander vermischt sind. Die Provence war seit dem Beginn des Werks ganz selbstverständlich die Welt des Pan und die der Einheit des Menschen mit der Welt, in lyrischer Tonart gesungen. In den fünfziger Jahren ist sie zu einem Land geworden, in dem mehr als woanders noch starke Leidenschaften zu finden sind, die ein Kenner der Seelen wie ein Feinschmecker analysiert. Ein Text wie »Je ne connais pas la Provence …« (ich kenne nicht die Provence), der aus dem Jahr 1936 stammt, ist ganz durchdrungen von der Inspiration der Vraies Richesses. *Aber drei Jahre später, in »Ce que je veux écrire sur la Provence …« (was ich über die Provence schreiben will), war Giono schon einen Schritt weitergekommen. Eine erste Publikation als Broschüre, dann die Einfügung, immer unter dem anfänglichen Titel »Provence«, in die sehr verschiedenartige Sammlung von* L'Éau vive *haben sicherlich nicht zugelassen, diesen langen Essay richtig einzu-*

schätzen. Er ist in Wirklichkeit einer der Schlüsseltexte, in denen der »frühe« Giono, der seine ganze Aufmerksamkeit auf die natürliche Welt richtete, sich erweitert und mit neuen Interessen anreichert. Der Akzent liegt sicherlich immer noch weiter auf einem staunenden, fast religiösen Gefühl für die Gleichzeitigkeit von all dem, was im Wandel der Zeiten und Formen der Erde, Pflanzen, Tiere und menschlichen Wesen miteinander in der Welt in einem gegebenen Augenblick existiert. Aber er kündigt in mehr als einer Hinsicht auch das Schaffen der Nachkriegszeit an. Das Auftauchen großer, leerer Wohnstätten mitten in verlassenen Parks, welche später das Dekor von mehr als einer Szene sein werden, das wäre allerdings ein bisschen wenig, oder diese Buggys, Tilburys und anderen Wagen aus vergangenen Zeiten, die sich nun vermehren sollten, oder selbst das plötzliche Auftauchen dieser umschweifigen Rede von der »mit Gold beschlagenen Säbeltasche eines Husaren«. Doch man erkennt hier seit 1939 in gewissen Passagen schon die Skizze jener romanhaften Psychologie, die das Merkmal des kommenden Werkes sein wird.

Als Giono 1953 in die Provence um ihrer selbst willen zurückkehrt, hat er endgültig den Wendepunkt erreicht. Viel fehlte nicht mehr und Virgil ist vergessen; als es jetzt darum geht, im Land einen Bezugspunkt zur Literatur der Vergangenheit zu finden, stößt er auf Stendhal, dann auf Shakespeare. »Arcadie! Arcadie!« ist mit dem Schwung der Voyage en Italie *geschrieben. Giono vergnügt sich hier damit, die Gegend, die ihm am vertrautesten ist, in das Licht einer Psychologie zu tauchen, die von nun an in vollem Maße entfaltet wird, die ihm dazu dient, einen ganz persönlichen Blick auf Brescia, Florenz und auf Venedig zu werfen. Der Titel scheint tatsächlich wieder an den alten Geist anzuknüpfen, doch das Ausrufezeichen steht abschließend mit all seinem Doppelsinn da, um zu suggerieren, dass es hier eher um ein Augenzwinkern geht, selbst wenn die Beschwörung des Tals der Asse abschnittweise die alte ländliche Utopie wie-*

derauftauchen lässt (gleichwohl durch eine Metapher angezeigt, die nichts Virgilisches mehr hat, noch irgendetwas Antikes: »Tahitis der betörten Menschen«). Alles Übrige ist nicht mehr im lyrischen Ton gehalten, auch nicht mehr feierlich, sondern im Gegenteil mit leichter Hand und humorvoller Feder geschrieben. Die Distanz lässt sich voll und ganz in der langen Ausführung, die der Olivenernte gewidmet wird, wahrnehmen. Weit entfernt ist man hier vom »Poème de l'olive« von 1930, und andererseits so nahe an der Passage aus Noé *über die Olivenerntezeit, die dort aber nur wie eine an den Rand jener Seiten geschriebene Variation steht. Giono ist hier jedoch eher noch geprägt vom Zyklus des Husaren. »Arcadie! Arcadie!« ist wie eine Verschnaufpause, die er sich leistet, bevor er an die lange Bearbeitung des* Bonheur fou *geht. Man ist daher nicht erstaunt, dort etwas von diesen Wendungen wieder anzutreffen, die sich wie Signaturen eines Stendhalismus lesen, mit dem er den ganzen Romanzyklus hindurch spielt. Diese Provence von* 1953 *hat gründlich mit dem Paganismus gebrochen, sie ist von nun an ein Gebiet, ganz dazu geeignet, »die Seele lauter Wonnetaumel« auskosten zu lassen (oder aber »die zarteste Melancholie«), sie ist ein Land der »empfindsamen Seelen«, die wissen, dass hier lauter »Höhepunkte des Glücks« zu finden sind.*

Kaum sind einige Monate verstrichen, nachdem Giono diesen Text für seinen Freund Lucien Jacques geschrieben hat, als er aufs Neue gebeten wird, einige Seiten über die Provence zu schreiben, diesmal als Einleitung für ein Album des Guides Bleus. *Um seine Schreibweise zu ändern, verzichtet er hier auf folgerichtige Wanderrouten, auf denen man die Provence lang und breit durchlaufen könnte, und ebenso auf künstliche Erweiterungen der Art, wie er sie in »Arcadie! Arcadie!« den Öl- und Weinbauern gewidmet hatte. Er entscheidet sich, nicht nur die Einheit, sondern auch die Vielseitigkeit des Landes zur Geltung zu bringen, eine unerschöpfliche Vielseitigkeit, die jede Gesamtdarstellung aus-*

schließt, insbesondere eine vollständige Kenntnis, wovor er bereits vom ersten Satz an warnt: »Und wenn ich auch in diesem Land geboren bin und fast sechzig Jahre darin gewohnt habe: ich kenne es nicht.« Ganz logisch entscheidet er sich also für eine Folge von Teilansichten, die kontrastierend oder durch natürliche Verknüpfung von Gedanken aneinandergefügt sind. Allerhöchstens gönnt er sich eine Panoramaaufnahme, so wie er sie liebt, aufgenommen von der Höhe einer seiner zu dieser Zeit bevorzugten Aussichtspunkte aus, dem hoch oben hingekauerten Dorf Saint-Julien-le-Montagnier, von wo aus er in langsamer Drehung nach und nach um sich herum all die Gipfel sehen kann, die die Region gliedern oder festlegen. An anderen Stellen geht er ganz freizügig von einem Punkt des Landes zum anderen, indem er es nicht nur mit den Augen vollständig abtastet, sondern auch mit dem Gedanken an all seine Unterschiede; und immer wieder, ohne dies genau anzugeben, kehrt sein Denken periodisch heim zu dieser Stadt Manosque, die nie aufgehört hat, die Quelle seines Schauens und der Anfang für alle seine Erkundungszüge zu sein.

Diese neue Provence ist von den ersten Seiten an eine solche der romanischen Chroniken. Mehrere Ortsnamen, beispielsweise die der Gehöfte Silence oder Scambuc knüpfen hier an, mehr aber noch dieser Wahn des Spiels, sehr nahe an dem, was im »Monolog« von Faust im Dorf heraufbeschworen wurde, obwohl es hier eine sonderbare Form und die neue Bezeichnung des »Arrêt« beansprucht. Es ist tatsächlich immer das gleiche Vergnügen, unverzichtbar in dieser Welt der Einsamkeit und Langeweile, das einzige, das ein ausreichendes Unmaß erlaubt, um der Welt, die einen umgibt, den Kampf anzusagen. Von der Jagd nach dem Glück in »Arcadie! Arcadie!« ist man zu den tragischen Leidenschaften übergegangen: von Stendhal zu Shakespeare. Denn gerade in diesem Text geht Giono dazu über, den Autor des Macbeth *und des* König Lear *als den Schriftsteller auszugeben, der die Provence am besten beschrieben habe.*

Doch im Jahr 1954 ist die Serie der Chroniken fast schon beendet. Unter den neuen Arbeiten, die Giono vorschweben, ist eine, die er im Endeffekt nicht schreibt, aber Anlass zu Skizzen gibt, die in einem Vorwort aus dem Jahr 1958 zu Colline und zu den Coeurs, passions, caractères von 1960–1961 publiziert wird. Die Texte über die Provence, die in diesen Jahren geschrieben wurden, versäumen nicht, diesem neuen Interesse für einen gewissen Charaktertypus Platz zu machen. Vorwegnahmen dieses Typus findet man in jener Arbeit von 1954, in der Geschichte von dem ehemaligen Besitzer des Hauses von Saint-Julien. Die darauffolgende Arbeit von 1957 ist dann geradezu vollständig dem Vorhaben gewidmet, zum ersten Mal die Geschichte von einer gewissen Marie M. zu erzählen, von der Giono in den folgenden Jahren nicht weniger als ein Dutzend Versionen schreiben wird. Der Entwurf führt dann 1965 zu dem »Charakter« im Stil der Ennemonde, und im selben Jahr wird die Person auch in einer Passage des letzten Textes dieser Sammlung angeführt, gewissermaßen für den Platz, der zwischen den alten Dorfbewohnern und denen, die ihn möglicherweise wieder besetzen wollen, welcher Marie M. als Rast einmal zugesichert werden wird. Und so verfolgt sie auf ihre Weise in einer ganzen Reihe solcher Texte den Weg des Werks. Bei allen Vorsichtsmaßnahmen, die Giono ergreifen kann, um nicht mit der Provence gleichgestellt oder in sie eingesperrt zu werden, berührt ihn das Land trotz allem so nahe, dass, wo er sich verändert, er es sich mit ihm verändern lässt.

Aber die Provence ihrerseits verändert sich ebenso. Zur Zeit von Gionos Jugend mochte sie wohl für ihn die gleiche wie zu Virgils Zeiten geblieben sein. Seither hat sie nicht nur Naturkatastrophen über sich ergehen lassen, was schließlich zum Lauf der Dinge gehört, sondern auch mancherlei von Menschen verursachte Schädigungen. Einer allgemeinen Beschleunigung des technischen Fortschritts haben sich einige besondere Eingriffe *beigefügt, die sie allmählich unkenntlich machen. Die Welt passt sich gezwungenermaßen letztendlich immer den Katastrophen an. Nach dem außergewöhnlichen Frost von 1956 musste Giono der Gedanke an eine Provence, die ihrer Oliven beraubt sein würde, zunächst erst einmal erschrecken. Zwei Jahre später finden seine Augen an den stehen gebliebenen toten Baumstümpfen bereits eine Schönheit, oberhalb des Wurzeltriebs, der wieder sprießt. Doch, was tun mit diesen Straßen, die immer größer werden, immer geradliniger, die, wie Rasierklingen ins lebendige Fleisch, dieses Land zerschneiden? Bis in die fünfziger Jahre hatte sich Giono nur mit der Route Nationale angelegt. Während er indes einige weitere Texte dieser Sammlung schreibt, befinden sich ein erster, dann ein zweiter Streckenabschnitt der Autobahn in Bau, die ab nun rücksichtslos rauf wie runter die Provence durchquert. »Die Autobahnen geißeln mit ihrer trägen, wellenförmigen Bewegung all die jungfräulichen Landschaften.« Die Zeit des TGV hat er nicht erlebt, aber er kannte eine gewisse Anzahl entsprechender Projekte – die Anlage des Nuklearzentrums in Cadarache, die Schaffung von Militärzonen wie die der Ebene von Canjuers, später dann die des Plateau d'Albion – und er hat versucht, gegen diese Projekte anzukämpfen. Ohne Zweifel ist die Provence mehr als andere Gebiete ein bedrohtes Land. Viel mehr als nur bedroht, wie Giono 1967 in einem Titel,* Provence perdue, *formuliert.*

Es ist im Übrigen nicht gesagt, dass das Vergängliche an der Provence nicht etwas wäre, das er teilweise auch an ihr liebte. Schon in »Colline« beschwört er diese abgestorbenen Dörfer des Lure-Gebirges herauf, deren Häuser nur noch lauter Steinhaufen sind, von Efeu und Brombeergesträuch überwuchert. Er kommt darauf ein weiteres Mal 1954 zurück, in den letzten Zeilen von »J'ai beau être né dans ce pays …«. Von jeher bestand der Blick, den er auf die Provence warf, nicht allein aus Schärfe, aus der feinsinnigen Beobachtung seines Reichtums oder aus der Präzision seiner Farbgebung. Dieser Blick wurde ununterbrochen belebt durch die Erinnerung und die Einbildungskraft, und desgleichen durch den Sinn für das Tragische und für die menschlichen Leidenschaften, was parallel dazu auch die Kraft der Romane ausmacht. Von all dem war reichlich viel nötig, um dieses Land aus den Klischees oder der Folklore herauszuholen, was seit langem bereits bedrohliche Formen angenommen hat. Giono, der nicht als provenzalisch gelten wollte, hat wahrlich viel dafür getan, dass wir eine andere Provence sehen können, erweitert durch ein ganz neuartiges Spiel von Schlagschatten, welche diese Provence, ganz anwesend in ihren Schatten, im Lichte eines Werkes wirft.

Henri Godard

I

GESAMTANSICHTEN

1.
»Wie ein zerfließender Ölfleck …«

Wie ein zerfließender Ölfleck, so läuft die Provence über ihre historischen Grenzen. Im Westen wird sie fest zusammengehalten von der Rhône und im Süden eindeutig begrenzt vom Meer, den Norden aber kennzeichnen diese Bergthymianbüschel, die über die Berggipfel des Lus-la-Croix-Haute ihren Duft verströmen, und der Osten hat diesen klaren Himmel, der sich über dem Briançonnais öffnet. Die Bresche, die die Durance bei Sisteron in die Voralpen reißt, gleicht einer Pforte an der Chinesischen Mauer. Man stellt sich vor, die Ländereien da drüben wären ganz anders. Sie sind in der Tat ganz anders durch ihre hohe Vegetation. Die Ritterschar der Bäume führt bebänderte Lanzen von Eschen und Linden mit sich, statt Rundschild und Federbusch von Olivenbaum und Platane; doch das Fußvolk dieser Sonnenarmee besetzt das ganze Land. Pfefferkraut überklettert die Böschungen, Lavendel verströmt sich im Heidegestrüpp, spanischer Flieder lugt über all die Felsen und Ruinen. Das Dachgestühl ist zugespitzt, die Häuser buckeln den Rücken, hier und da schaut ein Stoppelfeld hervor. Man trifft seine Vorbereitungen gegen Schnee und eiskalte Winterstürme, doch der Mauerputz hier ist wie in Arles aus dem gleichen Kalk, und die Mischung von Sonne und Putz ergibt die gleichen Farben. Jenseits von Sisteron, auf die Alpen zu, jenseits des Lure-Gebirges in Richtung des Vercors, da schweift ein Geruch, es ist der gleiche, den man in der Hügellandschaft des Var, auf den Anhöhen der Rhône, in der Wildnis der Crau-Ebene und im Tal der Durance einatmen kann. In Nizza ist die Luft mit Cassis durchwürzt, von Arles nach Salon hin hat sie einen Nachgeschmack von Gips, von Avignon bis Embrun riecht sie nach Vogel, und in Briançon, Lus-la-Croix-Haute und Die berührt sie ganz sachte ein Hauch von Eis. Aber eigentlich ist sie – weit und breit in der ganzen Gegend, die diese Städte und Marktflecken umschließt – aus dem Trampeln der Sonne über die duftreichen Kräuter entstanden: Sie ist der Saft aus dieser Rebenernte. Auch nachts von ihr zu kosten, macht keinerlei Unterschied, es sei denn, man wäre ein Spezialist. Man kann ihre Herkunft nur bestimmen, wenn eine langjährige Kenntnis der Gegend einem erlaubt, die Feinheiten zu riechen, die lokale Delikatesse aus dem Atem eines Tannenwaldes, das Quartier riesiger Herden, die Trockenheit eines Teiches, die brütende Hitze auf einer weiten Ebene voller Geröll, das Meer, den Gletscher oder wie beispielsweise Richtung Saint-Julien-le-Montagnier das verworrene Dickicht der Steineichen voller Wildschweinsuhlen.

Man sollte sich jedoch keinerlei Gleichförmigkeit vorstellen. Ich sagte zwar, man könne sich täuschen, wenn man des Nachts von dieser bedufteten Luft kostet, sobald aber der Tag anhebt, verbreitet sich unter der Sonne eine Vielseitigkeit höchst außergewöhnlicher Art. Da entfaltet die im Piemont aufsteigende Morgendämmerung ihr italienisches Szenenspiel in den Wäldern des Briançonnais, über den Gletschern des Pelvoux, auf den Weiden des Isère, auf den Sägezähnen des Vercors. Weiter runter springt sie auf den Gipfel des Ventoux, den des Lure-Gebirges, noch weiter herab auf die Sainte-Victoire und auf die Sainte-Baume. Und dann, ganz weit draußen, berührt sie das Meer. Nahe der Küste, von Marseille bis Nizza, oder noch genauer, von

Carry-le-Rouet bis zur Mündung des Var, liegt alles noch im Dunkeln. Man wird lange warten müssen, bis die ersten Lichtstreifen des Tages in die düsteren Täler der Drôme gedrungen sind, in die schwarzen Schluchten des Diois, bevor man sieht, wie im Licht der Saum des Schaums aufflammt, der gegen die roten Felsen des Trayas brodelt. Von den Wäldern hin zu den Gletschern, von den Weiden zu den Felsen fließt das Licht auf die kleinen Täler zu und deckt die goldbraunen Berge des Nyonsais auf, den dunklen Schiefer von Gap, die romantischen Hügel des Var, die Einöden des Lure und des Canjuers; es betupft rotgolden die Zipfel der Dörfer, die in den Tälern an der Drôme hocken, an der Durance, Encrême, Asse, dem Buëch und am Verdon. Es schlüpft zur gleichen Zeit mit dem Briefträger auf seinem Fahrrad in den umfriedeten Hof der Bauernhäuser, hoch oben auf dem Plateau Albion; es lässt sich schließlich nieder auf der weiten Crau-Ebene, auf dem marmornen Kieselgestein und bringt dies lange Gras, so durchscheinend hell wie Glas, schaumig perlend zum Glitzern. Und jetzt funkelt das Meer wie der Schild des Achill: Die Segelboote flammen an den Anlegern von Cannes in ihrem Flaggenschmuck auf; der Kaffee dampft vor den Köhlerhütten in der Einöde des Var; die Zöllner fahren nach Montgenèvre die Zeitung holen; die rosigen Flamingos schwingen sich im Vaccarès in die Luft; der Regenpfeifer lässt seinen blauen Federstrich durch das Schilf der Rhône tanzen; die Drossel ruft auf den Hängen des Ventoux, in der Wildnis des Lure kehrt der Dachs in seinen Bau zurück; die Gemüsehändler debattieren auf den Terrassen der Cafés von Cavaillon; die Fischer von Cassis starten ihre erste Runde Boule; Marseille hat alle Busse in die Straßen losgelassen; Grenoble zählt seine Kletterhaken und Seile; Valence erwacht mit dem Dröhnen seiner Lastkähne; der Geruch von frischem

Brot durchzieht Hunderte von Ortschaften, Tausende von Dörfern. Die in den Wäldern liegenden Schulen verschlingen die kleinen kugelköpfigen Kinder; die Lerche zirpt in der Crau, der Rabe krächzt im Alpenland, der Adler kreist über Lure, die Herden lassen die Wege rings in den Alpen aufqualmen. Die Tanker brüllen, rot angestrichen, an der Brücke von Caronte. Der Étang de Berre betört Saint-Chamas. Der gesamte Süden fängt zu leben an.

(1958)

2.
»Es ist vergeblich, vereinen zu wollen ...«

Es ist vergeblich, vereinen zu wollen, was Gott getrennt hat. Es gibt zwei voneinander sehr unterschiedliche Provence-Gebiete: Die Basse-Provence verläuft flach an der linken Uferseite der Rhône, vom Ausgang des Mondragon-Durchbruchs bis zum Meer; und am Mittelmeer entlang vom Rhône-Delta bis zum Estérel. Das Flachland vom Comtat gehört genauso dazu wie die Ebenen des Var. Das ist die Provence aus der Zeit von 1840; das ist Tartarin, das ist Mireille, das ist die Provence, die der Tourist zu kennen glaubt, weil er sie vom Fenster seines Autos aus betrachtet hat, und weil er bisweilen die traditionelle Literatur gelesen hat. Es ist eine Provence, die an einigen Orten schließlich das wurde, was man sich von ihr erzählte. Zu Beginn des Jahrhunderts wäre es ebenso schwierig gewesen, am Ufer der Rhône einen Boule-Spieler anzutreffen, wie einen Schmetterlingsjäger; heute, das ist nicht zu verhehlen, gibt es beide.

Die Haute-Provence rollt ihre Hügelbastionen an einer Grenze entlang, die von Carpentras bis zur Auberge des Adrets reicht und dabei Vaison durchläuft, Nyons, Sault, Apt, Mirabeau, Aix-en-Provence, Ollioules, Pourrières, Seillons-Source-d'Argens, Carcès und die Abtei von Thoronet. In dieses Land sind die Alpen eingefallen. Die mittelhohen Hügelketten, die drei Viertel davon bedecken, zeugen in Spuren noch von einer geologisch-alpinen Umwälzung. Die Wildbäche, die sie durchlaufen, besamen das Land mit den

Grundarten der Alpenpflanzen. Es gibt genauso viele Birken wie Olivenbäume. Die Hügelketten erheben sich allmählich zu den Plateaus, die aus der Eiszeit stammen, und wachsen dann zu richtigen Gebirgen an: Der Ventoux ist 1987 Meter hoch, das Lure, bis auf wenige Meter ebenso viel, das Sainte-Baume Massiv und das Sainte-Victoire Gebirge sind mehr als 1000 Meter hoch, und in den äußersten Grenzgegenden des Landes an schlecht ausgewiesenen Stellen, wo sich Piemont und Dauphiné mischen, da kommen die Berggipfel an 3000 Meter heran. Der Tourismus ist sehr wenig in diese Region eingedrungen. Der größte Teil der Menschen »auf vier Rädern« ist gezwungen, den Tälern zu folgen, und in den Tälern, so schön sie auch sind, findet man die Pracht und Ursprünglichkeit der Bergwelt nicht. Es ist also ein geheimnisvolles Land.

Doch gerade das, was bekannt, überbekannt ist, und von oben nach unten auf der Route Nationale 7 bereist wird, das wollen wir trotzdem im Einzelnen betrachten. Sobald man zwischen dem Wasser und den Felsen des Donzère-Mondragon durchgeschlüpft ist, öffnet sich die Basse-Provence. Man mag noch so oft sagen, dass sie bei Valence beginnt; Valence ist nur wie schlecht geschnittenes Brot; im Himmel hängen hier und da noch Spuren von Lyon. Sicher, für den Grönländer, den Holländer, den Belgier ist das der Süden, aber der Süden ist nicht die Provence. Das Grau hat noch nicht seine aristokratische Qualität. Andererseits glaubt man, südlich der Gebirgsenge eine Fülle von Farben zu sehen, und gerade da findet man das Grau, wahrhaftiges Grau von edelster Qualität. Glaubt nicht dem Maler, der gerade auf diese Landschaften ein Blutrot pfropft, ein Gelb von Gold, ein Essiggrün. Alles ist grau. Mit diesem Grau nämlich spielen im Winter das Weiß und die rosenfarbigen Mandelblüten; an dieses Grau wird sich das Blau des Sonnenhimmels schmiegen, und gerade aus diesem Grau werden die herbstlichen Flammen ausbrechen, ganz flüchtig zitronengelb gefärbt. Ein Grau, das alles Grau des Winters vereint und in weiter Ferne nur ein bisschen ins Violett eines Bischofs *in partibus* stößt. Ich spreche wohlverstanden nicht von den Zufahrten zur Route Nationale 7, wo die Farben (wir sollten es in heutigem Jargon sagen) »funktional« sind. Sie funktionieren im Handel nach dem Gesetz von Angebot und Nachfrage sowie dem Kurs auf dem Markt: da ist das Bonbonrosa von Pfirsichgärtnern, das Senfgelb von Senf, da ist das Grünblau des amerikanischen Weizens, das Kupferblau von Wein, der durch die Schwefelspritze geflossen ist, die künstliche Farbe von all dem, was auf den Märkten verkauft und demzufolge kultiviert wird. Aber sobald man die Obstgärten und das Ackerland verlassen hat, sobald man sich von der langen Allee der Tankstellen und Touristenattrappen entfernt, die zum Meer herabziehen, da umhüllt euch dieses Grau, ein eigenartiges Grau, aus intensivem Licht und zerriebenen Farben. Vor der Unterjochung der Rhône, die von nun an Leuchtreklamen mit Neonlicht versieht und Fabriken, die das Proletariat fabrizieren, mit Energie versorgt, hatte der Fluss an seiner Uferseite noch Wälder und Quellen sprudeln lassen. Samenkörner und losgerissene Wurzeln versahen das Wassergetümmel mit Bäumen, Blattwerk, Quellgemurmel und Schatten. Die Höhenzüge am rechten Flussufer ragten kaum über die Wipfel der Zitterpappeln, Birken, Erlen, und Tannen hinaus. Heute sind diese Rhône-Ufer begradigt, instand gesetzt, gerade ausgerichtet. Bulldozer haben alles entwurzelt und eingeebnet. Die zarte Romantik der Landschaft, die man durch die Stämme nackter Birken zwischen Charnève und den Margeries-Inseln sah, ist verschwunden. So bleiben nur noch die gebirgigen Weiten in Richtung des Tricastin, bedeckt mit dem bronzefarbenen Haar seiner Steineichen, bis hin zu den fernen Höhen des Roche-Saint-Secret, über den hinaus sich kronprinzlich Hügel nach Valouse und Estellon hinabziehen. Im Süden lässt sich bereits der Ventoux erahnen und richten sich von Anhöhen durchsetzte Ebenen ein, die das Tal noch bis nach Orange hin verstopfen: die Ranjarde, der Wald von Uchaux und an der äußersten Spitze der Buchtung, wo das Comtat sich ansiedelt, die Dentelles de Montmirail.

Wenn ich mich ein bisschen zu lange an ihrer Eingangspforte aufgehalten habe, so deshalb, weil die Provence an diesem Ort halb Nieder- halb Hochprovence ist und weil sich von hier aus die Trennung vollzieht. Die Hügel und selbst schon die Berge weichen bis hinter Nyons und Carpentras zurück, das Tal dehnt sich ins Flachland aus. Am Ende des letzten Jahrhunderts, nach dem Bau des Kanals von Carpentras, dort, im Dreieck Jonquières-Pernes-Carpentras und in all den Gebieten im Osten dieser Stadt, gegen Mazan, Malemort, Venasque zu, da war das flache Land von großen Ländereien mit Wiesen, Sykomore-Hochwäldern und großartigen Quellen überzogen, auf denen Rassepferde gezüchtet wurden, und eine ausnehmend feine, elegante Gesellschaft lebte. Die Pferdehändler der Hochebenen kamen, um sich aus diesen Gestüten einzudecken, und die herrschaftlichen Pferdezüchter hatten auf den Märkten berühmte Namen. Die Töchter dieser Herren brachten eine Nachkommenschaft von ausnehmend schönen Männern und Frauen hervor, der noch heute in der ganzen Gegend des Comtat kaum eine an Naturwüchsigkeit und oft auch an Reichtum das Wasser reichen kann. Die Söhne dieser Herrschaften, von hohen freiheitlichen Grundsätzen durchdrungen, was sich wohl ausschließlich im frischen Schatten von Sykomoren und großartigen Quellen entwickelt, sind alle unverheiratet geblieben. Mit Quasten, Kokarden und Ordensbändern sind sie durch die schönen Abenteuer des

19. Jahrhunderts gezogen, und fast alle sind um 1914–1918 herum ganz prächtig gestorben. So blieben also nur noch einige große, edle, einsame Häuser übrig in dem schönen, weiß bezäunten Wiesenland bei Monteux, am Ufer des Anzon oder entlang des Grande Levade. Schon lange züchtet man dort keine Pferde mehr. Hier schläft man, verbringt hier »die Weekends«. Die anderen Landgüter sind verschwunden, ersetzt durch ganze Baumschulen von Hochspannungsmasten. Die Hauptstadt dieser Zentauren im Gehrock war Carpentras. Seit deren Verschwinden lebt die Stadt vor allem in ihren Vororten, abgekehrt von den generösen Landschaften, um sich voll den politischen Geschäften zu widmen. In gewisser Entfernung morgens in der Frühdämmerung des Hochsommers, wenn der Verkehr noch schläft, erscheint die Satdt ganz typisch spanisch: Man riecht dort den Dampf der San-Bénitos-Suppe.

Übrigens, man muss es sich immer wieder klarmachen, sind alle Götter der Welt (inbegriffen selbstverständlich auch die aus Griechenland, die aus Israel und auch die des Augustus) hierhergekommen, um in diesem Land zu sterben, das vom Vorgebirge der Dentelles de Montmirail bis hin zu den südlichsten Ufern des Rhône-Deltas reicht. Man braucht nur ein bisschen in den Ackerböden von Bédarrides scharren, in den Gärten von Sorgues, im Lavendel von Blauvac, in den Spargelfeldern von Althen-des-Paluds, um daraus eine gefiederte Schlange hervorschnellen zu sehen, eine Nase von der Osterinsel, eine Steinfratze, einen Gott aus Arizona, ein tibetanisches Banner, einen archaischen Pansexualismus, einen universellen corpus christi. Aber so wie tote Städte, die im Sand der Wüsten nur vom Flugzeug aus sichtbar sind, so sind auch diese göttlichen Spuren nicht mehr wahrnehmbar, es sei denn, im Dämmerlicht des Morgens. Man muss zu einer Zeit auf den Beinen sein, zu der die

Tank-Laster an den Rändern der Routes Nationales noch träumen, zu der die Vierradfahrer, ganz Riviera-krank, mit versoffener Nase vom Châteauneuf-du-Pape in den rosigen Laken sämtlicher Hotels »Zum Prinzen«, »Zum Universum« und des »Crillon« schlafen. Dann lässt der Triumphbogen von Orange seine Gefangenen Luft schnappen, und der Hügel von Saint-Eutrope befreit einen beachtlichen Tempel von seinen hohen Nebelwänden. Es ist die Stunde, in der der Arbeiter im Blaumann, dem es obliegt, die Sirene der Fabrik in Gang zu setzen, noch dabei ist, das Tomatenomelette, die Lyoner Wurst und die Sardinen aus Tunis in seinen Korb zu legen. Die Kneipen haben ihre Tischchen noch nicht hinausgestellt. Der Fuhrbetrieb mit Hérault-Weinen, mit Benzin aus Berre und Lafarge-Zement tröpfelt nur so dahin und zwischendurch hört man Schwalbenschreie und den Wind durch die Platanen streichen. Man kann in den Gässchen rings um den Frère-Mounet-Platz auch schon mal das raschelnde Dahingleiten einer Toga erwischen oder eine dieser schwarzgekleideten Frauen, alt wie Narwal-Knochen in zeitgenössischer Tracht, geschneidert von den Alakaloufs, die in kleinen Schritten zur Frühmesse von Saint-Florent laufen. Später gibt es überall die Hauptstraßen rauf wie runter nur noch die vielfarbigen Auslagen der eingeborenen Korbflechter, die ihre Körbe, alle von tschechischen Gefangenen geflochten, aufstellen.

Doch in derselben Morgendämmerung, in Avignon, auf dem Platz Saint-Didier, da verlässt Notre-Dame-du-Spasme ihre Altarwand, und erfrischt ihre nackten Füße auf dem Kieselsteinpflaster, das einem Stendhal die Gicht zum Schreien brachte. Zum Platz des Palastes hin muss man die Rue de la Bonneterie überqueren, den Stalingrad-Platz und die Rue Carnot. Alte Häuser, die sich seit Jahrhunderten nicht mehr die Zähne geputzt haben und obendrein auch noch schwerwiegende Rohrleitungsprobleme haben, hauchen ihren beißenden Odem auf eure Hacken. Das ist der heilige Johannes, der in der Wüste wehklagt. Man steht schier im goldenen Rachen der Propheten, die ein großes Maul haben und rohen Porree fressen. Der Fluss – den man weit über die Dächer hin brausen hört – spricht trotz seiner Schnelligkeit von Jordanien, vom Toten Meer, von Hirtenkulturen, wohl oder übel bis in alle Ewigkeit von Hammelfett durchduftet. Die helvetische Kühle, die euch hinter den Mauern des Palastes anspringt, verwundert, ohne zu entzücken. Die Luft kann noch so viel durchduftet sein von diesem Zimtgeruch der ausgiebig besprengten Bäume, der orientalische Muff der kleinen Straßen vertrüge sich besser mit den großen vertikalen Linien der halb ernsthaft, halb spöttelnden Fassade der Papstfestung, die sich gegen das bleierne Blau eines Himmels lehnt, den die Sonne noch nicht verschleißt. Dort kann man je nach Jahreszeit zwischen Münzhaus und Palaststufen wohl gut eine viertel bis dreiviertel Stunde lang Italienflair genießen, solange die Stadt sich nicht rührt. Sobald sie sich aber regt, ist's vorbei, oder genauer, ist alles anders: Operette ist angesagt, *Opera buffa*, fast schon *Così fan tutte*, wenn man dem Treiben all derer folgt, die ihren Kaffee oder ihren Pastis trinken oder die frische Luft auf dem Georges-Clemenceau-Platz genießen. All diese wunderschönen Eindrücke ergeben sich übrigens wie einer aus dem anderen, ergänzen sich, bereichern sich, streichen sich gegenseitig heraus; und mancher Grünkramhändler im Unterhemd, manch Rentner in Basin-Weste mit Uhrkette und kreiselnder Gangart, manch kleines Mädchen mit Blumenkranz und gestärktem Röckchen: sie alle würden viel an Drolligkeit einbüßen, wenn man sie nicht mit der Gotik des 14. Jahrhunderts konfrontieren könnte und mit dem raubtierhaften Lufthauch der Gässchen. Es gibt übrigens rund um die Stadt sehr schöne Schutzmauern, denen es zwar an Höhe fehlt – wie alle meinen –, die aber durchaus noch in der Lage sind, Grundschüler zu Krüppeln zu machen. Avignon hat sein eigenes Loch-Ness-Monster: das ist der Mistral. Hier weht er mit außergewöhnlicher Heftigkeit, und die Altstadt verliert innerhalb von fünf bis sechs Minuten ihren Geruch. Aber den bodenständigen Poeten (ich will sagen: dem Schlachter, dem Tuchhändler, dem Krämer und ganz allgemein all denjenigen, die das Heft in der Hand haben und den Ladentisch dazu) sind Mistral und Rhône gute Freunde; jahrein, jahraus verschluckt er mehrere Dutzend Autofahrzeuge (Ladung inbegriffen) mithilfe des Flusses, in dessen Schlund er sie stößt. Die bescheidenen Leute oder diejenigen, die nordisch erzogen sind, behaupten, dass es sich dabei eigentlich nur um 2 CV's handelt, andere sprechen von Lastern mit Planenabdeckung. Es ist tatsächlich so, bei Nordweststurm (oder Nordoststurm), da heult die Stadt wie Troja in der Nacht ihres Untergangs. Die Vehemenz in den Bäumen, der Fluss, der seine Schuppen gegen den Strich bürstet, die Gemäuer, die zittern, das Horn, das durch alle Flure tönt, der Staub, der von allen Seiten hochfegt, der weiße Himmel, die kranke Sonne, das alles erbaut eine Szenerie von außerordentlicher Erhabenheit. Avignon ist wahrlich eine Stadt, die mit keiner anderen zu vergleichen ist. Sie reißt sich von der Jetztzeit los, um die schwimmende Stadt des Gulliver zu werden.

Hat man die Brücke von Bonpas hinter sich gelassen, so betritt man auf der anderen Seite der Durance die Elysenfelder. Bis zu den Alpilles ist die Ebene von Zypressen überzogen. Es ist ein gewaltiger Trauergarten à la Louis XIV, ein Küchengarten für Euridike, die Gärtnerin. Von den Eygalières-Hügeln aus, den sogenannten Mas-de-Montfort-Stätten, blickt man über diesen Gemüse-Hades; man sieht darin all die Straßen sich kreuzen, auseinandergehen und wieder zusammentreffen. Vor der Erfindung der motorisierten Gärtnermaschinen war hier ein friedvolles Schattenland, der dahinwandernde Spaziergänger entdeckte ganze Barrieren natürlicher Zypressengrenzen, eine nach der anderen, sah vier oder fünf schwarze Frauen hingekauert den Boden um die Tomatenpflanzen aufkratzen oder je nach Jahreszeit einen kleinen roten Teufel, der seinen Spaten singend in die seidige, aschfarbene Erde fahren ließ; heute ist aus dem Gebiet die reinste Domäne klappriger Töfftöffs geworden und juck mich, kratz mich, laus mich, schüttel mich durch, ändern tut sich doch nichts am Kern der Sachlage und ihrer Dramatik; der ganze Lärm all dieser mannigfaltigen Vehikel verursacht von weit her das Geräusch eines gewaltig brodelnden Kessels, und der Staub, den die Autos aufwirbeln, wird ohne große Fantasieanstrengung zum Qualm, der infernalen Küchen entweicht.

Auf der Nordseite der Alpilles schindet sich Saint-Rémy bis aufs römische, ja, gallo-griechische Blut. Jansenistische Fingernägel verwendet er dazu. Gegenüber von Saint-Rémy, auf der Südseite der Alpilles, lässt Les Baux die Touristenbusse ihre Runden um eine Sekretion der Königin Johanna und um ein Gasthaus mit drei Sternen drehen.

Wenn man das hier hinter sich hat, dann steht man an der Schwelle zu einer außergewöhnlichen Landschaft. Wir sind weit entfernt von Gasthausmahlzeiten und durchschnittlicher Stundengeschwindigkeit. Von den letzten Gipfeln der Alpilles aus, oberhalb von Eyguières, von Espigoulier oder jenseits der Entreconque-Felsen, überschaut man eine weit ausgedehnte, wüstenartige Fläche, deren äußerster Rand im Meer verebbt. Das ist die Crau. Im Hochsommer, wenn die Grasquecke so weiß ist wie Schnee, werden diese Einöden von Fata-Morgana-Dünsten heimgesucht. Nach Entressen hin sieht man die Segel der Großen Armada aufziehen, Palmen von *Vathek* oder fantastische Landschaften eines Straßenmalers à la Gustave Doré, der hier mit flammender Kreide arbeiten würde. Nur zu Fuß kann man sich in diesen weiten Flächen von Kieselsteingeröll und hartem Gras ergehen. Nach stundenlangem Marsch trifft man bisweilen einen sardischen Hirten oder einen Menschen, ganz aus der Zeit geraten, umringt von seinen rund hundert Schafen mit gesenkten Köpfen. Fern im Osten blinkt wie blanker Stahl das Trévaresse-Massiv, an dessen Seite sich die Stadt Salon ihr Nest gesucht hat; jenseits des Massivs fließt die Durance, und in einer ihrer Talmulden befindet sich Aix-en-Provence. Im Westen und im Süden wird die Crau nur noch von einer dicken Mauer aus zähflüssiger Luft umrandet, in der die Hitze förmlich flimmert. Der einsame Reisende folgt Wegen, auf denen sich Spuren von lauter imaginären Monstern kreuzen. Ein simpler Marienfaden scheidet hier die Jetztzeit von prähistorischen Welten. Wenn es einen Ort aufrichtigen Nachdenkens zur Überprüfung moderner Maßstäbe gibt, dann ist es hier. Nichts von pittoresker Gefälligkeit noch irgendwie geartetem Komfort: man muss seiner selbst sicher sein, um diesen Landstrich zu mögen; die Straßen umgehen ihn, außer derjenigen, die schnurgerade wie ein 40 Kilometer langer Eibenbaum von Salon nach Arles führt. An diesem Dammweg entlang, der die Crau zu einem Drittel vom Norden abtrennt, was gut von den Alpilles aus zu sehen ist, halten einige Bauerngehöfte die Wacht; dunkel wie verbranntes Brot, und weitläufig wie Abteien oder Souks, umgeben von Zypressen und Mandelbäumen. Einige stehen leer, und der Wind lässt sie sausen wie Edgar Allan Poes Bienenkörbe. An diesem Abschnitt der Straße, die vom Kreuzpunkt von Samatane nach Salon führt, befinden sich alle Landschaften des Nostradamus. Nostradamus ist der größte Poet der

Basse-Provence (und vielleicht sogar auch der Haute-Provence). Es ist falsch, ihm unterschieben zu wollen, er würde die Zukunft deuten. Er deutet sie nicht mehr oder weniger als Clément Marot, Maurice Scève, Jodelle, La Boëtie, Jean de Sponde etc. Manche seiner Verse gehören zu dem Schönsten, was ein Mensch je gedacht hat, je einbehalten könnte, um sein spanisches Gasthaus zu versorgen:*

Der Hafen Phocen von Koggen und Segeln bedeckt
netzt aus der Welle Limbus wie Fuß
Tod im Gipfeltrichter des heimgesuchten Himmels.
Oh Troja-Blut, Tod im Aufsteigen des Pfeils
Das Leben bleibt als bewegender Grund; der König
weicht.
Vereinsamt wirst du dich finden, von Mauern
umschlossen
Der Baum, der lange tot, vertrocknet war,
in einer einzigen Nacht wird wieder grünen
Die Mondgöttin in tiefster Nacht über dem hohen Berg
Herrin der Abwesenheit und ihr großer Feldherr
werden vom Statthalter um Liebe angefleht
Aus dem Umkreis, aus der Lilie
wird ein gewaltiger Prinz geboren
Sechshundert und sechs, sechshundert und neun,
Ein Kanzler stark wie ein Ochs,
Alt wie der Phönix der Welt,
der nicht mehr leuchten wird auf dieser Erde,
und das Schiff des Vergessens wird vorüberziehen, wird
kreisen in den auserwählten Gefilden.

* Giono besaß in seiner Bibliothek nicht weniger als sieben Ausgaben von Nostradamus (Anmerkung des Herausgebers).

Sobald man die Quellen und das schattige Laub von Salon in Richtung Arles verlässt, um sich auf diese lange Gerade zu begeben, die auf die Sonne zustürzt, verwandelt sich alles, was man berührt, in Gold. In vergängliches Gold, in mythologisches Gold, in Gold, das einem im Nacken lastet, in ein Gold, das einem den Speichel eintrocknet, den Blick trübt, die Lunge verstopft, das einen in vergoldete Mumien verwandelt, während Nebelbilder die Felswände des eigenen Grabes mit grauen Fresken verzieren.

Es ist offensichtlich, dass das Automobil solche Transmutationen verwehrt. Hunderte von Leuten kutschieren jeden Tag mit »Bleifuß« von Salon nach Arles und von Arles nach Salon, ohne zu ahnen, dass sie die nicht greifbaren Ränder der Landschaft des Jenseits streifen. Das sind dieselben Leute, die davon träumen, den Fuß auf den Mond zu setzen, ja selbst im Kosmos herumzureisen.

Arles war zu Beginn des Jahrhunderts trotz Saint-Trophime, trotz der Arena, dem antiken Theater und der gallo-romanischen Grabsteinwege eine von diesen Städten mit offenen Straßen, die ins Leere laufen, so wie im Western. Etwas davon hat sie behalten trotz des Urbanismus und der Modernität, die in der kunstvollen Anlage vorherrscht. Manch eine ihrer Nächte wird erschüttert von einem Gestöhn, das ebenso aus der Rhône wie vom Minotaurus stammen könnte. Arles ist das Tor zur Camargue. Die Camargue ist ein Dreieck voller Vögel und Rinder.

Am Kreuzpunkt von Samatane, von dem ich im Zusammenhang mit der Entgrenzung nostradamischer Landschaften schon gesprochen habe, überquert die Straße, die von Saint-Rémy, Les Baux und Monries kommt, leicht schräg-winkelig die Straße von Arles nach Salon und dringt tief in die Kleine Crau-Ebene ein. Sie führt zum Étand de l'Oivier, an dessen Ufer Istres liegt, dann weiter abwärts am

Ufer des Étang de Berre entlang bis zur Bucht von Ranquet und schließlich bis nach Martigues, wobei ich Fos dem Ort Martigues vorziehe.

Fos liegt am Meer, am Rand des Golfs mit gleichem Namen und am Ende einer anderen Straße, die durch die Große Crau geht und am Rande melancholischer Sümpfe verläuft. Fos ist ein kleiner Teil von Ville d'Ys. Noch dazu ist es der einzige Ort, wo das weiße Licht mit dem Tamarisken-Laubwerk übereinstimmt, das der Wind zerzaust, einig mit dem Meeresschaum und dem Sandstaub aus den Wüsten. Die Melancholie der Sümpfe schläfert jegliche Lebensform ein. Dort ist man allein. Dort hört man die großen Stimmen: den Wind, das Meer, das Echo aus den Schluchten. Man befindet sich auf einer kleinen abgeflachten Landzunge zwischen Himmel und Wasser. Thunfische und jene bizarren Wesen, die einst den Schrecken des Odysseus hervorriefen, die Seekühe, kommen zum Spielen an den Strand. Ein staubiger Wüstenwind quirlt den Sand auf. Hier tanzt man nicht des Sonntags. Hier badet man nicht, aus Gründen nichtiger Gefahren, die dennoch als böse und furchtbar gelten. Man ist mitten im silbrigen Staub, und nichts geschieht, als eben in dieser Art silbrigem Nichts zu sein.

Martigues wird das »Venedig der Provence« genannt; es hat mit seiner ruhmreichen Taufpatin eigentlich nur gemein, dass man hier das Erdöl wie auf dem Quai des Esclavons riecht, wenn der Wind von Mestre her weht.

Von Martigues aus kommt man über eine Straße nach Marseille, die an der nördlichen Seite der Bergkette von Estaque entlangführt. Diese Straße lehrt einen nichts. Andererseits, wenn man sich nach Carro begibt, erfährt man viele Dinge, und natürlich sollte man sich in diesen Kreidebergen, die das Kap Couronne beherrschen, die Lektüre von Homer vornehmen. Man wird ständig lauter interessante Erfahrungen machen, wenn man langsam in Richtung Val-de-Ricard, Laure, Le Douard, Le Rove wandert. Von Rove aus hat man beim Verlassen des Tunnels übrigens, den schönsten Blick auf Marseille, einen wirklich beachtlichen Blick, aber noch wichtiger ist, dass man hier wahrlich gut platziert ist, um diese Stadt zu erfassen, die unter so viel dümmlichen Legenden und elementaren Missverständnissen leidet.

Die Marseiller sind keine Seefahrer; sie sind »Navigatoren«. Denn mit ihnen werden die Passagierschiffe bemannt. Selten wagen sie sich auf kleine Schiffe: Sie gehen auf Frachtschiffe, aber nicht auf Fischerboote. Trotz der Mittelmeerstürme, die ebenso wild wie die Stürme des Ozeans sind, kann man von Perpignan bis Livourne auf Friedhöfen noch so viel suchen, aber »im Meer Ertrunkene« findet man dort nicht. Nebenbei gesagt: eintausend (von 800.000) Marseiller gehen zum Vergnügen ans Meer, der Rest ist entschieden für die Berge. Sobald der Marseiller freie Zeit hat, nimmt er sein Auto und begibt sich in die Alpen, im Winter, um Ski zu fahren; im Sommer, um zu picknicken. Daher diese Menge von Vereinen in Marseille, alle erdgebunden, erdverbunden bis zur Fußgebundenheit: die Marseiller Exkursionisten, die Saint-Henri Wanderer, die Alpinisten der Barasse etc., etc. Einige Leute gehen tatsächlich fischen, allerdings eher mit Wurfangeln auf die Felsen der Corniche oder auf die von Les Goudes; einige wagen sich auf Nachen bis zum Seegebiet um das Schloss If vor, das sind die Tollkühnsten; der Knochenmann zieht eine grausige Ernte daraus, selbst bei schönem Wetter. Der normale Marseiller ertrinkt nicht: er wird auf dem Weg nach Venelles im Auto zerquetscht. Der Marseiller träumt nicht von Ozeanien oder von der Südsee, er träumt nur von Festungen oder von den Alpes-d'Huez. Alles andere ist einfacher (und schmeichelhafter für ihn) als sich einen Marseiller vorzustellen, der empfänglich für den Gesang der Sirenen wäre. Handelt es sich allerdings um ihn selbst, ist er so empfindlich, dass er sich mühelos irgendwoher diesen Gesang einbildet, um flugs den Weg in die Berge einzuschlagen.

Vielmehr als ein Hafen ist Marseille ein Handelshaus: hier spielt man nicht mit dem Meer, man treibt Handel. Prächtige Besitzungen der Schiffseigner aus der Zeit um 1900 auf den Septèmes-Hügeln, auf den Höhenzügen der Viste und den Bergkuppen von Saint-Barthélemy, sind von der Eisenbahnstrecke aus den Alpen aufgerissen worden und heute mit der Nord-Autobahn ganz verschwunden; es gab dort zwischen den Pinien bewundernswerte und auch weniger bewundernswerte Häuser, die mit ihren Quadersteinen all den Dünkel, den Hochmut, die Eitelkeit ihrer Besitzer widerspiegelten, samt ihrem Bedürfnis, sich zu zeigen. Die wirklich bewundernswerten Häuser aber hatten jene zwingende Schönheit, die sich an den Ufern dieses Meeres gerne niederlässt. All die Häuser, mit »schöner Aussicht« gebaut, bisweilen auch im Schatten des Nordhangs, hatten Türmchen mit Fernrohren, von denen aus sie die Weite und den Zeichenträger ausspähten, um korrespondieren zu können. Zu jener Zeit ohne Radio und Telefon (ich spreche von vor 50 Jahren) konnte man mit Armbewegungen, die ein Kreuz signalisierten, auf der Stelle Preisanstieg oder -nachlass, aller möglichen importierten Ware anzeigen. Mithilfe dieser Fernrohre und dieser Semaphore ließ man die Schiffe an der Reede warten, oder beschleunigte ihre Bewegung, danach stieg man hinunter in die Börse, um von dem provozierten Preis zu profitieren. Geschäfte sind schon immer das Wesentliche von Marseille, der »Kraftstoff«, der ihr Herz in Schwung bringt. Sie haben nur ganz einfach die Romantik vom Beginn des Jahrhunderts verloren: die Hügel am Golf geben keine Meerzeichen mehr, die Reeder stürzen nicht mehr in Droschken mit schnellen Trabern zur Börse, die »Geldsäcke« promenieren nicht mehr über die *Canebière* oder den *Cours Belsunce*, umschlungen mit Spitzen aus Malines und bestäubt mit Patchouli-Parfüm; die kleinen Aufgelder bringen keine Diamantenhalsbänder mehr ein, und so ein »Schubiak«, der in der Straße Zum-Grünen-Teppich einen Teppich sein eigen nennt, der legt den lieber auf die hohe Kante und treibt sein Geschäft in schmutzigen Laken vom Bett aus, mit Telefon zur Seite, statt den Gepflogenheiten aus einstmals großen Familien nachzugehen, die ihre Frachter nach der Tante »Hélène« benannten.

Bleibt also von dieser Epoche nur noch der Habitus gut gewichster Schuhe zurück (auch wenn sich das seit dem letzten Krieg und vor allem seit der Wildledermode nach und nach verliert). Es gab früher mehr Schuhputzerbuden und kleine Stiefelwichser mit Kasten als Bäckerläden. Der Marseiller hätte eher auf Brot als auf blitzblanke Schuhe verzichtet. Marseille ist die einzige Stadt auf der Welt, wo die Schuhputzer ein Spezialpuder benutzten, um die Schuhe »knarzen« zu lassen. Diese Erfindung ist seither leider verschwunden. Auf dem *Cours* (dem italienischen Corso) zu promenieren, bestand darin, Schuhe zu tragen, die blankgewichst wie Firnis waren und knarzen mussten. Seit Wildleder und Mokkassins in Mode sind, haben sich diese Gewohnheiten verflüchtigt (der Existenzialismus trägt dazu nichts bei, ein Marseiller Existenzialist lässt sich die Schuhe polieren, falls sie nicht aus Wildleder sind.) Die Schuhputzerbuden sind weniger zahlreich; sie haben sich alle eine wie die andere unter dem Boden verkrochen; kurzum, sie sind nicht mehr diese »Salons des gepflegten Gesprächs«, diese »Hohen Schulen« der Philosophie, südländisch, wie sie nun mal waren. Eher haben sie – sagt man – etwas von

Polizei an sich. Das hatten sie auch in alten Zeiten gehabt, aber mit tropischer Grandezza; seit sie Meinungsdelikten nachgehen, sind sie nordisch und stumpfsinnig geworden. Trotzdem ist eine Revolution in Marseille nur möglich mit Unterstützung der Schuhputzer.

Es gibt hier viel orientalische Luft und es ist unbestreitbar, dass der Schatten eines Harun al Raschid mit fürchterlichen Schlägen in der bürgerlichen Holzvertäfelung rumort; diese okkulten Manifestationen können einen an die Anwesenheit eines schlagenden Herzens denken lassen; jene, die sich davon vereinnahmen lassen, bezahlen es teuer. Die Stadt ist weitläufig, generös (in ihren Formen und ihrem Licht); sie hat die Schönheit von Perlmutt und den Klang von hohlen Muscheln. Sie ist zum Seewind hin offen durch die Canebière, eine Nord-Süd-Furche, in der man noch immer ein bisschen spazieren kann; leicht lässt sich unter den Passanten der alte vom jungen Beau unterscheiden: Mit halb kreisenden Tanzschritten stolzieren sie selbst da, wo's nichts zu stolzieren gibt; sie sind von oben bis unten gepflegt, das heißt, zu den polierten Schuhen kommt noch das pomadisierte Haar, das Gesicht, selbstverständlich behandelt nach Art der »heißen Dampftüchlein«, ist eine Sache für sich, das übrige zeugt von recht lateinamerikanischer Eleganz. Die alte Schöne wie auch die junge gibt's dort ebenso im Überfluss. Erstere verblüfft mit ihrer Korsage, ihrem Louis xv. Körper und segelt wie eine Fregatte; die zweite ist wie eine kleine Nuss, dunkelhaarig und frech; man muss wahrlich ohne jede Fantasie sein, wenn man dabei an das »Kreuz ihrer Mutter« dächte. Von Ost bis West, verlängert durch den *Cours Saint Louis* und die *Rue de Rome*, ging der *Cours Belsunce*; von dem sind nur ein paar Trümmer übriggeblieben. Seit man die Viertel hinter der Börse abgerissen hat und vor allem, seit man sie rekonstruierte, hat der *Cours Belsunce* seine einzigartige Besonderheit eingebüßt. Zur Zeit meiner Jugend war das selbst in der größten Hitze ein Hafen voller Kühle und »feiner Lebensart«; dort kam unter dem Sonnenschirm der Seidenrips mit kleinen Schrittchen knisternd ins Rascheln; dort gab es die steifen Melonenhüte, die großen Begrüßungszeremonien und die gesamte Komödie der sonnigen Länder.

Der Prado von Marseille war eine schöne Prachtstraße, ohne je den aristokratischen Anflug des Prado von Madrid zu haben. Er wird heute vom Autoverkehr verschlungen, bis auf den Arm, der zum Meer führt, wo er das geblieben ist, was er ursprünglich einmal war: eine Residenz voll Blattwerk und Vögel. Auf diesem Abschnitt wird die Allee noch von Wohnhäusern eskortiert, hübsch die einen, die anderen in reichlich ergreifendem Stil des neunzehnten Jahrhunderts, aber alle sind umgeben von schönen Bäumen und Rasenplätzen, bisweilen sogar von Buschwald. Sie führt in schönster Tradition der Abenteuer-Alleen hin zum Meer.

Von hier aus kommt man nach Les Goudes und zur Steiluferstraße mit ihren weißen Felsen, die noch vor Cassis enden. Doch im Hinterland von diesem Prado, auf Aubagne zu, öffnet sich wiederum eins der fruchtbarsten und opulentesten Täler der Provence. Davon sieht man hier und da nur noch Überbleibsel, mitten im grausigen Wirrwarr der Süd-Autobahn, die hier entsteht. Trotz dieses schrecklichen Opfers der Moderne an den Gott der Geschwindigkeit, sieht man mitten zwischen den stumpf niedergeschlagenen Hochwäldern, den umgestürzten Weiden, dem zerstückelten Wiesenland, noch wunderschöne Inseln voll Schatten und Frieden unter Ulmen, Hainbuchenhecken, Holunder- und Fliederbüschen, wo wohl noch für ein Weilchen die Kunst zu leben fortbesteht, diese Kunst, wie sie in der Belle Epoque im Tal der Huveaune existierte.

Manche Viertel der Stadt, wie das Camas, der Cours Gouffé, die Rue de la Turbine, die Avenue du Domaine-Flotte, haben viel Charme bewahrt. Einige Häuser im Stil kleiner Klöster, bisweilen übrigens von winzigen religiösen Bruderschaften bewohnt, besitzen noch romantische Gärten. Dort braucht man nur einen Baum, etwas Efeu, einige Glyzinienranken und ein bisschen Glaubenseifer, auf dass all die metaphysischen Konstruktionen der modernen Zivilisation in hallende Tiefen niedersinken. Die Straßen, oder genauer, die Gässchen dieser Viertel sind noch ganz empfindsam und ergriffen vom Schritt des Spaziergängers.

Eins der schönsten Bauwerke in Marseille ist die Vieille-Charité. Sie ist eine Anlage in piranesischem Stil. In dem Gewirr von Gässchen auf den Hügeln, die die rechte Hafenseite beherrschen, muss man sie wie ein Navigator suchen, der das Meer betrachtet. Diese alte Quarantäneanstalt wird glücklicherweise bis in unsere Tage hinein noch ganz von einer Bevölkerungsschicht bewohnt, die dem Kleinasien eines *pittoresquen Lädchens* entsprungen zu sein scheint.

Nach Cassis kann man mit dem Auto fahren (selbstverständlich). Also überquert man das weiße Kalkmassiv von Marseilleveyre; von dort sieht man, wie der Name schon sagt, die vollständige Bucht; man kann sich ihre ganze ursprüngliche Prächtigkeit leicht vorstellen. Diese etwa 300 Meter hohen Erhebungen über dem Meer sind sicherlich verwandt mit jenen Anhöhen, die wir auf der Seite von Rove und Estaque angetroffen haben. Auch hier drängt sich die Lektüre von Homer auf, wobei man wohlverstanden zuerst die Odyssee lesen sollte, die Illias aber genauso; diese nackten Felsen, dieser grelle Himmel, dies herbe Meer und bisweilen die jähen Böen eines ziemlich scharfen Windes, das alles erzählt ganz natürlich von heroischen Kämpfen. Allerdings glaube ich nicht, dass man gerade aus diesem Grund hier im Heideland ein Militärcamp jenseits vom Carpiagne-Pass errichtet hat.

Die »happy few«, die sich für eine Reise zu Fuß entscheiden (was wahrlich kein geringes Unterfangen ist), werden nach Les Goudes die Wege am Meeresrand einschlagen. Die sind heikel; das intensive Licht macht blind, die Brandung, die sich bricht und krachend gegen die fünf, zehn oder vierzig Meter tief abfallenden Felsen spritzt, zieht einen in ihrer monotonen Wiederholung von Lärm und knallender Gischt unaufhaltsam an; die hohe See ist ein waagerechter Schlund, der genauso wie andere Abgründe schwindelig macht. Doch solche Leute werden dann auch von oben aus die kleine Bucht von Oule sehen (das heißt den Kessel), was kein gewöhnliches Spektakel ist. Der Name dieser Bucht ist treffend: Ein wahrer Steinkessel ist sie, mit ganz und gar vertikalen Felswänden, um die 100 Meter tief. Dieser Abgrund mit einem Durchmesser von mehr als 200 Metern und durch einen 25 bis 30 Fuß langen Pass zum Meer hin geöffnet, ist voll mit Wasser, tief und violett, kaum temperiert vom Reflex der Alabaster-Wände; er wirft selbst die geringsten Geräusche zurück. Die kleine Welle, die da unten am Grund in ruhigen Augenblicken den Felsen liebkost, lässt ein Echo in extravaganten Klängen ausbrechen; der Mauersegler, die Meerschwalbe, die Seemöwe, der Basstölpel schlagen mit den Flügeln, als ob alle Waschfrauen des Himmels zusammen die göttliche Wäsche ausschwenkten, der Wind bringt hier die kosmische Kochkunst zum Tosen.

Man kann diese kleine Felsbucht genauso vom Meer her besuchen, wie andere auch, was allerdings seltener geschieht, denn sie erfüllt das Herz der Bürger mehr mit Angst als mit Begeisterung.

Diese ganze Küste bis nach Toulon hin, über La Ciotat, Bandol, Sanary, die Halbinsel vom Kap Sicié, besteht aus dem Massiv der Sainte-Baume, das sich ins Meer absenkt. Die Schlupfhäfen, die Wieks, die kleinen Buchten, die Kerbungen in den Küstenrändern sind eigentlich nur äußerste Endpunkte von untergegangenen Bergtälern. Im Landesinneren sind die Böden, die kleinen Ebenen und die Talsohlen mit Weinreben und Kirschbäumen bedeckt. Die kleinen Agglomerationen dort mit stark sarazenischer Bauernschaft verbindet ein landwirtschaftliches Leben, das sich sehr von dem im Comtat oder Richtung Cavaillon unterscheidet. Die Güter werden hier nie en gros hergestellt, sie zeugen eher von einer Philosophie, deren Wunsch, gut zu leben, schon seit Langem den Drang nach Mehrverdienst verdrängt hat. Nirgends sind die Berge besonders fern, und so lässt man sich gerne in ihnen nieder. Trotz der Anhöhen von 800 Metern, ja selbst von 1000 Metern in Richtung der Loube-Erhebungen über La Roquebrussanne und jenseits der tiefen und schwarzen Täler gen Garéoult, Sainte-Anastasie, Beaupré, Montrieux, Belgentier, haben wir noch immer die Basse-Provence; dabei geht es nicht so sehr um das Bodenprofil, sondern eher um den Charakter. Trotz allem, was einen Frühgemüseanbauer in Cavaillon von einem Kirschgartenbesitzer in Méounes unterscheiden mag, man findet den gleichen Blick, den gleichen Ton, sowohl beim einen wie beim anderen, und das Lebenslicht zünden beide mit der gleichen Fackel an. So gesehen, endet die Basse-Provence erst an der Route National 7 von Aix nach Nizza.

Jenseits von Toulon beginnt ein Land, das sehr mohammedanisch anmutet. Die Augen der Frauen sprechen von Plünderung, der Berberei und vom Serail; der Gang der Männer ist ein bisschen türkisch; das Gebirge schafft sich ein Taurus in klein mit seinen immergrünen Steineichen, seinen Korkeichen, seinen Kreuzzugrouten, seinen Dörfern, in deren Ruinen der Kreuzritterfestungen man Boule spielt.

An den Stränden dieser Region drückt die Mode eine dicke Schicht nackter Frauen zu Boden. Das Meerufer riecht den ganzen Sommer über nach Sonnenöl und Schweiß. Man kommt von sehr weit her, um hier zu verdauen; man verdaut hier alles: das Bedürfnis, sein Glück zu finden, sich sehen zu lassen und auszubrechen, die verpatzte Liebe und die gelungene (wie sie zumindest sagen), der Drang zu sein, die kleine Freiheit in Form eines Ammonshorns, der Wille zur Potenz-hoch-drei und zum Schluss die ganzen sechsunddreißig Dessous, die im modernen Leben notgedrungen kein einziges Echo mehr erwecken. Der Rückstand aus diesen Verdauungen schenkt der Luft den siegreichen Feldherrengeruch. Die Einheimischen haben sich dieser Hundehüttenatmosphäre nicht lange widersetzt; platt auf dem Boden wähnt die wiederbelebte Leiche gar, noch zu leben.

Die Route Nationale 7, von der ich gerade sagte, dass sie in dieser Region die Grenzlinie zwischen der Basse- und der Haute-Provence ist, nähert sich, wie man der Karte entnehmen kann, dem Meer. Hinter Fréjus drängt sie das Massiv von Estérel wieder nach unten. Das aber verdient, nach oben gestoßen zu werden: es hat Tausende von Autofahrern so abgestoßen, dass man gerade Millionen ausgegeben hat, um drum herumfahren zu können; es ist wild, ohne jede süße Lieblichkeit; die Leute, die dieses Gebiet bewohnen, sind überaus gediegen, sie haben keinen Geschmacksfehler begangen. Man könnte sogar meinen, dass sich die Haute-Provence, ließe sie die Route Nationale 7 unbeachtet, hier geradezu ins Meer wirft. Danach, gewiss doch, da ist dann Cannes etc., etc.

Doch lasst uns auf unsere Route Nationale 7 zurückkommen. Zu Beginn dieser Übersichtsbeschreibung hatte ich mir vorgenommen, sobald ich mit der Basse-Provence fertig wäre, über die Hochebene im Norden in die Höhe vorzudringen; dann aber gedachte ich, lieber ins Comtat zurückzukehren und das Tal der Durance zu benutzen, um in die Höhen zu steigen; zu guter Letzt nun denke ich, am einfachsten ist es, von hier aus aufzubrechen. Denn hier sieht man, wie das Estérel mit seinen stumpfen Felsen, seinem Dornengestrüpp (und seinen Mimosengewächsen, habe ich mir sagen lassen) ins Meer einfällt. Man braucht nur über der Auberge des Adrets auf den Berg Vinaigre zu steigen, und von der Nordwest-Windseite aus Umschau halten. Zunächst überblickt man erst mal ungestüme Tiefen voller grauer Föhren, aus denen ein trockener, wüstiger Luftzug aufsteigt (gerade durch diese Böden geht heute die Autobahn.) Nichts singt hier: weder Vogel noch Erinnerung noch der poetische Schwung, der den erfüllt, der sich auf 600 Meter hochgearbeitet hat – sei's auch mithilfe eines Motors. Jenseits der ersten bergig ansteigenden Ebene, die diese finstere Talmulde beherrscht, in der man die Gebeine aus ein paar kleinen Dörfern ohne Rauch noch Leben vor sich hin bleichen sieht, da erheben sich schon ganz blau die Voralpen aus dem Hochland.

Nun denn, dem Reisenden, der dort unten an Fayence vorüber gezogen ist und sich auf verschlungenen Pfaden nach Bargemon durchschlägt, dem öffnet die Bergwelt das Spiel ihrer Phantasmagorien. Es handelt sich nicht mehr darum, diese Art Freiheit des Geistes zu spüren, die einem, wenn's absolut nicht mehr höher geht, gleich Nichtigkeitsgefühle beschert. Auf einer Strecke von 18 Kilometern trifft man 13 romanische Kapellen an, alle in diesem tibetanischen oder aztekischen Stil, dem die frühen, großen Schreckensherrschaften auf dem ganzen Erdkreis verpflichtet waren: Notre-Dame-des-Cyprès, Notre-Dame-de-l'Ormeau, Sainte-Anne, le Saint-Bel-Homme, Notre-Dame-des-Selves, le Martyr-Reclos, la Vierge-des-quatre-Chemins, Saint-Auxile und noch weitere Kapellen, deren Namen bloß gemurmelt werden und sich von Mund zu Ohr fortpflanzen, immer verändert, nie festgelegt, als ob sie dazu bestimmt seien, irgendetwas Unbekanntes in Erinnerung zu rufen. Alle Kapellen sind gute Bauwerke, aus hartem Gestein und aus Schrecken gemacht, alle haben sie die Kappe über die Augen gezogen und schreien, den Mund im Staub, seit Jahrhunderten in der Einöde; doch nicht umsonst: derjenige, der glaubensvoll und hoffnungsfroh mit dem Stock in der Hand in diese Regionen eindringt, der bleibt unter den Bogengängen stehen und lauscht. Er weiß, dass die Stille voller Lehren ist.

Bei Bargemon sind die Wege verworren wie Wollfäden, mit denen Katzen gespielt haben. Egal, ob man in die überschaubaren Gegenden zurücksteigen will oder weiter vordringt in das Kerngebiet, die Wege kreisen um sich selbst, als ob sie sich nicht entschließen könnten, euch zu diesem oder jenem Ort zu fuhren. Sie haben keine Lust, einen für die Richtung Draguignan zu begeistern; sie weigern sich aber auch, einem die Bergwelt zu empfehlen. Man muss schon selbst entscheiden. Übrigens, das Dorf hier ist eine Art Felsenoase mit lauter kleinen Handwerkerberufen; alle um einen Platz, so düster wie ein Brunnenboden, versammelt, Berufe, die für das einsame Leben in den Steppen unentbehrlich sind: einen Riemen wieder flicken, einen Bart scheren, ein Messer schleifen, ein Nadeletui auffüllen etc.

Doch dem, der sich entschieden hat und von Bargemon gen Westen weiterzieht, dem erschließt sich ein symphonischer Aufbau, begleitet ihn, erhebt ihn und umringt ihn schließlich ganz, sobald er den Fuß auf die Hochebene setzt. Zunächst hat er an den Wegbiegungen des Aufstiegs den höchsten Gebirgskamm der Alpen hochragen sehen, aufrecht jenseits der Schlucht von Allos über der bronzenen Erde. Er ragt in den Azur wie eine, dann zwei, dann drei Spitzen, aus hellem Feuergestein gehauen. Weit weg im Osten liegt Italien: die Rocca Bianca, der Berg Ténibre, dann in den Norden hinein hochschießend die Spitze von der Font Sancte, der Izoard-Pass, der Rochebrune-Gipfel, der Mont Cenis und schließlich der Pelvoux, der sich mit seiner ganzen Verkettung in Richtung Grenoble enthüllt, gerade in dem Augenblick, in dem man voller Entzücken stillsteht unter den virgilischen Gewölben der Kapelle von Saint-Ours und dann weitergeht und den Nartuby überschreitet.

Die Erde ist hier ganz eisengrau, an manchen Stellen übergoldet von derben Flechten, die alle nordwärts an den Steinen haften. Leicht gewellt, auf all seinen Wunden und Beulen kurzstämmiges Weißeichengehölz tragend, das der Wind bestreicht, so steigt die Hochebene an zu den Höhen von Grasse, von Gourdon, Saint-Vallier; dann, nach Comps und Castellane hin, dringt sie durch einen rötlich-seidenen Höhennebel tief in das Gewirr der provenzalischen Alpen ein: der Pelat, Restefond, Blanche, Voga, Empeloutier, Courrouit; fantastisch zurechtgeschnitten zu lauter Formen wie Wachttürme, Schiffsbuge, Segel, wie ein wahres Konstantinopel der Lüfte, so fuhren all diese Gipfel von einer Ebene zur anderen sämtliche Varianten an Blau mit ein.

Hat man den Nartuby überschritten und ist bis zur Route de Montferrat gestiegen, dann setzen sich all diese erhabenen Tiefen grummelnd in weiter Ferne fort, während tausend Flöten und Oboen, Trompeten, Posaunen und himmlische Klarinetten im Rhythmus des Schritts das Orgelspiel begleiten. Hier findet sich zu euren Füßen ein Büschel

Lavendel oder, wenn man Glück hat, eine dieser Ringelnattern mit algebraisch-feingliedriger Muskulatur, auch die wie mit Steinflechtengold überzogen; da steht zum Greifen nah ein Birkenstamm, so zart und seidenweich unter den Händen wie die Flanke eines Fohlens, oder in Mannshöhe duftet der Zweig einer Linde; da schwingen sich direkt über dem Kopf, betörend schimmernd die Eichelhäher in die Luft, schwarz huscht der Wurfspeer einer Drossel vorbei, zehntausendfach tänzeln die Stare in der Luft, wie ein davonfliegendes Nesseltuch, mit jedem Flügelschlag Farbe, Ton und Form verändernd und um einen herum den harmonischen Wandel dieser Milliarden Tonnen von Alpen und Hügel mit sich reißend. Schließlich nehmen die Szenerien im Vordergrund, je nachdem, wie man sich vom Peygros her nähert, ihren Platz ein: der kahle Mourre de Chanier, der Berbené, die Höhen von Chasteuil, Villars-Brandis, die Felsen von Castellane, kastenwagenblau getüncht, hingesetzt in einen Nebel aus zartem Kükenflaum.

Jetzt tritt man in die Einöde einer Hochebene von 1000 Metern auf 40 Kilometer Länge und 95 Kilometer Breite. Das ist die Ebene von Canjuers. Wie hergerichtet für die Szenerie eines großen Theaters, wo die Einsamkeit spielen soll, so stehen die Berge rings im Umlauf des Horizonts an ihrem Platz und rühren sich nicht. Und der Fußgänger, der hier seinen Marsch fortsetzt, hat selbst das Gefühl, unverrückbar zu sein. Er steht an der Stelle auf dem »Plateau« (man muss das hier so sagen), die der Regisseur angekreidet hat, und hier spielt er seine Rolle, ohne sich zu bewegen. Nichts greift die Moderne mehr an als diese hohe Stätte. Die Luft ist von exquisiter Reinheit, die Lunge wird zum Erkenntnisinstrument; sie schmeckt das Herbe der Gletscher, sie nimmt die unberührten Räume in sich auf, sie atmet schließlich anderes ein als eigene Überbleibsel oder

Rückstände, ja sie ringt mit den Elementen des Lebens. Und um die großen metaphysischen Bedürfnisse mit wilder Nahrung zu füttern, wird sich der Fußgänger hier der Tatsache bewusst, dass das Leben an sich die Moderne zerstört. Sogar das Flugzeug, das bisweilen quer über diese Landschaften streicht, zur Kurierzeit zwischen Paris und Nizza oder Paris und Rom, verschwindet wie weggewischt von dem neuen Ausbruch des Lebens und vertauscht sein Surren mit dem Brummen eines Bienenstocks. Oder gar selbst mit dem Tönen der Stille. Die Stille! Dieser große Erzeuger roter Blutkörperchen in jeder Hinsicht, der einsame Beseeler der Seele, die Stille, die neben einem »mit zusammengebissenen Zähnen« marschiert. Wozu übrigens auch dieser Singsang der Glocken gehört: Ziege? Geißbock? die Stadt von Ys? Ein Rascheln von Engelsflügeln? Dies dumpfe Rollen: Wind? Hallender Donner aus wolkenlosem Azur? Stürzende Einbrüche in weit entfernten Sonnen? Dies langgezogene Bellen: Schwellen der Gehöfte (die man nicht sieht und die es auch gar nicht gibt)? Herden? Schwitzendes Sintern der Hölle? Man weiß nicht. Möglich ist alles, gewisser aber als Gewöhnliches ist die Magie. Über diesen weiten, öden Ebenen erheben sich unaufhörlich die Wahngebilde des Geistes. Die Sinne, einmal mit ursprunghafter Kost genährt, geraten ins Taumeln. Die großen Schrecken, die großen Hoffnungen, sie laufen mit den Schatten der Wolken mit. Weich ist das Salz, so nachgiebig wie das Sprungbrett für wahres Heldentum. Die Weite dieser verzauberten Böden saugt einen langsam und stetig auf. Es gibt nur noch diese Spur, die euren Schritt mitzieht. Dies Gras ist nur noch da für euren Fuß; sofern euer Blick auch nur ein bisschen in die Ferne schweift, ist sie bronze- oder goldfarben, aber von einer so magischen Tönung, dass der geringste Windhauch das Metall darin in einen Stoff verwandelt, der keinerlei Namen mehr im System der Elemente hat; das ist aus etwas wie Silber, aus etwas wie Schaum, das ist wie Silberschaum, wie Monsterhaare, der allergrößte Speicher der Welt voll Söhne der Heiligen Jungfrau, oder das Straßenpflaster zur Hölle, der Hölle, immer präsent in den allzu subtilen Wonnen dieser Ländereien, wo sich die ganze Harmonie vereinigt und zusammendrängt. Dies Gelingen ist so vollkommen, dass einen die Wachtel in Furcht und Schrecken versetzt, alles könnte Zusammenstürzen und ineinanderlaufen, wenn sie nicht brav mit dem Schnabel klappert, wenn diese Blume, die da hin- und herschwankt, ein Blütenblatt verliert, wenn dem Finkenfalk, der über einem seine Runden zieht, eine Kurve misslingt. Aber die Wachtel kennt ihre Partitur ganz genau, die Blume ist kräftig, und der Finkenfalk ist schon seit Urzeiten Meister im Rundflug. So hat man denn schlicht den Eindruck, dass das ganze Gleichgewicht, an dem man seine Freude hat, an lauter Nichtigkeiten hängt; und genau darin offenbart sich das Wesen der magischen Spannung.

Andererseits modifiziert sich die Ordnung der Szenerien, der Beleuchtung und der Sonnenaufgänge rings um den Fußgänger durch eine kaum wahrnehmbare Verschiebung. Er hat bereits die duckmäusigen Täler hinter sich gelassen, die den Berg von Barjaude umrunden, er ist an dem langen einsamen Gehöft von Lagnerose vorbeigezogen, das wie ein tibetanisches Kloster aussieht; ist zum Serière de Lagne hochgestiegen. Er steigt jetzt gerade herab, auf den winzigen Weiler von La Barre zu.

Um ihn herum liegt der Boden voll mit Knochen und ausgebleichten Schädeln. Ist das, so weit man blicken kann, das Schlachtfeld der himmlischen Legionen? Hier liegen Schädel, so groß wie Nüsse, dort groß wie eine Faust, hier wie Menschenschädel, dort sind sie riesenhaft; die Schenkelknochen, die Schulterknochen, die Brustkörbe haben desgleichen alle möglichen Dimensionen. Es ist, als ob man hier die Skelette von Tausenden Kindern, von Zwergen und Leviathans ausgestreut hätte. Das ist das Bruchfeld eines Tuffgesteins, den der mürbe Kalk mit kleinen Häubchen versehen hat. Der Regen, der hier Kalk mit sich führte, hat diese Augenhöhlen, diese Öffnungen von Nasenflügeln, diese klaffenden Münder ausgewaschen. Doch die wissenschaftliche Erklärung genügt den Sinnen nicht. Es behagt einem mehr, wenn im Unterholz der Eichen der Wind einen Begräbnisgesang durch die Zähne pfeift, wenn da die Verrenkung eines Urzeit-Wilden unbeweglich in die Höhe ragt – tot, natürlich –, wenn einem die Feindseligkeit des Himmels – nackt, glatt, leer – offenkundig entgegentritt.

Bevor man weiter, auf den nördlichen Rand zu, in dieses Gobi vordringt, auf Aiguines und den Graben des Verdon hin, wenn man mitten im Herzen der Einsamkeit die kleine Straße von Vérignon bei dem verlassenen Gehöft Nouguière einschlägt, landet man auf Gebirgskämmen, die das ganze Haut-Var beherrschen. Der Blick schweift über die Dünung der drangsalierten Böden bis zum Berg Sainte-Victoire herüber, der Aix beherrscht, zum Massiv Sainte-Baume, den Aurelien-Bergen, die Saint-Maximin Schutz bieten, dann zum Massiv von Notre-Dame oberhalb von Brignoles und dann jenseits davon zu den Maures. Unsere berüchtigte Route Nationale 7 läuft da unten mitten durch Grund und Boden; und von hier bis zu dieser Hochland-Grenze sieht man die Rauchfahnen einiger wunderschöner Dörfer in die Luft hochsteigen, als wären sie ihr Atem. Das Gefälle der Wasserläufe neigt sich dem tieferliegenden Tal von Argens zu. Sobald die Feuchtigkeit die Erde erweckt, strebt ein außergewöhnlich zarter Baumwuchs in die Höhe. Nach Wacholder, Lavendel und derbem dornigem Gestrüpp, sprießen aus allen Tälern die aristokratischen Wipfel der Pappeln, schillernde Zitterpappeln und weißstämmige Birken hervor. Die Wasserläufe dieser trockenen Böden sind rein und eiskalt, sobald sie nur etwas an Tiefe gewinnen, färben sie sich stahlblau. Diese Wäldchen sind zu Tausenden von Vögeln heimgesucht und werden von vielen Träumern bevorzugt, an ihnen fehlt es dem Lande nicht. Die einen versuchen, ihre ständige Rumschwärmerei durch Angelruten zu rechtfertigen, und die noch Durchtriebeneren nehmen sogar Fangnetze; manche Machiavellisten haben ein Buch unter den Arm geklemmt (da fragt man sich wirklich, ob man im Jahr 1961 ist, sie genießen die Bestürzung, die sie hervorrufen). Andere (das sind die Schwächlichen, die nur kurze Hosen tragen oder sich derer zur Hälfte entledigt haben) unterhalten winzige Gärtlein, die sie mit einem unerhörten Aufwand kleiner Wasserrinnen bewässern; nun ja, aber da muss man natürlich mindestens Notar oder Mediziner sein oder Postamtsvorsteher, solche sieht man Spazierengehen, einfach so, mir nichts dir nichts im Schatten, in der Kühle, eine Blume im Mund.

Von oben, von den Berghöhen von Nouguière, ahnt man sie: Direkt am Saum der Wildnis, hier ist die Luft so weich, kleine Windstöße so leicht, die Geräusche steigen ganz natürlich aus dem überragten Landstrich hoch: Aups, Salernes, Cotignac, Carcès, Villecroze, Lorgues, Correns, lauter kleine Marktflecken und sogar auch Dörfer: Varages, Tavernes, Esparron, Saint-Martin, die ein sehr Stendhal'sches Spanischtum leben, jeden Augenblick so, als wäre die Zeit nicht gezählt. Das heißt für mich: das Wesentliche erleben, Leidenschaften durchleben (von denen gewisse dämonisch sind), denn was die übrigen Menschen betrifft, nun ja, die tauschen mit den Nachbarländern im Umkreis Lastwagen aus, Briefe, sogar Touristenautos.

Wenn man nun aber, statt nach links in diese kleine Route de la Nouguière einzubiegen, geradeaus weitergeht durch die Canjuers-Ebene, durch buckliges Land, so kommt man schließlich zu einem eigenartigen Söller. Trotz der Windstärke, trotz der Anmut aus Licht und Firnis der Farben, konnte man sich bisher noch im Flachland wähnen und plötzlich, ohne je gestiegen zu sein (außer da unten bei Bargemon, aber das hat man schon lange vergessen), fühlt man sich auf einmal wie auf Stelzen hoch über einer tiefen Leere und einer gewaltigen Weite. Dieser Gebirgsstock mit den Höhen Barjaude, Aigle, Peygros, Beau-Soleil, mit Sioune, Chamail, auf dessen Plateau man hier oben ist, dieser Gebirgsstock ist nämlich genau der, den der Verdon mit seinen Schluchten zerteilt, auf dem man die ganze Zeit 1000 Meter hoch gewesen ist, und von dem man nun den Gebirgskessel von Vaumale überschaut, wo auf halber Hanghöhe Aiguines liegt. Eigentlich reißen sich am Ausgang der Schluchten die beiden Departements Var und Basse-Alpes, deren Grenze diese Schluchten sind, um das »Sublime«: Das Var, das auf der linken Uferseite seine »Corniche Sublime« hat – dort liegt nämlich die sublime Hotelgewerkschaft und der Gemeinderat – und die Basses-Alpes auf der rechten Seite, viel bescheidener mit ihrem Berg »Point Sublime«. Man kann die Beschreibung dieser Superlative und dieser »PS-starken Spiegelgefechte« in allen fachlichen Reiseführern finden. Diese Schluchten führen einzig und allein zu der Erfahrung, dass die Leere Schwindelgefühle verursacht und diesen durch Ingangsetzen von Kontraktionen in der Gegend des Plexus Solaris Erleichterung verschafft. Wer aber seine Seele einsetzt (ein Instrument, das feinfühligere Handhabung erfordert und das zugegebenermaßen mit einer gewissen Praxis), dem verschafft der Balkon unterhalb des Vaumale-Kessels Empfindungen höchst ungewöhnlicher Art, wenn man vom Canjuers her kommt.

Hier ist die Landschaft keine Kipplore auf bühnenwirksamen Schienen; sie stürzt einen nirgends herab, sie empfängt einen wahrlich mit Hochherzigkeit, mit Würde, sehr großzügig, indem sie aus ihren Nöten Kleinodien schafft und ihre Schönheiten in Bescheidenheit taucht; sie verheißt einem keine Fanfarenklänge und Trommelwirbel, sondern Konversation. Sie hat nicht im Sinn, einen zu belästigen, aber sie möchte verführen; sie verwechselt einen nicht mit einem Kind, sondern behandelt einen als »honnête homme«; noch besser, sie wendet sich an einen wie an einen Mandarin aus den Zeiten des alten Europa, nunmehr allerdings noch feinsinniger als die Chinesen des neuen China.

Tief unten, einige 100 Meter weit, liegen Tal und Verdon-Wasser im Sand wie ein mit Blättern beladener Zweig Minze. Auf kleinen, mageren Böden, auf die das Grün der Wasserläufe abgefärbt zu haben scheint oder die sich mit den leichten Grau- und Blautönen vermischt haben, da steigen über die Sturzhänge, munter Farben tragend, – gleichwohl ein bisschen begräbnishaft – alte Mandelbäume auf, da zieht das kupferne Blattwerk der Eichen hoch oder überraschend auflodernd das Gebüsch von Holunder und Waldrebe, deren weiße Blüten alle nachbarlichen Farben steigern.

Ein paar alte Mauern, vergoldet von Flechten, stützen Terrassen ab, die mit Reihen von Artischocken in Kreuzstichmuster verziert sind, von etlichen Saubohnenkarrees mit aufgeschlitztem Wollgewebe oder von dem hellen Knospenflaum der Kichererbsen oder Linsen; doch hoch vom Balcon aus, von wo aus man auf die Farben niederblickt, haben sie ihren Gemüsewert verloren, um der Würde rein pittoresken Wertes nachzukommen, und zu solchen Freuden der Malkunst kommt man eben nur über den Spaten des Gärtners. Stattliche Wäldchen mit Zitterpappeln verbergen die Wasser unter Wippen und Wiegen, plusternd wie Straußenfedern, oder ein Windstoß lässt, etwas heftig bisweilen, wie gegen ein Riff einen zerplatzenden Schaum aufsprühen, pflanzlicher Blütenschaum indes, aber mit lauter Glasperlen aus Wasser.

Jenseits des Tals, dem man ansieht, dass es eine Absenkung von Felsen aus Sandstein, Tonerde und Ockergelb ist, das überall aus den Abhängen sickert in blutroten Farbtönen (aufleuchtend im Dunkelgrau einiger Pinien) und goldgelben Schattierungen (temperiert vom frischen Rot der Schneckenkleefelder), und jenseits der Kante, die gezackt ist vom Eichenlaub des Plateaus davor, da sieht man schier bis ins Unendliche hinein einen blauen Landstrich, auf dem sich lauter rauchiger Dunst niederlässt. Der Osten ist versperrt durch die beleibte Fülle des Mourre de Chanier, an dessen Abhängen der Blick entlangstreift; im Hintergrund tauchen der Ventoux und das Lure-Gebirge auf; im Westen liegt die Öffnung, durch die die Durance in das Comtat einzieht; im Süden steigt das Sainte-Victoire-Gebirge an, von dem man die Nordseite und, den Kamm wie eine Ringelnatter sieht (doch schaut man von Süden her, dann ist der Berg Sainte-Victoire ein Schiff mit aufgehissten Segeln), und ganz unten im Süden erhebt sich das Sainte-Baume Massiv, dem zu Füßen Marseille liegt und das Meer.

Man muss hinuntersteigen, Aiguines hinter sich lassen, das Tal durchlaufen, über Moustiers-Sainte-Marie hochsteigen, um die Bergwand vom Mourre de Chanier zu umrunden, der uns ein großes Stück Land der Haute-Provence verbirgt. Und zwar nicht das geringste. Dieses Stück Land bekommt man mehr und mehr zu Gesicht, wenn man sich, einmal den Fuß auf das Plateau vor sich gesetzt, den extremen Abhängen des Serre du Montdenier nähert, hinter Notre-Dame-de-Beauvoir in Richtung Saint-Jurs, ein Stück Land, das man sieht, wenn man die Ufer des Tals der Asse erreicht hat.

Es ist eine Anhäufung von Bergen: der Denjuan, der Cheval Blanc, der Tête de l'Estrop, die Trois Évêchés, Côte-Longue, die Blanche, der Grand Coyer, der Cugulet, die Coupe, die Séolane, die Pompe, Chamatte, die Autapie (hinter denen Gipfel auftauchen, die wir kurz vorher vom Grand Plan du Canjuers gesehen haben: der Pelat, der Allos, der Berg Ténibre und Italien), der Blayeul, die Monges, die Préalpes de Digne, der Grand Bérard (der schon im Dauphiné liegt, wie der Pelvoux, den man ebenfalls sieht), und hier sprechen wir nur von den Gipfeln über 2000 Meter; insgesamt ein Relief von mittlerer Höhe zwischen 1000 und 2000 Metern.

Diese Gebirge sind jansenistisch. Die Schnittwunden der Erosion lassen ihre Seele aus Schiefer und Granit zutage treten. Schwarz, glänzend und streng bis zur Verblendung versagen sie sich die geringste Freude, es sei denn, sie käme aus der Hingabe an Gott. Ihr Ruhm ist eine einzige Harmonie des Elends, gesungen in Moll von klapperndem Kieselgestein, burentuchfarbig, vom tobsüchtigen Schrei der Wildbäche, vom Kreischen des Adlers, einsam obwohl zu zweit. Das Leben dieser Berge ist ein Kampf gegeneinander, um durchzukommen und härter als jeder andere Berg, gegen den Himmel zu schlagen; so stürzen sie zusammen, ganze Täler füllend mit herabspringenden Felsen und Unmengen von Staub, Täler, die dann monatelang vor sich hinbrüten und mit dem Qualm, den man für Rauch aus einer gewaltigen Kohlenglut halten könnte, ganze Kantone der Welt entziehen.

Die Straßen führen weit um sie herum; trotz dieser Vorsichtsmaßnahmen sind sie zuweilen versperrt von Steinlawinen, so kalt wie Eis, oder vom Astbruch, den der Sturm aus den Wäldern fetzt. Manche Pfade versuchen, diese Widerstandsfestungen zu durchdringen, indem sie flussaufwärts dem schwierigen Lauf der Gewässer folgen, die dort herabfließen. Man lässt es also darauf ankommen, ob man in den mageren Mulden eines Tals auf drei oder vier niedrige Häuser treffen wird, die mit schieferartigem Gestein oder Stroh bedeckt sind, aneinander getrotzt, Giebel an Giebel, wo man wie einen Schatz ein Dutzend Hühner hütet, vier oder fünf Mutterschafe, einen Hund; schließlich auch ein paar Frauen, ein Mann oder zwei, eine Kinderschar, alle mit grünen Augen, stumm, langsam in ihren Gesten, erst nach längerer Zeit des Umgangs mit ihnen entdeckt man ihren ungewöhnlichen Wert. Diese kleinen Weiler sind niemals mit Auto oder Elektrizität in Berührung gekommen. Manche haben ihren Hirten schon seit mehr als hundert Jahren verloren, alle sind wie brennende Herdfeuer voll herber Leidenschaften, voll weiser Nachdenklichkeit, trotz ihres Naturells. Landstriche, merkwürdigerweise ohne Wundergeschichten, auch ohne Werwölfe; hier stößt man nicht auf uralte Schreckensherrschaften, auch nicht auf Schrecken schlechthin, im Gegenteil: ein friedfertiges Einvernehmen, ein Misstrauen gegen die falschen Werte, ein Wissen um die Welt, welches alles dem Ereignis zuschreibt, und zwar dem regionalen Ereignis; der übrige Rest des Erdenrunds zählt nicht. Und wenn man die Umgebung betrachtet – ihre Umgebung –, ist es schwierig, ihnen zu sagen, dass die vielleicht eines Tages ihren Wert haben wird.

Aber demjenigen, der die Dächer dieses Tibets am orientalischen Saum des Asse-Tals überblickt, dem liegt danach sogleich das Tal mit dem Zufluss zur Durance zu Füßen, der hat das Plateau von Puimichel vor sich, ein Stück zu seiner

Linken das Lure-Gebirge, das nunmehr den ganzen Horizont nach Westen hin wie eine chinesische Mauer versperrt.

Jenseits des Plateaus von Puimichel öffnet sich das Tal der Durance. Seit wir von Bargemon aufgebrochen sind, formieren sich die hohen durchwanderten Landschaften zu einer einzigen geografischen Grenze, egal, ob sie nun vom Verdon, später von der Asse zerschnitten sind, oder ob sie Canjuers, Plateau de Valensole oder Plateau de Puimichel heißen. Jenseits der Durance ändert sich alles.

Obwohl die Durance in den Berghöhen des Montgenèvre entspringt, ist sie an der Stelle, wo wir auf sie stoßen, ganz und gar hochprovenzalisch. Bevor sie die Asse und den Verdon aufnimmt, mündete die Bléone in sie. Diese drei Bergströme kommen aus den streng jansenistischen Bergen. Die Durance besitzt genug Rauheit und Stolz, um sich mit all ihren Unerbittlichkeiten schwarz einzufärben und doch, ist sie da, gebettet auf Kieselsteinen, sanft und flaumig wie ein Feigenzweig. Erst ab Sisteron reibt sie das Wasser gegen das rechte Ufer. Die Durance ist keineswegs eine untertänige Geliebte, sie ist eine gediegene Kanaille, die sich die heftigen Regengüsse und wütenden Stürme zunutze macht, um in den Obstanbau hineinzuwallen, in Weinstöcke und Gärten hinauf, während sie hier einige Hektar Boden mit sich reißt, da ein paar Mutterschafe, dort einige Häuser. Oft genug schon hat man den Fluss gen Vaucluse davoneilen sehen, Betten, Wiegen, Pferdegespann, Bäume und selbst die gute Erde mit sich reißend. Unter der heißen Sonne, unter dem klaren Himmelsblau, sicher, da mimt sie die zahme Katze, gewiss, auf ihre Art, denn die Durance ist kein friedlich vor sich hin glitzernder Fluss, sie reckt und streckt sich, sie lacht mit ihren Kieselsteinen, sie putzt sich auf mit purpurroten Bäumen, sie flaniert, sie trabt, sie bezirzt, sie zappelt, doch sobald ein Sturm aufkommt grollt sie, schwillt sie an und zerreißt mit ihren blanken Pfoten die Böden ihres Tals.

Ihr Tal, das stromabwärts in dieses berühmte Comtat mündet, von dem wir eben noch sprachen, ist in der Nähe von Manosque fett wie eine Schafsniere. Nach so viel Wüste, so viel Ödland und Gebirgen liegt eine weite Oase vor einem, hier wird man reich: Ade, ihr geistigen Werte.

Sobald man sich dem rechten Ufer nach La Brillanne nähert (dem Hasenberg), etwas über Manosque, da lacht die Luft voll Zärtlichkeit. Durch weiche Hügelungen steigt man das Lure-Gebirge hinauf. Hier ist Venus zu Hause. Nicht etwa Aphrodite oder jene, die aus der Muschel von Botticelli steigt, sondern die virgilische, die bäuerliche, die *Copa*, diese Syrerin mit griechischer Mitra, die den Vorübergehenden zu Fleisch und Wein verlockt, zwischen Käse und Früchten den Tag der Tage zu genießen. »Sieh die Bäume, zu riesigen Laubenlustgängen gewachsen, und hier, der Holzschlag, eine Rose, eine Flöte, eine Lyra in der kühlen Wiege, die dies schattige Schilfrohr schafft. Hier, in dem gefälligen Schlupfwinkel das liebliche Gezwitscher, das die Schäfer der Hirtenflöte entlocken. Sieh, dieser dünne Weinstrahl, der sich gerade aus dem Krug, eben noch mit Pech versiegelt, ergießt. Hör das Bächlein, wie es gluckert und rau vor sich hinmurmelt. Und immer wieder: da sind sie, violette Blütenkelche des Safrans und Ringelblumengirlanden, in die sich der Purpur einer Rose mischt und am Saum eines unberührten Gewässers gepflückt, die Lilien, die Achelus' Tochter in ihren Weidenkörben heimtrug. Hier die kleinen Käse, die, gepresst auf Binsengras, getrocknet sind und Herbstzeitpflaumen, so weich wie Wachs. Da sind die blutenden Maulbeeren, der Wein, dessen Trauben ganz sanft der Hand nachgeben, und bläuliche Auberginen, die an ihrem Strang hängen, Esskastanien und Tomaten mit ihrer duftenden

Röte. Da ist Ceres, rein und unverdorben, da ist die Liebe, da ist Bromius. Da ist der Wächter der Strohhütte mit seiner Sense aus Weidenholz. Trotz diesem gewaltigen Ding, das er da am Unterleib hat, sieht er nicht so recht zum Fürchten aus.«

Die Gehöfte, auf die man trifft, sind nicht sehr prunkvoll, sehen eher bescheiden aus, aber bei ihnen findet man das ganze Königreich des Epikur. Kein Stadthalter nimmt je edlere Speisen zu sich und gesundere als solche von diesen Menschen hier. Sie haben fast ein in sich geschlossenes Wirtschaftssystem, sie bauen alles, was auf ihren Tisch kommt, selber an und alles, was auf ihren Tisch kommt, ist ganz besonders frisch. Sie sind weise in ihrer Lebensart: sie schaffen sich ihr Glück mit kleinen, äußerst pflegsam gehüteten Details; sie sind Aristokraten, von Kopf bis Fuß. Ihre Reichtümer sind solide und natürlich: sie lassen sich nicht in Geld ausdrücken. Die Herden sind winzig; die Felder, auf einen Mann zugeschnitten, werden noch von Hand bestellt; im Übrigen erlaubt ihre Lage, hier und da auf Terrassen, keine Nutzung mechanischer Mittel. Alle diese Bauern betreiben ihr Handwerk mit einem Wissen, das sich von Generation zu Generation fortsetzt und verbessert, und sie sind genauso geschickt in der Arbeit wie im Vergnügen.

Der Boden selbst verteilt zermürbende Streicheleinheiten: kleine, niedrige Olivenhaine, Weidenwäldchen und Espen, hier und da hoch aufgeschossen eine Zypresse oder eine Pappelreihe, Getreide-Karrees, zwanzig Schritt lang, Gärtchen an den Bächen entlang, Wasserläufe mit Krebsen und in den schmiegsamen Tälern der Samt der Wiesen, Seewasserblau.

So pendelt man hin und her, von Talmulde zu Talmulde, den Lauzon, den Largue und 50 kleine Bächlein entlang, alle voll mit weißem Fisch, mit Laubfröschen, mit Sommeranglern und mit zitterndem Schilfrohr, und steigt unmerklich langsam ins Lure, bis zu den Gebirgsrändern hoch.

Ohne irgendetwas an Lebenskunst zu verlieren, verlieren die Leute dieser Regionen nach und nach in der Höhe ihre Olivenbäume, ihre Pappeln, ihre Kornfelder, ihre Gärten und ihre Gewässer. Die letzten hausen in den Einöden, ähnlich denen vom Canjuers, in fast tellurischer Dramatik, vergleichbar mit der in den jansenistischen Bergen (obwohl freizügig unter dem weiten Himmel aufgeführt), aber sie bewahren sich diese königliche Seele, welche in einer einzigen Minute die babylonischen Gärten aufzufinden vermag.

Vom Lure aus sieht man die ganze magische Haute-Provence sich entfalten: von den Alpen zum Sainte-Baume-Massiv, vom Sainte-Victoire-Gebirge zum Pelvoux, von den Aurélien-Bergen zu den Gipfeln der Haute-Drôme, von Cavaillon nach Sisteron, dieses ganze Land diverser Burgvogteien, voller Kastanienwälder, Weidengehölz, Olivenhaine, Lavendelfelder, Brombeergesträuch, qualmt, schnarcht, grollt, schläft nach altem Brauch und duckt sich zusammen unter dem Wind, der den Geruch seiner Linden verweht, seines Lavendels, seiner bürgerlichen Klostergänge in alten Herrschaftshäusern aus dem 18. Jahrhundert, dies Land mit seinen kleinen Ameisenhaufen scharfsichtiger, stummer Bauernschaften, mit seinen Herden, seinen Einöden.

(25. April 1961)

3.
»Kommt man von Norden und hat Valence hinter sich gelassen«

Kommt man von Norden und hat Valence hinter sich gelassen, dann sieht man über dem Horizont des Südens einen grünfarbenen Himmel, was just der volle Widerschein der Sonne auf die Provence ist. Linksseitig liegen lauter Gebirgszüge, darunter als wichtigste der Mont Ventoux und die Dentelles de Montmirail, die man nach Süden hin nur ein bisschen und, je weiter man auf sie zuwandert, mehr und mehr erkennen kann. Zu seiner Rechten aber hat man die Rhône, die Berge der Ardèche und die Grandes Cevennes.

Je weiter man in das Tal der Rhône hinabsteigt, desto mehr sieht man eine Art kleine Höhlung sich nach links hin öffnen; das ist das Nyonsais, das, folgt man diesem, auf den Ventoux und das Lure-Gebirge zuläuft, das heißt auf den Einstieg in den bergigen Teil des Landes. Die ganze Basse-Provence hat sich entlang der Rhône niedergelassen, fällt ab bis in die Camargue, läuft auf Marseille zu, schwenkt dann in Richtung Aix, folgt längs der Côte d'Azur bis zur Grenze des Var. Das alles ist die Basse-Provence, die auf diesem Abschnitt durch die Route Nationale 7 abgesteckt wird und ganz genau trennt: auf der einen Seite, zu ihrer Rechten, die Basse-Provence und zu ihrer Linken die Haute-Provence. In Wirklichkeit ist die Provence all das Land, das durch den Abbruch der Alpen entstanden ist, nämlich die Gegend, wo die Alpen, stufenweise langsam nach und nach sich absenkend, mit der Ebene des Comtat Venaissin Zusammentreffen, sowie mit den beiden Tälern, dem der Rhône und dem der Durance, die sich bei Avignon vereinen. Es ist ein mediterranes Land mit hohen Bergen. Es hat mehrere Zugangswege. Der Nyonsais-Weg ist in eigenartiger Weise ganz besonders malerisch, weil er zunächst ein Gebiet durchquert, das der römischen Campagna sehr ähnelt; dann rückt er auf ziemlich hohe Berge zu, denn der Ventoux hat 2000 m und die Dentelles de Montmirail sind ungefähr 1000 m hoch; auf sehr schmalen Gebirgsengen dringt man quer durch den Ventoux, durch die sogenannten Engpässe von Nesque, die ganz sachte ansteigen, und schließlich landet man in einer schon ziemlich hochgelegenen Gegend, die ganz und gar das Aussehen der alpinen Hochebenen hat – es ist die Rückseite des Ventoux – und wenn man nun auf dieser Route weitergeht, gelangt man zu dem großen Plateau d'Albion, das neben dem Lure-Gebirge liegt und eine der höheren Örtlichkeiten der Provence ist.

Wenn man auf den Höhenzügen des Lure steht, dann liegt da nahezu all dies vor einem: auf der Ostseite sieht man den Berg Viso, also Italien, desgleichen den ganzen Gebirgszug der Alpen von Viso aus bis zur Pelvoux-Gebirgskette, bis hin zum Berg Pelvoux. Übrigens, ziemlich hoch im Himmel kann man die äußerste Spitze des Gipfels vom Mont Blanc sehen. Je weiter man sich vom Mont Blanc, der nördlich liegt, gen Westen dreht, woher wir gekommen sind, umso mehr bekommt man die Hügelungen und das ganze Gewoge niedriger Gebirgszüge in den Blick, nämlich die Cevennen und den Berg Gerbier-de-Jonc, Quellgebiet der Loire, der sehr gut erkennbar ist mit seiner runden Form. Wenn man den Blick nach unten wirft, das heißt immer weiter westwärts, kann man den Verlauf der Rhône aufwärts bis nach Valence hin und abwärts fast bis hin nach Avignon mit den Augen verfolgen, wobei nur der hohe Bergrücken des Ventoux die Sicht versperrt, der eben verhindert, dass man sie vollständig in ihrem ganzen Verlauf vor sich hat. Weiter weg sieht man sie immer noch, wie sie herab gen Süden fließt, sieht sie schillern und glänzen, bis in die Niederungen der Camargue hinein, sieht ganz deutlich, wie sie sich in zwei Arme teilt und einer der Arme sich im nebligen Licht verliert; so bewegt sich diese Rhône also ganz sachte auf das Mittelmeer zu. Wir betrachten jetzt, nachdem wir dem Lauf der Rhône gefolgt sind, den Süden, und wir schauen ungefähr in Richtung Marseille. Hier haben wir nun einen sehr charakteristischen Berg, das ist die Sainte-Victoire, zu deren Füßen Aix-en-Provence liegt; wenn das Wetter ganz klar ist, sieht man einen kleinen, blauen Ausschnitt, nämlich einen Teil der Bucht von Cassis. Hoch vom Lure-Gebirge aus haben wir so den ganzen Umkreis dieses Landes abgesteckt.

Wir steigen also von diesem Gebirge über Saint-Étienne-les-Orgues herab und kommen in die Region Forcalquier, jenes Forcalquier, das einmal die alte Hauptstadt der Provence war, die Sommer-Hauptstadt des Königs René. Der König René wohnte im Winter in Aix-en-Provence und im Sommer in Forcalquier. In Forcalquier befindet sich ein altes Bauerngehöft besonderer Art, das am Rande eines Feldweges liegt und das ein mittelalterliches Tor besitzt. Es war in der Tat eine Festung, denn an diesem Ort sind vier Königinnen geboren – man nennt es übrigens das »Bauernhaus der vier Königinnen« – die vier Königinnen waren die vier Töchter von Raimond Béranger. Raimond Béranger war ein Premierminister, der sich Romée de Villeneuve nannte, jener Romée de Villeneuve, von dem man in der »Göttlichen Komödie« in dem Kapitel »Das Paradies« spricht. Dieser Romée de Villeneuve, ein außerordentlich geschickter und sehr intelligenter Minister, der die Lehensherrlichkeit seines

Herren gut zu sichern wusste, hatte beschlossen, seine vier Töchter an vier sehr bedeutsame Herren zu verheiraten, und sie waren in der Tat sehr bedeutsam, denn eine der Töchter verheiratete sich mit Ludwig dem Heiligen und wurde Königin von Frankreich, eine andere heiratete Heinrich III. und wurde Königin von England, die dritte vermählte sich mit dem Herzog von Avignon und wurde Königin von Sizilien, und die vierte wurde Königin von Aragon. Also waren demnach vier Königinnen die vier Schwestern, die auf diesem kleinen Bauernhof geboren sind, der sich in unmittelbarer Nähe von Forcalquier befindet. Forcalquier übrigens wahrt immer noch diesen Anschein einer altehrwürdigen Hauptstadt, aber eher einer Feld- und Wiesenhauptstadt, Bauernhauptstadt, Hauptstadt des Mittelalters. Weiter unten braucht man nur dem Lauf eines Wildbachs zu folgen, und schon kommt man ins Tal der Durance.

Das Tal der Durance ist wie eine Art Rückgrat, das die ganze Haute-Provence durchzieht, denn es ist eine einzige Oase. Die Ufer der Durance, die den reichsten Teil des Landes ausmachen, sind schlichtweg Böden, die selbstverständlich entlang der Flusslänge 4 km breit sind, doch ringsum haben sich sowohl im Norden wie im Süden auf jeder Seite große Einöden ausgebreitet. Das übrige Land besteht aus relativ armseligen Böden, die fast alle gar nicht oder schlecht bewässert sind; vielleicht werden sie eines Tages berieselt; bei den Veränderungen, die man am Verlauf der Durance vorgenommen hat, weiß ich nicht, wie die Zukunft für diese auf den ersten Blick sehr mageren Böden wohl aussehen wird: sie bringen nur Lavendel oder dürftiges Gras hervor, und sie taugen bis heute eigentlich nur zum Unterhalt und Fraß für Herden. Tatsächlich hat der niederalpine Bauer bis heute von einer kleinen in sich geschlossenen Form von Landwirtschaft gelebt, wo er nur anbaute, was er zu seinem eigenen Nutzen in etwa brauchte, das heißt an die 300 bis 400 Kilo Getreide, das er zum Bäcker gab, um die entsprechende Menge Brot herauszubekommen; desgleichen hatte er auch eigene Kartoffeln, er verkaufte sie nicht, höchstens ein bisschen in der Umgegend seines Hofes oder in den benachbarten Marktflecken, doch das war nicht viel und zur nationalen Wirtschaft trug dies bisschen Gemüse hier, dies bisschen Geflügel da, wahrlich nichts bei; vor allem aber hatte er Viehherden, die er im Winter rings um seinen Hof hielt und die er, sobald der Winter einbrach, von einer kleinen regionalen Alm heruntertreiben ließ.

Gerade dachte ich noch, ich hätte die Olive übergangen, aber die ließ ich beiseite, um nun in etwas ausgiebigerer Weise von ihr zu sprechen: Auf der Mittelmeerseite, das heißt auf derjenigen, die bis auf 800 m ansteigt, war die Haute-Provence mit Olivengärten bedeckt, ich sage ausdrücklich »war bedeckt«; es handelte sich um den kleinen niedrigen Olivenbaum, den man tief runterschnitt, und zwar so, dass er zum Greifen nah blieb, und das hatte seinen Sinn, denn die Öl-Kultur in der Haute-Provence war nicht die Öl-Kultur, die man in Tunesien betrieb, oder in Griechenland, oder gar wie das, was sie an der Côte d'Azur ist. An der Côte d'Azur, in Griechenland und in Tunesien sieht man gewöhnlich sehr hohe Olivenbäume, große Bäume, die man hochwachsen lässt, die manchmal 9, 10 Meter und sogar 15 Meter erreichen. Oliven von dieser Art fordern die Stange absolut heraus, man schlägt Oliven ab, um sie dann aufzusammeln. Und genau hier liegt der große Unterschied zu dem Öl, das wir herstellen. Jene Oliven müssen abgeschlagen werden in dem Augenblick, wo die Oliven am Baum schon ein bisschen zu faulen beginnen. Also stellt man Öl von überreifen Oliven her. Bei uns dagegen in der Haute-Provence, wo die Olivenbäume von kurzem Wuchs waren, da pflegte man die Oliven eine nach der anderen von Hand zu pflücken. Unsere Oliven sind also weniger ausgereift als die, die man abgeschlagen hat. Wir stellen ein Öl her, das im Geschmack etwas weniger kräftig ist, das aber eine bessere Würze hat, es ist übrigens dies grüne Öl, nach dem die Öl-Abnehmer meistens suchen.

Bis jetzt haben wir von Gebieten gesprochen, die sich vom Lure herabziehen, wir müssen aber noch von einem sehr charakteristischen, sehr wilden Teil der Haute-Provence sprechen, der in den abgelegenen Tälern der Voralpen liegt. Die Voralpen gehören zur Haute-Provence. Im Prinzip steigt die Haute-Provence bis nach Barcelonnette an, das heißt bis zur italienischen Grenze. Allgemeinhin hört sie auf bei Sisteron, denn bei Sisteron fließt die Durance durch ein natürliches Tor, auf dessen anderer Seite das Dauphiné liegt. Doch von der Seite der Alpen aus geht die Haute-Provence bis zur italienischen Grenze; sie schließt also auch ziemlich hohe Gipfel mit ein, bis an die 3000, ja sogar 3600 Meter hoch. Natürlich befinden sich Vegetation und Siedlungsraum in diesen sehr hohen Bergen auf den niedrigeren Abhängen, die keine 1500 Meter überschreiten. Darüber gibt's dann nur noch das Hochgebirge mit seinen Lärchen, Tannen, seinen Sommerweiden für die Schafe und seinen Schneemassen im Winter. Weiter unten kommen wir allmählich zu einer Reihe kleiner Dörfer, höchst ärmlich und sehr rau, weil aus schwarzem Gestein erbaut, aus Schiefer, mit flachen Steinen statt Dachziegeln, sogenannte Dachpfannen, die ebenfalls ganz schwarz sind. Man betritt also Dörfer, die außerordentlich finster aussehen, wie Schmiedehütten voll von Ruß. Da die Täler, die diese Dörfer beherbergen, im Allgemeinen sehr eng sind, dringt hier die Sonne im Sommer nur einige Stunden vor, im Winter aber kommt sie erst gar nicht durch. Wenn man in diesen Gegenden herumspaziert, ist man zunächst sehr unangenehm überrascht über das wilde und düstere Aussehen der Landschaft, doch wenn man beharrlich ist, wenn man schließlich Zugang findet, nicht nur zu den Leuten, die diesen Landstrich bewohnen, sondern auch zu dem Land selbst, dann wird einem klar, von welch großer Schönheit es ist. Eine Schönheit, die vielleicht schwieriger wahrnehmbar ist als die viel lieblichere Schönheit, die direkt in Reichweite in den Landen der Basse-Provence vor einem liegt, eine viel ergreifendere Schönheit, die einem das Herz sehr viel länger erfüllt.

Auf der Seite nach Barrême hin zum Beispiel, nach Senez, wo sich im Übrigen wohl noch die letzten Jansenisten der Moderne befinden, gab es lange Zeit Dörfer, die nicht nur Jansenisten beherbergten, sondern nahezu sämtliche Protestler – will sagen, fast alle die, die gegen irgendetwas protestierten: angefangen mit echten Protestlern, Protest-Protestanten, die Protestanten gegen die politische Lage, die Protestanten gegen die philosophische Lage, schließlich alle die, welche egal zu welcher Zeit auch immer protestierten: sie sind geflohen und haben ihr Leben in diesen weit entlegenen Niederungen gefunden, in diesen zurückgezogenen Tälchen, diesen Talmulden oberhalb von Digne, in den Bergen von Castellane, in den Bergen von Senez und nach Thorame-Basse hin, auf den Pass von Allos zu, in Richtung Seyne-les-Alpes, in den Bergen der Gegend von Barcelonnette. Diese Mischung von Gesetzlosen, die in jenen Familien derart aufeinander folgten, hat eine solide Gattung von Menschen hervorgebracht, stumm fast, wenig kommunikativ, die aber, hat man einmal ihre Zuneigung gewinnen können, zu ganz außergewöhnlichen Persönlichkeiten werden, und die man dann in unabdingbarer Weise für immer lieben muss. Dort gibt es selbst heute noch patriarchalische Traditionen, die ähnlich denen sind, die man bei Vergil oder in den großen Erzählungen bewundern kann; in den Familien hat man noch die ganze unangefochtene und unbestreitbare Autorität des Vaters vor sich. Die Autorität zweiten Ranges, nur leicht unter dem Vater, wird von der Mutter eingenommen, die sich bescheiden kundtut, trotz allem aber nicht der Kraft entbehrt, und die Kinder gehorchen dieser altehrwürdigen Ordnung in geradezu mustergültiger Weise. Man geht hier in eine Familie hinein, die nahezu losgelöst von der modernen Welt lebt, ohne sich auch nur annähernd den Bedürfnissen auszusetzen, die uns die Gesellschaft in fast allem aufgenötigt hat. Selbstverständlich findet man hier Radiogeräte, Fernseher, Telefon, selbst Plattenspieler, Bibliotheken, aber all das wird mit hoher, kritischer Aufmerksamkeit geprüft und dem, was da auf den Frequenzen proklamiert wird, schenkt man keinen großen Glauben, auch dem nicht, was durch die Zeitungen verbreitet wird, die genauso in das Land vordringen.

Südlich, etwas tiefer, wird die Haute-Provence schlichtweg durch die Route Nationale 7 von der Basse-Provence getrennt. Wenn man vom Plateau Valensole zur Route Nationale 7 laufen will, trifft man nacheinander auf eine ganze Reihe kleiner Täler und kleiner Plateaus, die mit Trüffeleichen bewachsen sind. Dieser ganze, besonders milde Teil des Landes war zur Zeit Napoleons fünf oder sechs Jahre lang der Ort der Zusammenkünfte von mächtigen Räuberbanden, die da so lebten, wie man in den Western der Kinos Banditen leben sieht; ähnlich wie sie überfielen diese Banditen damals Postkutschen; mit Indianern schlugen sie sich nicht, weil's hier keine gab, aber mit den Einheimischen schlugen sie sich sehr wohl, auf jeden Fall führten sie ein ähnliches Leben wie das, was man aus den Western der Amerikaner kennt.

Der Niederälpler ist dennoch ein Mensch, den man da, wo er außerhalb seines Landes auftaucht, sogleich wiedererkennt. Ich erlebe das ziemlich oft, egal ob ich nun in Paris oder anderswo bin, ich erkenne und sehe einfach, ob ein Gesicht aus den Niederalpen stammt; in solchen Augenblicken täusche ich mich nicht. Meist sind das Leute mit einem großen Kopf; sie sind vor allem für ihre Dickköpfigkeit bekannt, eigensinnige, einfach halsstarrige Leute sind das, hartnäckig bis zum Anschlag in ihrer Arbeit, starrsinnig in ihren Ideen, eigensinnig in ihren Entscheidungen; ihre Augen sind meistens braun, ihre Stirn ist ziemlich niedrig, dennoch sehr intelligent, – eine hohe Stirn ist nicht auch gleich ein Zeichen für Intelligenz – man braucht nur zu sehen, wie sie sich gegen das witterungsbedingte Ungemach zu helfen wissen, gegen die Rauheit des Klimas, in dem sie die meiste Zeit über leben, sie richten sich ganz trefflich ein und sind für alles, was sie selbst betrifft, einfach intelligent. Ich muss sagen, jedes Mal wenn ich ins römische Museum gegangen bin, und ich denke da eher an das Musée des Thermes, wo sich nicht wenige römische Büsten befinden, so konnte ich die Niederalpenbauern dort unter den Skulpturen wiedererkennen; höchstwahrscheinlich sind sie romanisiert worden; einige Wissenschaftler, übrigens solche, die Studien zur Ortsnamenkunde gemacht haben, dachten, dass ihre ursprüngliche Abkunft etruskisch sei, doch sie ist höchst wahrscheinlich in der Folgezeit reichlich modifiziert worden, ich selbst neige eher dazu, sie für römisch zu halten, allein wegen der Tatsache, dass der ganze Küstenstrich der Riviera unzählig viele Jahre lang von römischen Legionen durchlaufen wurde und weil es im Innern des Landes selbst Wachstationen gegeben haben muss, um die Verbindungen zu sichern. Im Übrigen, die Via Emilia ging seitlich an Céreste vorbei, und die Via Aurelia führte am Ufer des Meeres entlang, an Antibes vorbei, folglich spricht einiges dafür, dass sich zwischen diesen beiden römischen Straßen militärische Niederlassungen befanden, und wer militärische Einrichtungen sagt, der sollte auch von Ansiedlungen sprechen, mithin von Rassenvermischung.

Was mich betrifft, ich bin nicht besonders beunruhigt über den Wandel, den die Industrie in den Niederalpen mit sich bringt. Die Niederalpen sind eine Art China, das die fremden Körper verschlingt. Die Industrien, die man auf die Niederalpen übertragen wird, werden einfach niederälpisch werden; am Ende einer gewissen Zeitspanne werden sie sich verwandeln, und nicht sie werden die Basses-Alpes umwandeln, sondern die Basses-Alpes werden es sein, welche die Industrie umwandelt. Nun denn, ich bin davon überzeugt, dass das Land den dafür nötigen Zeitpunkt bestimmen wird, und Zeit hat das Land; die Industrien sind sicherlich, was den Gesichtspunkt von Zeit anbetrifft, viel anfälliger als ein Land wie die Haute-Provence, das seit so langer Zeit schon währt. Also, was das betrifft bin ich nicht beunruhigt. Ich für mich bin beunruhigt, für mich allein, und zwar in ganz egoistischer Weise. Denn eins versteht sich von selbst, wir haben nur begrenzte Lebenszeit, und besonders ich, der ich bereits ein gewisses Alter habe, denn auf lange Jahre kann ich wohl nicht mehr zählen, ich sähe es gern, dass das Land, das ich die ganze Zeit über vor Augen habe, und die großen Landschaften, deren Herrlichkeit und Wert ich gut kenne, nicht so große Veränderungen mitmachen müssten.

Heute haben sich die Industrien bekanntermaßen in leicht zugängigen Orten niedergelassen. Das Einzige, was vielleicht merkwürdig erscheint, ist, dass in diesem Land, das sich bis jetzt eine Bauernschaft jungfräulich unschuldiger und altertümlicher Seelen bewahrt hat, etwas entstehen wird, was man mit einem Wort – ich hasse dieses Wort, es ist so unschön – Proletariat nennt, es wird eine Art Proletariat ansässig werden. Dann aber: werden sie sich dem Elend widersetzen können, das mit den modernen Zeiten in solchen Menschen heraufbeschworen wird, die gezwungen sind, in Fabriken zu arbeiten? Werden sie standhalten, werden sie, auch sie, zu den Siegern dieser Proletarisierung gehören? Genau das eben weiß ich nicht; ich weiß nicht, was aus den Niederälplern werden wird.

Was die Haute-Provence betrifft, diese Haute-Provence wird ganz genau das bleiben, was sie ist. Ein armes Land, das arm bleiben wird mit all den Qualitäten der Armen. Ich glaube nicht, dass dies Land je reich werden kann, niemals. Der Boden wirft nichts ab, der Charakter der Menschen ist nicht kommunikativ, ich glaube nicht, dass die Tretmühlen der Industrie viele Menschen anziehen werden. Sie haben vielleicht einige junge Leute, die für sie arbeiten, die ihren Schnitt machen und zurückkehren, das glaube ich schon. Denn das hat bereits stattgefunden, diese Art Exodus hat sich ganz plötzlich zu einem bestimmten Zeitpunkt ereignet, Niederälpler, die in Richtung Stadt zogen, geradewegs der Industrie in die Arme. Doch nach und nach hat das eine Gegenbewegung in Gang gesetzt. Sobald diese Überläufer ein Alter um die vierzig, fünfundvierzig erreichten, also sogar vor dem Ruhestand, verließen sie ihr industrielles Beschäftigungsverhältnis und ihren Proletarierstatus, um wieder Bauern zu werden auf dem altherkömmlichen Hof ihrer Väter, um das Leben wiederaufzunehmen, was sie zuvor gelebt hatten. So war das nun mal und wird vielleicht immer noch so sein. Dieses Land widersteht der Geldkultur, denn eine lange Gewohnheit der Armut hat ihnen, glaube ich, die Gewissheit verschafft, dass deren Freuden immer kostenlos sind.

(1961)

4. Frühling in der Haute-Provence

Der Frühling spart seine Herrlichkeiten für den Norden auf: die Laubbäume sind bereit, sich am ersten lauen Lüftchen zu entzünden. April überschüttet die Obstgärten und Hecken mit Mattgelb. Im Süden geht die Jahreszeit nur flüchtig übers Land: Pinien, Olivenbäume, Steineichen, Zistrosen, Terebinthen- und Erdbeerbäume bleiben ganz gelassen. Bisweilen blüht ein vorzeitiger Mandelbaum. Eine Tragödie ist das. Er haucht sein bisschen weißen Schaum mitten ins immergrüne Blattwerk, das vor lauter Regen ganz dunkel ist. Über ihm rollt der Himmel seine Unwetter heran, des Nachts erdrückt ihn der Frost. Nach und nach verlischt er dann. Ein nächster, etwas weiter weg, glimmt auf, um ebenso zu verlöschen. Der zunehmend düstere Himmel grollt; der Wind zerfetzt ihn. Licht dringt durch, zersplittert in Stücke. Beklommen schaut man dem Kampf der Leidenschaften zu. »Il pleut, il pleut bergère, rentre tes blancs moutons. (Es regnet, es regnet, Schäferin, schaff deine weißen Schafe herein.)« Das ist der wahre Frühling, eine Revolution ist das. Alles vernichtet sich, um sich wieder neu zu erschaffen.

Später, beim Laufen über die Kuppen der Hügel, meint man, in den Talmulden purpurrotes Blut träufeln zu sehen. Das sind die Weiden, die bereits frische Triebe entwickelt haben, deren Schale ganz rot ist. So weit der Blick reicht, nirgends nicht das kleinste Fleckchen Grün. Olivenbaum und Steineiche haben ein blaues Blattwerk; die Nadeln der Pinien sind am Ende des Winters ganz schwarz; und den blühenden Thymian kann man nicht von den Hagelplacken unterscheiden.

Jetzt endlich meldet sich in der Haute-Provence der Frühling, aber mit einem Schauspiel, das überall woanders eher dem stürmischen Winterwetter entspräche. Bis eben noch hatten die Eichenbuschwälder, die das Land bedecken, ihre zottelig welke Laubmähne bewahrt. Ein Eichenblatt fällt erst, wenn es mit der neuen Knospe abgestoßen wird. Abrupt haben die Wälder diese gebräunte Wolle von sich geworfen. Schwärme dichter Blätter, die wie Wolken Schatten mit sich fuhren, hat der Wind in den Himmel gehoben und über die Berge des Var niedergeworfen ins Meer; die Wälder sind jetzt nackt, man sieht ihre ganze Architektur.

Lange habe ich versucht, dem Blattwuchs der Eichen auf die Spur zu kommen. Es ist mir nie gelungen. Dabei ging mein Fenster auf die Weite der Hochebene hinaus, die bis zum Horizont mit diesem fuchsroten Blattwerk überzogen war. Meine nicht heimischen oder unkundigen Besucher dachten immer, dass diese Wälder von einer Feuersbrunst versengt worden seien.

Ich konnte ihnen noch so sehr versichern, dass das einfach nur ihr Herbstschmuck sei, den die Eichen bis zum Frühjahr beibehielten, sie unterwarfen sich meiner Vernunft erst, als sie festgestellt hatten, dass es sich wirklich nur um trockene Blätter handelte, die aber noch fest an ihrem Stengel saßen. Ganz unten an diesem Stengel, genau an der Stelle, wo er sich in den Ast einfügt, da liegt das kleine Auge, das sich im Frühjahr öffnen wird.

Das Unterfangen indes schien so einfach zu sein. Genügte es doch, die Märzwinde abzupassen. Sobald sie zu heulen begannen, beäugte ich diese große Ausdehnung des Niederwalds. Ich wusste seit langem, dass ein einziger Windstoß nicht genügte, es bedurfte schon der Mithilfe schwerer Regenfälle und Hitzschläge, die das Sturmgewölk zum Bersten bringen und Feuer durch Eis schießen lassen. Nächtelang überwachte ich das Sausen all dieser trockenen Blätter, ein Geräusch wie Öl, das in der Pfanne brutzelt. Eines Morgens hörte ich diesen typischen Lärm nicht mehr; die Blätter waren fort.

Ich wusste, wohin sie waren. Im Sargassotang auf dem Meer fand ich sie schließlich wieder, keineswegs irgendwo, sondern auf genau abgegrenzten Flächen, nämlich dort, wo der Wind sich niederlässt, wenn er die Var Berge übersprungen hat: auf zwanzigtausend Meter Länge im Osten von Saint-Jean-Cap-Ferrat; dann, etwas näher, zwischen der Insel Saint-Honorat und der Insel Sainte-Marguerite, schließlich geradewegs in südlicher Richtung vor Giens, mit dem Wind herüber aus Porquerolles und Port-Cros. Eine regionale Art kleiner Fische, »duckmäusige Meeräsche« genannt, wegen ihrer Stumpfmäuligkeit, legt ihren Fischlaich in diese Ansammlungen welker Blätter nieder, die die Wogen schwärzen.

Nun, da mich das Erscheinen der frischen Blätter an den Eichen sehr interessierte und mir klar war, dass ich damit der zutiefst bewegendsten Kundgebung des Frühlings beiwohnen würde, durchlief ich die Waldungen ab dem ersten Tag der Entlaubung lang und breit, von oben nach unten, wobei die Neugierde mich derart drängte, dass ich aufmerksam, manchmal sogar mit der Lupe, den kleinen braunen Fleck beschaute, der am Zweig an der Stelle sitzt, wo sich das Blatt gelöst hat. Ein gutes Verfahren war das sicher nicht, aber ich hätte so gerne die Knospe sprießen sehen. Nichts. Dafür lässt dies Unterholz von Buschwald in zwei Tagen den langen Schaft der Mittelmeerlilie hochschießen.

Ich habe viel gelernt und natürlich vor allem, dass es selbst in einem Frühling, in dem alles unbemerkt emporschießt, vergeblich ist, der Geburt eines Blattes auflauern zu wollen, so wie es unmöglich ist, mit einem Blick der Reflexion einer Welle in der regenbogenfarben schillernden Woge folgen zu wollen, da so viele Dinge auf einmal passieren, die alle die Neugierde überfallen, sie mit sich reißen, sie blenden, mit mannigfaltigen Schauspielen. Von der Eichenblattknospe, die sich selbst der Affodill, die schon in Blüte stand, nicht zeigte, von der Affodill zu den Weiden, die, befreit von ihrer roten Schale, sich von Tag zu Tag mit einem goldenen Schimmer überzogen, von der Weide zur Espe mit ihrem so unschuldigen Lerchenfangspiegel, von der Espe zur Erle, von der Erle zum Quittenbaum, vom Quittenbaum zu den Narzissen, von den Narzissen zum Pfefferkraut, und zurück zu den Eichen, die immer noch ganz rau und dunkel waren, so trugen mich meine Füße bis zu einem sehr sanft ansteigenden Hügel, von dessen Höhe ich den schlängelnden Verlauf von drei oder vier Tälchen erkennen konnte, die schließlich da unten im Tal der Durance ineinander übergingen.

Zum Wohle ihres eigenen Tals beraubt die Durance die Alpen schon seit Jahrhunderten. An ihren Ufern hat sie all die anpassungsfähigen Bäume ausgesät, die sie den Bergen abgetrotzt hat. Sie hat sich eine Eskorte und ein Ehrenspalier geschaffen, Pappeln aller Art, Birken in allen Färbungen, Weidenbäume vom hellsten bis zum dunkelsten Grün. All diese weichen Hölzer hat sie mit ihrem frischen Wasser vollgepumpt, und die mediterrane Hitze lässt in ihnen die üppige Blattfülle hochkochen, in der sich das Grün, das Grau und das verwaschene Blau wie in einer Regenbogenhaut vereinen, die der geringste Lichtstrahl gewaltig vergrößert.

Aus der Talmulde ragt das arabeske Blattwerk der Sykomorewäldchen mit grünspanfarbigen Schaumkronen heraus; die Talmulde selbst führt einen dichtbewachsenen Strom vehementer Vegetation mit sich: die Lindenbäume, die noch lange nicht blühen, aber schon ihr zuckerhaltiges Destillat austräufeln, die Ahornbäume, die der kleinste Windstoß leise anschlagen lässt wie Wasser, die purpurfarbenen Buchen, die wild wuchernden Waldreben, der Wasserholunder mit seinen Schneebällen, die Felsenmispeln mit ihrem Gespensterlaubwerk, die Erlen, deren Gold betört, die Zauber der Virginie-Pflanze, die Vogelbeerbäume, die jungen Ulmen, die Haselnusssträucher, der Holunder, und schließlich der König der Bettler: die Akazie, von der die Frucht das »Herz des heiligen Thomas« genannt wird, und deren Blüte wie die sieben Todsünden duftet.

Der Himmel wälzt ständig dicke Wolken heran, aber das Licht durchbohrt sie, lange Sonnenstrahlen steigen herab, um die Farben zu mischen und die Düfte zu keltern. Auf den Terrassen der Anhöhen färben die Olivenbäume sich blau, ein Grün wie Opal regt sich an den Spitzen der Steineichen, die Pinien stehen wie gefirnisst da.

Die Blaumerlen, die Zaunkönige, die Waldlaubsänger, Grasmücken, Meisen, Rohrsänger, die Nachtigallen, die Kernbeißer, Grünfinken, Hänflinge, Birkenzeisige, Bachstelzen, Dompfaffen und die Buchfinken hausen und plündern im neuen Blattwerk herum. Sie singen noch nicht; sie stoßen nur kleine Schreie des Entzückens und der Wut aus, werfen sich von Baum zu Baum, von Gebüsch zu Gebüsch, kegeln, purzeln und knäulen sich in den Wiesen, schießen auf wie Raketen, wiegen sich in den entfesselten Winden höherer Luftschichten mit prasselndem Flügelschlag. In der Ebene färbt sich das Grün der Weizenfelder mit schwarzen Raben ein.

Diese Strahlen, dies Rumoren und dies Gezwitscher, rädern wie der Federschweif eines Pfaus. Ganze Karren voller Gewitter kippen ihre Felsbrocken hinter den Horizonten aus. Wetterstrahlen durchzucken den Himmel, von denen man nicht weiß, ob sie ein Blitz sind oder der Schwung der Flügel von tausend Staren oder gar der Widerschein der Auen, auf die gerade die Sonne niederbrennt. Die Weißdornbüsche verströmen ihren bitterlich herben Duft. Die Regenschauer jagen wie besessen von links nach rechts, walzen das Gras nieder, pressen den Seim wie Manna aus Thymianblüten, Maiglöckchen, Veilchen, den Anis aus Johanniskraut, den Bitterstoff aus Rutazzen, dem Rautengewächs, das in dieser Jahreszeit auf einem ganz zarten Schaft im Schatten wächst.

Von Tag zu Tag, von Stunde zu Stunde wird das Geräusch des Blattwerks immer dichter. Schließlich, eines schönen Morgens werde ich gewahr, dass der Wald der Steineichen über und über mit einer absinthfarbenen Schaumkrone bedeckt ist. Wieder habe ich das Sprießen der neuen Blätter verpasst. Da sind sie, sogar schon gezackt. In einer Woche also sind die Würfel gefallen: die Stürme entfernen sich, die Winde flauen ab, der Himmel enthüllt sich, die Sonne lässt sich nieder, die Freuden halten gemächlich Ausschau nach denen, die sie genießen sollen, und finden sie auch. Der Frühling ist angekommen.

(24. April 1964)

5.
Brief über die provenzalischen Landschaften

... eingeschläfert von dieser Autobahn wie ein vom Kreidestrich hypnotisiertes Huhn habe ich mir schließlich einen gleichwohl menschlichen Ruck gegeben und mich an einer beliebigen Abzweigung davongemacht.

Ich werde Ihnen nicht die Nummern der Straßen angeben, auf die ich da geraten war, schmal und kurvenreich, wie sie waren, Departement-Straßen eben, Kreis- und Gemeindestraßen, sogar Sandwege. Ich werde auch die Namen all der Lokalitäten verschweigen, die ich durchfahren, nur gestreift oder gesichtet habe. Ich will nur vom Zauber sprechen, und wenn ich dabei eine sehr große, sehr eigenwillige Unschärfe an den Tag lege, dann deshalb, weil ich jene Gärten von Armide schützen will. Nein, nein, ich verrate Ihnen nur, dass sie irgendwo in südöstlicher Richtung liegen.

Verstehen Sie mich recht, liebe Freundin, es ging nicht mehr darum, einen guten Schnitt zu fahren, umso mehr, als ich allmählich aufhörte, wie ein Automat zu reagieren, und die Initiative (den eigenen Antrieb, wie es heißt) wieder mehr aus mir selbst herausholte, sodass ich geradezu anfing, die Umgebungen zu umwerben, die wahrlich voller Sinnenfreude sind und dennoch aristokratisch daherkommen.

Oft haben wir uns die unaufhörliche Freude des chinesischen Philosophen vorgestellt, ohne jedoch an sie heranzukommen: »Der Pfeil lebt nur in seiner Bahn«. Also, ich lebe wirklich. Ich durchkreuze, man muss es so sagen,

Felsen, Pinien, Steineichen, Ginsterkraut, Geröll und Schotter, die Gestirne am Himmel (in genau diesem Moment, in dem ich Ihnen schreibe, sind dort wohl hunderte), Erntezeiten, Höhenzüge, Schluchten, Täler, Espenwäldchen, Lehmböden, Dörfer, Ruinen, Schlösser, Lavendelfelder, Olivenhaine, Mandelbäume, Einöden, wilde Steppen, atemberaubende Ausblicke, und das immer mit der eleganten Schlichtheit eines Horaz.

Ach, wie müsste man sich mühen! Aber meine armen Sinne haben von allem schon so viel gesehen, dass ich Ihnen lieber eine lose Sammlung brauchbarer Clichés auskramen möchte: die luftigen Säulenhallen, die milchig weißen Einöden, die durchsichtige Dunkelheit, die aschfarbenen Berggipfel, die erhabene Schönheit, die unendlichen Linien, die monotone Weite, die lebendigen Felsen, die schroffen Schluchten, das anmaßende Licht, der Dunst der fernen Weiten (mal violett, mal purpurn), die trägen Schatten, die Wolken, wie leichte Panzer, die Magie der Sonnenuntergänge, die flammende Sonne, die Amphitheater aus trockenem Gras, die Arkaden der Ruinen, Asche und Staub, (Hiob, zum Glück. Diese berüchtigte andauernde Freude des chinesischen Philosophen hat mich schließlich ein bisschen genervt. Es lebe Hiob und sein Dung!), die (selbstverständlich) hohen Zypressen, die (gewiss doch) alten Olivenbäume, die erkalteten Ockerfarben, das verblaste Silber der Steine, die (natürlich) kleinen Terrassen, die Adlerhorste (offensichtlich, denn wer dächte da auch an ein Kuckucksnest), das höhlenreiche Felsgestein, die »viridissimis agris«, und selbst noch die berühmte »unbestimmte Baumkrone der Waldungen«, die alles in allem nicht weniger wert ist als das übrige.

Sie werden nichts sehen; umso besser, so werden Sie eben sublimieren. Und an dem Punkt, da warte ich auf Sie.

Ich versichere Ihnen, dass Sie niemals einen eifrigeren Diener, Freund, Bewunderer und Gemahl haben werden als mich.

Von N…
Jean Giono

(1969)

II

VON PAN ZU SHAKESPEARE

6.
»Ich kenne die Provence nicht ...«

Ich kenne die Provence nicht. Wenn ich von diesem Land reden höre, nehme ich mir jedes Mal fest vor, niemals meinen Fuß dort hinzusetzen. Nach all dem, was man mir von ihr berichtet, ist sie ein weißes Pappmascheeprodukt, eine Szenerie, zusammengeschustert mit Pappkleister. Dort gurren Bariton und Tenor und führen ihre rot umgürteten Bäuche spazieren, Berufspoeten, gerüstet mit Tamburin und Flöte, »rackern sich« in regelmäßigen Zeitabständen auf lyrischen Kundgebungen ab, die weniger Poesie als ein Cholera ähnlicher Wortschwall sind.

Ich liebe die Würde, die Anmut und diesen stummen Ernst der Länder, die voller bedeutsamer Werte sind. Nein, in diese Provence, die man mir da beschreibt, werde ich nie gehen.

Allerdings wohne ich an der Hanglage von einem mit Olivenbäumen überzogenen Hügel, und vor meiner Terrasse rundet sich Manosque mit seinen drei Kirchtürmen wie eine orientalische Stadt.

Die Durance, die tief unten in dem kleinen Tal entlangfließt, spürt bereits, dass sie sich den großen Comtat-Ebenen nähert. Während der Hochwasser in diesem Winter brauchten die hohen Flutwellen, die durch unser Tal schossen, kaum sieben Stunden bis hinunter nach Avignon.

Und das Lure-Gebirge beschützt uns; nun ja, es versperrt auch die Sicht zum Berg Ventoux, doch dieses Land hier werde ich niemals verlassen; es gab und gibt mir immer noch jeden Tag alles, was ich liebe.

Zunächst ist man berührt von dieser Stille, die über der gesamten Gegend liegt. Auf den weiten, mit Mandelbäumen überzogenen Plateaus hört man, wenn die Bäume in Blüte stehen, ganz leichthin das Summen der Bienen. Tagelang kann man wandern, allein mit sich selbst in einer Freude, einer Art inneren Aufgeräumtheit, voller Gleichmut und Friedfertigkeit, die einzigartig ist. Langsam steigt der Boden an und die Bäume lassen einen im Stich. Nicht alle auf einmal, sondern nacheinander, indem sie immer einen vegetativen blühenden Freund zurücklassen, der euch noch ein bisschen begleitet und dann entlässt, nicht ohne euch einem anderen Baum anvertraut zu haben; und so steigt der Erdboden langsam an und lässt euch in den Himmel ein, mit jedem Schritt, den ihr höher steigt von den Mandelbaumarmen in die Hände der Linden, dann zu den Edelkastanien, zu den Espen gereicht werdet, und jetzt mischen sich vor euch die noch unberührten, nackten Bodenwellen mit den trägen Klängen eines göttlichen Taumels.

Es braucht also einige Schritte – und die scheinen eine magische Weite zu durcheilen –, um das Dach der Welt zu erblicken: die gewaltigen Berge mit ihren eisigen Hängen. In einem einzigen Tag hat dieses Land einem die erhabenste Anlage der Welt begreiflich gemacht. Seine Schlichtheit voller Weisheit hat einem die friedvollste, dauerhafteste aller Freuden erwiesen. Es hat einen mit einer solch blendenen Logik umgeben, dass man nun erfüllt ist von einem Gott des Lichts und der Reinheit.

Auch wenn der Boden eure Rückkehr auf Wegen vorbereitet, die von Bächlein gezeichnet wurden, wird einem nichts mehr die Heiterkeit trüben. Die Vermählung der eigenen Seele mit diesem Land lässt sich nicht mehr umkehren. Um Menschen zu treffen, braucht man nicht erst herabzusteigen. Man findet sie auf dieser Höhe: schweigsam und streng wie die Erde arbeiten sie auf den Feldern, die rund um die Gotteshäuser liegen, durchackern die Olivengärten mitten in der wohlgeordneten Hügellandschaft, lassen den Blick auf dem Schauspiel ruhen, das die Dörfer ihnen bieten, dicht gedrängt wie Wespennester inmitten einer weißen Odyssee von Wolken.

Ihr werdet den Wunsch verspüren, wie sie zu sein; ihr tretet unter die grauen Dachziegel des Dorfs. Man wird euch vielleicht noch einmal an einer Wegbiegung sehen, doch dann werdet ihr unter der Bedachung ins Dorf eindringen, und da sieht euch keiner mehr: wie diese Rinnsale von reinstem Wasser, die unter dem Dachstuhl der Gebirge in der Herrlichkeit der Felsen fließen und die keiner sieht; wie alle, die von hier verschwunden sind, von denen niemand mehr spricht; und dann, eines Tages an einer Wegkreuzung, trifft man einen Mann, man sagt sich:

»Den kenn ich doch.«

Dann sagt man sich:

»Aber nein, so jugendlich war er nicht.«

Ihn nicht wiedererkennen heißt, dass die tägliche Freude und der Frieden hier oben ihn verändert haben.

Es hat den Anschein, als gäbe es eine Provence provenzalischer Dichter.

Ich kenne sie nicht.

(1936)

7. »Das, was ich über die Provence schreiben will ...«

Das, was ich über die Provence schreiben will, könnte auch folgenden Titel tragen:

»Kleine Abhandlung über das Wissen von den Dingen«. Man kann ein Land nicht einfach durch die simple Wissenschaft der Geografie kennen. Ich glaube, man kann nichts durch Wissenschaft gut kennen; das ist ein zu exaktes, zu hartes Instrument. Die Welt hat tausend Zartheiten, in die man sich schmiegen muss, um sie zu begreifen, bevor man weiß, was ihre Gesamtheit repräsentiert. Die geografische Gewissheit ähnelt der anatomischen Gewissheit. Man weiß genau, wo der Fluss herkommt, wo er ankommt und in welcher Richtung er fließt, so wie man weiß, wie das Blut ab dem Herzen seinen Weg nimmt, wo es fließt und was es durchläuft. Aber die wahre Macht des Flusses, was genau er in der Welt versinnbildlicht, seine Mission in Bezug auf uns, sein inneres Leuchten, seine Ladung von Spiegelungen, seine sentimentale Bürde an Erinnerungen, das magische Bett, das er sich eindringlich in unserer Seele gräbt, und dies Delta, durch das er voranrückt, seine unwägbaren Lößböden im inneren Meer des Bewusstseins der Menschen, das bringt die Geografie euch genauso wenig bei, wie die Anatomie dem Chirurgen je das Geheimnis der Leidenschaften beibringen könnte. Eine Autopsie erhellt nichts von der Würde eines Herzens, das da, gleichwohl ohne jedes Geheimnis, unter dieser grausamen Beleuchtung zur Schau gestellt wird, mit dem harten Entdeckerbesteck des Wissenschaftlers. Wie die Menschen, so haben auch die Länder eine Würde, die man nur in der Annäherung und durch häufigen freundschaftlichen Umgang miteinander kennenlernen kann. Und es gibt kein wirkungsvolleres Mittel zur Annäherung und zum Umgang miteinander als den Fußmarsch. (…*)

Wenn es nach mir geht, ist die Böschung, die entlang meiner Fährte läuft, reicher als ein Ozeanien. Warum sollte ich entscheiden, mich auch nur einen Meter weiter weg zu bewegen, wenn ich die Freuden der Stelle, an der ich haltmache, noch gar nicht zählen konnte. Ich habe nur begriffen, dass sie unzählig sind. Allein, ein einziger sensueller Grund kann die Zypressen von Valence bis Carry niederbiegen. Wenn sich in der Ebene von Nyons ein frisches Kornfeld zu wiegen beginnt, dann fängt es im Tal von Brignole in gleicher Weise zu wogen an.

Dieser kaum sichtbare violette Fleck, der anfangs eine Olive betupfte, lässt, egal wo, die Oliven aller Olivenbäume von Baronnies bis nach Grasse mit einem Schlag in gleicher Weise anschwellen und reifen. Der Erdboden hat bei Dieulefit eine bestimmte Art, sich hügelig zu krümmen, und man bemerkt, wie ihm das zu einer regelrechten Gewohnheit wird, so begleitet diese Hügelung die Ouvèze, die Durance, die Rhône, den Caramy, die Asse, die Bléone, den Var mit dieser gleichen Faltung, was für den Boden wohl ganz praktisch ist, bis Nizza hin, wo er sich genauso krümmt, ein

* Wir lassen hier eine Passage des Textes aus, die von dem Widerspruch zwischen intellektuellem Wissen und sensuellem Wissen handelt, ohne direkt in Bezug zur Provence zu stehen. (Siehe *Rondeur des Jours*, coll. L'Imaginaire, S. 173–176, und Œuvres *romanesques complètes*, Bibl. de la Pléiade, Bd. III, S. 205–207.) (Anmerkung des Herausgebers)

letztes Mal mit seinen Bäumen absinkt und schließlich ins Meer gleitet. Sobald auf den Geruch des noch grünen Korns, wenn die Ähre schon schießt, aber noch matt und weich ist wie eine behaarte Raupe, die drückende Junisonne brennt, findet sich darin der Duft der blühenden Kastanien aller Hochebenen wieder, mit ihren Milchstraßen von Blüten, in denen der Wind ein Blattwerk, zackig und düster und tief wie die Nacht, durchstöbert. Auch wenn ich für meine Entscheidung zum Aufbruch nur den beständigen Beistand meiner Freude bräuchte, so glaube ich doch, dass auch die Erde mir diese Unterstützung gewährt, dort, wo sie über diesen Abhang läuft, von den kleinen Pfötchen der Wolfsmilch hin zu den zarten Tatzen von Pfefferkraut und Thymian, von der kleinen Faust des Klatschmohns auf die feinen Fingerspitzen des Hafers, dann in die Arme der Eichen und von Eiche zu Eiche mitten durch die wilden Eichenhaine der Hochländer, alsdann niedergetupft in die zarten Arme der ersten Mandelbaumgärten und von da übertragen auf alle Zweige aller Bäume, auf alle Gräser, und ich sehe die Erde davoneilen vom Talgrund über die Anhöhen bis zu den fernen, unbeschreiblich blauen Weiten, wo sie so sehr vermischt ist mit dem, was sie weiterträgt und mit dem, was sie trägt, dass sie eingeht in den Himmel, als ob sie seinesgleichen wäre. Doch liegt im Ablauf dieser Einheit selbst eine Langsamkeit, von der ich mich nicht trennen darf. Ich muss in meiner Entrücktheit diese Langsamkeit nutzen, wofür unendlich viel Zeit und sehr viel Feinfühligkeit nötig ist, um vom Eichenhainplateau zum Schwemmland der Bäche und Flüsse zu kommen, das ganz mit Feldern bedeckt ist, wo sich das Blau der Gräser verdichtet. Würde ich je gewaltsam auf jene Harmonien stoßen, die diese Gegend beharrlich und beständig zusammenmischt, so würde ich nichts begreifen. Wenn ich für mich selbst schon enorm viel Zeit brauche, um diese düsteren Kastanienhaine zu erfassen und mich friedlich an allem zu erfreuen, was sie ausmacht, so kann ich mir meiner Entrücktheit – dieser köstlichen und selbstsüchtigen Entrücktheit – nur dann bewusst werden, wenn sie ihr Tempo mit dem der harmonischen Transmissionen, aus denen diese gewaltige Einheit der Landschaft besteht, in Einklang bringt. Wie viel Zeit brauche ich, um diese Straße mit dem Auto herabzurollen und den Saum des Horizonts genau da zu erreichen, wo es scheint, als rage er selbst in die großen Bahnen, auf denen Sterne und Sonne kreisen. Ich brauche nur einige Stunden quer durch die Olivenhaine, die Mandelbäume, die Schilfrohrläufe, durch die steinigen Einöden, die Zypressenwäldchen und über die mönchisch tristen Hügel, überdeckt mit grauen Pinien, die leise knistern, fast wie das Flattern von Flammen. Ich weiß nie im Voraus, von wo ich aufbreche, mich losreiße, noch, wo ich lande; ohne Erfahrung noch Wissen bin ich unvermittelt gezwungen, all diese Rätsel zu lösen, neuer Blattwuchs, unbekannte Gräser, Feinheiten der Gerüche, die feuchtflüssige Klebrigkeit und die Trockenheit von Hitze- und Kälteperioden, die meine Sinne nicht kennen, und die man doch kennen sollte, um sie richtig auszukosten. Nun denn, ich finde es besser, nicht alle bis zur Neige auszukosten, das ist zu schwierig, ich breche lieber wieder auf, am nächsten Tag schon, oder auf der Stelle, gleich, egal wohin; einfach nur losgehen, denn mein Körper, der in jeder Weise auf Genießen aus ist, wird sich schließlich auch mit der Freude am Aufbruch bescheiden. Die Rohheit sogenannter Siege moderner Technik. Sie bringen mich zum Lachen, wenn sie behaupten, ich sei eben ein Poet. Traurige Ausrede solcher Gestalten, die den Geschmack von Leben verloren haben, weil sie die wahre Haltung verloren haben. Es stimmt, dass das fast immer abfällig gemeint ist, aber vielleicht hätten sie selbst sogar noch etwas davon in sich, vom Poeten, das heißt vom wahren Menschen, wenn sie noch die alte Haltung hätten, die liebende, die natürliche, liebevolle Haltung, aus der heraus man mit lauter Dingen Bekanntschaft macht.

Ich gehe zu Fuß. In der Zeit, in der ich einen Schritt mache, steigt der Saft drei Zoll hoch im Schaft der Eiche, hat sich der morgendliche Steinbrech in doppelter Reihe aufgerichtet, hat der Buchsbaum tausendmal das Glitzern auf all seinen Blättchen gewechselt; die Lerche hat mich gesehen und Zeit gehabt, sich zu fragen, was ich bin, dann, wer ich bin, der Wind ist an mir vorbeigestrichen, hat noch einmal kehrtgemacht, rings um mich herum, und ist dann weitergeflogen. In der Zeit, in der ich meinen zweiten Schritt setze, steigt der Saft weiter und der Steinbrech richtet sich weiter auf, und der Buchsbaum flimmert weiter, und die Lerche weiß, wer ich bin und wiederholt sich's aus vollem Halse mit dem metallenen Gehämmer ihres harten Schnabels, und das alles geschieht von Schritt zu Schritt, indes das Leben Leben ist und das Land wahrhaftig Land ist, und der Weg nicht irgendwo hinführt, sondern selber etwas ist.

In einem solchen Augenblick liegt er vor mir, wie ausgerollt, hinein in den weiten Raum. Zu Anfang stützt er sich auf das Gebröckel wilder Anhöhen und läuft zwischen Ginstergebüsch und Sandsteingeröll, manchmal blutend wie die Leber, die man einem Lamm aus dem Bauch gerissen hat. Der Boden lässt ihn in eine Talmulde zurückfallen, wo er hinter dem Austrieb von vier Espen verschwindet. Weiter weg taucht er wieder auf, da, wo die Reillanner Berge ihn anheben und quer durch Eichenwälder führen, die düster, hochwogend, unverrückbar, wie aus dem Morast gezogen dastehen. Dort oben auf dem Gipfel der großen Erhebung, da hält ihn auf einmal nichts mehr, und er fällt in das tiefe

Tal des Encrême, aus dem sich nichts mehr rührt, außer ein kleines Windgewölk, ganz merkwürdig gestrichelt, mit spitzen Gräten, die aussehen wie das Gerippe von einem großen Fisch, den tausend Sonnen ausgetrocknet haben. Ist er das da unten, so dünn wie ein Faden, im dunklen Berg? Nein, das ist ein anderer Weg. Ist er das, was da aus dem tiefen, grünen Graben voller hartem Gras kommt und im blühenden Hahnenklee weiterläuft? Nein, das ist ein anderer Weg. Das, was man quer durch die Olivenhaine zart wie Speichel schillern sieht, ist er das? Nein, das ist der Weg, der nach Sainte-Jalle geht. Und was sich da an ein großes, farbloses Gehöft schmiegt, mitten unter farblosen Bäumen, nur mit einem grünen Brennesselstrich an der Nordwand, ist er das? Nein, das ist der Commanderie-Weg. Dann ist er das dort, an der Stelle, die aussieht, als sei da gar kein Weg, sondern nur die undurchdringliche Mauer einer Zypressenbarriere, das da, was man dann in einer Öffnung wie Salzsplitter schillern sieht? Nein, das ist der Weg, der zur Drôme führt. Aber da unten in dem Wiesengrund, der mit lauter Narzissen bestreut ist, das, was ich für ein regungsloses Bächlein gehalten habe, das ist er doch. Nein, dies ist ein regungsloses Bächlein, ohne Wasser, nur brennend heiße Steine darin. Jetzt aber, da ist er, da, unter den Eichen leuchtet es weiß und stark. Nein, das ist der Tränkpfad der Herden zu den Quellen. Moment mal, horchen will ich, dann werde ich den Fuhrbetrieb hören, und dann kann mich das Geräusch führen, um ihn wiederzufinden. Aber sie machen keinen Lärm, diese Bauern, die in ihren Riemensandalen herumlaufen; das Fuhrwerk, das im Schritttempo fährt, bringt das Eisen seiner Räder zum Klingen, erstickt aber dann im Staub, und auch der Eisenklang erstickt. Der Widerhall von einem Baum genügt, um den Klang wie beim Ballspiel auf einen Platz zurückzuwerfen, wo du ihn nicht wieder einfangen kannst. Der Pferdehändler, der die Herde rauer Stuten mit ihren Mähnen und dem jungfräulichen Schweif in Trab setzt, bringt den Beschlag der Bremsklötze ins Tönen, was geradewegs in den Himmel hochsteigt, sodass der Schall nicht mehr präzise aus einer Richtung kommt, sondern direkt aus der Höhe niederfällt, wie Regen, der von überall herkommt. Wovon soll man hier Lärm erwarten, da alles unter der Sonne so tot und wüst erscheint, bis man plötzlich ganz unerwartet auf einen Menschen mit magerem geröteten Gesicht stößt, mit Vanillestangenschnurrbart und Nelkenknopfaugen, oder auf dies Wägelchen, das wie aus dem Nichts vor deiner Brust auftaucht, mit seinen beiden sonntäglich gekleideten Mädchen auf den Sitzen, die auf ihren schweigsamen Lippen ein stummes Lachen tragen, viele einsame Kilometer lang. Wovon willst du hier ein Geräusch erhaschen, wo doch das ganze Fuhrwesen leise und friedvoll vonstattengeht, ganz den Gesetzen der Wanderschaft folgend, wie Mönche sie hatten und die wilden Tiere in ihrem Paradies. Wenn sich hier alles hin- und herkarrt, immerfort und ganz in Frieden, ohne dass irgendetwas je Auge noch Ohr berührt? So werde ich denn den Staub ausspähen. Der Wind hebt ihn an so manchen Stellen hoch, wo niemand vorbeikommt. Da ist er. Es ist derselbe Staub, der da unten versteckt in der Talmulde liegt. Oder dieser hier, aber der stammt vielleicht von woanders her. Forsch ihm nicht nach, lauf, lauf nur zu, schreit aus, all das ist der Weg. Er ist der Baum für alle Wege; mit seinen Verzweigungen gibt er der Haut dieser Welt ihren Halt, wie der Baum des Blutes deine Haut, so wie sie sich da im Wind spreizt und tönt, zusammenhält, oh Mensch! Lauf darüber weg mit deiner Last und deiner Zeit.

Der Weg im Westen kommt vom Dorf des Revest-du-Bion her. Er trifft plötzlich auf eine solche Herrlichkeit, dass er ganz beschämt und betört niedersinkt und in eine Bodenfalte läuft, in der er das Schlupfloch selbst des kleinsten Grashalms aufspürt. Dort vorne entrollt sich das Gebirge und der ganze Raum. Es gibt Berge, die hausen im Land der Berge und fühlen sich da so zu Hause, dass sie der Größe und Erhabenheit nicht mehr nacheifern müssen; manchmal haben sie davon durchaus etwas an sich, oder aber sie stellen ihre Größe gewaltig zur Schau, und da sind sie dann, voll und ganz, und wem das nicht passt, der kann ja gehen. Hier aber haust der Berg in einer Landschaft, zu der er nicht so recht gehört. Man bewahrt ihn, man räumt ihm das Recht ein zu bleiben, jedermann hat das Recht zu bleiben. Hier hat man eine sehr alte Weisheit, also darf jeder hier frei und nach seiner Fantasie leben, aber, eben genau aufgrund dieser alten Freiheit hat hier alles eine verteufelt entscheidende Bedeutung: die kleinste Blume, die mit ihrem etwas seltsamen Rot nach nichts aussieht, das einfachste Gras mit seinem Grau, in das es die ganze Kunst seiner langen, einsamen Meditation hineingelegt hat, alles, selbst die kleinste Nadel von einer Pinie. Koloniale Nachlässigkeit, davon ist hier nicht die Rede. Man kann es sich wohl sein lassen, man muss es sich geradezu wohl sein lassen; wer nicht gelassen ist, verliert das Gesicht, aber es gibt ein Maß, und nichts hier kommt ohne dieses aus, denn ohne dies wäre alles verloren. Die Größe entbindet nicht von Geist, und der Berg schiebt sich da vorne hinein in den Raum. Er bleibt dabei ganz Berg; im Winter hat er seine Schneemassen, in denen sich der Mensch verliert. Im Sommer lässt er von hoch oben aus den Höhen, mit blauen Tannen gesäumt, seine Abgründe herabhängen, diese Wunden aus Regen und Sturm. Wenn sich der Wind beruhigt, hört man seine wilden Echos hallen; seine Stille ist von göttlicher Beredsamkeit; eisige Wasser schlagen dumpf über seinen steinernen Grund wie ein Galopp von tausend grünschimmernden Pferden, deren blaugrüner Hals sich über der Ebene schüttelt, bevor er sich unter den gelben Weidenwäldern versteckt. Doch nichts geht jäh und unvermittelt auseinander, nichts steht gewaltsam nebeneinander, alles fügt sich; dieser Erdboden ist mit tausend Metern Höhe himmelhoch gelegen und alles kündet davon, lang und breit und mit großer Eindringlichkeit, damit man sich dessen auch immer ganz bewusst ist: das Geräusch des Schritts auf dem Wege, die Reinheit der eiskalten Luft, die Julihitze über dem grünen Getreide, die ungetrübte Klarheit des kleinsten Details, im Sommer auf zwanzig Kilometer hin deutlich sichtbar. Im Verlauf eines Tages kann euch das grüne Korn, das hier bis zur Mitte des Unterschenkels steht, fünfzig Kilometer weiter auf einem Feld, bis hoch ans Knie streichen; es wäre auch schon ein bisschen gelber, und eure Füße würden auf einem Pfad laufen, der bereits dumpfer klingt, schon würde die Hitze euch die Nase austrocknen und der Dunst würde euch den Horizont verhüllen. Nach hundert Kilometern streicht euch das Korn um die Hüften, und es ist schon reif. Hundertzwanzig Kilometer von hier entfernt ist das Korn bereits geschnitten, und die Zähflüssigkeit der Julihitze in der wahren Ebene mengt über den leeren Stoppelfeldern Erscheinungen in den eingedickten Hitzesaft, die Bäumen, Häusern, Menschen höchst ähnlich sind. Alles tritt hier gerechterweise auseinander. Und wenn der Bauer von den Niederungen der Ebene her dies Gebirge betrachtet, wie ich es, hier stehend, betrachte, so wird er es in Hinblick auf den Ort, wo er ist, ganz logisch finden, so wie ich es logisch finde in Bezug auf meinen Standpunkt hier. Die ausgedehnten Fundamente, die die Tiefebene in die Gebirgsmasse mit einbeziehen, geben dem Göttergipfel keine Möglichkeit, diese mit allzu wilder Kraft zu zermalmen, und was mich betrifft, sie haben mich hinaufgehoben in himmlische Gefilde, wo mir die Gegenwart des Gebirges freundschaftlich Gesellschaft leistet. Der Raum ringsherum ist ganz frei; hier gibt's Platz für das Gebirge und für mich, und die geheimnisvolle Herrlichkeit, von der sich mein Weg immer mehr hat betören lassen, ist eine solche, dass für alles Platz ist, als ob eine göttliche Materie alles willkommen hieße, um selbst mich, den Ankömmling, auf ihren weiten, leicht beschwingten Schultern sogleich dem klaren Himmel zuzuführen, ohne dass da das geringste Zögern in ihrer Gewogenheit wäre.

Einen kurzen Augenblick lang wende ich den Kopf: Das Dorf Revert-du-Bion ist hinter mir verschwunden. Langsam taucht jetzt der Weg mitten zwischen blühenden Kleefeldern auf. Ein Gehöft, das in seiner Ummauerung bereits recht tief liegt, flacht, je weiter ich mich wegbegebe, immer mehr ab und verbirgt sich schließlich hinter den Kastanien. Vor mir führt der Weg in ein Birkenwäldchen. Es sind sehr alte Birken; lange schon haben sie die alten Zeiten gekannt; sie sind mit lauter Narben überzogen. Die ältesten stehen in gerader Linie wie magische Säulen den Weg entlang, mit ihrer seidigen Rinde und diesem Geheimalphabet ihrer ausgetrockneten Wunden. Das Geräusch der Blätter ist ganz zart, doch ihr Licht ist betörend, es zittert, es leidet, es seufzt wie eine gewaltige Anhäufung nasser Holzkohle. Es weht kein Wind. Das Zittern der Blätter hört nicht auf, es überträgt sich von Baum zu Baum. Es ist der Baum selbst, der friert, und auf einer kleinen Lichtung, an einem noch recht jungen Stamm, da zittern die Blätter urplötzlich schneller, was die großen Bäume ringsum zu erstaunen scheint, denn sie sehen hin und tun das Gegenteil, sie halten an, verharren bewegungslos, lassen die Blätter hängen, wie alle anderen Pappeln auch.

Auf dieser Hochebene, die wellig ist wie das Meer, verschwindet alles in den Mulden der Bodenwellen. Man hat kaum Zeit, sich umzudrehen: Das Gehöft, das Dorf, der Baum sind versunken und andere Dinge tauchen auf, gerade da, quer durch die Birken, steigt der Weg an, und im Hintergrund der Allee von Bäumen zeigt sich das blaue Gebirge. Ich komme ihm näher. Dieser Weg ist einsam. Dieser Boden ist öde, nichts regt sich rings um meinen Schritt und sein Geräusch. Die Vögel kümmern sich ganz friedlich um sich selbst. Ein Fuchs bellt am helllichten Tag. Ein Schwarm Nachtigallen balgt sich mit einem Steinkauz. Die Raben erheben sich und fallen auf derselben Stelle nieder. Drei Menschen sind heute hier vor mir langgegangen. Ein kleines Mädchen, es könnte sieben, acht Jahre alt gewesen sein, es trug Sandalen mit Gummisohlen, gerippt wie Waffeleisen; die haben sie wahrscheinlich auf dem Markt kaufen müssen. Es zog einen Ast von einem Baum hinter sich her, und an manchen Stellen hat die Schleifspur den Abdruck seiner Füße verwischt. Es ist von einer Seite des Wegs auf die andere gegangen. Es ist nach Revest unterwegs. Ich habe es nicht getroffen; es muss schon früh hier langgelaufen sein. Ein Mann in großen mit Nägeln beschlagenen Schuhen hat sich in dieselbe Richtung wie ich auf den Weg gemacht. Und ein Pferd oder ein Maultier, sicher ein Maultier. Aber das hat, glaube ich, keinerlei Bezug zu dem Mann: Es ist in gleicher Richtung unterwegs, aber es ist auf der einen Seite und der Mann auf der anderen Seite des Wegs gelaufen. Sie müssen hier getrennt langgegangen sein: der Mann allein und vorher oder nachher das Maultier allein. Sie kennen sich nicht. Es gibt keine Übereinstimmung zwischen den Spuren, wo der Mann gelaufen ist, und den Spuren, wo das Tier gelaufen ist. Hier zum Beispiel muss das Tier mit den Hufen gestampft und getänzelt haben (das lässt mich vermuten, dass es ein Muli ist; es muss Angst gehabt haben vor dieser düsteren Tanne, die plötzlich zwischen den silbrigen

Birken herauswächst), der Mann aber ist an derselben Stelle ganz ruhig weitergegangen. Wenn sich der Mann und das Tier gekannt hätten, wäre der Mann stehengeblieben, um ihm ein paar handfeste, beruhigende Worte zuzurufen, durchmischt mit leichten Anspielungen über die veritable Beschaffenheit des Gottes, der dieses Tier geschaffen hat. Nein. In diesem Stampfen und diesem Tänzeln, das sich da unverkennbar im Staub abzeichnet, liegt mehr als ein simpler Seitensprung des Tiers, das stutzt; es ist die Freiheit des Spiels. Das Tier war zunächst in Angst, dann hat es mit der Angst gespielt, es hat vor dem dunklen Baum getanzt.

Durch die sperrigen Stämme des Gehölzes sehe ich zuerst Heideland, dann treten die Bäume hinter mir zurück, und die Erde öffnet, zwei gewaltige Schwefelschwingen, so weit das Auge reicht. Es gibt keine Farbe mehr. Es existiert nicht mal mehr so etwas wie Weite, nichts, kein fein markierter Abstich macht sie tiefer. Himmel und Erde sind zu Asche geworden. Das Gebirge existiert nicht mehr, obwohl es da ist. Die ungeheure Stille hallt wie eine düstere Glocke. Das Birkenwäldchen ist verschwunden. Es ist in einer Bodenwelle versunken. Nur ein paar einsame Blätter ihrer höchsten Zweige schwimmen oben auf, dann gehen auch sie unter. Und ich bin, einem Schiffbrüchigen gleich, allein mit der Gefahr; nicht, dass ich Angst davor haben müsste, auch in einer Bodenwelle unterzugehen, denn das passiert mir alle Nase lang auf meinem welligen Weg, und jedes Mal tauche ich daraus wieder hervor, aber befürchten muss ich, urplötzlich gezwungen zu sein, in einer Welt zu existieren, in der es keine Vergleichbarkeiten mehr gibt. Es gibt nur Grautöne, die gleichen Grautöne für alles. So ist die Hochebene. Ich vermag nicht mehr zu sagen, ob dieses wilde Vergissmeinnicht hier zu meinen Füßen winzig klein ist oder ob es ein riesiger Baum tief hinten am Horizont ist. Mein Verlangen ist groß, im Staub die Fußstapfen dieses Menschen wiederzufinden, die Spur des kleinen Mädchens hilft mir nichts, im Gegenteil, man kann sich keine Hilfe von der Vorstellung versprechen, dass ein kleines Mädchen heute Morgen ganz friedfertig Freundschaft mit diesen vernichtenden Dimensionen geschlossen hat. Doch da ist der Schritt des Mannes, mit einem gut sichtbaren Abdruck der Schuhe, die er vielleicht gestern frisch herrichten ließ, denn die Hälfte der Nägel in der Sohle sind neu. Und diese Schritte laufen voraus, auch wenn einem so ist, als habe man sich zu weit vorgewagt, und als könne alle Hoffnung nur rückwärts liegen: diese untergegangenen Birken in den Bodentiefen, die aber doch gerade eben noch für Auge und Ohr in glanzvoller, sinnlicher Pracht dastanden. Nichts als eintöniges Grau bleibt auf den großen Schwingen der Erde zurück, auf der Beugung dieser gewaltigen Flügel der Erde, die sich bis hierher erhoben haben. Laufen ist sinnlos. Man ist offensichtlich angekommen, doch da, wo man steht, ist nichts. Der Schritt scheint einen nicht vom Fleck zu bringen; er durchläuft die Regungslosigkeit. Er ist nicht mehr ein Bestandteil meiner Kraft; er ist ein Beweis meiner Schwäche. Doch der Mann, der mir vorausgegangen ist, hat sich beständig übertroffen, mitten in diesen Territorien ohne Zukunft. Ihn hat sicherlich niemals die Angst berührt, die hier zu Hause ist, und nunmehr ist er darüber hinaus.

Ich frage mich, ob das, was ich da unten sehe, ein wie ein Hügel geformtes Gehöft ist, oder ein Hügel geformt wie ein Gehöft. Das schroffe Aussehen spricht dafür und dagegen. Dieser Umfang – grau wie alles übrige Grau, ich kann auch nicht herausfinden, ob es weit weg und riesengroß ist oder ob es hundert Meter vor mir liegt –, diese Masse da hat ein Linienspiel, das der Logik kosmischer Erosionen folgt. Ich fühle mich genötigt zu begreifen, dass die Erde sich nicht drehen kann, ohne dass sie ständig an diese Eigentümlichkeit da unten dächte. Es ist tatsächlich ein Gehöft. Ich bin näher herangegangen. Es besteht kein Zweifel mehr. Ich erblicke ein kleines, schmales Fenster, wie solche, die man auslocht, um sie zum Schießen zu benutzen. Es hat keinen Fensterladen, es ist ganz brutal ohne Verputz in die Mauer gesetzt; es ist voll undurchdringlicher Dunkelheit. Rings herum ist weit und breit kein Anbau. Die von Wind und Sonne gegerbte Erde grenzt mit ihrem grauen Gras, mit ihren grauen Steinen und ihren grauen Blumen unmittelbar an die Mauern. Es gibt keine menschlichen Spuren; außen ist nichts als diese Verteidigungsmauer aus rohen Steinen aufgebaut, ohne Zement noch Mörtel, nur dürftig mit grauem Schlamm abgedichtet. Das ist eine uneinnehmbare Bastion. Sie ist nicht gebaut worden, um sich den wilden Tieren zu widersetzen oder den Kämpfen unter Menschen, oder dem Wüten des Mysteriums, nein, das ist eine Armeefestung, gegen den größten Feind des Menschen. Hier in der Wildnis gab es keine Möglichkeit, sich zu täuschen, es gab keine zehn Gegner, es gab nur einen einzigen: das menschliche Los. Mit diesen reinen, derben Steinen, notdürftig verfugt, mit trockenem Schlamm, den der Wind abbröckeln lässt, hätte sich auf Anhieb die Mauer zwischen Gott und den Menschen errichten lassen. Hier herrscht eine unbezwingbare Armut. Ich gehe an der Mauer entlang, die nach Geißbock und Schafen riecht. Sie ist nicht luftdicht wie ein Verputz, sie ist so luftdicht wie eine Brotkruste.

Mein Weg biegt ein wenig nach Westen. Ich gehe am Vorhof vorbei. Das unbehauene Gestein, das hier benutzt wurde, hat die Hände gezwungen, einen runden, bedeutungsschweren Bogen anzulegen, und zwar sehr hoch, als ob man darunter die Fuhrwerke, voll beladen mit Heu, hat durchfahren lassen. So weit der Blick reicht, gibt es nur dies graue Gras, das noch härter als Riedgras ist. Kein Geräusch ist zu hören, und die Türen des Hauses hinten im Hof sind geschlossen; es scheint, als wären sie schon immer zu gewesen, so wie sie ihre von der Sonne verbrannten Rücken zeigen, wo das Holz und die groben Nägel ganz weiß und schimmernd wie Salz geworden sind. Ich bleibe stehen. Ich sehe die Stille dampfen in dem zitternden, zähfließenden Widerschein der glühend heißen Mauern. Ich höre trocken das Geräusch von einem Schritt. Aus dem Hofinneren nähert sich ein Pfau, der seinen Schweif hinter sich herschleift. Er ist fast angekommen unter dem weiten Gewölbebogen, der die Leere verschluckt. Er schaut mich an. Seine Brust ist von einem so heftigen Blau, dass ich im Nu all die Mauern um ihn herum entschwinden sehe. Was für eine immense Ladung magischen Futters mag demnach in diesen Platz eingefahren sein! Das Tor, das mir zu groß erschien, ist nun so groß wie eine ganze Welt. Der Vogel hat die Augen geschlossen. Ich weiß nicht, ob er noch kurz geschaudert hat, ich glaube eher, dass er unbeweglich stehengeblieben ist und dass das, was ich gesehen habe, allein den Glanz der Armut vertiefte. Er hat die Flügel geöffnet. Niemand war da, ich selbst, ich zählte nicht. Der Vogel mit den geschlossenen Lidern war noch weit hermetischer als die Schutzwehr aus rohen, derben Steinen. Oder aber, es war eine dieser Lektionen, wild und lieblich, mit denen die Welt die freien Menschen klüger macht.

Ich hatte mich getäuscht: das Maultier und der Mann mit den beschlagenen Schuhen kannten sich. Ich habe sie doch noch eingeholt. Sie hatten haltgemacht, einer neben dem anderen, an einer Stelle, an der es nichts als Staub gab. Ich habe sie von weitem gesehen, denn das Maultier wälzte sich und brachte den Boden zum Dampfen. Der Mann hatte es soeben von zwei großen Tragen befreit. Als ich näher bei ihm war, wollte er sie gerade öffnen und neben sich einen Haufen Gerste ausschütten. Ein ganz besonderer, eigenartiger Geruch lag über dieser Stelle. Das Muli hatte aufgehört, sich auf der Erde zu wälzen; es war einen Augenblick unbeweglich liegengeblieben, alle vier Hufe hoch in der Luft, es hatte geniest, dann hat es sich aufgerichtet und, ganz weiß von diesem rohen Naturgips, trottete es langsam mit gesenktem Kopf auf den weiten Himmel zu. Der Himmel war vollkommen rund, nicht nur wegen seiner Form, sondern wegen der übersinnlichen Gestalt von Gebirge und Plateau, die sich beide wie zu einem Kelch mit weiter Ausbauchung zusammenschlossen. Der Geruch, der einen erstaunte, war vertraut, aber es gelang mir nicht gleich, ihn zu bestimmen. Auch er hatte in sich zu weite Dimensionen. Plötzlich, wie auf einen Schlag, hatte ich es ganz von selbst raus: es war der Geruch von totem Getreide. Ich schaute rings um mich herum. Alles war leer, bis auf diesen Gerstenhaufen. Ich sage totes Getreide, denn es war nicht der Geruch des Kornfeldes, des Getreides am Halm, das, obwohl reif, sogar überreif, noch mit der Erde verbunden bleibt und diese leibhaftige Würze eines Korns in sich trägt, das für die Reproduktion der Pflanze zu sorgen hat. Es war der staubige Geschmack einer Getreidekörnergrube, ein Ort, an dem das Fruchtfleisch des Korns die menschliche Aufbereitung über sich ergehen lassen hat, und seine Endresultate der Fortpflanzung des Menschen zuführt. Der Geruch eines Feldes ist ein rein stofflicher Geruch (ich meine, er hat etwas Inhumanes). Der Geruch aber, der über der Tenne liegt, ist ein spiritueller Geruch. Hier ist der Geist des Menschen hinzugekommen. Dies ist die älteste Transformation des Stoffes in der Geschichte. Es ist die erste; und die erste ist sie auch geblieben; alle anderen sind dieser immer noch unterworfen und werden ihr auch immer unterworfen bleiben. Hier war dieser Geruch von reiner Beschaffenheit, und er hatte eine solche Intensität, die unzweideutig jene erste Manifestation des Geistes erhellte, dass er an diesen Stätten ein prähistorisches, absolut unsterbliches Wesen schuf. Der Mann mit den beschlagenen Schuhen war jüngeren Datums; er hatte obendrein das Maultier bezähmt, wenn man dieses Schnalzen mit der Zunge bezähmen nennen kann, mit dem er es zurückzuhalten versuchte, während er weiter seinen Gerstenhaufen aufschüttete, wohingegen das Muli Schritt für Schritt seinen gesenkten Kopf gegen die runde Scherbe des grauen Himmels stemmte, wobei es mit einer Lust nach tief innerlichen Spielregeln wie ein junger Schößling, ganz plötzlich, in die Luft stieß, die Eisen hoch an die Ohren, dann fiel es zurück auf seine vier Füße und nahm gemächlich seinen Trott wieder auf. Die Menschen in der Haute-Provence sprechen wenig. Sie treiben für sich ganz im Innern ihr Spiel. Dieser so außergewöhnliche Geruch konnte nicht von jenen kleinen Gerstenhaufen kommen; er war überall, während ich diesen ungewöhnlich flachen Ort um mich herum betrachtete, der in dieser ganzen Weite weder Buckel noch Stein hatte, bis auf vier oder fünf Marmorschnecken, eine hier, eine da, weiß wie alte Knöchelchen. Ich sagte, ich käme von Revest her; der Mann antwortete, dann wäre ich wohl früh aufgestanden. Ich fragte: Also, was gibt's zu tun? Er hob das Tuch von seinem Tragkorb und zog eine Getreideschwinge daraus hervor: da, sagte er. Ich nieste absichtlich stark und drehte mich sogleich nach allen Seiten. Es riecht nach Korn. Das sind die Dreschböden. Er deutete mit seiner kurzen Hand auf die ganze Weite hin und packte die Getreideschwinge. Das kommt vom Korn vom letzten Jahr. Das war offenkundig, denn wir hatten Juni. Er antwortete nicht, sondern blieb in der Hocke und schnalzte mit der Zunge nach dem Muli, das Zuspruch nötig hatte angesichts der Distel, vor der es voller Schrecken wie vor der Armee eines Achill stehengeblieben war.

In einem Roman klärt sich alles auf, sogar das Geheimnisvollste; vor allem das Geheimnisvollste, nicht nur, dass es sich immer aufklärt, es erhellt auch alles Übrige. Im Leben eines solchen Weges bleibt das einfachste geheimnisvoll. Wenn man egal auf welchem Punkt des Gebietes angelangt ist, so hat das minerale, das vegetative, das animalische Gebärdenspiel oder das der menschlichen Dinge weit vor meinem Auftauchen begonnen und wird sich auch nach meinem Weggang weiter fortsetzen. Dazu kommt noch, dass man bei allem weder Ursprung noch Endpunkt sieht. Und ich spreche nicht vom historischen Standpunkt aus, ich spreche von der täglichen Ausübung des Lebens, welche die einzig wahre Geschichtlichkeit ist. Wenn ihr im Vorübergehen diesen Apfel an der Spitze des Astes seht, dann ist er für euch einfach nur da, aber kaum seid ihr um die Wegbiegung herum, so fällt er ohne Geräusch ins Gras und bezogen auf euch setzt er sein Leben in einer Art unteren Ebene fort, während ihr glaubt, dass er immer noch dort hängt. Und selbst wenn er von heftigem Rot war, dort oben, an der Spitze des Astes, geschmiegt an einen extrem blauen Himmel, fast schwarz vor lauter Blau wegen genau diesem Rot, das sich hier stützte, ist er jetzt verschwunden, und das ganze Zusammenspiel der Farben ist wie verwandelt; er aber hat schon begonnen, neue Harmonien herzustellen, die genauso bedeutsam für das Antlitz der Landschaft sind, und von denen ich nichts wissen werde. Und wenn ich Apfel sage, dann sind das zugleich auch die Blüten des Kastanienbaums, die herabhängen wie kleine gelbe Stoffhandschühchen, wie munter zusammengedrängte Sterne, je nach Tageszeit oder wie gerade der Wind geht. Da ist der Bauer, der ins Dorf geht und der einen anschaut mit Augen, in denen ein seltsames Feuer liegt. Da sind die zwei oder drei Worte, die einer zu mir sagt, aber das Wesentliche liegt ganz woanders, und ein anderes Mal wird einem unvermittelt das Wesentliche gesagt, der wahre Ton der Landschaft aber liegt zugleich in zwei oder drei Worten ohne Bedeutung. Ein Mann trägt einen Sack. Er hat sich zu all den Eindrücken meiner Sinne gesellt, mit seinem Sack und seinem gedämpften Schritt. Man muss sich klarmachen, dass alles in einem selbst von diesem Mann hier abhing und bis ins Kleinste durch und durch bewirkt wird: der weit entfernte hügelige Landstrich, die Bewegung der klebrig heißen Luftmassen, das Surren der Fliegen, der ganze Weg überhaupt. Wenn er einem Adieu gesagt hat und dabei den erdigen Weg zu seinem Hof einschlägt, dann wird er den Sack abwerfen, und dieser kindlich reine Mensch wird das Schilfrohr schneiden gehen, die Wiese mähen, wird unbeweglich im Feld dastehen, mit seinem Pferd reden, und alles um ihn herum wird sogleich eine neue Ordnung annehmen. Aber es gibt nicht nur ihn, und es gibt nicht nur die Männer und Dörfer, hier ist auch all das andere: Vögel, Bodentiere und Tiere in der Luft und selbst die Geräusche, die Farben und die Bewegungen der empfindungslosen Dinge, Wasser, Wind, der Schatten der Wolken, Regen, das plötzliche Mienenspiel der gebirgigen Horizonte während der Ungewitter und dies Hinabsinken einer empfindsamen Schwere in die Ebenen, wo eben noch die sonnigen Reflexe der Blätter im Rebstock lachten, und da seid ihr und bewegt euch weiter auf dem Weg, der diese unaufhörlichen Transformationen durchquert. Nichts dient dem Drama, alles ist Drama. Es ist nicht nötig zu wissen, wieso der Holzfäller mit der Axt über der Schulter loslaufen musste auf dem Pfad, der mitten durch die Eichen hochführt, noch woher der Hausierer kam, mit seinem Garn und seinen Nadeln, der unter dem Übergewicht seines Holzkastens zusammenknickt, auch nicht, worauf diese magere Frau am Rande der Straße wartet, mit ihrem außergewöhnlich leidenschaftlichen Gesicht, dessen steinerner Ausdruck nicht zu überbieten ist. Deswegen braucht man auch nicht zu wissen, aus welchem Jahr die Vorhalle der Kirche stammt oder dieser Triumphbogen, unter dem eine Woge aufschäumt, die im Haferfeld verwurzelt ist. Es gibt keine Geschichte. Nichts erklärt sich. Die Zeit verstreicht nur im Räderwerk der Uhren.

Ich weiß nicht, warum dieser Mann gerade hier seine zwei Haufen alter Gerste auf die platte Erde geschüttet hat. Er ist von kleinem Wuchs, aber stämmig. Er trägt Hosen aus braunem Samt und eine Samtweste dazu, die ganz aufgeknöpft ist. Er hat die Ärmel seines Hemdes halb hochgekrempelt. Sein Gesicht hat die Farbe von Tonerde. Sein Haar ist mehr als blond: es ist sonnenfarben, das heißt, mehr Schimmer als Farbe, und seine Schnauzbartecken hellen ihm kräftig den Mund auf, der ganz hart ist, zusammengepresst, ohne Lippen, umstrahlt von feinen Furchen. Seine Augenbrauen sind nur ein ganz bisschen dunkler oder scheinen eher so wegen der Augen, hell wie das Nichts und dennoch gewichtig. Sie können gut fixieren. Der flüchtig hingeworfene Blick springt umher, hart wie ein Schlag, und es gibt nichts hinzuzufügen. Unter seinem Hut aus dunklem Filz muss er einen Kopf so rund wie eine Kugel haben. Er spricht, wie ein runder Kopf spricht, nur mit einem Wort, das er sorgfältig aus der Tiefe eines mächtigen inneren Spielraums hervorholt und das mit einem Schlag alles, was man sagen können möchte, sagt. Er handelt wie ein runder Kopf, mit dicken roten Händen, die sich auf eine Sache stürzen, sie auspressen, dunkle Geschäfte damit treiben, sich wieder ausruhen, und fertig ist die Arbeit.

Ich stehe hier auf den höchsten Tennen der Provence, auf dem höchsten Erdboden des Landes, auf dem je Getreidekörner zerstampft wurden, dem höchsten Ort, an dem man je Getreide kultiviert hat. Dieser Dreschboden wurde von zehn Familien ausfindig gemacht und angelegt (denn anlegen bedeutet auch, unter dem Getrippel der Pferde den Boden planieren). Und die zehn Familien leben immer noch davon, zehn Familien, in denen sich seit der Entdeckung der Bodenfläche über vielleicht zwanzig Großväter alles modifiziert hat, während sie sich einer nach dem anderen an den Bäuchen der Großmütter gewärmt hatten und die feuchte Fruchtbarkeit mehr und mehr die Herzen der Töchter erweichte, wo also nichts mehr gleich ist, seit dem Tag, an dem die Männer, die genauso sonnengegerbtes Haar gehabt haben müssen, sich zusammengetan haben, auf dem höchsten Boden der Gegend, um hier die Erde zu planieren. Die Familien jedoch sind geblieben. Die Höfe liegen hier ringsherum über alle Abhänge verstreut und in alle Windrichtungen weisend, ähnlich der stillen Scheune von vorhin mit diesem Pfau, der unter dem Torbogen eingeschlafen war, auch sie hatten Pfauenhöfe, und sie scheinen mehr Vergnügen daran zu haben, die Tiere gravitätisch herumstolzieren zu sehen, und sich dann plötzlich an ihrem lautlosen Explodieren zu ergötzen, zu der Stunde, wo der Abend seinen schneidenden Wind schon losgelassen hat, und weniger die Müdigkeit als vielmehr die dunkle Reinheit des Himmels keine Arbeit mehr duldet, wo man unbeweglich bleiben und dennoch ganz bei sich sein soll. So löst man das Problem, was ganz im Sinne der runden Köpfe ist, man lässt den fürstlichen Vogel in dies franziskanische Leben treten. Ich kenne nirgendwo anders im Land einen Pfauenhof als hier. Auf den reichen Höfen, die sich im Gemüseschwemmland niedergelassen haben, gibt es sie nicht. Sie wären durchaus so nützlich wie die Hühnerhaltung. Der Vogel ist riesengroß und schmackhaft. Der Duft seines Fetts macht ringsum kilometerweit Appetit. Über das flache Straßennetz könnten die Lieferwagen davon so manche Ladung in die Städte schaffen. Aber es gibt keine Ladungen. Und zwar aus einem spirituellen Grund. Hier ist er gegeben. Man hat bisweilen Ansammlungen von fünfzehn bis zwanzig Pfauen auf diesen Höfen, weit entfernt von jedem Verkehr, wo es schier unmöglich ist, irgendetwas zu verkaufen, wo recht und schlecht dürre Menschen mit blauen Augen leben. Sie aber sehen zu, wie diese magischen Vögel neben ihnen gedeihen. Manchmal verzehren sie einen davon, aber sie verbrennen die Federn, und solch ein verzweifeltes Opfer gehört eben auch zur Lebensart der runden Köpfe.

Das Hochland ist voller Irrwege. Die Wildheit dieser Provence-Gegend hat Nachbarn und Durchziehende zurückgedrängt. Es hat seine prähistorische Lauterkeit bewahrt, und es stößt einen selbst ganz plötzlich auf neue Wege. Nie ist man darauf gekommen, die Provence von hier aus zu betrachten. Denn von diesem nackt hochsteigenden Gebirgsteil aus verläuft sie ringsherum nach allen Seiten. Weiter unter mir im Süden sehe ich die blauen Sainte-Baume Felswände und das Staatsschiff Sainte-Victoire, mit grauem Segelwerk verhangen; im Osten, ganz in meiner Nähe der Ventoux, immer noch so übersinnlich, der aber mitsamt seiner ganzen Wucht Windfontänen aus dem Schatten hervorspritzen lässt; im Norden die Felsen vom Saint-Julien, diese bäuerlichen Gebirgszüge des Baronnies und des Nyonsais; im Osten die unschuldigen Dreimaster der Alpen der Provence mit ihren betörenden Eishauben, die ein ewiger Wind aufsteift. In dieser Stille und Reinheit hier, wo nichts sich einmischt, hört man das Dröhnen der wahren Geschichte. Auf der höchsten Steingrundierung dieses Landes sind die frommen Qualitäten einer einheimischen Armut zu Hause. Nichts war hier einfach und alles ist erarbeitet worden. Von dem Tage an, wo zehn Männer aus zehn Familien ihr Gefängniskorn hier hochschleppten, unter den Hufen der Pferde walkten, in der Windschwinge reinigten, die Getreidekörner zwischen den flachen, helltönenden Steinen zermalmten, die Bedeutung dieser Pflanze umwandelten, aus dem pflanzlichen Körper eine Nahrung für ihren Leib machten, von daher stammt hier dieser spirituelle Geruch des höchsten und reinsten Beinhauses. Von diesem Tage an war alles erfunden. Und sie haben nichts hinzugefügt. Sie gehören nicht zu denen, die heruntersteigen, wenn sie einmal hochgestiegen sind. Sie bleiben auf der Höhe. Diese Entsagung, die hier erforderlich ist, die ist ihnen mühelos zur Gewohnheit geworden und macht ihr ganzes Wohlbefinden aus. Sie haben begriffen, dass sie gar nichts hinzufugen könnten; dass sie das Wesentliche besaßen. Ihre Mannesehre war ihnen sicher. Man brauchte nur noch mit ihr zu leben in solchen Tagen, die der Frieden nicht ohne Gefahren in die Länge zog. Sie sind vielleicht niemals in Versuchung gewesen. Die Wurzel der Menschen mag weiche Böden nicht, allein im härtesten Gebirgsgestein sichert sie unvergängliche Fundamente.

Der Mann schwang den Hafer. Er hatte sich umgewendet, um mir mit dem Flug der Spreu aus dem Weg zu gehen; ein leichter Wind hatte sich erhoben, der sie in all die tausend Reflexe der Sonne hochtrug. Seine Gesten waren schwerfällig. Vergil war ein hochmoderner Dichter; Homer war gestern gestorben; höchstens Noah hätte bei seinem ersten Gang aus der Arche sein Gerstenkorn mit der kraftvollen Wucht dieses Mannes schwingen können. Er mochte mein Schweigen. In mehreren Anläufen, immer, wenn er seine Wanne neu belud, guckte er zu mir rüber, und ich sah, wie seine Lippen sich bewegten, als ob er zu mir sprechen wollte. Aber er nahm gleich wieder seine Arbeit auf. Er war schließlich gerade dabei, seine Ernte zu berechnen. Ich begriff auch, dass er den Dingen zuhörte, die für andere keine Stimme haben. Seine Seele war wie das Bestiarium eines Heiligen. Da sprachen die Lerche und der Eichelhäher und die schwerfälligen Raben, die der Wind in tiefe Himmelsuntergänge warf, wo sie sich mit einem Schrei und mit wildem Flügelschlag wieder hochschwangen. Er war es gewöhnt, den Wiesel mit seinem ölig glänzenden Hals, auf dem der Kopf nicht stillsitzen kann, heranhuschen zu sehen. Er musste ihm ganz genau etwas erklären, wegen dieser Vögel, die zu ihm gehörten und die er am Leben zu erhalten gedachte. Zu seiner eigenen Freude. Unbestreitbar. Versündigung ist vornehmlich Verhinderung. Auf allen glühend heißen Steinen seiner Seele wärmten sich Eidechsen mit zarten Mäulchen, und Schlangen versteckten im Laubwerk seines Blutes ihre kleinen Köpfchen mit Augen, deren Grausamkeit doch zugleich höchste Klugheit ist. Seine lautere Armut ermächtigte ihn, allen zu predigen. Schließlich sprach er zu mir. Vorerst bat er mich um Neuigkeiten über meinen Weg und über alle anderen Wege auch, und um derentwillen sprach er vom Himmel und von der lebensnotwendigen Sonne, damit sein ganzes Bestiarium mir die königliche Gabe der Tiere schließlich zukommen lassen möge. Der frostig auffrischende Wind, hatte mit kühnem Schwung der Reinheit und der Stille rings umher den Glanz einer scharf geschliffenen Waffe verliehen. Er hatte ein Rumoren entfacht, das aus weit entfernten Tälern kam. Ein Geruch köstlich menschlicher Natur hatte sich zu dem Geruch des vermoderten Getreides gesellt. Er kam aus der bäuerlichen Gebirgsgegend, wo ein altväterlich ehrwürdiges Leben zu Hause war. Der Geruch, den ich am liebsten habe, sagte mir der Mann schließlich, ist der Geruch vom Weinberg.

Von hier an geht der Weg hinunter; zwei Mal reißt er ab, erst beim Gebirgspass des Aires, dann beim Pass von Fontaube, und ganz plötzlich verliert er sich in all diesen Windungen, die sich in den staubigen Absenkungen hin- und herkrümmen, hoch über dem Tal der Ouvèze. Dort kommt er heraus und trifft auf einen eisgrauen Gebirgsbach voller Stille; der schaut ab und zu mit einem Auge herüber, das auf einmal ganz grün, ja sogar lieblich erscheint, doch sofort verbirgt der Wildbach sein graues Haupt und treibt durch sein schiefernes Flussbett unter brennend heißem Schilf unter Weiden und wunderschönen Zitterpappeln dahin, die dank des Wassers fröhlich sprießen. Von jeder Seite des Tals her steigen stufenweise kleine Olivengrundstücke an. Sie halten sich eins über dem anderen durch kleine Mäuerchen aus alten Steinen. Kriegerisch hochmütiges Knabenkraut sprießt aus den Mauern und rankt ganz steil mit seinen weinfarbenen Blütentrauben hoch. Die Olivenbäume sind niedriger und wie alles, was die Sonne verschleißt, von sehr dürftigem Blattwerk, und ihr gesamtes Grundgeflecht tritt offen zutage. Sie spenden keinen Schatten. Sie sind so etwas wie lauter kleine göttliche Speichelblasen. Sie sind gepflegt und sauber gehalten. Sie machen keinerlei Lärm. Manchmal hört man sehr hoch oben in der Anhöhe auf jeder Terrasse, die ein »Besitztum« ist, die Spaten klirren. Es braucht nicht mehr als zehn dieser erdentrückten Bäume, um eines Menschen Sehnsucht für sein ganzes Leben zu stillen; die Sehnsucht eines dieser Menschen, die man manchmal auf den kleinen Wegen trifft, hier in der Umgebung oder auf den großen Wegen, die sich von überall her in jeder Talmulde kreuzen, während sich von rechts und links lauter Gebirgswasser zur Ouvèze gesellen, mit gleich zwei oder drei großen Wasserarmen; dann eilen sie unter dem Schaudern der Pappeln, die wie Wasser flirren, still und gemeinsam weiter durch das Tal. Die Sehnsucht dieser Bauern, die von den kleinen, angrenzenden Tälern herabsteigen und aus jenen Dörfern kommen, welche man da hinten, eigentlich mitten in Bodenspalten, liegen sieht, dort, wo eine ganz reine Ockerfarbe, gesäumt von grünen Wiesen, sichtbar wird, hier und da mit ein oder zwei Pinien über das brennende Gelb der Erde gebeugt. Solch ein Dorf, das diejenigen nötig haben, die sich mit wenig zufriedengeben und demzufolge ein Anrecht darauf haben, alles zu bekommen. Die Wege schlagen wie Ochsenziemer von allen Seiten durch die riesigen, von Riedgras gebräunten Weideflächen. Sie brechen rechts und links hervor, in welligem Hin und Her, wie Pferderücken, um an Höhe zu gewinnen, sei es an der anderen Seite der Ouvèze nach links hin, um sich durch die Eichenwälder auf die Dörfer zuzubewegen, sei es nach rechts hin, um von Stufe zu Stufe hochzuspringen, wobei sie jedes Mal den Buckel machen, auf die Eremitagen oder Votiv-Kapellen zu, auf deren Portal man das Schutzschild der Pallas weggekratzt hat und die Geste des Arms nachzeichnete, um in ihre Armbeuge ein Heiligenschein-bekränztes Kindlein zu legen, das die Weisheit so wunderlich mit dem sonderbaren Blick voll mediterraner Grausamkeit bewacht; oder die Wege führen zu den Dörfern, die sehr hoch in großen, blauen Himmelslichtungen liegen. Der Weg, der der Ouvèze folgt, flacht allmählich zwischen dichten Ährenfeldern ab. Er kreuzt bereits andere Wege, deren Verzweigungen nach brandheißem Staub und nach Wüste riechen. Doch dann biegen sie sich zurück, dicht an den Leib der bäurischen Gebirge, und steigen im Norden frisch wieder an, hinein in eine Landschaft, wo manch adelige Dörfer neben dem Weg unter dem Geknatter der Weinstöcke das Knie beugen, versehen mit alter Schmiedekunst, mit von Wappen geschmücktem Portalvorbau und Burgkaiserkronen. Männer mit weitkrempigen Filzhüten schreiten mit langsamem Schritt durch die fruchtbare, gut bearbeitete, frische Erde. Der Weg ist zu einer Königin geworden. Den ganzen Nordosten lang wird sie begleitet von ländlichen Anhöhen mit nunmehr hageren Felsen, mit vom Regen zerschundenen Rückratrippen, auf denen bisweilen ein winzig kleines, hell durchsichtiges Olivengärtlein steht oder ein Kornfeld, das sich den Abhang herabzieht, und sein grünes, gut abgestecktes Geviert quillt hinein in die raue Farbe des ganzen übrigen Berges. Alles Gute in der Erde ist durch die Regengüsse zermahlen und von den Rinnsalen, die über den Weg liefen, weggeschwemmt worden. Die Obstgärten hier sind dicht bewachsen. Die Olivenbäume bilden gewaltige Tempel voller Stille und Schatten; der Weinstock mit seinen schwarzen, knorrigen Armen überfällt die Felder, eins nach dem andern. Auf den abgelegensten Böden stehen Mandelbaumhaine, lodern im harten Gras, verfilzt mit Disteln und Thymian, die im lichten Schatten ihre prächtigen Farben beherzt mit Blaugelb und mit Rot vermischen. Dörfer tauchen auf, eins nach dem andern, nahe am Weg. Sie brauchen ihn, sie hüten ihn; sie leben dicht an ihm dran, sie schlafen ganz nahe bei ihm, sie verlassen ihn nicht. Sie begleiten ihn ein Weilchen mit Häusern, und wenn er weit fort durch die Felder hindurch entschwindet, so nähert sich ihm gelegentlich ein Hof, drängt mit dem runden Maul eines herrschaftlichen Tors die Bäume zur Seite und haucht liebreich seinen pastoralen Odem auf den Wegesrand. Der Weg selbst hat jetzt ein raueres Aussehen angenommen. Diese Anbetung lässt ihm kaum noch Zeit. Es scheint, als wolle er sich aus Dankbarkeit dafür um die öffentlichen Angelegenheiten kümmern. Er läuft schnurgerade von einem Ort zum andern, mit ein bisschen hochfahrenden Gebärden, die dennoch von Nutzen sind. Er wird nicht mehr all die wilden Schluchten heimsuchen, diese Durchrisse in den Hügeln, die ab und an jenseits der zarten Schleier aus noch ganz dürftigen Olivenbäumen das lange, seidige Band eines Wasserfalls oder die verzweifelte Wacht eines gezackten Turms flüchtig aufscheinen lassen. Aber er führt große Gruppen von schwarzgekleideten Bäuerinnen mit sich, beladen mit schwarzen Bündeln, gut ausbalanciert auf den Kopf gesetzt, laufen sie im Gänsemarsch, indem sie alles mit der gleichen Wellenbewegung ihrer Leiber, die in langen Reifröcken stecken, in Wallung versetzen. Die Männer ziehen für lange Zeit fort, mit Jagdtaschen aus Häuten, prall gefüllt mit trockenem Käse, hartem Brot und Honig. Buggys chauffieren die Herrinnen der Gehöfte im Sonntagsstaat, protzend und gewichtig mit Brüsten für acht Mann und Kinnkragen, neben dem kleinen mageren Diener; manchmal aber lenken sie auch selbst, mit runden Händen, an denen ein großer Ring sitzt oder zwei, recht eingequetscht ins Fett. Herren überholen alle Welt in wackeligen, lendenlahmen Tilburys, allerdings gezogen von großen edlen Pferden, die drauflosgaloppieren, als ob sie dabei alle vier Hufe unter den Bauch ziehen müssten. Kleine Hirtenjungen schreien und klappern wie Windmühlen mit den Armen dicht vor zwanzig verschlafenen Schafen, die ruckartig aufwachen und genau das Gegenteil von dem tun, was sie wollen; jetzt laufen sie in alle Richtungen und führen mit ihren lärmenden Hunden einen wahren Tanz auf. Männer, ganz grün vor Sulfat, verlassen die Weinstöcke, kommen auf die Straße, stampfen mit den Schuhen auf, um sich von den dicken Schmutzspuren zu befreien. Feldarbeiter machen sich in Gruppen davon und lassen, die Hände in den Taschen, auf ihrem Rücken kleine Brotbeutel aber ein großes Akkordeon hopsen. Der Donner grollt über den

Abhängen; sein Widerhall bringt große Strecken flacher Luftströme in Bewegung. Die Bäume verstummen. Regendunkel treibt von den Bergen herunter, verschluckt die Felder auf den Hängen, dann auch die ganz unten. Der Wind peitscht die Bäume, dann, mit einem Schlag, jäh, das Unwetter. Die Erde dampft. Die Frauen haben unter den Platanen haltgemacht. Die Arbeiter laufen, das Akkordeon schreit auf, der Tilbury galoppiert durch Wasserfontänen. Der Buggy dreht um, wackelt durch einen erdigen Weg und flüchtet in den Schutz eines bäuerlichen Vorhofs. Die Stimme der Gebirgsbäche behauptet ihren langen Ton, immer runder, immer voller, immer dumpfer. Doch nach und nach schwindet das Dunkel, das Licht zieht herauf, der Wind fällt; ein dicker Wassertropfen klatscht auf ein Blatt; die Wildbäche reden mit den Kräutlein dicht am Uferrand; das Unwetter wirft seine schweren Dunstschwaden und Reflexe in weitester Ferne hinten in der Ebene nieder. Die Bäuerinnen setzen sich im Gänsemarsch wieder in Gang, und Schritt für Schritt beginnt die Bauchwoge aufs Neue. Der Arbeiter wischt das Akkordeon trocken, das wie ein Ferkel grunzt. Der Buggy verlässt seinen Schutzplatz, wackelt zwei Schritt weit durch den erdigen Weg, klettert auf die Straße und zieht zuckelnd an allen anderen vorbei, während die Hofherrin mit ihren feisten Händen den Satin ihrer gewaltigen Halspartie auswischt. Hier nimmt die Straße am reichen Leben der Menschheit teil. Es bleibt dennoch ringsherum viel Wildes zurück. Des Nachts spioniert das Wildschwein bis an die Straße heran nach Fährten, der Fuchs vertuscht die seine, indem er sich im frischen Pferdemist wälzt. Jeden Tag pünktlich um die Mittagszeit segeln die Bergadler ohne Flügelschlag bis zu der großen, hellen Wegspur und fliegen, langsam darüber schwebend, wie von einem Magnet gezogen, die gesamte Weglänge ab. Oft weichen in diesen Revieren die Häuser, Dörfer und Gehöfte zurück, und plötzlich windet sich der Weg, zwischen felsigen Standorten mit harter Buchsbaumvegetation hindurch. Auf flachen Steinen wärmen sich Vipern; mächtig große, grüne Eidechsen überqueren mit kleinen fieberhaften Sprüngen, doch ohne Hast, die Straße. Schlagartig tritt hier eine brennend heiße Stille ein, die alle menschlichen Laute erstickt, nur am Ast einer Platane brummelt das Biwak einiger wilder Bienenschwärme vor sich hin, die den Höhen entflohen sind. Doch jedes Mal krümmt sich die Straße heimlich gen Süden, wo in der schönsten Tageszeit ein gelber Nebel ruht, durch den, wie erstickt, lange Fluchten von Silberpappeln schimmern. Jedes Mal, wenn der Nebel sich hebt, enthüllt er schrankenlos weite, grüne Flächen, die er gleich wieder unter seinem Niederschlag verbirgt. In den riesigen, dunklen Gärten seufzt das Leben unter dem Hitzeschleier. Man hat nicht den Eindruck, dass die Straße sich von den Dörfern entfernt, die ihre alten, herrschaftlichen Kronen tragen. Sie sind immer noch da in ihrer etwas hinfälligen Vornehmheit, aber die ländlichen Berge hinter ihnen haben sich demütig gesenkt. Adler kommen nicht mehr geflogen. Ganze Heerscharen von Lerchen brechen überall aus den Wäldchen hervor. Die Disteln tragen riesige Blütenkörbe und samtige Blätter. Alle nächtelang steigt ein Fischotter aus dem Wildbach und stöhnt und klagt am Rande dieses Weges, welcher sich davonmacht und jetzt über eine lange Steigung, vorschriftsmäßig wie ein Sprungbrett, verläuft. Und dann, von oben also, fällt er auf einmal ganz plötzlich herab. Das Land, auf das er sich da stürzt, entfaltet vor ihm mit seinem Blattwerk einen wahrhaft königlichen Pomp. Eine Karawane von Pappeln nähert sich silberne Blätter schwenkend, Zypressen in Reih und Glied treten aus dem Nebel, junge, starke Ulmen kundschaften die Wege zu den Häusern mit breiten Fassaden aus. Schwerfällige Eichen gehen unter der Last des Honigs ihrer Blüten in die Knie. Monströse Seen aus Windhafer ruhen hinter Schutzwällen von Birken, Platanen, paarweise, breitbrüstig, deren nie beschnittene Äste ihren wundersamen Schattenflausch bis in die Höhen des Himmels heben, lassen perlend, sprudelnd rieselndes Quellwasser in kleine Stauweiher fließen, wo sich im durchsichtigen Bergteer das weiße Haar der Nymphen entrollt, während tief in den Spiegelreflexen vom Pech das Liebeslied der Unken ertönt. Akazien unterwerfen dem Schritt der Männer ganze Trauben von Blütenduft. Wildbäche verzwirbeln unter Holunderbeerdolden das Wasser mit Holunderöl; am Ufersaum selbst aber, wo Ophelia sich schließlich an das dichte Reich der Meerwinden festgebunden hat, winken die blauen Blütenkronen, und das flockige Riedgras breitet den federleichten Hermelin seiner Schneeblüten aus. Ebenso wie der Dunst der Hitze und die bleierne Gewitterluft sich heben, gehen die Fluchtlinien der Bäume in immer endloseren Weiten unter. Ein unbegrenzter Ozean voller Gelb- und Blautöne der Weiden, der überall lauter Vergissmeinnichtblütenschaum gegen die Baumstämme wirft, trägt Wäldchen mit Linden bis in die äußersten Weiten davon, Vogelbeerhecken, Rosskastanienalleen, Schilfrohrböschungen, Ahornringelreihen, die ganze Bruderschaft heldenhafter Eichen, paarweise aus dem Forst der Vorfahren, und die langen, sich überschneidenden dunklen Züge der Trauerprozessionen von Zypressen, mit Kapuzen, düsterer noch als der Himmel, so dunkel indes, dass die Sonne sie eher abdeckt als aufhellt; im tiefsten Hintergrund der schweren Luft, die sich wohl niemals hebt, nehmen gespensterhaft graue Bäume, zitternd wie Wollbüschel, den Aufruhr des pflanzlichen Königtums mit und setzen ihn im unsichtbaren Jenseits fort. Städte tot, flach wie Gedenkmünzen, die kaum über die genuisisch aufgepresste Prägung der Haferähren hinausragen. Die Verkehrsknoten drücken die Straße. Unter dem Gras wimmelt es von Fährten. Von allen Seiten führen Wege, wo man wilde Gräser niedertrampeln muss, um geheimnisvolle Wäldchen herum zu friedlichen Häusern mit hohen Wangen, mit breiter Stirn, mit noblem Haarschopf voll blühender Rosen, in denen die Nachtigall singt. Freitreppen aus Backstein, entsiegelt und wieder mit feinem Gras verkittet, führen in Vorzimmer, wo gemächlich hinten im Dämmerlicht die scharlachrote, dubiose Samtkappe aus einem Richterportrait zu leuchten beginnt oder die mit Goldnägeln versehene Säbeltasche eines Husars. Eine Sanftheit, die alles in sich aufnimmt, füllt die Korridore und das Treppenhaus, das einer gewaltigen Kletterpflanze aus Schmiedekunst zum Glasdach hin das Geleit gibt. Jede Stufe steigt dem ledrigen Geruch der alten Bücher nach und hebt die Weisheit hoch und höher. Indes, man hört den Wurm, wie er das Holz der Täfelung zerfrisst; in weiten Räumen, so weit, dass die Wände sich in der Nacht verlieren, hängt der grüne Vorhang vor dem Säulenbett, da dämmert der granatrote Rips des Sessels, beschienen vom hohen Fenster mit kleinen meergrünen Fensterscheiben, durch die man die Bäume schlafen sieht und den Regen hört, der voll grenzenlosem Frieden über ein Blättergemenge ohnegleichen läuft. Dort unten, da geht die Straße entlang mit Fußgängern, die von Auffahrt zu Auffahrt laufen. Auf diesen elysischen Feldern der Lebenden tragen Fluchtlinien von allen Seiten den Blick die langen, düsteren Baumflure entlang. Es ist ein wahres Gestrüpp von Wegen mit einem so üppigen Blättergewirr, dass weder das eine noch das andere sich entwirren lässt. Im Echo der Obstgärten künden die Bewässerungsbächlein mit tiefen, dicken Saiten, die klappernd durch die fette Erde fließen, vom Frieden. Je tiefer sich die Straße in diese meergrüne Zukunft versenkt, desto mehr verwischt sich hinter ihr die Herkunft aus unzähligen Windungen, mit denen sie die Wäldchen umrundet. Nichts Anderes existiert hier als der Baum, das Gras, das Wasser, die goldbeschienenen Wände der rundlichen Städte voller Stille, das breite Gesicht der zurückgezogenen Häuser, die durch die Zweige lugen, die Alleen, in denen sich von Allee zu Allee, und manchmal ganz im milchigen Schimmer einer Wiesenlichtung, ein Rotfuchs ohne Sattel und Zaumzeug zeigt, der zum eigenen Vergnügen durch die Wiesenblumen galoppiert. Die Straße läuft über einen flachen, elastischen Boden, unter dem das Schurren beweglicher Schwemmerde zittert. Die Elastizität von Schlick, weit und breit über diese Flure verteilt, spricht von einem gewaltigen Fluss. In Augenblicken großer Stille, wenn das Knacken der Zweige in den Ulmen aussetzt, das wollige Wiegen der Zypressen, der sanfte Wellenschlag der Hochweiden, dann verstummen auch die Vögel, und tief hinten aus dem Horizont steigt das dumpfe Gebrüll eines Stiers über der Erde auf. Doch wohin die Fantasie auch gehen mag, von allen Seiten bietet sich äußerlich nur diese Weite eines ganzen Königreichs von Bäumen an. Eine einzige, geheimnisvolle Logik steht dafür ein, dass dieser vegetative Frieden nicht anders als kniend am Ufer gewaltiger Wasser enden kann. Ein kaum wahrnehmbares Licht weist in alle Richtungen. Durch alle Auslichtungen auf jeder ihrer Seiten hindurch bis weit nach hinten bekommt die Straße jetzt viele niedrige Bäume zu Gesicht, oder eher die wilde Beschaffenheit heimatlos desorientierter Eichen, oder einen vereinzelten Baum, der von weit entfernten Bergen spricht. Eine Art unerschütterlicher Tross führt der Straße selbst ganz fremdartige Vegetationen entgegen. Hoch über dem kohlefarbigen Staub der Sonne entzweit ein heller Riss den knallblauen Himmel. Eine gewaltige Atmung geht um. Doch am klaren Horizont tauchen bizarre Häuflein kleiner, moderner Städte auf, wo es nur so schrillt und schrammt aus den Getrieben und aus allen Fugen dampft. Alle naselang möchte man verweilen, denn am Straßenrand liegen die Baumstümpfe abgeschlagener Pappeln, und sehnsuchtsvoll steigt einem der Duft von Champignons entgegen. Ein Autowrack im Klatschmohnfeld wird langsam von seinen vielen Roststellen zerfressen. Gemeinderatsbeschlüsse verbieten dem Herumziehenden, haltzumachen. Wirtshäuser hissen auf den Terrassen ihre orangegerippten Schirme. Boules-Spiele durchwirken alle Ecken mit ihren Spinngeweben. Ein Zug, der nicht haltmacht, pfeift wie toll, ohne zu wissen, warum. Eine Vorschrift verfügt, dass die Platanen auf Mannshöhe zu schneiden sind. Eine grelle Sonne verklebt die Hände, Finger gegen Finger, umschlingt Arme und Beine, gestattet nur der Zunge noch, sich im Mund zu bewegen, wie blinde Schlangen, tief unten in den Höhlungen der Erde. Alle Schattenplätze riechen nach Anis. Die Radfahrer im Sporttrikot disputieren über Streckenabschnitte, die von einem gewaltigen Löwen aus schwarzer Pappe begleitet werden, der ohne Unterlass das Jagdhorn bläst. Handlungsreisende steigen am Bahnhof aus, mit großen Hemdkragen und ebenso großen Koffern. Eine einsame Zeitung faltet sich im Wind auf und zu, weht dann davon und scheuert dabei mit ihrem Leib über die Terrasse des Cafés. Ein Apotheker kritzelt provenzalische Verse auf die Rückseite von Urinanalysen. Ein Mann sitzt unbeweglich mit herabhängenden Armen da und beleidigt Gott ausgiebig, bis in die äußerste Verästelung seiner Familie hinein. Der republikanische Zirkel versammelt zwölf Spitzbärte, um die Zukunft der gesamten Menschheit auf dem Radikalismus zu begründen. Ein Königstreuer, von Lendengicht geplagt, versucht ganz locker, vor dem Fabriktor zu marschieren. Arbeiter mit Lucullusbäuchlein streiten unter den Platanen über die Bedeutsamkeit der Ordnung im Weltuntergang. Widersprüchliche Plakate beteuern in ununterbrochener Abfolge, dass im Endeffekt das ganze Land von Kanaillen bewohnt ist. Die Schwalben versammeln ihre gesamte Sippschaft auf dem Haupttelegraphenmast. Von Zeit zu Zeit fliegt ein riesiger, rosenfarbiger Vogel mit langen, schwarzen Füßen vorbei, wobei er einen wilden Schrei ausstößt, den keiner hört. Die Straße nach Paris reiht sich mit der Eitelkeit eines Monsters zwischen die roten Pfeiler ihrer Tankstellen und unter die unzähligen Zinkblattverzierungen, an dem die Verdienste diverser Ölsorten flattern. Doch, wie alle Straßen, hat auch diese eine Schwäche, durch den man sie besiegen kann. Sie ist länger als breit. Sie durchmisst die Breite mit zwanzig Schritt, fällt sogleich in brennend heiße Sandseiten, macht eine Kehrtwendung durch Schilfflächen, Korbweiden, Salweiden und Erlen, und dann ist sie wieder nackt und unverfälscht. Ein kräftiges Pferd, vor einen blauen Karren gespannt, schläft neben einer Schaufel, die im groben Kies steckt. Das dumpfe Brüllen eines Stiers vertieft die Ruhe. Selbst der graue Sand auf dem Weg sinkt mit jedem Schritt in schwarze Fußstapfen ein, wo ganz plötzlich kleine Speicheltröpfchen gleißen, die sogleich wieder verlöschen. Der Wind weht von Norden her und, ohne dass man das Gefälle der Erde überhaupt begreifen könnte, weiß man doch, dass er herabfällt. Tümpel, trüb wie Perlen, verstecken sich nunmehr unter Dornengebüsch. Das Gebaren eines unsichtbaren, mächtigen Lebewesens reißt Löcher voll frischer Feuchtigkeit in die heiße Luft. Hier, ganz nahebei, rührt sich jemand und zieht mit seinen Bewegungen den Himmel mit sich fort. Die Luft riecht nach rohem Fisch, als ob man Fischernetze durchgerüttelt hättte. Die Straße hat keine Böschung mehr; sie verliert sich auf jeder Seite in grauen Sandstreifen. Eine große Artenvielfalt von Pflanzen haust hier ringsherum ganz durcheinander. Kleine Tännchen stehen dicht neben gewaltig großen Platanen, Bergkräuter sind durchmengt von Kräutern aus der Ebene, kleiner Enzian, fast farblos, mischt sich mit Getreidesorten aller Art. Dieser Boden zeugt von einer Kraft, welche von den Bergen in die Ebene herabgetrieben wird. Alles ist von Sandstaub überzogen, der Wind hebt ihn hoch wie flatternde Leinentücher, lässt ihn durch das ganze Laubwerk stieben, bettet ihn auf großen, stillen Wasserflächen, auf die er in tausend Sprenkeln wie Regen niedergeht, und dabei den Tanz zahlloser kleiner Silberfische blitzartig durchbricht. Der Boden ist weicher. Der Himmel ist klar; ein freudvoller Atem schließt ihn auf, bis in die hintersten Tiefen, durch die sich die Fluglinien stürzen. Eine üppige Freude lässt die Nacktheit der Himmelsräume leuchten. Das Tosen brüllt ganz nahe und dröhnt in jede Richtung. Ein Eisvogel sitzt regungslos zwischen zwei Thymianbüscheln und horcht. Ein grüner Kiebitz führt seine vier gelbgrünen Wollküken auf einem Weg spazieren, der sich um Wacholderwurzeln krümmt. Ein goldgelber Regenpfeifer flöht die schwarzen und goldenen Intarsien seines Federkleides. Eine Krikente badet sich im heißen Sand. Ein unsichtbarer Reiher schreit. Ein Wachtelkönig mit grauem Brustlatz schreitet und beschaut zugleich rückwärts seine Fußspuren; mit geschwollener Brust; mit kaum wahrnehmbarem Strich dicht an seinem langen Schnabel. Eine Stelze taucht auf mit ihren hohen goldfarbenen Beinen, sie spreizt ihre blauen Flügel, lässt sich dabei flüchtig auf die Sprungfedern ihrer Knie nieder und schwingt sich hoch: sie fliegt dem Ruf immer lauter schallender, großer, rollender Wasser entgegen. Ein kantiger Balken ragt aus dem trockenen Schlamm. Vorhänge aus

Erlen, Weiden, und Buschwerk, die das Gefältel und endlose Mäandern noch vervielfältigen, schließen graue Lachen ein, Seen mit blauem Wasser, Trichter voll schwarzem Sumpf, Placken von trockenem Schlamm, rissig und ausgedörrt mit winzig kleinen Einöden von ambrafarbenem Alfagras verwehren den Blick in die Tiefen des Horizonts. Der Weg kann nur durch staubbedecktes Blattwerk schauen. Blindlings schwenkt er herum und lässt ganze Vogelschwärme und ein Gefunkel von Schmetterlingen aufflattern. Und plötzlich wird er jäh überwuchert von Minze und Eisenkraut; ein zartes Speicheltröpfchen zerplatzt sternförmig im Sand, so dicht brandet neben ihm das Getöse auf; er hat gerade eben noch Zeit, seine zwei Wagenspuren zurückzuhalten: da ist er, der Fluss. Da liegt er, man sieht ihn durch ein Flechtwerk von Schilf, und seine Breite schaut über das Schilfrohr hinaus, hochgehoben, wie eine Mauer, lauter Inseln und ein wildes Gemenge silbriger Muskelstränge mit sich führend. Jenseits des Schilfrohrs füllt er einsam und allein die magische und großartige Lücke, die er mitten durch Himmel und Erde gerissen hat. Winzig kleine Kinderhügelchen hat er weit über sein jenseitiges Ufer hinausgeschoben. Seine nackten Arme sind in Eisenkraut gebettet, das dichter als die Wolle von Schafen wächst. Seine Hände schlagen den Schaum zu Boden, der aufspritzt und in hellen Farbbögen leuchtet, Schmetterlinge trinken auf seiner Haut. Die Vögel liebkosen ihn mit ihrem Kurvenflug voll schwärmerischer Anbetung ohnegleichen und schmiegen all die gefederten Bäuche in seinen Lauf. Im unberührten Flaum seines Brustkastens schlafen Scharen von Wildenten, indes er seine Brust aufschwellen und absinken lässt und die Tiere in seinem Innersten in den Schiffbruch treibt oder sie plötzlich derart hochhebt, dass sie die Flügel öffnen und davonfliegen. Doch sie fallen zurück in den wilden Schoß der Erde und dämpfen mit ihren grünen und blauen Schwingen das grelle Tageslicht. Helle Brassenschwärme, die aus tiefen dunklen Gängen schießen, lassen unter der Wasserkante am Ufersaum den Schwungschlag ihrer rosigen Hinterflossen auswirbeln und schlagen Tran aus dem Gewoge ihrer silbrigen Leiber. Sie nehmen in die Tiefen des Schattens eine kleine gefangene Sonne mit. Eine endlose Herde von Stuten bringt die Flussbreite mit einem Gemenge auffliegender Gischtmähnen zum Kochen, tollende Nachtschwalben mengen sich darunter, prächtige Trauerenten, Wasseramseln, kleine Rohrhühner, der ganze Trubel der Wasserhühner, der roten Blesshühner, Wolken voll goldschimmernder Fliegen, junge Schnepfen, Brachschwalben und der jähe Flug der roten Pfuhlschnepfe, so ein Flug funkelt wie die Kokarde auf einer Knallbüchse. Übergroße Schuppfische tauchen auf einer Seite der Wellen auf, schlagen aus und gleiten von Welle zu Welle. Goldgelbe Schleie zerkauen mit ihren roten Lippen den pflanzendurchsetzten Morast am Ufer. Störe springen gemächlich mit ganzer Länge hoch in die Sonne und fallen wie metallene Spritzer zurück. Lachse lassen das flache Wasser schnalzen und glucksen. Die Heilbutte treiben den Schatten in die beleuchteten Abgründe herab. Auf den Erdschichten der dünnen Wasserrinnsale, die zwischen den Kieselsteinen sieden, schlagen sich Haufen von glasäugigen Ameisen durch den Bodensatz und kämpfen mit den ungestümen Diebereien der Brachvögel. Wolken flachsblütenfarbiger Schmetterlinge brennen in der bewegungslosen Flamme des Azurs über den Wasserwirbeln; die Bartgrundel schnappt sie weg im Sprung, der Flügelschlag der Trauerente bestreicht sie, durchfährt sie, peitscht sie, ohne dass das Flimmern der kleinen gekerbelten Flügel je vergehen würde. Lange Lampreten wirbeln mit ihren violetten

Schwanzflossen weiße Blasen aus den Grünspangrüften herauf. Der Schrei der Reiher springt in fliehenden Echos wie eine Wurfscheibe über die Wasser davon. Schwäne, halb aufgerichtet über den Fluten, fächeln sich mit ihren großen Flügeln Kühlung zu, wobei jeder Schlag unter der Wasseroberfläche scharenweise Fische auseinanderjagt. Und der Fluss zieht dahin. Er wälzt sich durch himmlische Lüfte voller Schmetterlinge auf jeder seiner Uferseiten: Admiralfalter, Pasiphaès, Perlmuttfalter, Satyrn, Tabakschmetterlinge, Parthenien, Antiopen, Belles dames, Sylvains und bisweilen der breitflügelige Jasius, so groß wie ein Vogel. Alles ist vermengt und funkelt, wie das Zerschellen der Sonne am geschliffenen Rand eines Glases. Der Fluss ist eine große Straße für alle Welt. Wilde Reisende aus der zusammengeballten Finsternis tief am Grund dieser Wasser tragen im Geflatter ihrer blaugrünen Mantillen das zitternde Leben im Milchsaft der Fische davon. Auf selber Höhe mit den Ebenen speit er die zerbrochenen Skelettknochen von Felsklumpen aus, die er dem Berg entrissen hat. Er berührt Schultern, die in Feldern liegen. Er macht sich breit und schafft sich Raum, denn er ist der Tross für die Samen. Alles muss ihm den Platz abtreten. Alles trennt sich, alles öffnet sich. Er zwängt ganze Städte, vollgestopft mit Palästen, in seine Windungen. Er durchläuft wilde Einöden, wo er das Reich mit einer Sonne teilt, die zwischen den Zypressen das Schaugerüst für eine Fata Morgana errichtet. Hinten im Land lauschen weitere Städte, mit Arenen bekrönt, auf sein Stiergebrüll, das nicht einzufangen ist. Nîmes, noch höher hinaus mit jenen Steinen gekrönt, die in Zierde das Drama von Mensch und Tier einkreisen, ruht unter der Sonne in einem Staub, den unterirdische Mächte ausklopfen, wie Wind, der die Standarte schlägt. Hier ist der Ort, wo die tiefen Quellen, die unter Bergen vergraben sind, wieder emporkommen. Sie haben die universalen Mysterien durchquert; sie haben sich mit Magie und mit natürlicher Chemie befasst, sie haben sich langsam mit Kristallen, reiner noch als Polareis, vermählt; sie haben in schweigsamen Betten geschlafen, wo der härteste Granit und das funkenreichste Feuergestein spiegelglatt wurde und erfahrener mit der Wollust umging als die kostbarsten Edelsteine. Das ist der Ort, wo die unterirdischen Quellen hervorkommen. Quellende Wasser, die noch voller universalem Leben sind, das diese uns zuführen. Und die Wasserstraße zieht langsam fort, um unterzugehen im Meer.

Straße, die alle Straßen mit sich nimmt. Territorium voll Glanz und voll Tod. Gerade eben, da das Gemenge aller Farben der Welt seinen Einzug ins Meer hält, bei Südwestwind in die offene See von Kap Couronne. Grau ist die Erde. Grau ist das Meer. Grau ist der Himmel. Unter den Wolken ist die räumliche Weite noch unermesslicher als der Himmelsraum, der über den Hochebenen liegt. Hier unten ist die Welt ganz und gar gedämpft, wie unter dem grauen Gefieder von einem magischen Sperber. Nichts gäbe hier je Anlass, eine menschliche Berechnung von Entfernungen und Formen aufzustellen. Wird es im Sturm des Unbegreiflichen steuern können, dies Schiff unserer Armut mit seinem Gefolge von Pfauen?

Es gibt keine Provence. Wer sie liebt, liebt die Welt oder liebt nichts.

(1939)

8.
Arcadie! Arcadie!

Zehn Kilometer nach rechts oder links reichen schon aus, um einen heimatlos zu machen. Aus der romantischen Schlössergegend kommt man nach einer leichten Wegbiegung übergangslos in den klassisch virgilischen Kanton. Das schwarzbraune Heideland nimmt normalerweise die Hochebenen ein, zieht aber sehr oft auch nieder in die Täler; Grund und Boden, in Weinberge aufgeteilt, kleine Anwesen, zugeschnitten auf eine Familie oder einen Mann, sind in den Tiefebenen angelegt, rücken aber auch bis in die einsamsten Höhen vor. Ich erfreue mich an dieser Vielseitigkeit. Ich laufe nach rechts, nach links, nach Norden, nach Süden, ohne vorgefassten Plan. Dies ist das Gegenstück zu einem Land mit *fixen Vorstellungen*. Daher rührt diese Jugendlichkeit der Lebenslust, die einen überall dort, wo man sie antrifft, erstaunt, so zum Beispiel bei den alten einsamen Bauern. Woanders wäre dem sonst nicht viel hinzuzufügen. Hier aber stellt man fest, dass sie Pläne haben, dass sie Unmengen von Dingen begehren und dass sie sich sehr ernsthaft um ihr Glück bemühen. Sie tun dies ganz ungezwungen. Wenn sie einen Kampf austragen, dann ziehen sie sich nicht erst die Rüstung an, sondern kämpfen nackt und eingerieben mit Öl, um rutschig zu sein und keinerlei Halt zu bieten. Was man für Faulheit oder Gleichgültigkeit hält, ist pure Kaltblütigkeit. Sie verlieren bei Schicksalsschlägen nicht die Nerven, und oft, wenn man meint, dass sie darunter zu Boden gehen, wird man gewahr, wie sie einfach, indem sie dem Schlag die Angriffsfläche entzogen, der Sache geschickt aus dem Weg gegangen sind, ohne selbst die Füße vom Platz gehoben zu haben. Wahre Rundköpfe sind sie, Römer, Cromwells Ritter, allerdings ohne Bibel, ohne Rom, aber solche, die *ihre Ideen zu Hause fabrizieren*. Diese Eigenschaft hat ihre zwei Seiten. Man kann sie auch für anmaßend halten: denn man verwechselt recht häufig die gebräuchliche Einstellung mit Höflichkeit und die allgemeine Ansicht mit Kultur.

Die Dörfer sind auf Anhöhen errichtet, auf Felshöhen und an allen Orten, die abschüssig sind, wo es ein Leichtes ist, Steine herabkollern zu lassen. Indem der Provenzale auf diese Weise sein Bedürfnis nach Sicherheit mit seiner ausdrücklichen Absicht vereint hat, diesem die geringstmögliche Anstrengung zu opfern, hat er sich in die reine Luft und vor die Reiterebenen gesetzt. Es gibt *Aussichten*, die die Herren für *unermesslich* oder für Ausblicke *in die Unendlichkeit* halten. Abbildungen von diesen Aussichten sind hier in Türen und Fenstern eingerahmt und ersetzen an den Wänden kitschige Farbdrucke von Romulus und Remus oder vom Zug der Hebräer durchs Rote Meer. Solche Landschaften, zusammengesetzt aus neun Zehnteln Himmel und einem kleinen Zehntel Erde, und wiederum Erde, die man überblickt, füllen die Seele mit feudalen Delirien und Köstlichkeiten. Da man den Orkan bereits hundert Kilometer im Umkreis herannahen sieht, schöpft man die Angst bereits aus, eh man dazu überhaupt Grund hätte. Das schaurigste Geheule, das Grollen in den großen Häusern voller Echos, macht einen empfänglich für eine einzigartige, höchst empfindsame Melancholie. Von bestimmten, gut gelegenen Orten aus überschaut man Gebiete, noch weitläufiger als einen Kanton, die ganz von Wintereichen überzogen sind. Von oben erblickt man die Aufteilung dieser riesigen, romantischen Kathedralen, durch deren Äste bisweilen die weiße Spur der Wege schimmert. Auf der linken Uferseite der Durance nimmt dieser von Eichen durchwachsene Wald dann wieder Talmulden und Hügel ein, bis hin zum Sainte-Baume-Massiv: das heißt, jenseits davon liegt das Meer. Hier braucht man sich keine Städte, Straßenbahnen oder Fußwege, wo Massen hin- und herströmen, vorstellen oder gar gleißende Nachtbeleuchtung; was auch immer es sein mag von all dieser modernen Einrichtung, die genügt, um in der Seele des einfachen Stadtbewohners die Vorstellung von Wildnis zu zerstören. Selbst Marseille, dessen Lage man dank Pilon du Rouet erraten kann, zählt kaum neben diesen Weiten *ohne Seele*, die sich dehnen bis hin zum Meer. Diese gesamte Region ist angelegt, als sollte sie eine Szenerie auf der Seite eines Buchs von Froissart oder wenigstens von Walter Scott illustrieren. Stendhal hatte das bereits erkannt, als er über die heutige Alpenstraße auf Grenoble zufuhr. Und dennoch war er an diesem wunderlichen Land voller riesengroßer, schroffer Schlösser nur entlanggefahren. Sobald ein Dutzend Häuser, wie Wespennester an die Felswand geklebt, auftaucht, werden sie von einem noch stämmigeren Haus überragt. In Wirklichkeit hat es sich genau umgekehrt abgespielt. Der Starke, der gerade aus der Einsamkeit seine Lebenslehren zog, hat als erster seine Mauern errichtet; die anderen sind gekommen und haben seitlich daneben Schutz gesucht. Im Allgemeinen besaß einer, der sich aus Neigung und Berechnung derart in die Höhen gesetzt hatte, keinen Gemeinschaftssinn. Er verstand es stets, seinen Stolz, seinen Hochmut und sogar eine gewisse menschenscheue Subtilität mit den Mauern, die er hochzog, zum Ausdruck zu bringen. Mit ihren Ausmaßen verschaffte er sich selbst Genugtuung. Er schuf sich mit feinsten Nuancen sein Selbstbildnis (wie Retz und Saint-Simon). Hier gibt es einen, der offenkundig die schönen, geruhsamen Tage nicht leiden konnte und all seine Fenster auf die Nordseite mit starkem Wind hinausgehen lassen hat, auf eine Landschaft hin, die niemals von der Sonne vergoldet wird. Woanders spricht eine sorgenvolle Dachluke von herber Sittsamkeit, von Hartherzigkeit und vermutlich (was gut zusammenpasst) von einer kraftlosen Brust. Manche Fassaden stellen am helllichten Tag das anmaßende Wesen einer mächtigen Feindschaft zur Schau, die wohl seit Jahrhunderten gehegt worden sein muss und immer noch über den Waldungen zu liegen scheint. Dagegen habe ich wiederum auf einer trockenen Anhöhe einen beschnittenen Buchsbaumpark gesehen, der mit seinen kleinen Bögen und Labyrinthen Zeugnis von der Sorgfalt ablegt, die eine empfindsame Seele hat walten lassen, um ihre Kunstfertigkeit in der Einsamkeit zu entfalten.

Wenn keinerlei Grund besteht, mit hoher Geschwindigkeit über die sogenannten Nationalstraßen zu eilen, kann man diese Nation bis in die kleinsten Einzelheiten kennenlernen. Man braucht nur eine dieser schmalen Straßen zu nehmen, die bei dem geringsten Wäldchen oder wegen des Feldes von Mathieu zur Seite springen; selbst Bezirksstraßen sollte man nicht nehmen, sondern die Gemeindewege, gerade die, mit denen die Gemeinde ihre liebe Not hat. Es sind Königsrouten, und Könige sind bei ihnen die Männer, die über die Trasse verhandelt haben. Sie führen in ein Abenteuer der Arbeit und Sorgen der ganzen Region.

Alles hier zeugt von einer Gemeinschaft, und zwar von einer, die sich mit dem Charakter jedes einzelnen abfinden muss. Ein Weg also, der dem Querulanten ebenso willkommen ist wie dem, der gerne einen Umweg macht, um sich einen Vorhof anzusehen, oder dicht an einer Quelle vorbeizugehen, oder dem es wichtig ist, immer einen Unterschlupf in der Nähe zu haben, wo man sich gut und gerne bei gewittrigen Unwettern unterstellen kann. Er folgt praktisch immer der Trasse der alten Fährte aus den Zeiten der Hausierer, der Postwagenkutsche, der Reisen im gestreckten Galopp. Einen von diesen Wegen kenne ich, den sah man sich zu solch einem kleinen Bauerngehöft hinkrümmen, das wohl weiterhin keine Bedeutung mehr hatte, aber wo im Jahr 1784 eine Frau lebte, die für ihre Schönheit und ihr Bedürfnis nach einem natürlichen Lebenswandel berühmt war. Andere Wege führen zu einem guten Wein. Es gibt für all die Schlenker einen Grund, die Krümmungen sind niemals umsonst; der Schlangenlauf wurde jedes Mal nach reiflicher Überlegung beschlossen. Diese Biegung schützt einen vor Wind, lässt einen durch Schatten gehen; diese gerade Strecke bringt einem den schnellstmöglichen Ausweg aus einem Ort, wo es nicht guttut, lange zu verweilen. Dieser kaum wahrnehmbaren Tür eines Wucherers im Kalkbewurf einer Mauer nähert der Weg sich nur in großen Windungen, die eines Montgenèvre würdig wären. Ein wahres Verbindungsnetz von grasbewachsenen Abkürzungen stürzt auf den Amboss eines Hufschmieds zu. Hier waren die Leute es gewohnt, mit hundert Schritten eine Espenallee entlangzugehen. Man verlässt eine alte Spur nicht, um eine Kurve abzukürzen, sondern deswegen, weil man am Fuße dieses Baumes, den man seitdem meidet, einst einen Schäfer getötet hat. Und wenn man trotz der rauen Küste freimütig auf dieses Dorf zustürzt, dann deshalb, weil es aus hundert Gründen sehr geschätzt wird: weil es mit Gutherzigkeit, Schläue und Kenntnis Schandtaten willkommen heißt, die zu nutzen ratsam ist, nämlich Essgelüste, die es zu befriedigen gilt.

Es wäre ein Irrtum, nur die bewundernswerte Landschaft zu betrachten, die Leidenschaften kommen noch hinzu.

Die Städte sind nicht von großer Bedeutung: fünf- bis sechstausend Einwohner, maximal zehntausend. Im vorigen Jahrhundert waren sie in Handwerker und Bauern aufgeteilt. Von einer Frau zu sagen, sie sei Handwerkerin, setzte eine feine Wäschekammer voraus, perfekte Kenntnis der vier Regeln, eine formvolle Handschrift und Manieren, die man »Affentheater« nannte. Meist war so jemand eine Bauerntochter, die mit Ideen im Kopf die unfruchtbare Heidegegend verlassen hatte, um geistige Anregungen zu finden. Der stückweise Verkauf von Gruyère genügte ihren Ambitionen schon. Sie wurde zur Stütze ihrer Kirche, und auf dem Höhepunkt ihres Erfolgs wurde sie zur Bürgerlichen. Die männliche Handwerkergilde (worunter zu den Zünften die Notare, die Lehrer, die Apotheker und der Vorsteher des Postamtes zählten, der Arzt bildete eine Klasse für sich), trug die schwarze Jacke aus Alpaka im Sommer, das gestärkte Hemd am Sonntag, den Filzhut mit breiter Bordüre und wochentags die blaue Schürze. Sie rühmten sich mit Literatur und Liberalismus, kannten die Lieder von Béranger auswendig und abonnierten die *Veillées des chaumières*. Die vornehmste Gilde stellte auf ihren Ziertischchen das Stammbuch vom *Vin Mariani* zur Schau und den *Almanach Vermot*.

Diese Städte, die wie Kränze aussehen, wie Brotlaibe, wie Schachfiguren, waren mit dem Erfordernis nach Flucht gemacht, mit dem Sinn für Hierarchie, mit Arglosigkeit, ja, sozusagen mit einer tollkühnen Vorsicht, wenn man so will, mit der ganzen Tollkühnheit, die die Bedächtigen sich leisten können. Seit Flugzeuge über ihnen zu fliegen begannen, wurden Vorstädte gebaut, wagte man pleite zu gehen, mit Sack und Pack nach Marseille aufzubrechen, ja selbst in die Gegenklasse hineinzuheiraten. Man ist jetzt gerade dabei, *chirurgische Gemeinschaftskassen* zu schaffen, was mir wie ein ganzes Programm fröhlicher Lebensweisen für die Zukunft vorkommt.

Der Wind bläst von Nordwest, genauso, wie er vor zehntausend Jahren blies. Das Leben ist immer noch an die gleichen Ressourcen gekoppelt: Öl und Wein. Ich kannte im Jahr 1903 eine Kategorie von Leuten, die man Nichtstuer nannte. Davon gab es fünf oder sechs in Manosque, zwei oder drei in Corbières, einen in Sainte-Tulle, vier in Pierrevert, gut zwanzig in Aix, ebenso viele in Arles, vielleicht hundert in Avignon, und so weiter und so fort. Drei hier, zwei da, vierzig in Toulon, dreißig in Draguignan, sechs in Tourves, acht in Brignoles, fünf in Salernes, sieben in Barjols; von Marseille brauchen wir gar nicht erst zu sprechen, so viele gab es da. Die aber, von denen hier die Rede ist, waren Eigentümer von kleinen Olivengärten: fünf oder sechs Bäume, oder höchstens zehn. Aus allen Altersgruppen hatten sie es fertiggebracht, auf verschiedene Weise *nichts zu tun*. Da gab es Witwer, die, nachdem sie nun mal die Fünfzig überschritten hatten, mit Genüsslichkeit entdeckten, dass ein einzelner Mensch wenig braucht; junge Männer, die, zurück vom Militär, die Abwesenheit des Feldwebels (in jeder Gestalt) für einen vollkommenen Hochgenuss hielten; alte Junggesellen. Eine Hose und eine Jacke aus Velours hielten zwanzig Jahre. Der Witwer fand in seinen Truhen genug weiße Hemden (inbegriffen die seiner Frau), um bis ins Paradies zu wandeln. Im Winter schnitt er sich aus einer Decke ein Unterhemd, sogar einen Mantel zurecht. Einmal im Jahr taten die Jüngeren irgendjemandem einen kleinen Dienst: einen Koffer vom Gütertransport abholen, Kohlen nach Hause tragen etc., und verlangten dafür im

Tausch alte Kleidung. Sie lebten von eingemachten Oliven und Öl. Oliven und Öl brachten ihnen ebenfalls im Tausch ein bisschen Wein ein. Für Brot klaubten sie Ähren auf. Es war genau genommen nicht so ganz *nichts tun*, aber es war unbestreitbar wenig tun, seine totale Freiheit haben, leben; und zwar leben, wie es einem beliebte.

Olivenbäume zu halten ist Künstlerarbeit, die einen niemals ins Schwitzen bringt. Die Höhe, deshalb so wichtig, weil der Baum seine Früchte nur am neuen Holz trägt, die Höhe lädt zu Träumereien ein, und befriedigt bei geringem Aufwand das Bedürfnis, etwas hervorzubringen. Nicht zu vergessen, dass ein gut beschnittener Baum einem eine hübsche Tresse am Aufschlag verschafft, egal ob er am Wegrand steht oder auf den Anhöhen, wo alle Welt spazieren geht; nur ins Auge fallen muss er, und, ist er gut beschnitten, geht man ihn wie ein Schauspiel betrachten. Ich spreche hier selbstverständlich vom Hinterland und nicht von Olivenbäumen, die einige Kilometer vom Meer entfernt wachsen. Wir befinden uns immer noch auf den ziemlich hohen Hügeln. Wenn die Höhe stimmt, braucht man Dinge und Geschehnisse nur ihren Lauf nehmen lassen: Was der Mensch von hier über alles liebt, ist das, was dem *Nichtstuer* die Zerstreuung ist, der träumerische Zeitvertreib. Den Himmel inspizieren, welch eine Zuflucht der Leidenschaft! Dem Regen ausgeliefert sein, der Sonne und dem Wind, das gibt jedem Tag seinen Rhythmus. Fluchen bis tief in die Seele hinein befreit einen, wohingegen das Bürgertum zu seiner Befreiung etliche Maschinen braucht, und dennoch fast nichts erreicht.

An manchen Orten, wie zum Beispiel in den bergigen Kantonen des Var und auf dem rechten Ufer der Durance, der Region, die bis zum Lure-Gebirge und bis zur Drôme geht, liegen die Olivengärten auf kleinen Terrassen, die von

Steinmauern ohne Mörtel, weiß wie Knochen, gehalten werden. Es sind kleine, graue Olivenbäume, kaum höher als ein Mann, zwei Meter fünfzig höchstens, die seit tausend Jahren hier angepflanzt werden, vier oder fünf Meter einer vom anderen entfernt. Der Boden, auf dem sie wachsen, ist sehr farbenreich, bisweilen fast purpurrot, gewöhnlich leicht ockerfarben, manchmal unter der brennenden Sonne so weiß wie Schnee. Auf diesen Terrassen ist das Leben nicht nur angenehm, sondern schön. Es gibt nichts Anderes als Olivenbäume: ich meine, weder Gebäude noch Hütten; zu den Terrassen geht man nur, um rings um die Bäume herum zu graben oder um die Zeit zu vertrödeln, eine wahre Lust ist das. Im Spätherbst verweilt die Sonne hier länger; das Blattwerk des Olivenbaums wirft keinen Schatten ab, höchstens so viel wie ein Nesseltuch; man genießt alle Annehmlichkeiten des Tages. Immer sieht man einige Männer, die einfach nur in den Gärten herumspazieren. Sie wirken schwerfällig wie Römer; man könnte sagen, sie sind wie geschaffen, um Cäsar zu sein oder um ihn zu ermorden. In Wirklichkeit sind sie da, um ganz fröhlich und sanft vor sich hin zu träumen. Sie rauchen ihr Pfeifchen oder ihre Zigarette und gehen herum. Wenn man zum Beispiel gezwungen ist, das, was man besitzt, zu verkaufen, dann verkauft man als letztes seinen Olivengarten, und man bringt alle möglichen Opfer, um ihn nicht zu verkaufen. Es kommt kaum vor, dass man in diesen Gegenden die Zeitung liest, und wenn man sie liest, dann des Abends, nur um darüber einzuschlafen.

Der Olivengarten repräsentiert das, was eine Bibliothek repräsentiert, in die man geht, um das Leben zu vergessen oder um es besser kennenzulernen. In einigen Dörfern des Haut-Var und in dem düsteren Teil der Basses-Alpes, wo es kein anderes Ungemach gibt, als die Einsamkeit, da gehen am Sonntag die Männer in den Olivengarten, so wie die Frauen zur Messe gehen.

Im Jahr 1907 gab es in La Verdière einen Priester, der fast in jeder seiner Predigten sagte: »Die Männer verdammen sich selbst; in die Olivengärten gehen, heißt zum Teufel zu gehen«. Sicher, recht hatte er, wenn er damit zum Ausdruck bringen wollte, dass sie schlechterdings in jeder Beziehung weit weggingen. Denn gerade im Olivengarten heckt man Pläne aus, und hier hegt und pflegt man sie. Die Gärten Babylons, die übergroßen Scheunen, zu großen Schuppen, zu tiefen Brunnen, hier in den Olivengärten bespricht man sie sorgenvoll. Hochmütige, maßlose, wichtigtuerische Meinungen, hier in den Olivengärten werden sie produziert. Weisheiten ebenso.

Ungefähr zur selben Zeit gab es in Villeneuve, auf der Nordseite des Tals der Durance einen anderen Priester, doch der war italienischer Herkunft; er hieß Lombardi. Er hatte erwirkt, dass man die Zeremonien für die Frauen verkürzen könnte, und jeden Sonntagvormittag, Schlag halb elf, brach auch er auf, die Pfeife zwischen den Zähnen, hin zu den Olivengärten, wo er mit Jean, Pierre und Paul äußerst nützliche Gespräche führte. Er hat auf diese Weise mehr als fünfzig Niedergängen Einhalt geboten, manch Ergötzlichkeiten aber auch.

Man sagt, am Sankt-Katharinen-Tag, das ist der 25. November, ist das Öl in der Olive. Die Olivenlese beginnt. Hier muss man unterscheiden. Auf den Böden der Küstenausläufer der Voralpen nahe am Meer bei Nizza und Grasse breitet man weiße Tücher unter den Olivenbäumen aus und schüttelt die Früchte herab: erstens, weil die Bäume riesig sind und vor allem, weil die Sanftheit, die vom Meer herkommt, Früchte und Seelen weichmacht. Sobald man sich in Richtung der Einöden entfernt und das Klima rauer wird, pflückt man eine Olive nach der anderen selbst mit der Hand vom Baum ab. So was dauert lange. Es ist eine völlig andere Kultur.

Zur Zeit meiner Jugend, als ich in den Olivengärten Homer, Aischylos und Sophokles las, rief ich mir sonntags meine »*Höhepunkte des Glücks*« in Delphi herbei. Nichts schien mir schöner und großartiger als ein Sonntag in Delphi. Alles, was man nur träumen kann, war für mich ein Sonntag in Delphi. Später habe ich auf griechischen Vasen gesehen, dass man in Griechenland Oliven vom Baum schüttelte. Das hat für mich den Schrei der Kassandra verändert. Heute, wo ich erfahrener bin, wird man mir nicht die Vorstellung nehmen können, dass man trotz allem in Delphi die Oliven mit der Hand erntete.

Das ist die schmackhafteste Arbeit, die es überhaupt gibt. Gewöhnlich ist es kalt und wenn eine große Ernte bevorsteht, muss man früh aufstehen. Manchmal herrscht Nebel, und der Baum gehört halb in die wirkliche und halb in die unwirkliche Welt. Die Sonne ist ganz schwachgelb und wärmt noch nicht. Die Olive ist überfroren, hart wie Blei. Einer, der geizig ist oder dazu neigt, angesichts der Tatsache von Reichtum weich zu werden, dem bereitet diese Festigkeit und diese Schwere dasselbe taktile Vergnügen wie das eines Louis d'Or. Nach und nach steigt die Sonne, man entledigt sich der Halstücher und Schals, man macht sich's bequemer in der Astgabel, man nimmt sich Zeit herumzugucken. Man sieht, wie der eigene Reichtum das Laub in der Runde schwärzt.

Eigentlich überschaut man also ein glückstrahlendes Land. Trotz dessen, was ich gerade vom Geiz erzählt habe (und ich habe das absichtlich gesagt, so wie auch das über Louis d'Or), dieses Land siedelt sein Glück woanders an als im Geld.

Mir ist vor fünf oder sechs Jahren eine kleine Sache passiert, die mich nicht überrascht hat; auch ich verdiene mein Zubrot mit der simplen Olive, die Geschichte illustriert aber ganz gut, was ich sagen will. Ich besitze einen Olivengarten in ziemlich schlechtem Zustand, dessen Begrenzung vage ist. Ich war gerade dabei, einen besonders gut beladenen Baum abzuernten, als ich plötzlich von einem kleinen Mann angesprochen wurde. Er behauptete, dass dieser Baum ihm gehöre und, was noch schlimmer war, denn er mischte sich auf diese Weise in meine Glücksaussichten ein, dass die drei oder vier Bäume, die mich umgaben, ihm auch gehörten. Noch dazu waren das die schönsten Bäume am Ort; die Zweige bogen sich buchstäblich unter dem Gewicht der Oliven, so groß wie Pflaumen, und seit zwei Tagen genoss ich bereits im Traum die Vorstellung von dieser Ernte. Ich stieg also vom Baum herab, um den dreisten Anspruch zu besprechen. Ich hatte diesen Garten aus dem Verkauf einer Erbschaft erstanden. Der Erbe war nicht mal auf dem Grund und Boden erschienen, er war übrigens Straßenbahnführer in Marseille. Der Notar hatte mir Katasternummern gegeben, aber mitten auf einem Hügel ist das wie die Violine für einen Einarmigen. Er hatte mir auch einen Wacholder beschrieben. Dort stand er. Und genau ab da hatte ich meine Richtschnur gezogen. Das Männchen deutete sogleich auf einen anderen Wacholder und stellte meine Aufrichtigkeit infrage. Er war ein kleiner, kaltschnäuziger Mann, kaum vierzig Kilo schwer, und er geriet in Wut. Es ist eine kleine Schwäche von mir, und ich hüte mich durchaus davor, aber hier ließ ich die Zügel schießen und begann, das zum Ausdruck zu bringen, was man wohl sonst als unverzeihliche Worte betrachtet. Aber da ich offenkundig auf allen Gebieten der Stärkere war, waren mir gerade deshalb die Hände gebunden. Ich hatte überdies meinen Widersacher erkannt, oder vielmehr meinen Gegner. Er war ein ehemaliger Anstreicher, der einiges Unglück erlebt hatte: Seine Kinder waren verstorben, seine Frau war gelähmt; er lebte von der öffentlichen Wohlfahrt. Ein Detail mag seinen Charakter verdeutlichen: Seit seinem Niedergang lief er sehr reinlich in zerschlissener Kleidung herum, aber geschniegelt und gebügelt, mit Melone, Rohrstock, ja sogar mit Handschuhen, ungleich und löchrig, aber immerhin Handschuhe. Mein Herz schmolz natürlich dahin. Ich begann sehr freundlich zu reden. Ich sprach ihn mit Monsieur Lambert an und ich sagte, dass es unter gutwilligen Menschen ein Leichtes sei, sich zu verstehen. Worin er übereinstimmte. Er war der Freund meines Schwiegervaters gewesen; so hätte ich mir eher die Hand abgeschlagen, als ihn auch nur um einen Pfennig zu betrügen. Flüchtig sah ich eine Möglichkeit, ihm zu helfen. Mein kleiner Sack lag auf der Erde. Ich schüttete das, was ich in meinem Korb hatte, mit hinein. Wir wogen ab mit der Hand. Über den Daumen gepeilt waren es fünfzehn Kilo Oliven. Ich sagte: »Machen wir zwanzig draus, und ich zahl sie Ihnen«. Das kam für ihn nicht in Frage. Ich wusste sehr wohl, was die Frage war. »Nein«, sagte er, »ich nehme die Oliven mit.«

Doch die Diskussion war damit noch nicht beendet. Ich war so freundlich geworden, dass er daraus geschlossen hatte, dass ich in erheblich höherem Unrecht war. Er beschuldigte mich, die Tage zuvor ebenfalls seine Oliven gepflückt zu haben. Um meine Unschuld zu beweisen, sagte ich, er solle mich doch nach Hause begleiten. Oliven hebt man nicht in Haufen auf, sonst würden sie fermentieren; erst zwei Tage, bevor man sie zur Mühle bringt, schüttet man sie auf. Während der Ernte verteilt man sie auf einer höchstens zehn Zentimeter dicken Unterlage auf dem Steinfußboden in einem kalten Raum. Bei mir lagen sie im Erdgeschoss in der Bibliothek. Meine Gärten befinden sich am Nordhang, also im Norden, und die Oliven sind klein. Nun aber hatte ich genau auf diesen Nordseiten wunderbarerweise ganz besonders gut platzierte Bäume, die mir am Vorabend zwei Scheffel voll großer Oliven beschert hatten. Er sah sie natürlich sofort:

»Die da gehören mir«, behauptete er. Ich war geneigt gewesen, ihm Geld zu geben (für seine gelähmte Frau und seine toten Kinder), jetzt aber hätte man mich eher zu Hackfleisch verarbeiten können, als dass ich nachgegeben hätte.

Kurz, die Komödie dauerte drei Tage. Ab einem gewissen Zeitpunkt vergaß ich die gelähmte Frau, die toten Kinder und die Freundschaft mit meinem Schwiegervater, und wenn ich die gelähmte Frau, die toten Kinder und die Freundschaft mit meinem Schwiegervater vergesse, kann ich sehr unangenehm sein. Diese Oliven (so schön wie die seinen) gehörten unbestreitbar mir, und er verlangte, sie von meinem Haufen wieder wegzunehmen. Nein. Wahrscheinlich ist das die einzige Sache auf der Welt, um derentwillen ich fähig bin, nein zu sagen.

Schließlich (ich verkürze die Sache) – verkaufte er mir seinen Garten, aber als Besitznahme *nach der Ernte.* Er erhielt auf der Stelle seine zehntausend Francs. Er holte seine Ernte innerhalb einer Woche ein, neben mir, der ich eben die meine einholte, von Bäumen, deren Besitzer ich zweifellos war. Ich sah, wie er seine Körbe und Säcke füllte, mit diesen schönen Früchten, die beim Anfassen schwer und köstlich waren. Er sang Lieder von 1900, insbesondere: »Das ist der Stern der Liebe, das ist der Stern der Trunkenheit«. Ist es nötig hinzuzufügen, dass in Wirklichkeit diese strittigen Bäume ganz und gar mir gehörten, was mir im darauffolgenden Frühling der Notargehilfe und der Flurhüter mit dem Kataster in der Hand bestätigten?

Das also ist das strahlende Land, das man überschaut. Es wird auf gleiche Weise von der Sanftheit der Sonne beschienen wie von Kälte durchdrungen. Dem Nebel folgt eine Helligkeit des Winters nach, so klar, dass alles ans Licht kommt. Zum ersten Mal sieht man, dass die alten Grasbüschel nicht farblos, sondern violett sind. Man erkennt kilometerweit jede Einzelheit an Gehöften und Taubenschlägen. Man kann den Samt der Bauern unterscheiden, die sich äußerst weit entfernt auf den Wegen bewegen, und ganz in der Ferne, trotz der Schals und der Spitzen an den Strickwesten kann man die Frauen und jungen Mädchen zwischen Blondinen und Brunetten unterscheiden. Gerade diese unverfälschten Farbflecken verleihen der Landschaft ihre Tiefe und sprechen für die außergewöhnliche Klarheit der Luft. Bisweilen hört man einen Esel iahen, ein Pferd wiehern oder einen Lieferwagen schnurren. Früher hörte man hier Gesang: Ein Früher, das noch nicht lange vorbei ist und an das ich mich noch erinnern kann.

Meine Mutter kam nie mit uns Oliven pflücken. Mein Vater, der das mit mir machte, sang nicht, sondern brummte. Das konnte man von weitem nicht hören. Ich habe bereits anderswo erwähnt, wie empfänglich ich für dieses Brummen war, das mein Vater ständig auf den Lippen hatte, wie Klage und Siegesgesang zugleich. Aber alle Lieder meiner Mutter entsprangen den Olivengärten. Mit dem Stern der Liebe hatte Monsieur Lambert mich tatsächlich gerade restlos untergekriegt.

Heutzutage singt man nicht mehr. Das soll nicht heißen, dass die Zeit dem Singen keine Aufmerksamkeit zukommen ließe; man vergisst die Zeit beim Olivenpflücken. Die modernen Lieder passen auch nicht dazu, und sie fallen auch niemandem ein. Man hat keine Lust, sie zu singen. Vor zwei Jahren hat mal ein junges Mädchen, die einige Lieder kannte und neben mir in einem Olivengarten erntete, versucht, eins zu singen. Es war eine einzige Blamage, und nach einer albernen Strophe hörte sie von selbst auf. Die Stille, die danach folgte, war sehr beredt.

In unseren Bewegungen liegt nämlich eine Ehrfurcht gebietende Altertümlichkeit. Sie bringen uns einem bestimmten menschlichen Zustand näher, aus dem heraus allein solche Lieder entstehen können.

Zwei Tage, bevor man die Oliven zur Ölmühle bringt, häuft man sie auf. Sie beginnen sofort zu fermentieren. Wenn man beim Eintauchen in den Haufen mit dem nackten Arm eine jähe Wärme spürt, dann ist es Zeit, sie fortzuschaffen. Sie sondern jetzt einen außergewöhnlichen Geruch ab, für den die Menschen aus der Öl-(Anbau)Kultur sehr empfänglich sind. Dieser Geruch bleibt gewöhnlich bis zum 10. oder 15. Februar in meiner Bibliothek im Erdgeschoss hängen.

Ich fülle Säcke zu fünfzig Kilo auf, sorgfältig mit dem Getreidescheffel abgemessen. Dann holt mein Freund Brémont sie ab. Er ist ein wahrer Riese, der in seinem *zivilen Leben* Hausierer für Kurzwaren ist. Er fährt seine Ware in einem Lieferwagen mit Außenlade zum Verkauf durch Dörfer, Weiler, Gehöftgemeinschaften und zu ganz vereinzelten Bauernhöfen. Da ich auf der Anhöhe außerhalb der Stadt wohne, ist dieser Lieferwagen überaus nützlich. Fünfzig Kilo, das ist für Belmont genau das Gewicht, mit dem er spielend umgehen kann. Fine fährt mit, um den Zettel von der Ölmühle zurückzubringen, auf dem das Gesamtgewicht verzeichnet ist. Wir sind, die ganze Familie und ich, jedes Mal hocherfreut über die vollständige Gewichtangabe. Wenn wir sie lesen, kommt es uns vor, als ob das Leben von nun an bis in alle Ewigkeiten abgesichert sei. Ich platziere diesen Zettel sorgfältig im ersten Schubfach rechts in meinem Schreibtisch.

Doch selbst mit der Aussicht, seine Oliven in Form von Öl zurückkommen zu sehen, trennt sich niemand einfach so frisch-fröhlich davon. Heutzutage sind die Ölmühlen modern, ausgestattet mit hydraulischen Pressen. Die etwas bedeutungsvolleren Städte ziehen ihren ganzen Stolz daraus, moderne Ölmühlen zu besitzen, Genossenschaften, die auf Mars-Planeten-Architektur bedacht gebaut sind, Guckfensterlaboratorien, Monstrositäten. Ich kenne Gemeinden, die sich auf hundert Jahre verschuldet haben, um eine noch größere Öl-Genossenschaft zu bauen als die in der Nachbarstadt. Bei so einer Prozedur spielt der Rohstoff selbst keine Rolle mehr. Das Öl ist für alle gleich, und damit es allen gefällt, gibt man ihm (mit Zuhilfenahme von chemischen Verfahren) einen gemeinsamen Geschmack, das heißt einen mittelmäßigen.

Während meiner ganzen Jugend war ich daran gewöhnt, dass man die Arbeit für das Öl als etwas würdigte, das Kraft, Geduld und Kunstfertigkeit erforderte. Damals verglich man das Öl von Haus zu Haus, was bis zum März das wichtigste Geschäft eines gesamten Trimesters war. Man tropfte drei Öltropfen auf eine Brotkrume, und prüfte den Geschmack. Danach wurde diskutiert. Wenn meine Oliven im Sack sind, ist für mich leider alles vorbei, aber zur damaligen Zeit war das erst der Anfang.

Wir pflegten zu Hause einen Onkel meiner Mutter, Onkel Eugen, ein alter Bauer. Er war taub, was ihm ein vergnügliches Aussehen verlieh. Im Gegensatz zu anderen Tauben war er nicht traurig, sondern schien die ganze Zeit über sehr feinsinnig zu lächeln. Das sei darauf zurückzufuhren, dass er das Taubsein eben sehr schätze, sagte er. Wahrhaftig, der Bruder, mit dem er bis dahin zusammengewohnt hatte, spielte Geige (ein einziges Musikstück: die Mazurka, La Zarine genannt, die er mit einem kräftigen Fußstampfen auf die Dielen begleitete). Onkel Eugen waren bei uns die Oliven und das Öl anvertraut. In Wirklichkeit hatte er ab seinem Eintritt in unser Haus ganz unvermutet sich selbst für diese Aufgaben verantwortlich gezeichnet. Neben dieser ausdrücklichen Absicht hatte er beim Einzug ebenfalls die kleinen Möbel aus seinem Junggesellenhaushalt mitgebracht, insbesondere den Tisch aus der Zeit von Heinrich II., an dem ich gerade schreibe.

Ich mochte Onkel Eugen sehr, der sanft war und lächelte, und vor allem, weil er seine Funktion als Olivenchef wie ein Priesteramt ausübte, mit gewisser Feierlichkeit und heiligen Gesten. Wenn die Oliven eingesackt waren, ging Onkel Eugen sich ankleiden. Er schlüpfte in seine dicke Samtjacke, legte seine Pelerine um, band das Halstuch um und zog die genagelten Schuhe an. Er bat um einen Stuhl. Den gab man ihm. Er hakte seinen Brotbeutel ab. Er steckte ein Brot hinein. Meine Mutter fügte Käse hinzu, Wurst, Schokolade, einen Rest Omelett, einen Liter Wein. Onkel Eugen, der alles mit Methode anging, wartete auf den Liter Wein, um zu sagen: »Und, was gibst du mir für die anderen, Pauline?«. Für *die anderen*, gab es immer gleichbleibend einen Liter Schnaps, genannt der Weiße. Derart beladen, wartete Onkel Eugen, den Brotbeutel umgehängt, auf die Männer von der Mühle. Sie kamen mit ihrer Handkarre, luden die Säcke auf und zogen ab, gefolgt von Onkel Eugen, der, rundum ausstaffiert, seinen Stuhl trug, denn den hatte er nicht verlangt, um seinen Brotbeutel dranzuhängen, sondern um sich in der Mühle neben unseren Oliven niederzulassen.

Dort war er nicht allein. Dort saß der Konvent der Olivenchefs aller Familien, deren Öl man an diesem denkwürdigen Tag presste.

Die alte Mühle, von der ich spreche, lag am Ende der Sackgasse der Rue Torte. Das war die Alic-Mühle, benannt nach dem Haus, in dem sie im Untergeschoss eingerichtet war. Man trat über eine schiefe Ebene ein, die sich unter Gewölben absenkte, hinter denen langsam ein dichter, weißer Dampf hervorquoll. Der Geruch des fruchtigen Öls ist für die Leute meiner Region so vorzüglich, dass ich kaum eine Vorstellung von dem Duft vermitteln kann, der diesem Hades entsprang. Er verzauberte mich buchstäblich. Es war die Speise der Götter. In Wirklichkeit ist es für alle anderen ein barbarischer Geruch, der die Pferde in Schrecken versetzt, wie der Geruch auf dem Schlachtfeld (dies ist ein Bild, das mir von meinem Großvater einfällt, der Zuave, der Bruder von Onkel Eugen, nicht der Violinspieler. Es waren drei Brüder).

Diese tiefen Keller, in denen man die Oliven zermalmte, wurden mit Öl-Ausschuss beleuchtet. Da es daran nicht mangelte, gab es überall Öllampen. Man begab sich also ins Untergeschoss, um sich nichts von der Wärme entgehen zu lassen, die nötig war, um das Öl aus der Frucht zu extrahieren. Ich muss den Raum in meiner Erinnerung wohl ein bisschen übertreiben. Mir scheint, als wäre er gewaltig groß gewesen. Im Hintergrund flammte ein Kohlefeuer unter einem riesigen Waschzuber. Da war der Duft, von dem ich eben noch sprach, barbarisch und ziemlich grässlich, das heißt geeignet, das Grausen zu erwecken (übrigens moralisch mehr als physisch), aber hier war er tierisch. In dem Alter, in dem ich meine geistige Nahrung aus griechischen Tragödien zog, dachte ich jedes Mal an den Geruch, der die letzten Räume des Labyrinths durchschwirren müsste, ehe er kurz darauf im Stall des Minotaurus ankäme. So ein Geruch kam von Pferden, die abwechselnd den Mühlstein drehen mussten, wobei keine Zeit blieb, ihren Mist zu entfernen. Dieser Mühlstein drehte in einem Trog herum, in den man die Olivensäcke ausschüttete. Der runde Stein, ein gewaltiger Block von fast zwei Metern Höhe und fünfzig Zentimetern Breite, wurde langsam im Schritttempo der Pferde in Drehung gebracht, ganz tropfnass, kastanienbraun und schwarz vom Saft.

In dieser Dampfbadhitze waren die Männer nackt bis zur Taille und manchmal sogar bis zu den Füßen, einfach in Badehose, außer, wohlverstanden, der Versammlung der Olivenchefs. Die aber behielten ihre Westen an. Dasitzend in Reih und Glied, den Spazierstock zwischen den Füßen, beide Hände auf den Rabenschnabel gestützt, so präsidierten sie, und kein Mensch konnte ihre Augen unter dem großen, schwarzen Hut sehen. (Dieses Bild kommt von meinem Vater, der mir oft, bevor er mich zu Onkel Eugen in die Mühle schickte, Passagen aus *Der Legende der Jahrhunderte* rezitiert hat.)

Man füllte mit der Holzschippe die Körbe aus Spartgrasflechtwerk, die aussahen wie Baretts von einem Meter Durchmesser, mit dem tropfenden Fruchtfleisch, in dem der Mühlstein umging. Diese Baretts standen, eins auf das andere gestapelt, unter dem Brett der Presse. Es gab fünf oder sechs von ihnen. Acht nackte Männer, mit langen Holzstangen bewaffnet, pflanzten ihre Stangen in die Löcher der Radnabe und indem sie mit aller Kraft zogen, pressten sie das Öl herraus. Sie setzten ihre Kraft im Rhythmus der Lieder ein. Bisweilen mietete man sich zum Musikmachen einen kleinen Schornsteinfeger mit einer Drehorgel. Man sang das Lied vom fliegenden Herzen oder das von der Laus und der Spinne in der Luft aus der Moritat von Fualdès, aber nicht aus vollem Halse, sondern fast mit leiser Stimme, wie es sich für ein Arbeitslied gehört, das die Anstrengung sparsam einteilen soll.

Das Öl war jetzt schon goldfarben. Jedes Mal, wenn die Mannschaft ihr Rückgrat straffte und an der Stange zog, leuchtete die ganze Presse im Öl auf, als hätte man in den Spartgraskörben eine große Lampe angezündet. In den Leitbahnen aus Holz glitt es bis in das große Becken mit dampfendem Wasser, das vom Kohlefeuer erhitzt wurde. Hierin klärte es sich und verlor all seine Launen. Vier Männer, wie leibhaftige Teufel, die geradezu selbst aus leuchtendem Metall beschaffen schienen, so ölverschmiert wie sie waren, ernteten, ausgestattet mit großen Schöpflöffeln, das »Jungfernöl« ab, das an die Oberfläche des Wassers gestiegen war.

Bislang ist die Nützlichkeit der *Olivenchefs* noch nicht recht ersichtlich. Durch das viele Pressen waren die großen Baretts voller Fruchtfleisch so platt wie Fladen. Aus diesen Kernresten pressten die Beckenstöße der vier Stangenhalter nur noch Tropfen heraus. Wenn man nicht da war, um alles zu überwachen, hielten sie jedoch direkt inne, sobald der Fladen nur trocken war. Wenn man aber da war, so gaben sie für die Zuschauer, doch ohne Arg, drei oder vier Schläge ab, und das mit tiefem Gestöhne, so als ob sie mit der ganzen Kraft ihres Körpers dafür aufkommen müssten, und hielten erst dann ein. War man nun aber als veritabler Olivenchef vor Ort, so zog man die Flasche mit dem »Weißen«. Und jetzt sagte man zu ihnen: »Na los, noch ein bisschen. Hier, trinkt einen Schluck.« Man blieb, um zu sehen, ob sie wirklich noch mal frisch drauflosstießen. Man winkte ihnen mit einer Gratifikation. Man spendierte ihnen noch einen Schluck. Schlag auf Schlag schwitzten die Barettkörbe schließlich noch einen oder zwei Liter mehr Öl aus. Die große Kunst lag darin, im richtigen Augenblick nicht mehr zu insistieren, sonst galt man als Geizhals, schaffte Zweifel an der versprochenen Gratifikation, und hatte folglich mehr Komödie, als man Öl einfuhr. Man musste auch daran denken, dass der Mühlenbesitzer ein Recht auf Rückstände hatte, und man musste sich wie die Pest davor hüten, seinen

Profit zu sehr vermindern zu wollen. Er verlor ihn nicht aus den Augen.

Onkel Eugen war ein exzellenter Aufpasser. Da er taub war, konnte man ihn nur zur Einsicht bringen, indem man ihm zeigte, dass man wirklich am Ende seiner Kraft angelangt war. Man musste also echte Beckenstöße vollführen. Das wusste er und hatte in der Westentasche seiner Joppe acht Zwanzig-Sous-Stücke, die er *im rechten Augenblick* mit kleinen katzenhaften Gesten verteilte. Man schätzte ihn sehr.

Nun befand sich aber in der anderen Westentasche von Onkel Eugens Joppe eine Vierzig-Sous-Münze. Die war für den Mann bestimmt, *der sich um den Abfallkasten kümmerte.* Der Abfallkasten einer Öl-Mühle befindet sich im Unterkeller dieses Kellers. Er besteht aus einem großen Zementbecken, voll mit einer formlosen Masse, voll furchtbarem Geruch und mit Goldschuppen bedeckt. Wenn die Abschöpfer mit ihren Schöpfkellen das ganze *Jungfernöl* aus dem Becken *eingesammelt* haben, ziehen sie eine kleine Schleuse (mit Schutzbrettern versehen), und die *Olivenmaische*, das heißt die Rückstände aus der Olivenschale, die schwarz und teerartig sind, fließen in den Abfallkasten. Hier ruhen sie dann in Dunkelheit und Hitze. In diesen Frieden hinein zerplatzen lauter Bläschen reinen Öls an der Oberfläche. Auch das zählt zum Profit des Öl-Müllers, doch pro hundert Kilo Oliven hat man Anspruch auf einen Eimer voll von dieser Olivenmaische (den man anschließend zu Hause nahe ans Feuer rückt und dem man löffelweise noch einen oder eineinhalb Liter Öl entzieht. In diesem Spielchen war meine Mutter ganz groß). Um dieses Recht walten zu lassen, hält sich ein Mann am Abfallkasten auf. Es ist genau angegeben, dass man Anrecht auf einen Eimer voll hat, aber der kann eben vom dick- oder dünnflüssigen Öl entnommen werden.

Mit seinen vierzig Sous (was damals enorm viel war) hatte Onkel Eugen immer Eimer mit dickem Öl.

Wenn ich mich jetzt in meinem Alter an eine ungetrübte Freude erinnern möchte, dann rufe ich mir jenen Moment ins Gedächtnis, in dem man das Öl nach Hause brachte. Seit zwei Tagen waren die Krüge schon sauber geputzt dicht an den Küchenherd gestellt. Schlag vier Uhr nachmittags sah man vor dem Laden meiner Mutter drei schwarze Männer von der Straße treten, die auf ihren Schultern die länglichen Öl-Fässchen trugen. Meine Mutter betrieb eine Bügelei: es war völlig unmöglich, ein solches Öl-Lager in ihrem Laden zuzulassen. Man öffnete die Flurtür, die drei Männer traten ein, gefolgt von denen, die die Eimer mit Olivenmaische trugen, gefolgt von Onkel Eugen mit seiner Pelerine. Über den Krügen zog man den Spund aus den Fässchen. Der Reichtum ergoss sich ins Haus. Wenn der zweite Krug voll war, stellte meine Mutter die Frage, die jedermann erwartete (in diesem Moment reihte eine der Arbeiterinnen meiner Mutter die kleinen Gläser auf dem Tisch aneinander und holte das Glasgefäß mit den Kirschen in Brandwein hervor). »Wie viel haben sie gebracht?« (das heißt: wie viel Kilo Öl auf hundert Kilo Oliven?) Manchmal waren es an die 10 ½, 11, 12, das heißt 10 ½, 11, 12 Kilo Öl auf hundert Kilo Oliven je nach den Jahren. Bei zwölf Kilo sagte meine Mutter nicht viel, außer vielleicht einem kleinen schüchternen: »Man hat mir aber dreizehn gesagt«, und alle machten ihre Späße dazu. Bei elf Kilo gab es einen etwas umständlicheren Diskurs, in dem von der außergewöhnlichen, weit bekannten Qualität der Oliven aus unserem Haus die Rede war und dass man folglich zu Recht über diese reichlich mittelmäßigen elf Kilo erstaunt war. Die Öl-Träger brummelten ein paar Freundlichkeiten vor sich hin (denn meine Mutter war charmant), aßen ihre Kirschen in Schnaps, wunderten sich höflich über diesen allgemeinen, in der Tat höchst unverständlichen Zufall. Aber bei zehneinhalb Kilo gab es einen Sturm der Entrüstung und jedermann machte sich derbe ans Schimpfen. In solchen Fällen ergatterte meine Mutter durch viel Reden zwei oder drei Eimer Maische zusätzlich, aus denen sie dank ihrer Geduld einige weitere Liter Öl zog.

Sobald die Träger von der Mühle gegangen waren, kamen natürlich sogleich die Nachbarn. Die Bäckerin, die unsere Tür einen Spalt breit öffnete: »Na, wie steht's, Pauline«, sagte sie, »ist es gut? – Komm rein«, sagte meine Mutter. Und dicht an den Krügen brach die Begeisterung los, erst mit der Bäckersfrau, dann mit der Schlachterin, mit der Frau vom Kramladen, der Ehefrau vom Fotografen, der Friseurin (Madame Pical; sie wurde jedes Mal eifersüchtig).

Die Dinge wurden selbstverständlich nicht dabei belassen. Zunächst wurde am selben Abend, wenn die ganze Sache ausgestanden war, unverzüglich mit dem neuen Öl ein Salat zubereitet. Während des ganzen Abendbrots machte man seine Bemerkungen: Es war besser oder es war schlechter als das Vorjahr. Am nächsten Morgen gab es bei uns gewöhnlich Kichererbsensalat (ein Gemüse, das am besten dazu geeignet ist, die zarten Aromen des Öls zu schmecken), doch diese Kichererbsen wurden in großen Mengen gegart, damit sie für die ganze Nachbarschaft reichten. Gegen elf Uhr ging meine Mutter zu allen Ladentüren: »Noémie, gib mir eine Schale, ich bring dir Kichererbsen.« Hortense, Delphine, Marie etc., jeder kriegte seine Kichererbsenschale, abgeschmeckt mit dem neuen Öl.

Schließlich waren da noch die Fougasses. Noch heute sind sie für mich der beste Nachtisch der Welt. Sie sind wirklich spezifisch provenzalisch. Mehr noch; ich habe den Verdacht, dass sie griechisch sind. Lange Zeit stellte ich mir vor, dass Odysseus, Achilles, ja selbst Menelaos mit Fougasse ernährt worden sind. Nur Helena spreche ich das ab: sie wird diese Schlichtheit wohl nicht geschätzt haben. Hingegen bin ich wiederum sicher, dass Ödipus damit seine Sonntage gefeiert hat. Es ist ganz einfach nur ein Fladen aus Brotteig, lang und flach (kaum zwei Zentimeter dick), den man reichlich mit Puderzucker bestäubt und den man (nicht weniger reichlich) mit frischem, makellosem Öl begießt. Das Ganze wandert in den Ofen des Bäckers und verlässt denselben golden und bosseliert wie ein Harnisch von Bradamante und köstlich duftend. Köstlich und lyrisch. Nicht kärglich köstlich wie der Geruch der Réséda, sondern geradezu gewaltsam und exzessiv köstlich. Mit einer enormen Ausstrahlung in der Sonne. Wenn ich auf Muscheln mit Zwiebeltunke wahrlich den Duft der Odyssee wiederfinde, so riecht die Fougasse nach der Ilias, oder noch genauer nach dem Lager der Griechen.

Wir stellen davon gewöhnlich vier Stück her: eine für die Nachbarn, eine für die Arbeiterinnen meiner Mutter, eine kleine für unsere Hauseigentümerin (Mademoiselle Delphine), eine für uns. Für diese vier opferte man (und es war wahrlich ein Opfer im religiösen Sinn) einen Liter Öl, den meine Mutter höchst persönlich mit eigenen Händen in der Backstube des Bäckers über die Fladen zu gießen pflegte. Und die leere Flasche brachte sie zurück, um sie in einer Schale austropfen zu lassen. So hatte sie am Abend genug zum Salatanmachen, den mit Essig anzurichten ein Verbrechen gewesen wäre.

Ähnliche Szenen spielten sich in allen Häusern ab. Wir beteiligten uns abwechselnd an den Kichererbsen und Fougasses der Fleischersfrau, der Kolonialwarenhändlerin, der Bäckersfrau etc. Das gleiche galt für die Dörfer, sowohl für die im Tal als auch für die auf den Anhöhen. Eine Eigentümlichkeit, die das, was ich von der gefühlvollen Verbundenheit mit den Oliven erzählte, noch bestätigt, es gab fast keinen Olivenmarkt. Man verkaufte sie kaum.

Nicht alle unsere Nachbarn aus der Hauptstraße hatten Gärten, zum Beispiel auch nicht die Fleischersfrau, die eine enge Freundin meiner Mutter war. Da sie Geld hatte und weil eben auch sie ihr Öl haben wollte, gab sie sich alle Mühe, einen Olivenvorrat zu kaufen. Das war all die Jahre durch ziemlich schwierig. Oft versprach man ihr welche, dann, im letzten Moment, widerrief man alles. Ich meine, sie habe zu guter Letzt ihren Mann überzeugt und somit schließlich einige Bäume gekauft.

Auf den Marktplätzen konnte man sich nur mit dem eindecken, was sich auf den aneinandergereihten Karren befand, die mit jahreszeitlichem Gemüse beladen waren, mit wilden Artischocken, Schwarzwurzeln, mit weißem Sellerie etc., Oliven wurden fast nie verkauft oder nur sehr wenig und jedes Mal nicht etwa von den stinkreichen Leuten, die diese tonnenweise hatten, sondern von den armen Leuten mit verlegenem Blick. Aber selbst die waren selten.

Die Zeiten haben sich geändert, das ist klar. Heute werden die Oliven mit einer hydraulischen Presse ausgepresst, die alles bis auf den Kern zermalmen. Und das wird in gläsernen Kathedralen erledigt, mitten in einer vernickelten Montage, die an einen chirurgischen Operationssaal erinnert. Alles wird hier anonym; Olivenchefs sind abgeschafft; es tut nicht mehr not, das Pressen der eigenen Ernte zu überwachen; alle Ernten sind vermischt. Man gibt seine Oliven ab und man geht auf der Stelle an der Kasse vorbei, wo einem der Schein ausgehändigt wird, der einen zu soundso viel Litern Öl berechtigt (die man auf der Stelle mitnehmen kann, wenn man will). Hier kann gar keine Rede mehr davon sein, die Ölsorten vergleichen zu wollen.

Es gibt nur noch ein Öl, und das hat einen mittelmäßigen Geschmack oder genauer gesagt, einen ganz allgemeinen.

Nun ja, allgemein, was soll das heißen? Das heißt, dem Geschmack einer größtmöglichen Käuferschaft entsprechend. Um aber den wahren Ölgeschmack zu haben, muss man in diesem riesigen Olivenbaumwald leben, den, einer an den anderen gefugt, die Gärten bilden, die die Böden von der Nordseite des Estérel Massivs und des Massiv-des-Maures bis hin zum Vercors bedecken. Dort, und nur dort, findet man die wahren Kriterien der Wertschätzung. In den Städten ist man überhaupt nicht an hervorragende Qualität gewöhnt. Alles ist hier gewöhnlich, und das beste Öl ist gerade dasjenige, das man völlig zu Recht als »geschmacklos« bezeichnet.

Sicher, man sollte nicht glauben, dass die Öl-Genossenschaften so mächtig sind, dass sie so weit gingen, uns ein Öl ohne Geschmack für gut aufzuschwatzen. Geschmack ist nun mal nötig. Sie sind gezwungen (um uns als Kunden zu gewinnen), einen Geschmack zuzulassen; aber der ist weit von dem entfernt, den wir um 1907 herum hatten. Ich habe einen Freund (gerade in Argentinien), der in Marseille eine exzellente Öl-Marke herstellte. Wenn er zu mir nach Hause zum Essen kam, sagte er immer: »Gib mir ein bisschen von deinem scheußlichen Öl.« Er tat es sich nicht nur in seinen Salat, sondern auch auf seine Brotschnitte. »Mein Laboringenieur würde verrückt werden«, sagte er. »Dein Öl hat zu viel Gerbsäure, es hat dies, es hat das (er zitierte die Termini Technici), es ist unverkaufbar. Aber«, fügte er hinzu, »gib mir noch ein bisschen davon und lass das Ölkännchen auf dem Tisch; ich habe nie etwas Besseres gegessen.«

Einige alte Mühlen sind noch in Betrieb. Man sagte mir, dass es eine in Rians gäbe, eine in Oppedette. Auf jeden Fall gibt es eine in Saint-Zacharie. Eine meiner Freundinnen presst dort ihr Öl und hat mich darin herumgeführt. Unterwegs zum Haus dieser Freundin, die dreißig Kilometer von dort entfernt wohnt, fährt man, bevor man ankommt, an fünf Öl-Kooperativen vorbei, so reich ist die Gegend an Gärten. Ich habe den Besitzer der Mühle gefragt, ob seine Geschäfte gut liefen. Er hat mir geantwortet, dass er mehr als genug rausholt. Er ist ein etwas älterer Mann als ich, der die Dinge genauso sieht, wie ich. Bei ihm habe ich die nackten Männer gesehen, die handgetriebenen Pressen, die Olivenchefs, die Abfallkästen und meine Jugend. Und damit sage ich, dass ich beim Sprechen darüber voreingenommen bin. Er hat mir frisches Öl zu trinken gegeben. Aber er hat Söhne, und sie träumen nur noch von Transformationen und von Modernisierung. Es ist eine Mühle, die verschwinden wird.

Dennoch sind die Olivengärten rings herum gute, sehr alte Gärten, die mit ihren Qualitäten in der Sonne protzen. Zweifellos hält man sie für etwas, das sie gar nicht sind, nämlich für ertragreiche Böden. Sie werden herausgeputzt und gepflegt wie Kinder. Die Leute der Region wollen keine andere Mühle als die, die sie haben; man kommt selbst von sehr weit her, um seine Ernte mit dieser alten Mechanik einzufahren. Man wird ein Heidengeld ausgeben müssen, wenn man diese Qualität aufgibt, aber man wird bereitwillig diese Qualität aufgeben, und man wird dies Heidengeld ausgeben, um sein Vergnügen an einer Nickelmaschine zu haben, die mit Elektrizität funktioniert. Wenn die Söhne des Müllers nach Marseille oder Toulon gehen, werden sie sich auf der Straße brüsten und zu sich sagen: »Wir sind die Direktoren einer modernen Mühle.« Faktisch, ja, aber sie werden faktisch ersatzweise auch von Schulden und Sorgen verzehrt. Ich bemitleide sie nicht.

Wenn man mich besuchen kommt, fragt man mich oft, was es in diesem Land zu sehen gibt. Das ist ganz einfach, es ist in den Reiseführern verzeichnet. Darüber hinaus braucht man nur für zweihundert Francs Postkarten zu kaufen, und schon hat man die ganze Dokumentation beisammen. Man versteht unter Sehenswürdigkeiten die sehr großen Dinge: der Mont Blanc, der Atlantik sind Sehenswürdigkeiten. Die Schluchten von Verdon, das Mittelmeer, der Eiffelturm. Überall gibt es Eiffeltürme, und genau das wollen die Leute sehen. Aber wenn es sich um Leute handelt, die ein gewisses Leuchten in den Augen haben, dann schicke ich sie zu den kleinen Dingen, die ein Reiseführer nicht vermitteln kann.

Es gibt eine geradezu fürstliche Rundreise, die man machen kann und die ich mir leiste, wenn ich wirklich ganz und gar glücklich sein will. Ich kenne, zerstreut im Land, ungefähr zwanzig Anhöhen, zehn Hügelketten, Abhänge und kleine Täler mit angepflanzten Olivenbäumen. Ein gewisser Teil dieser Gärten liegt in der Einsamkeit, andere steigen stufenweise über den Dörfern auf, andere gruppieren sich rund um Gehöfte oder verleihen einem kleinen Häuschen seine Schönheit. Es gibt darunter dunkle, strenge wie die Hades-Wäldchen, aber auch sonnige, so verklärt, wie man sich vielleicht die eleusischen Felder vorstellt.

Wenn man bereit ist, nichts Großartiges zu sehen, dann schlage ich diese Tournee vor, die man sich, wie ich, auch leisten kann. Man sollte sie aber nicht in einen bereits organisierten Reiseplan einbauen: denn, folgt man seinem eigenen Temperament, das man nun mal hat, riskiert man, ziemlich spät an seinem zuvor gesetzten Ziel anzukommen, ja, sogar nie dort anzukommen. Anstatt den Eiffeltürmen nachzulaufen, nach denen man eh so klug ist wie zuvor, wird man hier Frieden, Stille, Zeit ohne Zeitmaß berühren und schmecken können, alles Dinge, die, einmal genossen in ihrer ganzen Köstlichkeit, einen umwandeln in ein so lebendiges Menschenkind, wie man es sich nicht träumen ließe. Ich habe kleine Schiffsjungen gekannt, die sich im Verlauf einer solchen Reise zu Kapitänen entpuppten und Kapitäne, die in den Rang eingetreten sind.

Es ist einfach bemerkenswert, dass man in einen Rhythmus kommt, der in keinerlei Verhältnis mehr zu dem steht, den man noch in der Stadt hatte, der auch keinen Bezug mehr hat zu dem Rhythmus, in dem man mit guter Durchschnittsgeschwindigkeit die Route Nationale herabfahren musste. Hier geht es nicht mehr um Geschwindigkeit: Es geht darum, sich glücklich zu machen. Im Übrigen weiß man ohnehin, wie man's anstellen muss. Die Ordnung der Dinge ist so logisch und so klar, dass man keine Gefahr läuft, am Wesentlichen vorbeizugehen. Die Qualität dieses Landes besteht in den Eigenschaften des Lichts. Je nachdem, wie die Zeit auf der Reise voranschreitet, lässt man ein rosiges Dorf hinter sich, um gleich darauf ein weißes anzutreffen, und verlässt man das weiße, so ist das nächste blau. Die kleinen Straßen sind ganz vertraulich und kratzen einem mit all ihren Hecken den Rücken. Anhalten und zu Fuß gehen, um zu einem sanften Hügel hochzusteigen, ergibt sich ganz von selbst, wenn man einmal diese Herrlichkeiten erster Güte gespürt hat.

Ich gestehe, abgesehen von einigen mir sehr nahestehenden Freunden, von denen ich weiß, für wie viel Glück sie empfänglich sind, habe ich nicht viele Leute veranlassen können, meine Marschrouten zu durchlaufen. Aber ich habe bemerkt, dass Fremde viel eher als Franzosen empfänglich sind für solche Wege, auf denen man wahrlich alles, bis auf die Möglichkeit hoher Geschwindigkeit, finden kann. Die Franzosen fragen mich: »Um wie viel Uhr bin ich da?« Und wenn ich dann ganz naiv antworte: »Vielleicht kommen Sie gar nicht an …«, dann verweigern die Frauen schon selbst sich auf einen derartigen Romantizismus einzulassen.

Dagegen sind die Engländer, die Spanier, die Südamerikaner und selbst die Nordamerikaner auf der Stelle begeistert und treffen ihre Entscheidungen wie Kinder.

Selbstverständlich übertreibe ich, wenn ich sage: »Vielleicht werden Sie nicht ankommen«; bis auf den heutigen Tag ist noch jeder angekommen, oder fast jeder bis auf einen Italiener, der übrigens Bischof *in partibus* von irgendeiner Stadt in Syrien war. Dieser Monseigneur hatte mich begeistert; überdies suchte er einen Ort, um seine Ruhe zu haben. Ich hatte ihm ein herrliches Fleckchen Erde beschrieben, eine Art irdisches Paradies. Er ist an einem Sommertag um vier Uhr nachmittags ausgerückt, und es war abgemacht, dass er mir am Tag drauf seine glückliche Ankunft nebst seinen Eindrücken zukommen lassen sollte. Dies tat er nicht, und eine gewisse Zeit lang glaubte ich, dass er ganz einfach nach Italien zurückgekehrt sei, nachdem er mein Paradies für nicht gut genug befunden hatte. Ein oder zwei Monate danach kam er mich besuchen. Er jubilierte. Als ich ihn nach den Herrlichkeiten dieses Fleckchens Erde fragte, wurde er ein wenig verlegen. »Ich bin nicht bis dahin gegangen«, sagte er mir, »ich habe vorher angehalten.« Er hatte ganz alleine einen bezaubernden Ort gefunden, den ich noch nicht kannte, weil ich schier hundertmal nur einen Kilometer entfernt an jenem Ort vorbeigekommen sein muss.

Es ist kaum zu glauben, was für Entdeckungen man machen kann. Dieses Land hat Tücken ohnegleichen. Da gibt es zum Beispiel so kleine Täler wie das Assetal (ein Nebenfluss am linken Ufer der Durance), das die Entwässerungsmengen aus der Kastellangegend von den hohen Gebirgsstöcken ringsum mit sich führt. Weiträumig geöffnet zunächst, lässt es an seinen Flussarmen bezaubernde Mandelgärten wachsen. Man muss sie bei Sonnenuntergang sehen. Sie sind geradezu das Abbild jener lyrischen Verzweiflungszustände (und dennoch ohne falsches Pathos) der griechischen Seele, wenn diese vom Unglück heimgesucht wird. Die Erde hat einen altgoldenen Grünton. Die Mandelbäume tragen nur im Frühling ein wenig Laub. Mit der Hitzeperiode wird das Blattwerk gelb und rollt sich ein, der Baum ist fast so nackt wie im Winter, nur mit dem Unterschied, dass er ganz stachelig aussieht. Im Gegenlicht des Sonnenuntergangs, der die Bodenkonturen überzeichnet, sind die Bäume nur schwarze, windgeschüttelte Formen. Der Wind braucht nicht erst zu blasen. Selbst an außerordentlich ruhigen Tagen ist er in den Baumstämmen anwesend, die wie von eiserner Faustkraft ausgewrungen dastehen und die sich auch nicht mehr entwinden können. So auch Kassandra, regungslos auf der Schwelle von Agamemnon, bevor sie zu schreien beginnt; oder Ödipus, der sich auf den Wegen von Kolonus abplagt.

Man betritt also ein herbes Land, und die paar Dörfer, auf die man stößt, verstecken sich unter den Eichen und sind ganz still. In diesem Land habe ich noch keine Glocken läuten hören. Ließe man sich von diesen Tücken täuschen, würde man auf schnellstem Wege vorbeifahren. Man läge falsch. Sobald man dieses Land in seiner Sanftheit erfasst, widersetzt es sich nicht. Man braucht nur hundert Meter von der Route abweichen. Dann eröffnet sich einem ein wahres Tahiti von betörten Menschen, die sich fragen, wie man es nur angestellt haben mag, sie zu finden, und die man dabei erwischt, in vollen Zügen ihr Leben zu genießen. Man träumt von einem mit Kalk geweißelten Zimmerchen und davon, nie mehr fortzugehen.

Diese kleinen Bauernhöfe sind mit erstaunlicher Weisheit angelegt. Alles hat hier sein menschliches Maß. Hier braucht man keine Maschinen. Die Arbeit wird ungezwungen von Hand gemacht; man behilft sich mit einem Pferd. Die Viehherde besteht aus mehr als zwanzig Mutterschafen und zehn Ziegen; eine alte Frau hütet sie oder ein Kind. Zumeist wurde sehr sorgfältig eine Wasserader abgefangen. Sie ist so kostbar, dass man sich alle Mühe gibt, sie in einen schönen Brunnen fließen zu lassen. Der Überschuss im Becken bewässert den Gemüsegarten.

All das sind keine Anlagen, wie man wohl sieht, um damit Geld zu verdienen. Genauso wenig gibt es irgendwelche Spuren der Knauserei, und eine Gastfreundschaft von schönster Hochherzigkeit ist hier eine wahre Freude. Wenn man essen und trinken will, so steht einem alles bereit. Um den Brotbedarf für das ganze Jahr sicherzustellen, wird ein bisschen mehr Getreide als nötig angebaut. Wenn man davon fünf- bis sechstausend Kilo im Jahr verkauft, ist das schon der Himmel auf Erden. Für den eigenen Wein besitzen viele auch einen kleinen Weinberg. Niemand muss sich hier überarbeiten. Man braucht keine Bediensteten. Die Hausherrin kümmert sich um den Hühnerhof. Der Mundvorrat für die Sonntage und die hohen Feiertage stolziert im schmucken Federkleid um den Bauernhof herum. Zusätzlich zu diesen Arbeiten spannt der Hausherr sein Pferd an und fährt sein Gemischtgemüse auf die benachbarten Märkte. Hier kauft und verkauft er Schweine, Mutterschafe, Lämmer, Zicklein, Eier und alte Hühner. Das ist so ungefähr der einzige Kontakt, den er mit der sogenannten zivilisierten Welt hat. Damit erhält er seinen gesunden Menschenverstand und die Lust am Leben. Er raucht seine Pfeife, liest nicht, sieht die Dinge, wie sie sind, und hat Zeit, sich umzuschauen. Seine Nerven sind nie gereizt. Er ist an Stille und Langsamkeit gewöhnt. Sein Gefühlshaushalt ist einfach. Er hat wenig unbefriedigte Bedürfnisse. Welcher Milliardär könnte dasselbe von sich behaupten?

Ich habe dieses Assetal gewählt, weil es einen herben Charakter hat und, was alles besagt, weil es als arm gilt. Es dringt in der Tat weit in die Berge ein, wo ein raues Klima herrscht und der Boden voll von Kieselsteingeröll ist.

Wenn es einem gegeben wäre, das Land von oben zu sehen, so wie man es möglicherweise aus dem Flugzeug sähe oder wie unser Herrgott es sieht, wäre man fasziniert von einer sanften Farbe, die den Umkreis dieser menschenfreundlichen Behausungen verschönert, und sich umso mehr ausdehnt, je weiter man nach Süden kommt, und schließlich ein ganz ansehnliches Ausmaß annimmt. Im Herbst schwenkt diese Farbe in ein Rot um, sogar ins Blutrot. Das sind die Weinfelder, die mit jedem Schritt auf die Sonne und die reichhaltigen Böden zu immer größer werden.

Nach dem Öl, sagte ich, kommt der Wein. Die Weinkultur ist weniger genügsam als die Ölkultur. Die Olivengärten ufern nie aus. Zwanzig Jahre sind nötig, bis sich ein Olivenbaum rentiert, und das nur knapp. Der Weinstock beginnt schon beim dritten Blattwuchs *etwas abzuwerfen*. Und damit ist nicht purer Wein gemeint, sondern auch und vornehmlich Geld. Öl stellt man aus einer Menge anderer Dinge her: aus Erdnüssen, Sonnenblumen, selbst aus dieser ärgerlichen Distel, die man Carthame nennt. (Wenn man die *Wunder* der Chemie zufügte, würde man auch aus Steinen Öl machen; man würde es selbst aus Feuerstein herstellen). Doch Wein gewinnt man einzig und allein aus dem Weinstock. Daher dieser Hochmut, der zunimmt, wenn man mit Wein auch noch zu Geld kommt.

Überall in den Mulden dieser bewegten Erde, die sich von den Alpen bis zum Meer hinzieht, haben sich alte Schlickschichten abgelagert. Sie kommen dem Weinstock zugute, er gedeiht und wuchert darin. Schon in der geradlinigen

Ausrichtung der Weinberge erkennt man eine Ordnung, die das Bedürfnis zu dominieren befriedigt. Der Weinstock selbst ist ein viel gefügigeres Bäumchen als der Olivenbaum. Er dominiert niemals. Man betrachtet ihn von oben. Die Winzer sind die autoritären. Mit Überschuss auf Gewinn hin zu wirtschaften ist so verführerisch, dass auch die weisesten und zufriedensten Männer dem nicht widerstehen. Vom Familienwein ist es nur ein kleiner Schritt zum kommerziellen Wein. Je weiter man runter nach Süden fährt, desto mehr nisten sich die Dörfer in wahre Teppiche von Weinbergen ein, staffieren sich aus, schmücken sich mit Ketten moderner Landhäuser, kaufen Klaviere.

Bevor man diese Reise auf den Wegen durch die Weinberge beginnt, wäre es, denke ich, gut, ein bisschen über die Mysterien des Weins zu plaudern. Alles in allem ein Abschiedstrunk, bevor es losgeht. Damit man nicht nur weiß, worum es sich handelt, sondern auch (und vor allem), worum es sich nicht handelt. Eine Art wie jede andere, sich zu berauschen, auf dass unterwegs die Ebenen und die sanften Abhänge, die Tälchen und die Hügel, die Flüsse und die Bächlein, die Wäldchen und die Wiesen rings um uns herum sich wie ein Radschlag auftun, nicht nur geografisch, sondern so wie das Gefieder der Pfauen sich mit einem Schlag entfaltet. Sich in ganz neuer Weise ein wenig mit dieser Persönlichkeit, dem Wein, beschäftigen, seine Anatomie tiefer erkennen, langsam einen köstlichen Schluck der organischen Zauberei einschlürfen, danach trachten zu wissen, was hinter seiner Stofflichkeit liegt und, wenn möglich (wie bei einem Mann und darin ist er einer), an sein leidenschaftliches Instrumentarium herankommen. Der Wein hat eine Persönlichkeit, mit der man ständig rechnen muss; jeden Augenblick greift er in unsere Angelegenheiten ein, er beschäftigt sich mit unseren Glücks- und Unglücksgefühlen, mit unseren Liebschaften und mit unserem Hass, mit unserer Selbstsucht, mit unserer Hoffnung und Verzweiflung, deshalb sollte man meines Erachtens durchaus wissen, was er selbst denn im Bauche trägt. Aufbrechen, um ihn zu Haus zu besuchen, einverstanden, aber auf einem Araberpferd, und dass es die vier Hufe ja tanzen lässt, um den Aufbruch auch recht zu beleuchten.

Jedes Mal, wenn man versucht die Seele einer bedeutenden Persönlichkeit kennenzulernen, die einem in allem, was man anstellt, immer etwas voraushat, greift man instinktiv zurück auf die kleinen Entdeckungen, die einem der Zufall beschert. Bei mir hat sich zunächst etwas äußerst Merkwürdiges ereignet, was mir regelrecht einen Floh ins Ohr gesetzt hat. Eines Abends suche ich ein Buch, und betrete eins der Zimmer im Untergeschoss, die bei mir als Bibliothek und Gewächshaus zugleich dienen. Da es keinen Strom gibt, habe ich eine Kerze in der Hand, die mir ein Windzug durch die offene Tür ausbläst. Es ist spät nachts, zu dieser Zeit setzt die kühle Luft bereits tröpfelnden Tau in den Fensterfugen ab. Bevor ich die Streichhölzer in meiner Tasche finden kann, erreicht mich plötzlich ein köstlicher Duft. In diesem Augenblick war mir das Dunkel geradezu nützlich: Ich konnte nicht anders, als nur mit meinem Geruchssinn und meiner Einbildungskraft zu denken. Und so kommt mir erst gar nicht irgendeine Blume in den Sinn. Die einzige Idee, die mir sofort kommt, ist der Weinzuber. Sie ist dermaßen deutlich, dass ich mir einbilde, die schöne, wie vom Purpur geteerte Oberfläche eines friedfertigen Weins zu sehen, die ganze Blütenkunst eines zarten, rosigen Schaums. Der Duft ist so köstlich, dass ich die Streichholzschachtel in der Hand halte, ohne sie zu öffnen. Durch welch magischen Vorgang sind diese Weinzuber hierher gelangt? Es gibt keinerlei Erklärung. Und dennoch ist da sehr wohl ein deutlicher Weingeruch. Eine Täuschung ist nicht möglich; mein Geruchssinn denkt nicht, er hat aber mein Erkenntnisorgan alarmiert, das beschlossen hat, dass das Wein sein muss, also ist es Wein. Je mehr ich dieses Erkenntnisorgan in der Dunkelheit seine Rolle spielen lasse, desto mehr sehe ich den Weinzuber und den Purpur und den Schaum, und der Geruch ist so stark und so kräftig, dass er mich, wenn ich hartnäckig bliebe, bald betrunken machen würde. Nun, abgesehen von ein paar versiegelten Flaschen, die ich in einem Keller, weit weg von dem Raum, in dem ich lebe, aufbewahre, gibt es leider keinen anderen Wein im Haus. Also zünde ich die Kerze an, schau' mich um, ich sehe nichts als Bücherbretter und verharre eine kleine Ewigkeit, eh ich der Sache auf den Grund gehe. Der Geruch dauert an, immernoch derselbe, und zwar so deutlich und herausfordernd in seinem bildlichen Ausdruck, dass er mich zwingt, fortgesetzt über das reelle Bild meiner Bücher sich Weinzuber auf Weinzuber türmen zu sehen, bis zu dem Augenblick, da ich schließlich begreife, dass es ganz einfach (doch, was für eine wunderbare, reichhaltige Verflechtung liegt in dieser Einfachheit!), der Duft von drei blühenden Hyazinthen ist.

Wir wollen daraus keine Schlussfolgerungen ziehen, sondern aus allem allein die aneinandergereihten Tatsachen auftauchen lassen. Wir müssen hier nichts entscheiden. Was wir benötigen, ist nicht die Lösung eines geometrischen Problems, sondern das Wissen um diesen Widerschein aus der Seele eines Prinzen.

Etwas Anderes noch. Lasst uns einen Winzer betrachten. Schaut ihn euch nicht nur in seinem Weinberg an oder zu Zeiten der Weinlese (das heißt in seinem Triumph), sondern auch in der übrigen Zeit, in seinem Leben. Was mich vom ersten Augenblick an, wo immer er mir vor Augen war, verblüffte, sind seine Wangen.

Nie habe ich je Wangen von einem so königlichen Blutrot gesehen; so sehr blutrot, dass das gar kein menschliches Fleisch mehr ist: es ist eine wer weiß was für wundersame Stickerei, die dem Gesicht sein schönes Maskenspiel verleiht. Dieses Blut, das sich »generös und gemächlich die Zeit nimmt, aufzublühn«, ist wie der Saft in zwei roten Blättern; man sieht es friedlich durch ein bewundernswert kleines Gezweige fließen, mit korallener oder violetter Färbung; es entwirft wahre Kunstschmiedearbeiten und zarte, persische Bäume. Ich bewundere die Ruhe des Herzens und der Seele eines solchen Menschen, der in unserer modernen Gesellschaft mit einem derartigen Reichtum in seinem Maskenspiel lebt. Denn der Winzer lebt eben sein ganz normales Leben genau auf diese Weise. Man stelle ihn sich vor, wie er seiner Familie gegenübersitzt, vor seiner Frau und seinen Kindern, am Esstisch. Da, wo unsereins ihn nur mit offenem Gesicht sitzen sieht (und Gott allein weiß, ob das die Sache nicht eher verkompliziert), nimmt er seinen Platz maskiert ein, versteckt hinter dieser Oberpriestermaske. Der Wein, dessen Diener und Priester er ist, hat in seinem Gesicht eine Zierde entfaltet, die laut göttlicher Weisung gebietet, dass er seine menschliche Schwäche dahinter verberge. Es ist die Tätowierung eines oberpriesterlichen Naturgottes; auf diese Weise bleibt verborgen, wie er seine Zornesausbrüche, seine Zärtlichkeitsregungen, die Eifersüchteleien, Großzügigkeiten, Hassgelüste dem anpassen muss; er schleudert seinen Blitz und seine Heftigkeiten aus einem geradezu mysteriösen Ort, der den Blicken der Welt entzogen ist. Das, was ein ganz normaler Mensch kann: lieben, hassen, das kann er durchaus, aber die, auf die sich sein Hass und seine Liebe beziehen, die können nichts berechnen, nichts zur Verteidigung heranziehen. Das, was man von seinem Gesicht in so einem Augenblick ablesen kann, ist unvergleichbar mit dem, was von einem offenen Gesicht ablesbar ist. Die Maske, die uns entgegentritt, trägt den Stempel von einem Gott, auf den man sich gefasst machen muss. Welch wundersame Übermacht in der Gegensätzlichkeit!

Gleichwohl ist das nicht alles; wenn der Winzer nur durch Lug und Trug ein Priester wäre, so würde seine Maske, so fein und überraschend sie auch sein mag, einem nicht lange diese Übermacht aufzwingen können, die doch nur auf Verwunderung beruhen würde. Wenn die Hyazinthe und die Maske nur aus der Luft gegriffene Spielereien der Dunkelheit und des Blutes wären, bräuchte man dem nicht so viel Bedeutsamkeit beimessen. Sie haben aber etwas Bedeutsames, indem sie auf ganz köstliche und großartige Weise eine Ahnung davon geben, welcher Kräfte sich ein Fabelwesen bedient.

Nun, man braucht sich nur die übergroße Macht der Verzauberung anzusehen: Das betrifft die Wirkung der Kunst. So sehr, dass man seit dem frühesten Zeitalter der Menschheit vom Poeten gesagt hat: *Er, der weiß*, und dass man seit eben diesem frühesten Zeitalter, bevor man das wilde Tier, den Auerochsen oder den Säbelzahntiger jagte, diesen an die Felswand der Höhlen zeichnete und, um sicherer zu sein, ihn zu besiegen, den Künstler bat, den Tiger mit Pfeilen zu durchbohren, die schärfer gezeichnet waren als in der Wirklichkeit. Von diesem Augenblick an hatte man ihn in der Tasche. Er war verzaubert, der Niederlage geweiht, gebannt von Kräften, die denen der Muskeln sehr wohl überlegen waren. Und eins ist absolut sicher, nämlich dass diese ersten Menschen sangen: von Leidenschaften, von den Begierden und Schrecken ihrer Seele. Es war alles in allem der Ausdruck der Welt, der anerkanntermaßen die Welt an sich übertraf und Macht über sie hatte. Seit dieser weit zurückliegenden Zeit bis in unsere Tage hat diese Erhabenheit des Ausdrucks der Welt über die reelle Welt nicht aufgehört, die Seele des Menschen zu bezaubern. Homer, Mozart, Giotto bringen etwas zum Ausdruck. Aber der Winzer bringt auch etwas zum Ausdruck (wenn man mir diese einfache Akrobatik gestattet). Und das Resultat seiner Arbeit des Ausdrucks ist eine Substanz, die die Zauberkraft aller Künste enthält. Substanz? Aber nein: Persönlichkeit! Prinz, dessen purpurner Leib aus dem Dunkel auftaucht, auf das einfache Zeichen des Hyazinthendufts hin, der Masken an seine Subjekte verteilt, von korallener und violetter Farbe, hinter denen sich das Vermögen des Menschen, verbunden mit dem Geheimnishaften, vergrößert, wir wissen jetzt, dass es sich nicht um Betrug handelt. Trägt doch die Person auf ihrer flachen Hand alle Gärten der Hesperiden, und auf der anderen Handfläche alle Meere, die verworren rings um Odysseus fließen (und ständig bereit wären, sich rings um alle Odysseus-Gestalten aller Zeiten zu verbinden), die Höhle von Kalypso, die Insel der Circe, der flache Strand des Lotusstamms, die prangenden Sternbilder des Eteokles und Polyneikes. Das verblüfft mich eigentlich mehr als der Winzer gerade eben. Trotz aller Macht, die ich so jemandem unterstelle, der im Hyazinthenduft aus dem Dunkel auftauchen konnte und freizügig derlei Masken verteilte, jetzt, wo die Person vor mir steht, bin ich sprachlos. Ich muss ihn nur ansehen und bin schon berauscht. Wenn ich nun gleich zu ihm aufgebrochen wäre, um ihn zu besuchen, ohne meine kleine Einsicht und diese Abhandlung im Voraus, um herauszubekommen, wer er denn nun sei, so hätte ich riskiert, auf unerwartete Schwierigkeiten zu stoßen. Und was für dumme Aussichten, dass mir gar drohte, das Gesicht zu verlieren. Das ist keine Persönlichkeit in einem Stück; er ist aus tausend Stücken und tausend Teilchen zusammengesetzt.

Er ist alles in einem, der Wald der Ardennen und zugleich Rosalinde und zugleich Orlando. Er ist zugleich Othello und Desdemona; der Geist Hamlets und der Königsmörder; er ist der Nebel, der die Zwinger von Elseneur umhüllt, und das Schwirren der Pfeile in der Schlacht von Azincourt. Er ist König Richard und Lear und das Ödland. Er ist all die Könige und all die Zeiten, und wenn hunderttausend wüste Einöden existierten, von Stürmen gepeitscht und durchritten von Hexen, er ist die hunderttausend Einöden zugleich. Könige, Prinzen, Verliebte, Eifersüchtige, Geizlinge, Verschwender, Megären, Schafe, Löwen, Schlangen und riesige Manzinellenbäume, die Schlaf spenden für tausenderlei Gattungen, bilden Körper für Körper seine Arme, seine Beine, seinen Rumpf, seinen Kopf. Der Wind, der Regen, der Blitz, die ironische Fanfare, die am Ende des Stücks die Leichenfeier begleitet, donnert und flötet und schreit in seinem Gehirn. Er auf Hoher See, er ist die See, er ist das Segelschiff und das Segel zugleich. Er gleitet, er stampft, er rollt, er erhebt sich, bäumt sich auf, bietet die Stirn, beugt sich, nimmt Fracht auf, sinkt, verschwindet, wird bis zum Mastbaumkopf vom Ozean verschlungen, steigt wieder empor, taucht auf, nimmt seinen Kurs aufs Neue auf, pfeilschnell, da ist er, den Gipfeln der Woge entrissen, die enteilt, so wie eine Seemöwe, die, wild die Flügel um sich schlagend, davonstürzt, dem Zentrum der feurigen Luft der Zyklone entgegen. Er ist der Kaufmann, der seine Schiffsladung verliert, und der Mörder, versteckt hinter den Türbogen; der, der eine Ewigkeit lang in den Abgrund fällt, und der, der beim Gastmahl alle Trinkbecher an der Wand zerschlägt. Er drosselt stundenlang jene, die ihn betrog: sie stirbt Milliarden Mal unter seinen Händen, die milliardenfach genießen, und zur selben Zeit durchstöbert er vorsichtig den Schmutz und weiß daraus unvergleichliche Schätze aus Scham, Feigheit und Gewissensbissen zu bergen. Er kennt den Trick, um aus Lumpen Dulzineen zu schaffen, ja sogar aus dem »Verband«, der seinen kranken Finger umkleidet. Er besteht aus zahlreichen Dulzineen, eine großartiger als die andere. Er ist voll von ihnen; zum Bersten voll; er ist von Kopf bis Fuß zinnoberrot mit ihnen eingefärbt. Im Wirrwarr der Dramen, Gespenster, Dünste und sonstigen Amtsausritte des Todes sieht man in jedem Moment ihre Gesichter oder ihre Hinterbacken oder ihre Schenkel, Hüften, Brüste und die schönen, durchsichtigen Augen voll *leinenweißer, unschuldiger Reinheit*. Wie die Made im Speck tut er sich gütlich an ihnen, er liebkost sie; er besitzt sie tausendmal mehr als es jedes gebräuchliche Besitztum seit Anbeginn der Welt erlaubte. Er genießt auf Biegen und Brechen. Kurz, er ist die Trunkenheit in Person.

Wahrlich, das ist's, worüber man nachdenken muss! Ein Nachdenken, aber keineswegs, um die Pferde abzuspannen, im Gegenteil. Eilen wir, tummeln wir uns. Reißt das Bremswerk von meinen Rädern herunter. Stürzen wir wild drauflos, im gestreckten Lauf, *halsbrecherisch*, rasen wir hinein in die Feuersbrunst von diesem Riesen, der alles Elend und ganze Königreiche durchzieht. Verlassen wir schließlich dies trübe Leben, das uns zum Narren hält.

Lasst uns nun also das Land betrachten. Die Ebenen und Erhebungen, Wiesen und Weinberge und Getreide und Wein und Felder und Wein und Flüsse durch eingezäunte Weingärten und von Wein bedeckte Hügel bis zum höchsten Punkt hinauf; und Wege, die im Geknatter der Weinstöcke umlaufen, und Dörfer, von Weinbergen umringt und Gehöfte, die in Weingärten untergehen. Selten kann das Korn hier und da eine Goldlache schaffen: Die ganze Erde ist von dichtem Grün überzogen; selten nur taucht darin das schlammfarbene Blattwerk der Eichen auf oder bisweilen das ziegelrote Dach eines Hauses, das leuchtende Genueserrot eines großen, viereckigen Gemäuers, auf einer Kreidewand, das schwarze Loch von einem Fenster: Alles ist überdeckt vom dichten Grün der Weinreben, die vom metallenen Blau der *versprühten Chemikalie* gefleckt sind. Entlang des gesamten Weges öffnen sich die Weinbergfurchen wie Lamellen eines Fächers und bedecken diese goldgelbfarbene Ockererde, auf welche die Weinreben niederweinten und aus der dann der feurige, kraftvolle Saft steigt. Hier und dort eine Weide, die man sorgfältig erhalten hat, um aus ihren Zweigen Körbe zu flechten, oder der Giebel vom Genossenschaftshaus, gegen welches das Echo der Stimmen prallt, die rückwärts, auf die Wand von Trögen zu, die Karren dirigieren; oder aber, der schlanke Kirchturm, der wie eine Nadelspitze leuchtet. Und der wolkenlose, schlichte Himmel lehnt seine Wange an die der Weinberge, und den ganzen stillen, friedvollen Tag hindurch streicheln sie einander liebevoll unter der Sonne wie zwei Zaubertiere, die sich vor Zärtlichkeit nicht lassen können. Und endlos fügt sich Rebe an Rebe und flickt die Weinfelder zusammen; die öffnen und schließen und öffnen aufs Neue die Fächer ihrer Furchen, bedecken die Ebenen, dringen in die Täler, füllen Tal auf Tälchen, sickern in die engsten Schluchten hinein, klettern die Hügel herauf, ergießen sich hinüber über die Höhen, gleiten die andere Seite hinab, breiten sich aus zu einem unverrückbaren Ozean mit Wogen und rollenden Wassern, mit Brandung und Ebbe und Flut, der offenen See, die ganze Dörfer von goldfarbenen Segelschiffen trägt und Galeeren, Ziegelsteinbarken, Küstenschiffe aus hell leuchtendem Kalk, ohne Ende bis zum Horizont, kleine Flotte der Freudenbringer, Flotte maskierter Priester, Seebären mit blauer Latzhose, die ihr Spiel im Schaum eines Ozeans von Reben treiben.

Und Weg fügt sich an Weg, ohne dass der Wein diesen Ozean je an was auch immer abtreten könnte. Der Kirchturm, so fein er war, fein wie eine Nadel, ist ganz vierschrötig und stämmig geworden, mit arabischen Fenstern hat er sich sodann geschmückt, oder sich mit hochländischer Schlichtheit gekleidet, oder er ist in die Höhe geschossen wie einer, der den grenzenlosen Horizont des Ozeans in Aussicht nimmt. Nach den Schnurrbärten sind die glattrasierten Gesichter gekommen, dann tauchten die Bärte auf. Der singende Sprachklang ist verschwunden, um dem Tonfall rollender Steine zu weichen, die Frauen sind von blond zu braun übergegangen, von schwerfällig zu leichtfüßig, von massiv zu fließend, von verträumt zu nervig, vom Marsch zum Tanz, vom hellen Unterkleid zum roten Überrock, von der Haube zum Brusttuch, von den Holzpantinen zum Halbschuh, vom leichten Lied zum rauen Ruf der wilden Frauen mit rotglühender Leidenschaft. Liliput auf dem großen Gulliver des Weins. Und der Wein ist überall, und überall fügt sich Wein zu Wein, überall macht der Wein vom geringsten Fleckchen Erde Gebrauch; nur selten nimmt man ihm den nötigen Winkel zum Ausbau des Kellers. Der Rausch und der Traum sind die einzigen Mittel des Glücks.

Man versteht sehr gut, dass ein Land dieser Art nicht vor dem Meer Halt macht, sondern sich bis auf die offene, hohe See hin erstreckt. Auf dieser hohen See nämlich hat man eines Tages mysteriöse Worte dahinfliegen hören, die besagten, dass der große Pan tot sei. Auf allen Ozeanen der Welt sind die Sarkophage der Heiligen unterwegs gewesen und herumgesegelt; aber dies ist das einzige Meer, das von so machtvollen Worten auch leise berührt wurde. Es gibt einen Punkt, der auf den Karten nicht verzeichnet ist, wo Ägypten, das judäische Land, Afrika und die Provence sich treffen und vermengen. Es muss dort, an der Stelle einen leichten Wirbel geben, einen gordischen Knoten, so etwas wie ein Herz.

Wie alle, so kenne auch ich das, was man gemeinhin die Côte d'Azur nennt. Wer ist der *Abteilungsleiter*, der diese Bezeichnung erfunden hat? Falls einer ihn kennt, sollte man ihn auszeichnen: Er besaß zweifellos das Genie der Mittelmäßigkeit. Unser Land wird in jeder Saison von einem Strom Pariser durchquert, von Belgiern, Engländern und Eskimos, die sich ins Mittelmeer stürzen wollen. Es ist ein wahrer Mississippi, der sich in ein Louisiana der Sümpfe, der Krokodile und Krötenbüffel ergießt. An der Küste verkauft man den Himmel wie Thunfisch. Keine einzige Tippse aus Anvers, Roubaix oder aus Glasgow, die nicht davon träumte, hier das kleine Schätzchen und die feine Kokette zu spielen, um sich vom Kuchen ihr Scheibchen abzuschneiden. Man kommt an und zieht sich nackend aus.

Keinerlei Vergleich mit dem wahren Land. An manchen Sommertagen ist es schlimmer als in den Schlachthäusern von Chicago. Auf vierzig Kilometer hin, was sag ich, auf hundert Kilometer und noch weiter hat man das menschliche Fleisch zum Trocknen ausgelegt. Es ist eine außerordentliche Pemmikanfleischfabrik. Man fragt sich, was für eine Welt von Fallenstellern und Menschenfleischfressern sie denn bedient. Hier gibt's die junge Frau, die alte, den Athleten, den Buchhalter, den Arbeiter, den Lord und Seine Hoheit; Brüste, Hinterbacken, rund und platt wie Lederkissen, und das kleine Fünf-Uhr-Stelldichein. Man kann wählen, wenn man so was mag. Was für eine Nahrung! Kurz, so was sind Fleischereiabfälle.

Aber es gibt einen Gott für die Länder wie für die Betrunkenen. Alle diese Leute da stellen sich vor, ganz wunderbar gesund zu sein, denn kraft der Sonne, der sie sich aussetzen, ist ihre Haut braun wie angebranntes Brot. Das gibt's hier Gott sei Dank nicht. Aber sie kommen hierher und fangen sich Krebs, Soldatengicht, Tuberkulose und schwärende Sehnsucht ein (die gnadenlos ist).

Die Bauern sind nicht so dumm. Außer diesen halbgaren Möchtegerns, die sich ihre Butter aus Milchkühen machen, kenne ich keine braungebrannten unter ihnen. Wenn sie unter der Sonne arbeiten (und meistens hüten sie sich davor), dann tragen sie große Hüte und behalten das Hemd an. Die Ärmel krempeln sie nur wenig hoch, um freier zu sein, Bauch und Brust aber halten sie sorgfältig bedeckt. Sie wissen genau, dass man mit solchen Dingen nicht spaßen darf.

Zwischen Grasse und Draguignan gibt es herrliche Anhöhen. Letztes Jahr hab ich mir wahrlich den Buckel vollgelacht. Was heißt hier Buckel: schlimmer noch, mir kamen die Tränen, wie beim Zwiebelschneiden, ein Zwiebelduft, der heut noch beißt. Wir sahen eine Frau, die nackend herumschlenderte; die paar Basttressen, die sie sich in ihrer Pofalte geleistet hatte, konnte man nicht ernsthaft für einen irgendwie gearteten Blickschutz halten. Ein Strandüberläufer und felsenfest von der Côte d'Azur überzeugt. Das Spektakel war derart vulgär, dass sich einem das Lachen wie eine Art Selbstverteidigung aufdrängte, ja, man fast vor Lachen schluchzte. Diese gute Frau ging doch tatsächlich in den Feldern spazieren. Sie hatte ihr Auto und ihren Ehemann, also auf jeden Fall *einen* Mann, im Schatten am Straßenrand stehengelassen. Der Mann war genauso splitternackt, gut gebaut, und schnarchte hingestreckt auf den Polstern; die Luxuskarosserie kam einem dagegen geradezu bescheiden vor.

Wenn man solchen Frauen allerdings etwas überwirft, sehen sie gar nicht mal so schlecht aus. Es gibt sogar außerordentlich hübsche unter ihnen. Das Witzigste daran ist, dass diese Nacktheit dem, was sie sich wünschen, regelrecht zuwiderläuft.

Man darf nicht vergessen, dass diese Mode neu ist (ich meine, herzukommen und sich an der Côte d'Azur braten zu lassen; die andere ist sehr alt, hat aber weniger Bedeutung, als man denkt). Noch vor fünfzig Jahren hieß, von Nizza sprechen, vom Winter im Warmen zu reden, und man trug dort Federboas und Schirme. Viele kleine Nester, die jetzt ausgesuchte Orte sind, waren kleine Fischerdörfer, und zwar mit Fischern, die mit viel Bedachtsamkeit fischten. Auf den Friedhöfen gab es nur wenige Inschriften »auf See verstorben«, und wenn die Frauen Schwarz trugen, dann nur, weil es die Sitte des Landes war.

Ein kleiner mediterraner Hafenbestand aus einem Bistrot und ein paar Behausungen, so armselig, dass man dort selbst den Besen noch verfeuerte. Drei bis vier Barken mit kleinen Segeln, mit denen man bei gutem Wind bis zu einem Kilometer in See stach, nachdem man sich versichert hatte, dass das gute Wetter beständig blieb. Das Prinzip bestand darin, das Land nie aus den Augen zu verlieren. Wer nie einen Sturm miterlebt hat, einen Taifun oder einen Zyklon, kann wohl einen mediterranen Seemann danach fragen, der natürlich auch noch nie dergleichen gesehen, aber eine recht gute Vorstellung davon entwickelt hat.

Man fing nicht viele Fische, dafür aber seltene, und vor allem schöne Fische: Meerjunker, Seeröte. Zum Verzehr musste man sie zerdrücken und durch ein Sieb passieren: daraus entstand dann die Suppe. Sicher, ich habe (im Kino und später auf offener See) die Fischer aus den nördlichen Meeren ihr Schleppnetz hochholen und tonnenweise weiße Fische auf die Brücke ausschütten sehen, und der Anblick war bewundernswert. Doch ich habe ein anderes, nicht weniger bewundernswertes Schauspiel gesehen, das den Menschen meiner Meinung nach etwas höherstellt: Den Anblick, wenn ein einsamer Fischer in seiner kleinen Barke steht, zum Beispiel auf der Seite der kleinen Buchten von Cassis, und die Meerjunker, einen nach dem anderen, aus dem Meer zieht. Jedes Mal, wenn er einen gefangen hat, nimmt er ihn in seine Hand und betrachtet ihn, als ob es der wahre Reichtum wäre. Und tatsächlich ist es der wahrhaftige Reichtum.

An ähnlichen Anlegeplätzen muss Odysseus sich aufgehalten haben (seine Zeit vertan haben, würde Penelope sagen). In der Tat haben diese Orte etwas, worüber man alles vergessen kann. Ein Seemann unserer Küstenregionen hat keinen schaukelnden Gang. An Land würde man ihn nicht von einem Bauern unterscheiden. Wenn man ihm etwas vom Kap Horn erzählt, lacht er laut auf. Er versteht das Wort herumstromern nicht. Wohin sollte er aufbrechen? Was sollte er suchen? Aber das Wort leben versteht er sehr gut. Wenn man mit ihm über Inseln spricht, dann versteht er darunter die Insel von Levant, Sainte-Marguerite oder Saint-Honorat. Wenn man ihn über weit entfernte Länder befragt, dann wird er antworten: »Ja, Korsika, da bin ich schon gewesen.« Aber dahin ist er mit dem Passagierdampfer gefahren, der von Nizza oder Marseille abfährt, und zwar im Sonntagsstaat. Für ihn liegt Thule in Italien. Das *geheimnisvolle Ufer des Okzidents und das phosphoreszierende Blau des Meers der Tropen*, das kümmert ihn so wenig wie sein erstes Hemd. Wenn es bei mir (und ich bin aus den Bergen) windig ist, weiß ich, dass der Fischladen geschlossen ist. Und wenn ich den Fischhändler treffe, (der sich einen kleinen Rundgang mit seinem Ehegespons gönnt), und ich ihn dann der Form halber befrage, so antwortet er: »Sie werden doch wohl nicht rausfahren wollen, bei so einem Wetter!«

Das Land ist berühmt für seinen klaren Himmel, seine gleichmäßige Temperatur. Dennoch gibt es mehr als zweihundert Tage im Jahr, wo die Fischer nicht rausfahren. Das sind die Tage, an denen es, ihrer Meinung nach, schlechtes Wetter geben wird. Wenn sie sich irren, dann nur, weil irren menschlich ist. »Ich kann nicht besonders gut schwimmen«, sagte mir ein Bretone, der regelmäßig nach Island fuhr, »ich patsche herum, ich kann mich nicht lange über Wasser halten.« Hier aber kennt man die kunstvollen Schwimmstile: Ich überhol dich mit den Armen über dem Kopf, ich kreuz dich im Scherenschlag; seit es hier die Menge nackter Frauen gibt, mimen einige sogar die lebende Bildsäule hoch oben auf den Springtürmen.

Der Vorsitzende, Herr von Brosses, erzählt von einer Reise in seinen Wahlkreis. Er schifft sich in Antibes auf einer Schaluppe ein, um nach Genua zu fahren. Kaum ist er an Nizza vorbei, wird er seekrank. Da man hundert Meter von der Küste entfernt ist, sagt er: »Setzt mich an Land ab, ich nehme ein Pferd.« Nach zwei oder drei Stationen ist er wiederhergestellt. Er wartet auf die Schaluppe, die gerade kurz hinter ihm auftaucht; er winkt sie herbei; man wird auf ihn aufmerksam. Nicht weit und er wird wieder seekrank, er setzt an Land. Und so geht es weiter bis zu den Vororten von Genua, wo der Besitzer der Barkasse zu ihm sagt: »So, jetzt werd` ich auch mal das Pferd ausprobieren.« Sie gehen alle beide an Land und veranstalten einen triumphalen Einzug in die Stadt. »Nie habe ich je einen so begeisterten Seemann gesehen«, sagt der Herr Vorsitzende.

Diese Geschichte muss man immer im Kopf haben, wenn man mit einem provenzalischen Seemann spricht. Es ist ein geschlossenes Meer. Also, was soll's? Die Menschen sind niemals aus freien Stücken dumm.

Um diese philosophische Haltung gut zu verstehen, müsste man die alte Atmosphäre in den kleinen Häfen wie Saint-Tropez, Cassis etc. wieder aufspüren, bevor die feinen Leute hierherkamen. Heute ist das natürlich schwierig, auf der ganzen Strecke hat man an dieser Küste keinen einzigen Vergleichspunkt. Alles ist Theater geworden, und zwar Geschäftstheater, das auf Vergnügen abzielt. Der arme Dummkopf, der sich da oben auf dem Sprungturm wie ein Postkarten-Apollo aufführt – anstatt seine Hände in die Salzbrühe von Island zu tauchen –, zieht keine Sympathie auf sich. Was man hierbei klarsehen sollte, ist, dass er kolonisiert worden ist. Er stellt nur die Laster seiner Kolonisatoren zur Schau.

In Wirklichkeit sind das ganz brave Leute, kein bisschen kompliziert, die wie alle Lateiner die Lebensfreuden lieben, immer bereit, alles Mögliche zu tun, um glücklich zu sein (was meiner Meinung nach natürlich und achtenswert ist); auf Geld nicht besonders versessen, nur so weit, wie Geld ihnen billige Vergnügungen verschafft. Alles in allem ist das genauso sympathisch wie der Kabeljaufang in den eiskalten Meeren.

Es ist sehr einfach, die Matrosen vom Meer zu industrialisieren. Das ist auch geschehen. Sie sind Sklaven der Industrie geworden, genauso wie Arbeiter am Fließband. Es gibt Fabriken, die Sardinen in Dosen einlegen, Kabeljau in kleine Fässchen, Thunfisch in Öl. Maschinen sind entwickelt worden und überall eingesetzt, die das Tintenfischfett zerschneiden und das Fleisch von den Haifischen tranchieren, hauchdünn wie Langustenschwänze. Ein Schleppnetz kostet Millionen. Um auf Fischfang fahren zu können, braucht man ein beachtliches Kapital. Ob man nun Besitzer ist oder Schuldner eines stillen Geldgebers, man ist verkettet mit dem modernen Geldwesen, was in absolut jeder Hinsicht das Anrecht auf die Siesta ausschließt. Alles zusammengerechnet ist diese Art vom Geld zu leben nicht schön, ist nicht gescheit, ist nicht mal logisch. Mir ist so einer lieber, der, sobald er hundert Francs *zu viel* hat, losgeht und einen hebt.

Diese da, die lassen sich einfach nicht einreihen. Sie geben zu, dass die Arbeit ihnen Angst macht. Für einen kurzen Augenblick des Glücks sind sie fähig, die stärkste Fronarbeit auf sich zu nehmen; in Fragen seitens Ersparniskasse oder Banque de France würden sie hingegen nicht mal den kleinen Finger heben.

Anhand dieser Charaktere kann man begreifen, was die kleinen Häfen von der Küste einmal waren, als die Leute dieser Gegend noch unter sich lebten. Fürs erste, Pinienwälder ohne Villen, ohne Privatbesitz, ohne Camping, ohne Reparaturwerkstätten, ohne fettiges Papier, aber Orte, in denen man endlos Spazierengehen konnte. Keine Autos auf den Straßen; übrigens, die Straßen waren nicht geteert. Kein Lärm; nur Ruhe; nur das dreifache Tosen, fügsam miteinander vereint: das Meer, der Wind und die Stille.

In Cassis, in Bandol, La Ciotat, Saint-Tropez findet man noch alte Häuser, alte Vorhöfe, alte Pforten, einen zierlichen Turm, ein geschmiedetes Eisen, ein altes Gesims, einen verzierten Schlussstein, das Bedachtsein auf einen feinen Stil, und zwar auf einen sehr sicheren Stil. Man muss sich vergegenwärtigen, wie dieser in allen Häusern präsidierte, was sag ich, über alle einfach herrschte. Das war keine Frage nach Bauherren, Schule oder Architektur, auch nicht nach Kunstrichtung, wie man das heute betrachtet. Man sollte nicht vergessen, mit welchen Genussmenschen wir es hier zu tun haben. Man wird schnell sehr feinsinnig, wenn man ständig seine Ergötzung sucht. Dazu gehört, ein Haus in genau den richtigen Maßen zu besitzen, und das haben sie keineswegs vernachlässigt. Genaue Maße und logische Gründe: so all die kleinen Fenster, *wo die Sonne nicht reinscheinen kann.* Der Sinn fürs Glück hatte einen begreifen lassen, dass *die Sonne der Feind ist.* Frische Zimmer, sanftes Dunkel im Inneren; außen Mauern, mit irisierendem Kalk verputzt, um die Sonne weit zurückzuwerfen. Doch da man zu den Söhnen einer sehr alten Zivilisation gehört, die all diese Götter erfunden hat, all die Tugenden und all die sterblichen Sünden, war man sorgfältig darauf bedacht, in die Torsteine Lorbeerkronen einmeißeln zu lassen und die Fenstergitter in Akanthusblattform schmieden zu lassen.

Was man sich ebenso vorstellen muss, ist die Zeit, die unerschütterliche Zeit jener Leute, die Zeit haben. Selbst nach Vaucanson bediente man sich immer noch der Sonnenuhr, dieses köstlich unzuverlässigen Instruments, das immer der Interpretation, der Diskussion, der Demission bedurfte, allerdings vollkommen stumm war und nur sprach, wenn man es befragte.

Der Hafen selbst war meistens von geringer Tiefe und lag sturmgeschützt. Der Schutz der mediterranen Fischereihäfen grenzt an ein Wunder. Man trifft dort auf eine Vernunft, die allem Rechnung trägt. Das heißt, man will sich selbst die geringsten Sorgen ersparen. Die Häfen liegen nämlich an einem Punkt, wo sie vor dem Seitenwind geschützt sind, der in dieser Region ein Mal alle fünf Jahre weht. Die Uferstraße war meistens mit kleinen runden Kieselsteinen gepflastert, direkt aufgetragen, äußerst unangenehm für die Füße, die jedoch, einmal vom Regen gewaschen und von der Sonne bestrichen, eine Farbtönung von Perlmutt annahmen. Die Hausverwalter, die sich einen populären Anstrich geben wollten, oder die Gemeindeverwaltungen, in demagogischen Nöten, ließen überall, unter einem Maulbeerbaum, einer Platane oder unter einer Linde, ein dickleibiges Parallelepipedon aus weichem Gestein aufbauen, das als Bank diente. Die Bank ist das wertvollste Dokument der provenzalischen Zivilisation. Diese Bank oder Bänke – je nach Größe der Bevölkerung – war im mediterranen Hafen das, was der Klub in London ist.

Die Häuser, die auf den Hafen hinausgingen, hatten bisweilen äußerst behagliche Balkone zum Ausschauhalten nach dem Wetter oder um bei Festen zuzusehen. Letztere waren immer von größter Einfachheit, aber sehr zahlreich, und jedes von ihnen dauerte mindestens drei Tage: einen Tag zur Vorbereitung, einen Tag zum Lachen, einen weiteren zum Ausruhen. Die Kunst der Übergänge wurde bis in die kleinsten Finessen gewahrt. Die übrige Zeit wurden die Balkone zum Trocknen der Wäsche genutzt.

Das tägliche Leben bestand zur Hälfte aus Kontemplation und zur Hälfte aus Konversation. Zuweilen, wenn man hier und da an diesen Hälften ein bisschen kürzte, widmete man sich der Passion. Gewisse Tage waren eigens männlich, und zwar infolge innerer oder äußerer Herausforderungen, denen die arme menschliche Natur niemals entkam: Kontemplation, Konversation und Passion wurden in großartiger Pracht und Herrlichkeit der Arbeit zum Opfer gebracht.

Einen ganzen Tag lang oder zwei vertrauten sie sich dem Reichtum des Meeres an. Auf allen Anhöhen der Umgegend, allen Bergkuppen, in allen Hainen hatte man Hauskapellen errichtet, riesige Kreuze, Statuen von Unserer Lieben Frau. Die angstvollen Blicke aller Menschen zu Land und zu Wasser wendeten sich jenen Schutzheiligen zu. Die Mannschaften, die abends mit ein paar Fischen und mit vielen Geschichten zurückkehrten, waren aus guten Kameraden oder aus Familien zusammengestellt. All die Monster des Mittelmeerraums sind diesen Geschichten entsprungen. Deshalb gibt es in diesem Meer Sirenen und Seepferde.

Man fischte mit kleinen Netzen oder mit Angeln. Eines von beiden verhakelte sich immer irgendwo, hing immer an einem Monster fest. Die Barken waren klein. Sie waren darauf höchstens zu dritt. Zu dritt fasst man nicht gerade sehr viel Mut, im Gegenteil. Fünf oder sechs Stunden in Kontakt mit dem Mysterium, selbst (und ganz besonders), wenn man nichts sieht, erregt die erfinderischen Fähigkeiten.

Diese Männer konnten sich schwerlich vorstellen, dass sie solche moralischen Qualen (wahre Torturen für den, der die Anlage zum einfachen Vergnügen hat) auf sich nahmen mit dem einzigen Zweck, ein paar Kilo Fischsuppe heimzubringen. Ein Monster mitzubringen, wäre logischer gewesen; es in Worten und Geschichten heimzufuhren, war bequemer, als es mit Haut und Haaren nach Hause zu bringen. Deshalb ist die provenzalische Seemannsfolklore reichhaltiger als die Auslagen der Fischgeschäfte.

Wenn man darüber spotten wollte, so hätte man Unrecht. Wer meint, dass dieses Fischen nach Monstern nutzlos sei, versteht nichts vom Leben; und vor allem nichts von der Freude. Trotz aller Kontemplation, Konversation, Passion, trotz der Feste und der Arbeit, haben die Tage nur vierundzwanzig Stunden, und vierundzwanzig Stunden regungslose Zeit ist lang. Außerdem ist es angenehm, den Helden zu spielen. Das ist Würze. Zu was wäre es nütze, auf diese Würze zu verzichten, oder sie viel zu teuer zu kaufen, wenn man sie gratis bekommen kann?

Der Himmel, unveränderlich hell und klar, der Schatten des Maulbeerbaums, die Bank, die regungslose Zeit, ein bisschen heißer Wind, der aus Afrika kommt, ein frisches Lüftchen, das von den Bergen herunterweht und zu Lande von der Jagd auf das Monster im Meer zu erzählen, wird zum wahren Segen. Alle Muskeln dieser robusten Männer, all das rote Blut, das sich aus dieser exzellenten, sehr bekömmlichen Nahrung, die sie zu sich nehmen, herstellt, kann so richtig arbeiten. Was für ein Vergnügen, Muskeln wie Blut in einer gut durchkomponierten Geschichte spielen zu lassen! Die Frauen waren schön und gingen nie mit aufs Meer. Eine Frau in Angst und Schrecken versetzen zu können, ist ein Besitztum, dessen man nie müde wird. So wurden sie alt und blieben doch jung wie frischer Lorbeer. Häuser, Wäldchen, Hügel, der Himmel, von dem die Sonne kräftig Gebrauch machte, alles hatte den Farbton einer Perle angenommen. Es gab nichts, was feiner sein konnte als das Grau dieser Landschaften, die fälschlicherweise, vielleicht wenn Blinde hinguckten, berühmt waren für die Wildheit ihrer Farben. Nichts war zarter als das Grau dieser mediterranen Menschen. Von Lügerei und Faulheit zu sprechen, das ist schnell getan. Von Lügerei und Faulheit wird der übrige Rest der Welt beleuchtet.

Als eine Wolke am Himmel zum ersten Mal Gestalt annahm, da hat man ihr hier in der Sprache der Bewohner einen Namen gegeben. Von hier aus konnte man sich das Wort übermitteln, das diese Gestalt in sich trug.

Lange vor dem Krieg von 1939, als der Graf Zeppelin um die Welt reiste, brachte er von seiner Reise bewundernswerte Fotografien von der undurchdringlichen Tundra mit, die den Fluss Lena begleitet. Sie sind in dem *Geographie Magazine* der damaligen Zeit zu sehen. Man erschrickt geradezu über die endlose Einsamkeit, über diese ungeheuerliche Feindseligkeit der Erde. Man hat urplötzlich das deutliche Gefühl, dass leben, einfach leben, kein Spaß ist, eben nicht das ist, was sich jedermann leisten kann. Auf jeder Seite des Flusses erblickt man am Rande des Waldes, in dem man keinen Schritt vorankommt, schlammige Flussufer, die unter dem gefrorenen Regen schimmern. Auf diesen

Schlammboden hat man ein kleines Dorf aus Holz errichtet. In so einem Holzhausdörflein zu leben, ist heldenhaft, verwandelt den Menschen zu einer Art Gott, der im Schlamm wühlt und Kugeln rollt wie der heilige Skarabäus.

Ferner gibt es im Norden die Orkneyinseln mit so heftigen Winden, dass man, um Kartoffeln ernten zu können, diese in Senklöcher von zwei Metern Tiefe setzen muss; der Wind würde jeden Keimling zurechtstutzen, sobald der durch die Erdoberfläche sprießt. Der Band 389 der *Nautischen Instruktionen* sagt über den Süden Georgiens, dass »er stürmischen Winden ausgesetzt ist, die von einem Meer herkommen, das mit Treibeis bedeckt ist. Wegen dieser Tatsache hat der Süden ein unmenschliches Klima. Wolken, dick, schwer und tief, besetzen das ganze Jahr über den Himmel, ohne eine einzige Ausnahme. Die Feuchtigkeit ist hier seit Jahrhunderten eine Konstante«. Drei Seiten weiter fügt man hinzu, dass man im Hafen von King Edward Cove eine gewisse Anzahl von Behausungen und Geschäften, ein Krankenhaus und eine kleine *weiße* Kirche antrifft. Man könne sich dort an diesem Ort einer Amtsperson bedienen und mit Öl und einem kleinen Lebensmittelvorrat versehen. Die *Nautischen Instruktionen* fügen hinzu: »Der Amtssitz des Magistrats befindet sich zwischen Hope und King Edwards Point; auf diesem Gebäude ist eine Flagge gehisst.«

Da haben wir's, womit man den Menschen kommen muss, wenn man sie ernst nimmt. Und gerade, wenn man die Menschen ernst nimmt, fangen die Dummheiten an.

(Manosque, Januar 1953)

9.
»Auch wenn ich in diesem Land geboren bin …«

Auch wenn ich in diesem Land geboren bin und ohne Unterbrechung fast sechzig Jahre darin gewohnt habe: ich kenne es nicht. Ich habe es in jeder Hinsicht durchstreift: zu Fuß, zu Pferde, mit dem Auto, ohne je ein vollständiges Register seiner Tugenden und Laster aufstellen zu können. Meine erste Reise fand 1911 statt. Damals schickte mich meine Mutter auf die Wallfahrt *im Morgengrauen* nach Moustier-Saint-Marie. Bis dahin hatte ich nichts anderes als die Olivengärten um Manosque herum gesehen. Diesmal ging es darum, die Durance zu überqueren, zu der Hochebene von Valensole aufzusteigen und auf der anderen Seite in den blauen Bergen eine kleine, hoch gelegene Kapelle aufzusuchen. Wir brachen im September um sechs Uhr abends auf. Eine Stunde später ließ der Postillon alle Mitreisenden aussteigen, um die Pferde zu entlasten, die Schritt für Schritt die Steigung in Angriff nahmen, die zu dem Plateau hochführte. Ich hörte das Rauschen der Eichenwälder. Zu dieser Zeit bestand meine geistige Nahrung aus Homer und griechischen Tragödien. Dies knisternde Reiben der Harnische begeisterte mich heftig.

Zwanzig Jahre später habe ich die Hochebene mitten in der Nacht wiedergesehen, infolge einer Autopanne, durch die mein Freund und ich in dieser seltsamen Gegend festsaßen. Wir konnten unsere Kenntnisse bezüglich der Mechanik getrost vergessen, und brauchten gar nicht erst mit der Hilfe von irgendwoher zu rechnen. Sobald die Nacht hereinbricht, verbarrikadiert sich hier jeder, sogar in den kleinen Ortschaften. Jederzeit kann man an die Werkstatttore trommeln. Je mehr man klopft, desto mehr stellen sich die Bewohner tot. Man müsste im Übrigen mehr als fünfzehn Kilometer marschieren, bevor man an so ein Tor klopfen kann, das sich nicht öffnet. Wir hatten Tabak, das Wetter war schön, es war Sommer. Die Sterne gaben genügend Licht, sodass man am Horizont die schwarz aufragenden Zacken der Alpen erkennen konnte. Nach und nach gewöhnten sich unsere Augen an die Dunkelheit, bis gar nicht weit von uns in den Mandelbaumgärten die gewichtige Masse einer dickleibigen Gehöftfestung zu sehen war, mitten in den Stoppelfeldern. Diese Hochebene liebt das Geheimnisvolle: Die Nacht kommt ihr zu Hilfe.

Wir waren aus der Gegend, mein Freund und ich, wir wussten, dass man unter solchen Umständen laut sprechen musste. Und das taten wir auch. Die Hunde bellten nicht. Sie werden übrigens niemals nachts im Hof gelassen. Man nimmt sie mit ins Haus und verbarrikadiert sich mit ihnen. Es sind gute Tiere, bei denen aber selbst am helllichten Tag vor aller Güte die Treue zu ihrem Herrn steht. Sie warten, bis ihr Herr wirklich eingeschlafen ist, und dann erst legen sie sich am Fußende seines Bettes nieder. Ihre Augen sind von lauter Haaren überdeckt, mit Leichtigkeit können sie den Schlaf vortäuschen und gleichzeitig durch ihre dichten Augenbrauen spähen. Sie ähneln dem Hund, der dem heiligen Benoît Labre folgte. Es sind rauhaarige Vorsteherhunde, hochbeinig, mit kräftigem Rücken, selbstverständlich Bastarde, die in jedem Frühjahr bastardisieren, aber ohne je diese absolute Treue zu verlieren; im Gegenteil, je hässlicher die Vorsteherhunde sind, desto heldenhafter sind sie. Oftmals verkuppelt mit schwerfälligen, verschlossenen Menschen, mit Familien, die durch die Jahrhunderte der Angst rau und ungesellig geworden waren, mit kranken Herden, die ihnen keinerlei Vergnügen mehr bereiten können, behalten sie dennoch ihre guten Eigenschaften. Sie sehen aus, als ob sie sich kopfüber selbst in so etwas wie Heiligkeit stürzen würden.

Man muss auf diesen einsamen Bauernhöfen gelebt haben, und zwar das tägliche Leben erlebt, um die moralische Verfassung und Angst dieser abgelegenen Familien zu verstehen. Genauso wenig, wie unsereins sich erhoffte, dass irgendjemand daherkäme, um unsere Maschine herzurichten, so können auch sie nicht hoffen, mit irgendjemandes Hilfe rechnen zu können. Nachbarn gibt es nicht. Das mag seltsam erscheinen im Zeitalter der Autos und Flugzeuge. Einer meiner Freunde, zurück aus Südamerika, wo er in die Viehzucht eingespannt war, sagte mir in diesem Sommer, dass man dort in Amerika über moderne Verkehrsmittel die Nachbarschaft hundert bis vierhundert Kilometer im Umkreis pflegt. Hier aber sind sie eben Lateiner ohne Kultur. Sie haben einen Sinn für die rätselhaften Dinge, aber sie haben keine Waffen, um sie zu beherrschen. Sie kennen sich selbst zu gut, als dass sie Vertrauen in den Menschen hätten. Wozu sollte es gut sein, zehn Kilometer zu fahren, um seinesgleichen wie im Spiegel zu sehen? Nicht die Möglichkeiten der Nachbarschaftlichkeit fehlen, sondern die Lust darauf fehlt.

Diese Wallfahrt im Morgengrauen, die sich 1911 abspielte, begann bei stockfinsterer Nacht im Dorf Moustiers. Unsere Postkutsche kam gegen drei Uhr morgens an. Jedem von uns gab man eine Harzfackel. Wie alle anderen entzündete ich sie an einem großen Johannesfeuer und nahm Aufstellung in der Menge, die dann langsam über eingehauene Stufen den Felsen hochstieg.

Zwei Stunden zuvor hatten wir in Riez in einem Gasthaus haltgemacht. Die Gaststube war voll mit Bauern, die von der Hochebene kamen. Sie tranken ihren warmen Wein, rauchten Pfeife und redeten nicht. Desgleichen die schwarz gekleideten Frauen, die sie begleiteten, auch sie stumm, unbeweglich, ohne Blick für »Nachbarn und Nachbarin«, nicht mal für das ringsherum. Keine Kinder: man hatte sie im Schutz der Bauernhausfestung gelassen. Der Älteste musste im Zimmer unten sitzen, das Jagdgewehr auf den Knien, den Hund zu seinen Füßen, die Geschwister oben im ersten Stock in ihren Betten, unter der Bettdecke.

Ich habe verschiedentlich, monatelang im Verlauf meines Lebens, in solch einsamen Gehöften gelebt. Die gleichen Gehöfte gibt es auf der Hochebene von Albion, in der Nähe des Ventoux. Wenn man die Route Nationale 7 herunterfährt und an Orange vorbeikommt, sieht man links neben den Ausläufern von Malaucène eine lange, blaue Linie, die hinten im Osten die Alpen wieder zusammenführt. Das ist die Hochebene von Albion. Sie ist von Weißeichen überzogen. Auf den Hängen, die dem Tal der Rhône (von sehr weit hergesehen) zugekehrt sind, liegt das Dorf Sault. Jenseits von diesem Plateau, zwischen Sisteron und Mirabeau, fließt die Durance. Auf den Hängen, die dem Tal der Durance gegenüberliegen, ist das Dorf Banon. Dazwischen nichts als Einsamkeit; mit einem einzigen Dorf, mehr als fünfzig Kilometer entfernt, mit achthundert Einwohnern: Le Revest; einige Weiler, wie Ferrassières, Saint-Christol. Ein einziger Blick auf dieses Dorf und diese Weiler bietet Aufschluss über deren Sitten. Es gibt keine Gemeinschaftlichkeit. Man versteckt sich hinter den Mauern; man findet über einen Zickzackdurchlass in die Häuser herein. Ein Bauerngehöft auf diesem Plateau heißt *Silence*.

Als ich von Silence aufbrach, um einen Spaziergang im Gehölz zu machen, war man verwundert, zu sehen, dass ich ohne Gewehr ging. Nicht nur wegen der Gefahren, es gibt dort keine, wenn man weiß, wie man sich verhalten muss, und ich weiß das (und dass ich's weiß, das wusste man), sondern »wegen des Anstands«. Wenn einer jemanden mit Gewehr antrifft, dann sagt er sich: »Dieser Mann jagt.« Alles ist gesagt. Wenn aber jemand, die Hände in den Taschen, spazieren geht, stellen sich folgende Fragen: »Was machen Sie da, wer sind Sie? Was haben Sie in Ihren Taschen?« Man riskiert aber absolut nichts, niemand würde einen anrühren, sie sind die Rechtschaffenheit in Person, aber sie stellen aus sich selbst heraus Fragen, ohne dass das eigene Verhalten selbst sie dazu auffordern würde, Zusatzfragen zu stellen.

Letzten Endes habe ich eine alte Knallbüchse akzeptiert, die mir als Ausweis diente. Man sollte das Leben der Einsiedler nicht komplizierter machen. Das hieße, ein gespanntes Seil zerhauen. Die Leidenschaften sind einfach unverfälscht, beispielsweise der Stolz. Manche dieser Einsiedler sind steinreich. Im Allgemeinen kümmert Geld sie wenig; sie verdienen oder verlieren es ohne ersichtliche Emotionen. Doch die Herde, der Boden, das ist eine andere Sache. Sie sind fähig, nachts aufzustehen und rauszugehen, um Ackerfurchen zu korrigieren, die nicht gerade gezogen sind. Und dennoch ist die Nacht heilig: Man schließt sich ein. Oft haben sie ganz alleine, das heißt mit der Familie, fünf oder sechs Hektar Wald urbar gemacht. Sie leben auf roten Böden, die nicht viel abwerfen. Aber sie sind stolz auf einen *ordentlichen* Boden, auf gut verrichtete Arbeit, und auf eine Herde, die allen Neid erweckt. Es gibt wenige Geizkragen, denn ein geiziger Einsiedler muss sich selbst genügen. Ihm bleibt nichts, was er ausdrücken könnte.

Vor dem Krieg von 1914 war auf der Albion-Hochebene zehn oder zwölf Kilometer in gerader Linie von Silence entfernt ein wahres Monaco. Das war ein Gasthaus, das nicht an eine Straße gebaut war, sondern an einem Trampelpfad lag, der vom Jabron-Tal aus hochführte; er führte quer über das Plateau und ging auf der anderen Seite in das Tal des Cavalon herab. Der Jabron und der Calavon sind kleine Flüsschen, die wohl kaum in den Karten verzeichnet sind, deren Flussbett aber in kommerzielle Absatzgebiete und zu Marktstandorten führt. Statt die Hochlandtour mit den Departement-Straßen zurückzulegen, führten die Rosshändler ganze Pferdeherden über den Trampelpfad. Ebenso liefen dort die Bauern der befestigten Höfe Silence, Le Sambuc, Pigette entlang sowie die Pflüger, Holzfäller und Hirten, die diese Gehöfte beschäftigten. Man kann heute noch die Ruinen von diesem Gasthaus sehen. Die Gaststube im Erdgeschoss ist erhalten geblieben. Es ist ein großer, gewölbter Raum mit einem gewaltigen Kamin. Die zwei Etagen darüber, auf denen die Zimmer lagen, sind eingestürzt.

Zu der Zeit, als diese Einrichtung noch funktionierte, öffnete sich die Gaststube direkt zum Plateau hin und führte geradewegs in die Einsamkeit hinein. Die ist hier Königin. Kilometerweit im Umkreis kein Baum, kein Leben, außer dem von Gras und Wind. Wenn ich von Silence aus, das heißt von der Seite des Gebirgspasses Homme-Mort aus, spazieren gehe, und je mehr ich auf Villesèche zusteige, dorthin, wo man romanische Münzen im Staub findet, so sehe ich im Osten – und zwar so, als ob ich es mit der Hand berühren könnte – diesen großen Speicher der Einsamkeit, wo man sich die unentbehrliche Zerstreuung eines Pascal verschaffen kann. Von Villesèche aus erkenne ich im Westen jenseits der Abhänge des Ventoux im Dunst der Weite kleine, glitzernde Fetzen der Rhône und das Straßenbett der berühmten Route Nationale 7, über die man in die Provence eindringt, an das so ergötzliche Meer heran.

Das Herz möchte einem immer schneller pochen. Der Horizont begeistert uns hier (aus dem das »weiße Wesen« entspringen mag, das auf den letzten Seiten von Arthur Gordon Pyms Abenteuer erscheint). Dieses Gasthaus nannte sich »La Commanderie«. Vom 1. Januar bis zum Silvesterabend stand hier ein riesiger Kessel auf dem Feuer; ohne Unterlass bereitete man darin den besten Rinderschmorbraten der Welt zu. Ohne den Kessel je abzuhängen, ohne ihn je zu leeren, füllte man ihn Tag für Tag mit Rindfleisch, Hasen, Wildschwein, Feldkaninchen, Rotwein, mit frischem Öl, Speck, ganzen Sträußen von Thymian, Lorbeer und Muskatnüssen. Man lud das Feuer auf, man rührte um mit einem Stock. Der Geruch aus dieser Küche war hundert Kilometer weit zu riechen. Eine Portion mit drei Kellen voll, die in großen Suppenschüsseln serviert wurde, kostete 18 Sous. Das war die definitiv einzige Mahlzeit. Ich habe von diesem Rinderschmorbraten im Jahr 1912 gegessen. Brot war nach Belieben dabei, sowie auch Wein. Es gab weder Vorspeisen noch Käse, noch Nachspeisen. Linker Hand beim Eintreten holte man sich selber aus einem breiten Backtrog eine Schüssel aus Reibstein; man tauchte die Hand in den Brotkorb, ging sich am Kessel auftun lassen, und setzte dabei über eine Bank hinweg, um sich am Gemeinschaftstisch niederzulassen. Der Liter Wein und das Glas wurden einem ohne großen Aufwand gebracht.

Diese Mahlzeiten waren schweigsam. Die Pferdehändler kamen aus Carpentras, Séderon, Sisteron, Forcalquier, Manosque, Pertuis und kannten die Bräuche des Plateaus. Und schließlich, kurz bevor die Nacht hereinfiel, kamen die Leute vom Ort. Im Umkreis von mehr als hundert Kilometern kam nicht eine Bauersfrau zu Schlaf, denn nachdem sie alle die Öllampen angezündet hatten und zusammengerollt im Bett lagen, fragten sie sich, was die Männer diese

Nacht wohl wieder zugrunde richten würden. Was nur? Das Pferdegespann? Den Schafstall? Oder alles vielleicht, sogar das Leben selbst?

Wenn die Nacht hereingebrochen war, wartete man noch fünf oder zehn Minuten, für den Fall, dass von weit Herkommende noch unterwegs sein könnten. Erst wenn diese Gnadenfrist vorüber war, verbarrikadierte die Komturei ihre Pforten, und das Spiel begann.

Dies Spiel nannte sich »Halt!«. Es ist einfach, schnell und effektiv. Ein Wunderding an Einfachheit, man spielt es zu zweit mit zwei Karten. Da gibt es keinerlei Kombinationen, noch irgendwelche Wissenschaftelei, der pure Zufall, zwei Personen einander gegenüber, ohne Waffen, mit nackten Händen, und man wird im Wettstreit von Gewinn oder Fehlschlag ihre Haltung sehen. Man wird sehen ..., das ist so eine Redensart, denn niemand schaut ihnen zu; da gibt es kein Publikum; jeder ist, gepaart mit dem anderen, in sein eigenes Spiel vertieft. An und für sich ist das kein »man wird schon sehen«, das ist: sie werden sehen; sie werden selbst sehen, wozu sie fähig sind. Alles in allem ein Spiel, in dem es keine Verlierer gibt, denn der Verlierer, der unerschütterlich bleibt bei seinem Verlust (also heroisch), genießt genauso stark wie der Gewinner. Daher rührt die Zwangsläufigkeit, mit großem Einsatz zu spielen, mit dem größtmöglichen Einsatz, und das heißt, mit allem (wenn man wirklich Stärke bekunden und dieselbe einander beweisen will). Um sich selbst zu beruhigen, muss man in jedem Augenblick aus ganzem Herzen durch Prüfungen gehen, die voller Beweiskraft sind.

»Halt!« wird mit einem dreiundfünfziger Kartenspiel gespielt, zweiundfünfzig plus ein Kreuzass dazu. Die höchste Karte ist der König, dann kommt die Dame und so weiter und so fort bis zur zwei. Das Ass annulliert alles. Das

Spiel wird mit sechsundzwanzig Stichen gespielt, denn man zieht jedes Mal zwei Karten. Eine bleibt übrig, die letzte. Die zieht der Gewinner des letzten Stichs. Wenn es Kreuzass ist, wird das ganze Spiel, Gewinn und Verlust, annulliert. Wenn es nicht das Ass ist, so ersetzt diese Karte, was immer es sei, die Karte, mit der der letzte Stich gewonnen wurde; wenn sie niedriger ist als die Karte, die der Verlierer zog, macht sie den Verlierer *ausnahmsweise* zum Gewinner. Die beiden Kontrahenten sitzen sich gegenüber. Sie mischen die Karten einer nach dem anderen jeder nur ein Mal durch, dann werden sie nicht mehr berührt. Jetzt kommt der Augenblick, etwas aufs Tapet zu bringen. Was also? Zehn Francs? (Sogar 1912 schon) Hundert oder zehntausend? Nein, nichts Derartiges, was sich beziffern lässt. Die Zahl begrenzt den Wert, man selbst aber braucht diesen Wert ohne Grenzen, zum Weiterleben muss man ihn in sich spüren. Also wirft man alles aufs Tapet.

Alles. Das heißt den Hof mit vollen Scheunen, mit voller Pferdestallung, vollen Viehställen, vollen Schafställen, das Wohnmobiliar, die Schränke und mit allem, was drin ist, bis zur Sparbüchse der Kinder oben auf dem Kamin, die tatsächlich mal als Bestandteil des Gewinns mit ausgehandelt wurde; bis zum Handarbeitskorb der Frau, bis zur nur mit Nadeln aufgesteckten Stickerei. Einzig ausgeschlossen vom Gewinn waren die Kleider, die man am Leib trug, und die die Frau und Kinder sich morgen anziehen würden, wenn sie die Domäne verlassen müssten, die ihnen nicht mehr gehörte.

Die Dinge in Gang bringen, das ist Zerstreuung im wahrsten Sinne des Wortes. Sie spielten mit gleicher Inbrunst um dies »Halt«, wie sie die Harzflamme zur Wallfahrt im Morgengrauen trugen. Alles auf eine einzige Karte setzen, das heißt, sich auf Gott verlassen und ihn zwingen, ihn verpflichten, selbst mit Hand anzulegen. Der eine Gegner wendet die erste Karte vom Haufen (von dem man nicht wählen darf, sondern der Reihe nach eine um die andere ziehen muss): eine Acht. Der andere wendet die nächste: ein König. Er hat gewonnen. Er hat all das gewonnen, was ersterer besitzt, vom Dach bis zum Taschentuch. (Das kommt vor. An gewissen Abenden von größter Bedrängnis hat man verfügt, dass alles eben alles ist und dass Hose, Hemd, Schuhe, Taschentuch des Besiegten dem Sieger gehören sollen. Das war zu schön, als dass auch nur der geringste Widerspruch aufgekommen wäre). Allein man macht weiter. Der Besiegte wendet die dritte Karte: eine Drei; der Sieger dreht die vierte Karte um, es ist eine Zwei: jetzt verliert er alles. Also wendet er die fünfte Karte … und immer so weiter, bis zur sechsundzwanzigsten. Die beiden Kontrahenten sind jedes Mal gewaltig verblüfft über Glück und Unglück. Es ist der Augenblick, in dem der Stolz sich bescheidet. Die Pein dauert an. Sie unternehmen alles, was man unternehmen muss, damit sie so lange wie möglich andauert. Sie bemühen sich, sie immer grausamer zurückzugeben. Haben sie alles aufs Tapet geworfen, werfen sie sich selbst dazu, sie werfen die dazu, die sie lieben, sie verpflichten sich zu fünf Jahren unentgeltlichem Dienst, zu zehn Jahren, sie verpflichten ihre Frau dazu, ihre Kinder. Der Stapel Karten nimmt ab. Das endgültige Urteil naht. Letzte Karte! Verloren! Gewonnen! Der Fehlgriff (Kreuzass ist selten). Diesmal ist das »Halt« unwiderruflich, zuweilen mit einem urplötzlichen Wechsel an geradezu monströsem Vermögen.

Das alles stillschweigend. Wobei man zeigen muss, dass man ein Mann ist, im guten wie im bösen Geschick. Einfach ist das nicht. Kämpfen sie also Schlag auf Schlag um die Ehre? Ich sagte, dass dieses Spiel zu zweit gespielt wird. So ist es äußerlich. In Wahrheit wird das Spiel zu dritt gespielt: auf der einen Seite die beiden Männer, auf der anderen Gott.

Wen das verwundert (und man müsste schon fremd sein in der Provence, um sich zu wundern), dem antworten sie: »Wer nichts riskiert, hat nichts.« Deswegen ist derjenige, der riskiert hat und (anscheinend) alles verloren hat, reicher, als man denkt. Selbstmord oder Ehescheidungen gibt es hier nicht. Im Übrigen, ein bisschen Getreide wieder sein Eigen nennen können, langt schon, um das Spiel von vorne zu beginnen. Es genügt, dass einer weiß, dass das alles ist, was man besitzt. Hier wird nicht mit gleichem Einsatz gespielt. Gegen einen rundum gut ausgestatteten Bauernhof setzt man eine Pfeife und einen Beutel voll Tabak; das Entscheidende ist, alles, was man hat, mit einem Schlag aufs Spiel zu setzen. Der Schäfer spielt um seinen Stock, seinen Hund und seinen weiten Mantel; der Patron bietet ihm die Stirn mit dem gesamten Hof, Schränke voller Familienwäsche inbegriffen.

Von der Route Nationale 7 aus gesehen ist das ein scheinbar flaches Land, wenn auch hoch an Himmel. Man lebt ganz friedlich mit dem Triumphbogen von Orange als eine Art Kanalisierung des Ruhmes oder als ihr gestalterischer Schauplatz des Pathetischen. Diese Kriegsgloriolen da sind nicht provenzalisch, sondern römisch. Seht nur diese Anhäufung von Harnischen links über einem kleinen Portal. In etwa das, was ihr in eurem geistigen Gepäck seit der Abschlussklasse mit euch rumschleppt. Euer Kofferraum ist voll davon.

Wenn ich einen Rat geben sollte, dann würde ich das Land bei schlechtem Wetter besichtigen, das heißt am dritten oder vierten Tag von einem Wintermistral, der noch fünf bis sechs Tage dahinstürmt. Es gibt nichts Schöneres als den Himmel. Wer Azurblau sucht, da ist es, wahr und wahrhaftig. Es ist weit davon entfernt, wie jeder glaubt, eine Farbe voller Ruhe zu sein. Die Luft ist so rein, dass man meint, eine Lupe vor den Augen zu haben. Man sieht jede Kleinigkeit am Horizont in allen Einzelheiten. So ein Berg, zu gewöhnlichen Zeiten wie ein Streifen Blau kaum wahrnehmbar, der nun ganz nahe heranrückt, und mit seinen Wäldern, aus denen all die Zweige lugen, die Dörfer berührt, deren Dachschindeln man aufblinken sieht. Alle Geräusche, die eigentlich in den Süden gehören, werden herangeweht. Nicht nur, dass der Himmel grummelt wie das Meer, sondern dies Grummeln schafft alle Geräusche herbei, die sich im Norden abspielen. Man hört das Angelusläuten von Kirchtürmen, die zehn Kilometer von hier im Gehölz versteckt liegen. Nirgends mehr irgendein Räuchlein. Auf und davon ist's oder gleich verschluckt am Schornsteinrand. Kein Mensch, nicht nur die Straßen, auch die Höfe scheinen ganz verwaist. Bevor die Straßen geteert wurden, sah man an solchen Tagen das nackte Straßengerippe. Der ganze Staub war vom ersten Tag an in Aufruhr versetzt worden; man hatte den Eindruck, auf sehr alten Straßen zu laufen, die regelrecht blankgewetzt waren von einer Zivilisation, die bereits verschwunden war. Der Teerbelag tat der Empfindung keinen Abbruch; mit der Zeit, von der ich hier spreche, hat er den Glanz von altem Basaltgestein angenommen; frostgehärtet schallt es unter den Füßen wie ein Flur in einem verlassenen Haus. Denn es ist kalt: ein Frost, vor dem gar nichts schützt, weder die Häuser – sie sind eher so beschaffen, dass es einen vor Kälte nur so schüttelt; die Türen sitzen nicht richtig in den Fugen und wackeln in ihren Türrahmen; die Fenster haben durch das Gerüttel ihr Fensterkitt verloren und lassen von überall her Wind durch; Staub, entwurzeltes Gras, trockene Blätter dringen in angeblich kalfaterte Räume ein – noch die Kleidung, durch die der heftige Wind pfeift. Ich habe einen ehemaligen Konsul aus China gekannt, der von dort ein mongolisches Hirtenwams mitgebracht hatte, das mit Baumwolle wattiert war. Er schlotterte unter diesem Schutz, obwohl der darauf angelegt war, den Sturmwinden von Ouroumtsi zu trotzen.

Die Kälte erzeugt Verzweiflung, und zwar von einer Qualität, die man sich allein aus all den Quellen menschlicher Erfahrenheit nicht verschaffen könnte. Gefrorene Beine lassen wohl zu, dass man weitergeht, doch nicht so weit, wie man unter einem einsamen Himmelsblau geht. Nun, das ist der Himmel des Mistrals. Es könnte den Anschein haben, dass die Sonne im Winter notwendigerweise fröhlicher ist. Das wäre sie wohl in der Picardie, im Elsass, in der Auvergne und im Languedoc. Da wären ringsherum genügend Dinge, »die nicht Sonne sind« (Nebel, Wolken vom Atlantik, Atemdunst der Wälder), um dem Licht ein Element der Freude beizumischen. Keine Hilfsmittel hier. Diese Abwesenheit von Mitteln, die sich durch ein Himmelblau ohne Nuancen ganz offen ausdrückt, so rein am Horizont wie im Zenit, ist eine der Grundwahrheiten, die man nicht vergessen darf. Wer immer der Mensch sein wird, den man egal wo antrifft: es ist beileibe kein Monsieur Seguin. Er kennt keine Sentimentalität. Wenn da ein Wolf auftaucht, dann jagt er ihn. Wenn es keinen Wolf gibt, er aber Lust zu jagen hat, dann erfindet er den Wolf, den er braucht. Was die Ziege betrifft, tut er ihr nur so viel zuleide, als dies unerlässlich ist. Und es gibt Augenblicke, wo dem so ist.

Wenn man dem Glauben der Leute an der Küste folgt, wo lauter Orangenbäume wachsen, dann müsste dahinter ein wahres Schlaraffenland liegen. Der Orangenbaum ist einzigartig schön. Er labt das Auge, und er duftet gut. Man denkt an die Gärten der Hesperiden. Um ein ganzes

Jahr lang durchzukommen, braucht man zum Leben dort Korn und Kartoffeln. Das wird vom Schwemmland der Rhône und der Durance produziert. Allein, von Sisteron bis Cadenet ist das Tal der Durance mindestens vierzig Kilometer breit, und das der Rhône misst an den schönsten Stellen ungefähr fünfzehn Kilometer. Da, wo beide Flüsse im Flachland Zusammentreffen, gibt die Erde frühe Obst- und seltene Gemüsesorten her.

Wenn man von mir zu Hause aus nach Avignon fährt, muss man, bevor man ins Comtat kommt, lange in einer Hügellandschaft herumkurven, wo etliche magere Olivengärten von Wäldern mit kleinen Weißeichen umschlossen liegen. Nicht gerade die Eiche vom heiligen Ludwig, eher Strauchwerk. Wenn der Stamm dick ist wie ein männlicher Oberschenkel, ist man hocherfreut und schneidet ihn ab. Allerdings sucht man gutes und reichliches Essen, so braucht man nur in die Gegend von Fontaine-de-Vaucluse zu kommen.

Von den Höhenzügen des Gadagne herab hat man einen vollständigen Blick über das Comtat. An dieser Stelle haben sich die Römer und Päpste niedergelassen und dort gelebt. Zurzeit verändern sich hier die Dinge, weil die Notwendigkeit einen zwingt, so viel Geld wie möglich zu verdienen, wohingegen das bäuerliche Leben, das lange Zeit ganz patriarchalisch war, dies auch bis heute noch ist. Die Besitzungen waren derart auf das menschliche Maß zugeschnitten, dass man die Größe der Familien nach der Anzahl von Hektar Land, die zum Haus gehörten, bestimmen konnte.

Der Bauer von L'Isle-sur-la-Sorgue aber oder der von Cavaillon braucht nur durch seine Zypressenschranken zu gucken, um am nahen Horizont die Hügel und dann die Berge zu sehen. Das Schloss der Päpste ist nicht einfach ein Palast der Ruhe und Erholung. Die alten Domänen des Comtat ziehen die Kraft der Schönheit vor. Hier kann man keine hohen Fassaden finden oder zahlreiche Fenster, stattdessen gibt's hier solides Mauerwerk, Schießscharten, Wachtürme. In Avignon verteidigen sich die alten Häuser, haben vier Meter über dem Boden alle Türen und Fenster vergittert und beherrschen von dort aus die Straßen.

Trotz der Gebiete der großen Ebene, heutzutage Gemüsegärten, wo Rhône und Durance zusammenfließen, ist die Provence ein mageres Land. Wenn man vom Dauphiné herkommt und es von Sisteron aus betritt, stößt man gleich hinter dem Felsen der Zitadelle auf die Terrassenkultur. Das Tal ist eng, der ganze Ackerboden liegt auf der Anhöhe; er muss mit kleinen, ungemörtelten Mäuerchen zusammengehalten werden. Von daher rühren bestimmte Lebensgewohnheiten, sozusagen eine zweite Natur. Man legt keine Bauernhöfe an, der Bauer bleibt im Dorf oder in der Ortschaft. Kleine Städte wie Manosque bilden sich allerdings aus Anhäufungen von Bauern. Die Straßen hinter der Kirche Notre-Dame gehen zwischen lauter eng aneinandergeschlossenen Gehöften hin und her. Jedes Haus hat einen Fuhrweg hinaus auf die Straße, der wiederum in einen Innenhof führt. In jedem dieser Innenhöfe stand früher ein Maulbeerbaum. Man hat sie inzwischen abgeholzt, ich aber habe sie noch in voller Pracht gesehen. Um den Innenhof herum waren auf der einen Seite die Stallungen für fünf oder sechs Schafe, einen Esel, ein oder zwei Ziegen, auf der anderen Seite der Pferdestall für das Pferd, meist Bijou gerufen, für den Esel, meist Tistou oder eher Babtiste, oder bei einer Eselin Coquette genannt, auf der dritten Seite stand das Wohnhaus. Alle Fenster zeigten auf den Innenhof. Beim Durchlaufen dieser Straßen, die ohne Ironie einem Jean-Jacques Rousseau geweiht sind, einem Danton, Marat, Kléber und

Diderot, hat man den Eindruck, in Judäa oder in der Berberei zu sein. Ich meinerseits hatte damals in meiner Jugend Argos vor Augen. Jeden Tag bei Anbruch der Nacht zogen die Herden von den Hügeln heimwärts, tranken an den großen Brunnen vor den Stadttoren, trotteten in die Straßen, wo die Lebensmittelhändler eilfertig die Grünzeugauslagen unterstellten, und gingen zum Schlafen zu Jean-Jacques, Danton, Kléber und Diderot auseinander. Die Fuhrwerke zogen in langen Schlangen vom Tal aus hoch, beladen mit Heu, mit Getreide, Kartoffeln, Kohl oder Tomaten, je nach Saison. Inzwischen halten sich diese kleinen Städte für viel größere Töchter, als sie einmal waren. Sie haben sich sagen lassen, dass es in Paris keine Viehherden auf den Straßen gibt. Die Davongekommenen von 1914 haben das Wort »modern« zu Hören bekommen. Man hat beschlossen, dass der Pferdemist »tödliche Miasmen« freisetzt. Zehn Jahre hindurch hat man sich dieser »Miasmen« bedient, um Maulbeerbäume zu beschneiden und Pumpwerke auf den Innenhöfen dieser städtischen Gehöfte anzulegen.

Die Sitten sind indes in den achthundert bis eintausend Einwohner großen Dörfern die gleichen geblieben, in den Weilern natürlich auch. Das Leben auf den Terrassen aber, statt sich auf die Familie zu gründen, beruft sich auf das Zölibat. Man muss bis in die Küstenregion gehen, um Geld zum Heiraten zu finden, trotz der kleinen Steinmäuerchen. Im Landesinnern sind die abgestuften Felder an den Hängen der Hügel eher Gemüse- und Obstgärten als echte Felder. Dort kann man keine Felderfurchen finden. Wenn man aber Lust auf einen blaublütigen Mann hat, der fähig ist, Gespräche zu führen und der einem überdies auch noch Feigen schenkt, dann findet man ihn dort. Trotz des Hauses im Dorf, hat er sich für gewöhnlich noch eine Feldhütte eingerichtet, ein Hüttchen im Windschatten, wo er den

Großteil seiner Zeit verbringt. Manchmal geht er auf die Jagd; ein andermal wieder ist er nicht Jäger, sondern Vogelbeobachter, Beobachter der Wolken und Winde. Er sagt das Wetter voraus, zwar ohne irgendwelche Gewissheit, doch mit hübschen Worten und mit Gesten aus dem alten, traditionellen Theater. Er ist sein eigner Herr. Wenn sich eine schöne Nacht ankündigt, beschließt er höchstwahrscheinlich, nicht heimzukehren »nach unten«, sondern hier oben »in der Höhe« zu schlafen, auf einem Ginsterbett, das im Zweifelsfall immer bereitsteht. Er ist ein ausgemachter Liebhaber der Siesta. Er gilt als faul. In Wirklichkeit gräbt er mit dem Spaten so viel Erde um, wie ein Mensch nur umgraben kann, »ohne sich selbst zum Sklaven zu machen«. Er ist ein bewunderungswürdiger Weiser, was das »Maß des Menschlichen« betrifft. Er ist nicht Spielzeug irgendeines Gottes. Es hat den Anschein, als denke er an gar nichts. Allein, er baut Mauern, bei denen die Steine nach ihrer Haltbarkeit ausgesucht werden, aber auch nach ihrer Farbe, ihren Formen und exakt im Verhältnis dieser drei Qualitäten zueinander zusammengefugt werden. Er ist der Kritiker seines Nachbarn, der ihn kritisiert. Daher kommt die Einheit dieser Landschaft. Diese Arbeit für die Gemeinschaft ist so gut gemacht, dass man glauben möchte, es sei die Tat von höherentwickelten Insekten. Da ist ein absoluter Einklang zwischen dem Grau der Olivenbäume und dem Grau der Steinmäuerchen. Man sieht eins ins andere übergehen, in äußerst subtilen Nuancen. Es scheint, als führe der Zufall zum Gelingen ..., in Wirklichkeit ist jedoch alles weit davon entfernt, ein Zufallsspiel zu sein.

Offensichtlich ist das Auto ein Mittel, mit dem man nicht alles machen kann, insbesondere nichts kennenlernen kann. Nur über Pfade kann man quer durch die Terrassen hinaufsteigen. Am Ende von einem Tag oder zweien hat man den Rhythmus gewisser Gesten angenommen, während sich um einen herum das Land gemächlich einspielt. Man ist weniger darauf aus, Gespräche anzuknüpfen. Nach und nach versteht man auf bloße Andeutungen hin. Das ist hier Prinzip. Die Dinge werden einem nie so gesagt, wie sie sind. Für Menschen, die Probleme in der Schwebe lassen können, ist alles verknüpft. Die Erde ist rosig oder ganz leicht gelb; es scheint, als ob die Artischocke für sie geschaffen ist. Es geht hier nicht um eine essbare Knospe, sondern um das aschfarbene, so schmuckvolle Blatt. Die Pflanze richtet sich kreuzstichartig aus und legt ihre blaue Wolle auf allen Terrassen sternförmig in der Sonne ab. Ich spreche nicht von der Küstenregion, wo alles, was sich essen lässt, an zahlreiche Passanten verkaufbar ist, sondern von Landkreisen, die zurückgezogen liegen, im Var oder in den Basses-Alpes.

Im Herbst letzten Jahres unternahm ich zu Fuß einen langen Ausflug in diese Gegend. Vor mir erstreckte sich das Haut-Var mit seinen einsamen Landstrichen und seinen Schlössern. Man müsste tatsächlich einmal die Karte der unbefahrbaren Wege zeichnen, für die wirklich Neugierigen. Bei jedem Schritt macht man lauter Entdeckungen. Man kommt auf die Höhe eines Hügels und ist sogleich erfasst von dieser Landschaft, die einen einfach nur glücklich macht. Ich habe mich schon immer gewundert, dass die Feinschmecker nicht auch reine Luft genießen. Die Lungen genießen nie; wenn man ihnen aber verschafft, was sie brauchen, auf dass sie genießen, dann gerät man in einen Zustand, der nicht seinesgleichen kennt. Es ist im wahrsten Sinne des Wortes das Vergnügen zu leben. Ich bin ein Anhänger des Rausches. Der Weinrausch scheint mir Blendwerk zu sein. Ein solcher aber, den eine unberührte Luft verschafft, eingesogen in einem Rhythmus, den das

Wandern in diesem monströsen Land einem auferlegt, der lässt mich in seltene Wonnen ein. Es ist merkwürdig, dass es genau solche sind, die man im Alkohol sucht oder im Kabinett des Doktor Faust, und jeder, der durch derartig künstliche Mittel einen kleinen Stoß kriegt, schreit sogleich was Wunder. Nun denn, es vergeht nur eine Viertelstunde, die mir zum Atmen schon reicht, um zu wissen, was ich zuvor nicht ahnte. Spiegelglatte Felswände, an denen ich mir immer die Nase aufgeschlagen habe, decken heute Korrespondenzen äußerst geheimnisvoller Nachbarwelten auf. Wenn man befindet, dass man die Weisheit mit Löffeln gefressen hat, weil man aus Paris ist, weil man einen Schulabgang hat, weil man seine Diplome hat oder ein Genie ist, wenn man aus denselben Gründen gar kein Geheimnis daraus macht und man geradezu eine minderwertige Bescheidenheit fabriziert, Misanthropie, Philanthropie, Komplexe oder Märtyrertum, so setze man sich nur neben einen solchen Bauern. Es ist einfach wahr, allein vierundzwanzig Stunden lang die Luft einatmen, die er seit sechzig Jahren atmet, und man hat nichts mehr von all dem, von dem ich eben noch sprach; man hat nicht mehr als die Jugend und die Unbefangenheit der Berauschten, die gutmütig sind.

Diese Reflexionen stellte ich auf der Terrasse eines Hauses an, das hoch oben auf dem Saint-Julien-le-Montagnier liegt. Dicht schmiegt sich der Eichenwald um den Fuß des Felsens, auf dem das Dorf steht. Der Wald erstreckt sich gut hundert Kilometer weit im Umkreis. Von oben sieht man, wie er in gerader Linie von einer einsamen Straße durchlaufen wird, sieht, wie sie davonläuft, auf das bronzefarbene Massiv zu, das hinten am Horizont dies Land vom Meer trennt.

Diesen Ort wählte ich deshalb, weil er wie ein Aussichtsturm ist, von dem aus die ganze Haute-Provence sichtbar wird, und weil er einem ein bisschen Geografie vermittelt. Nach all den kleinen Schönheiten auf dem Spaziergang von jenem Tag – Wacholder, Birke, Steineiche, Buche, die mich anhalten ließen, das würzige Kraut, das ich zerkaute, die Eidechse, die Ringelnatter und der Vogel, die unter meinem Schritt davonhuschten, eine Quelle, die ich suchte, Weiler, durch die ich lief, der Hund, mit dem ich redete, der Schäfer, mit dem man einen Gruß tauscht – hatte ich große Lust, von einem Land dieser Qualität so viel wie möglich zu sehen. Es hängt nicht am Himmel der Poeten wie die Laputa eines Swift, vielmehr ist es solide verankert mit Namen, die in die Ortskarten eingezeichnet sind, wenn die Orte überleben konnten, das heißt eingetragen waren in den »Chaix«.

Weit entfernt im Süden sehe ich die Sainte-Victoire, die sich ungefähr bis zu meiner Höhe erhebt. Zu ihren Füßen schläft Aix-en-Provence, tief versunken in sein florentinisches Tal. Jenseits von Aix liegt der Berre-See und die Crau-Ebene, auch das nicht sichtbar, aber angekündet am Himmel als Widerschein dieses gewaltigen Spiegels aus Wasser und Stein. Zu dieser Zeit stehen die mittellosen Studenten sich in Aix vor dem Café des Deux-Garçons die Beine in den Bauch. In der Kathedrale weist der Küster die letzten beiden Besucher vom *brennenden Dornbusch* unter dem Vorwand zurück, dass es nicht mehr genug Licht gäbe. Ein Antiquar hat seine Tür geöffnet, damit man im hellen Schein der Straßenlaterne ein Partiturmanuskript von *Cosi van tutte* durchblättern kann. Am Straßenkreisel bei der Fontäne biegen die Autos, die gen Marseille fahren, in die Alpenstraße ein.

Unter mir im Haus bereitet mein Gastgeber das Abendbrot vor. Ein alter Junggeselle, der mit zwanzig Trüffeleichen lebt, mit zweihundert Fuß Weinberg, einem Garten mit drei Terrassen und mit einem Taubenturm. Wenn die Nacht anbricht, wird er zwei Taubenpärchen erdrosseln gehen. Ich bin beauftragt, aus der Zisterne Wasser hochzuziehen, aber ich habe noch Zeit: uns bleiben noch gute drei Stunden bis zum Sonnenuntergang.

Neben der Sainte-Victoire beleuchtet die Nachmittagssonne das Massiv Sainte-Baume. Hundert Kilometer Vogellinie entfernt von mir setzt ein herrlicher Lichtstreifen über der Schneide der schroffen Felswand den scharfen Rand der Felsen in Brand. Das ist der Widerschein des Meers, das vor Cassis und La Ciotat über weite Flächen Funken sprüht wie Eisen in der Schmiede. Direkt unter den Steilwänden der Sainte-Baume liegt das tiefe Tal von Saint-Pons mit seinen mächtigen Bäumen, seinen Quellen, die wie ein schwellender Ochsenstrahl dahinfließen, mit seinen Bächlein voll braunem Wasser, die Monsieur Montgolfiers Blutbuchen umspielen. Dieses Wasser wird zur Huveaune und bei Marseille zum Abwasserkanal. Es ist die Stunde, zu der im alten Hafen die Strahlen der Sonne, die schnell noch über die Dachluken der Festungszellen von Saint-Nicolas huscht, voll auf die Veranda vom *Cintra* fallen und in die Zimmer vom Hotel *Beauvau*. Das Leuchten des Sonnenuntergangs steigt die Canebière wieder hinauf bis zur Höhe der Büros der Agentur Cook. Auf dem Prado werden die Hunde ausgeführt; in der Ebene Saint-Michel werden die Kinder eingesammelt; im Longchamp-Palast schließt man die Türen zu den Walfischknochen, zu dem ausgestopften Elefanten und den Fresken von Puvis de Chavannes. Ein Schiff brüllt draußen vor Estaque. Der Express, der morgens um neun Uhr früh Paris verlassen hat, ist durch den Bahnhof von Pas-des-Lanciers gefahren und bläst in den Nerthe-Tunnel wie auf einer Trompete. Man steht an für die Vorstellung in Technicolor von *Jungfrau und Märtyrer*, bevor man speist. Mitten in der Alten Charité, im Matrosenviertel, taucht das Ei von Puget auf, rot angestrichen vom Sonnenuntergang, unter mehr als tausend italienischen Wäschestücken, die an den Fenstern der Rue du Panier hängen. Über die Höhen von Marseilleveyre fahren Autos nach Cassis, andere kommen von dort zurück, mitten durch eine so schöne Odysseus-Landschaft, wie es keine zweite gibt auf der Welt. In Roquefort werden bei meinen Freunden die Lampen angezündet, und in die abends noch schwülere Luft strömt aus dem Pinienwald ein Duft von Harz und Zistrosen. Der Schnellzug, der von Nizza kommt, dröhnt durch die Schneisen von La Ciotat. Das Flugzeug aus Rom, das gerade senkrecht über Bandol hinwegfliegt, beginnt nach Marignane hin abwärts zu fliegen; ich sehe von hier, wie es seine stählernen Lichter auswirft wie ein Leuchtkäfer. Wenn es schon Nacht wäre, sähe ich sogar mit bloßem Auge, mehr östlich von der Sainte-Baume, den höchsten Punkt der Straße nach Toulon, wo die Autos ihre Leuchtfeuer aussenden, während sie in ihre Orte zurückkehren, die ganz kahl von den Bränden aus dem letzten Krieg sind.

Hier sind von den fünf Einwohnern, die Saint-Julien noch verbleiben, drei gerade dabei, ins Dorf zurückzukehren und stoßen ihre kleinen Mulis, beladen mit Reisigbündeln und Kartoffelsäcken, den Aufstieg hoch. Ein vierter Bewohner wird diesen Abend im Wäldchen bleiben, wo er einen Kohlenbrenner beaufsichtigt, den man rauchen sieht. Der fünfte ist mein Gastgeber, der beschlossen hat, selber zur Zisterne zu gehen, denn in den tiefen Zimmern des Hauses, die auf die enge Straße hinausgehen, ist ihm nicht klar gewesen, dass wir noch mehr als zweieinhalb Stunden bis zur Nacht haben.

Immer weiter nach Osten hin, jenseits des Apollon-Bergs, der Lorgues überragt, lassen die jetzt ganz violett gefärbten Maures unaufhörlich den Wald hinter sich, der hier auf dieser

Seite dicht und dunkel ist. Das ist das Regentor. An diesem Abend ist der Himmel klar, trotz der fortgeschrittenen Jahreszeit. Ein Wölkchen, zurechtgefeilt vom Nordwind, liegt bei Saint-Tropez vor Anker. Ich kenne da drüben im Argens-Tal ein kleines romantisches Schloss, das ganz verlassen im Gras eines Sumpfgebiets liegt. Zu dieser Stunde hüpfen die Laubfrösche mit vier Sprüngen ihre Marmorstufen hoch und kommen in das baufällige Musikzimmer, um sich ein bisschen zu wärmen. Die Winzer von Carcès, Salernes, Vidauban belagern die Genossenschaft mit den letzten Weinfuhren des Tages. Auf wunderschönen Hügeln in Dimensionen eines griechischen Tempels erheben sich Schädelstätten mit Kreuzgestalten, wie dem Campo-Santo von Genua entsprungen. Rings um Draguignan senkt sich die Dunkelheit über die alten, verlassenen Domänen. Das ist die rechte Zeit und Stunde, in der die Kadaver der großen zu Tode gezapften Kiefern in den Parks zusammenbrechen, in der man unter Louis XV. zu Festen lud. Auf der Höhe von Fayence flattern die Fledermäuse aus allen Löchern eines fremdartigen Moskauer Palastes, den ein General unter Napoleon I., zurück von der Schlacht am Bérézina, hat bauen lassen.

Hier, in Saint-Julien, schwingen sich von allen alten Häusern große Schwärme von Nacht- und Giebelschwalben in die Luft. Sie kreischen alle auf einmal, denn ich bin unter ihnen auf der Terrasse, und das kommt ihnen wie ein Wunder vor. Sie fragen sich, was diese vereinzelte Person da, hoch oben auf dem Haus, bedeuten soll. Zu dieser Zeit sitzen die Bewohner von Saint-Julien eingeschlossen hinter ihren vier Wänden nahe bei ihrer Feuerstelle und entfachen ein Feuer aus dicken Holzscheiten, um die zweifache Verderbnis der Einsamkeit und Weite zu bannen.

Im Osten der Maures holen die Einöden dieser Landschaft grenzenlos die Einsamkeiten des Meers wieder ein.

Die Felskämme des Estérel beißen ein bisschen vom Perlgrau des Himmels ab. Direkt vor meinen Füßen liegen die Ruinen von Häusern, in denen man Generationen von Bauern in die Welt gesetzt und erzogen hat. Jenseits der Ruinen, nichts als Wald. Jetzt, zu dieser Zeit rühren sich die Wildschweine. Der Wald zieht sich bis zu den Einöden der Ebene von Canjuers hin, eine weitläufige Wildnis voll grauer Steine. Jenseits davon weiter nichts als Abgeschiedenheit: lauter Hügel, bedeckt mit Zistrosen, Eselskraut, Königsfarn, mit Lilien und Narzissen, Goldraute, Betonien, Männertreu, Tollkirschen. Gegenden ohne Weg und Steg, Schluchten bis zum Platzen voll mit Ulmen, Buchen, Linden, Pappeln, Espen, Weißeichen, Feigenbäumen, Föhren. Niederwald, Buschwerk, verschlungene Äste, lauter Blattgewölbe, undurchdringlich für jeden Sonnenstrahl, ein Reich für Füchse, Schlangen, Dachse mit Hundeschnauzen, für den Wolf, von dem alle sprechen, für die wilden Tiere aus Gévaudan, für Tarasque. Eine Abgeschiedenheit, die ungerührt oberhalb von Cannes verläuft. Zu dieser Jahreszeit und Stunde suchen die braunen Schönen des Sommers auf der Jacht, in den Bars, im Alkohol nach der Glut. Zu dieser Stunde läuft eine kleine Alte durch die Rue Mont-Chevalier den Suquet-Hügel hinauf, um die Abendandacht in der Notre-Dame-de-l'Espérance zu hören. Die Einsamkeit geht über Cannes hinweg, so gleichgültig wie die Einsamkeit des Pazifiks über das Atoll. Was sollte sie sich bekümmern?

Hier, über dem Wald, sehe ich, wie die Lampen auf Schloss La Verdière angezündet werden. Ein Fenster mit Mittelfries zeichnet ein kleines, schwarzes Kreuz auf ein mattgoldenes Täfelchen.

Im wolkenlosen Osten steigt die Nacht herauf. Schon ist der Himmel schwarz in den Schneespalten der Alpen. Mein Blick geht von dort bis zur Pyramide des Viso-Bergs, der genauso vom La Spezia aus, südlich von Genua, gesehen werden kann. Ungefähr in dieser Richtung liegt Nizza. In einer halben Stunde wird man mit einem Schlag alle Straßenlaternen auf der Promenade des Anglais anzünden. Wenn man wieder nach Nordwesten steigt, breiten und stufen sich gegen- und übereinander: der Grand Bérard, der Parpaillon, der Berg Pelat, der Mercantour, die Trois Évêchés, Allos, Embrunais, der Pelvoux, überfroren, zerborsten, weiß auf schwarzem Himmel, wie Zucker in einer Zuckerschale aus dunklem Opal. Zu dieser Zeit kehren die Hochlandherden in den Stall zurück. Die einzelnen Bezirksschulen schließen ihre Türen hinter dem letzten kleinen Jungen (oder kleinen Mädchen). Der zaudert ein bisschen, eh er sich auf die langen Wege mit Schlaglöchern einlässt, die ihn nach Hause führen. Der Bus, der mittags in Marseille abgefahren ist, kommt jetzt in Barcelonnette an. Im tiefen Tal von der Ubaye ist die Nacht schon hereingebrochen, während ich hier oben auf meiner Dachterrasse noch ein gutes halbes Stündchen vom Tag habe. Auf dem Camp d'Annibal, oberhalb von Saint-Vincent-les-Forts, vollführen die Eichhörnchen ihre letzten Sprünge in den Baumwipfeln der Lerchen. Der Triebwagenzug Digne-Nizza tutet heftig in den Schluchten von Barrème. Der Bus Digne–Seyne fährt am letzten Olivenbaum der Provence vorbei, der ganz allein vor den Talengen von Barles Wache hält. Von dort an ist der Grund frostig. Hier beginnt die Region der Pflaumenbäume und Eschen. Dichter bei mir, auf den Plateaus, richten sich die Wachposten neben den Lavendelbrennkolben ein, die die ganze Nacht brennen werden. Auf den Höhenzügen, die Riez überragen, inspiziert mein Freund Arnaud noch einmal seine sieben Kilometer langen Lavendelfelder, bevor er nach Puberclaire zurücksteigt zu seinen Laboratorien und zu seiner Poetenlektüre. Am Fuße des Mourre de Chanier beleuchtet der Sonnenuntergang die großen Felsen von Moustiers-Saint-Marie, wo ich im Jahr 1911 auf der Pilgerfahrt die Felsentreppe von Notre-Dame-de-Beauvoir hochgestiegen bin. Die Touristenbusse, die um zwei Uhr nachmittags von Castellane aufgebrochen sind, verstopfen die Schluchten vom Verdon. Der Sonnenuntergang lässt den Dachfirnis von Schloss Aiguines aufleuchten.

Hundert Kilometer nördlich markieren der Ferrand, der Obiou, der Aiguille-Berg und der Durchgang vom Passweg Croix-Haute die Grenzen des Dauphiné. Zwischen der Stelle, an der ich gerade stehe, und den rosigen Granitbergen, dort, am Ende einer langen, bronzefarbenen Hügelkette, ohne Dorffeuer, ohne den Schimmer einer Ortschaft oder Stadt, da brodelt tief in ihrem engen Tal die Durance wie ein kleiner, ausgelassener Wildbach. Sie hat noch keinen Schlamm angehäuft. Noch ist niemand hingegangen und hat Gehöfte in ihr Flussbett gerammt. Um sie herum steht nichts als Bäume, die sie selbst angepflanzt hat, mit Samen, die sie dem Genèvre-Berg entrissen hat; kleine Tannen, kleine Zedern, Felsenmispeln, Wacholderbäume, Buchsbaum und manchmal in friedlichen Kurven, unter nur ein bisschen feiner Erde, die fünffingrige Zwiebel des schönen, vanilleduftigen Knabenkrauts.

Und im Westen gleiten vornehm die Kämme des Lure-Gebirges dahin. Jenseits davon sieht man den Jabron, die Gebirgskette der Baronnies, Vaison, Carpentras, hier liegt im Staub vermengt ein Durcheinander von Römern, von Brustpanzern eines Montbrun, Simon de Montfort, Lesdiguières, Röcke eines Phyllis de la Charce, antike Theater, Synagogen, Finanzmänner des Papstes, Olivenpflanzungen am Aygues und alte Mühlsteine in Öl-Mühlen aus Cäsars Zeiten. Zu dieser Zeit schleicht sich in die Ruinen der Monaco-Commanderie der Fuchs herein, um auf den Steinen des Herdfeuers nach dem Duft des letzten Rinderschmorbratens zu schnuppern. Die Pforten von *Silence* werden geschlossen. Die letzten Bauern hasten über die Wege des Plateaus durch die Wälder mit hartem Blattwerk, die im Wind ein Gerassel wie scheppernde Metallflügel machen. Die Nacht bricht herein, hoch oben von den Alpen gleitet sie auf das große Plateau herab, zieht ohne Einhalt über alle seine Heimeligkeiten. Frauen rufen in Revest ihre Kinder, die draußen auf dem Platz spielen. Sie locken sie mit Marmeladenbrot. Mit ausgestreckter Hand kommen sie angerannt. Man schnappt sie sich und zieht sie in die Häuser. Man schließt sich ein und schiebt den Riegel vor. Ein Auto aus Sault fährt vorüber. Wer mag das sein? Der Notar? Vielleicht. Man weiß ja nie, mit diesen Autos. Es gibt gut und gerne an die zwanzig Stück in der Region. Notar oder Doktor oder Gendarm; Menschen, die der Tod herbeiruft. Die Nacht fasst nach Banon, entlang am Gebirge rückt sie heran (ich seh sie von hier), erreicht den Rand des Plateaus, läuft längs der Landstraße herab, sammelt sich in den Talsohlen, überflutet die Gehöfte, kriecht von Wäldchen zu Wäldchen, springt über die Ringmauern von *Silence*, füllt den Hof, die Ställe, in denen die Pferde mit den Füßen scharren, die Küche, in der einzig das Feuer im Herd widersteht. Rechts von der Feuerstelle betrachtet der Großvater, gestützt auf seinen Stock, die Flammen. Er hat niemals irgendein Buch gelesen. Er hat sich niemals gelangweilt. Er langweilt sich auch jetzt nicht. Neben ihm reinigt sein Sohn das Gewehr; sein Enkel wiederholt, die Hände über beide Ohren gelegt, die Geschichte der Natur, die man ihm in der Schule beibringt. Die Schwiegertochter geht, bald dort im Licht, bald dort im Schatten, vom Herd zum Spülstein. Im Hof weht ein Wind, der den Winter ankündigt, klopft an Türen und Fensterläden und stöhnt. Neun Kilometer schlechter Weg von hier bis nach Revest. Davor gibt's keine Nachbarn, außer in den Ruinen von Villesèche, Gräber mit römischen Kriegern. Die Nacht überschwemmt Sault und das Tal, füllt die Schluchten von Nesque, beginnt über den Ventoux zu steigen. Auf Umwegen hat sie bereits das Tal der Rhône und die Route 7 ertränkt. Der Schnellzug, der in Paris um ein Uhr nachmittags abfährt, stürzt sich ganz erleuchtet in den Engpass von Donzère.

Auch hier umgibt mich jetzt die Nacht. An der Stelle der Kohlenbrennerei brütet der Wald ein kleines, goldenes Ei aus. Im Westen über der Rhône eilen große, rotgelbe Wolken dahin. Diesseits ist der Himmel so grün wie das Blatt einer Minze. Das Dunkel schwärzt ihn von Minute zu Minute. Zu dieser Zeit füllen sich in Avignon die Cafés zum Lottospielen. Über die Landstraßen des Comtat, die Bewässerungskanäle, die Spaliere von Zypressen, die Schilfrohrbarrieren entlang, rollen die Kastenwagen der Landwirte. In den Eckkneipen an den Kreuzungen tönen die Lautsprecher. Bei der Ausfahrt der Brücke von Bonpas halten vor dem Fuhrmannsgasthaus die Laster an, die die Strecke Paris–Marseille fahren, um ihre Abendmahlzeit einzunehmen. Die Durance fließt in ihrem ein Kilometer breiten Flussbett gemächlich, ganz in Rot getaucht, über abertausend Tonnen von Kieselsteinen der Rhône zu. Rings um Arles legt sich der Wind. In Baux deckt ein Gastwirt den Tisch für die betuchten Romantiker. Tief in der Camargue geht die wunderbare Sonne in einer vergoldeten Erde unter. Ein ganz einsames Meer schlägt an das Kap Couronne. Ein bisschen Licht sollte noch übrigbleiben, gerade so viel, um die Schaumkronen der Wogen aufleuchten zu lassen.

Hier ist die Nacht gleich völlig schwarz. Zwei erleuchtete Fenster im Schloss La Verdière, ein kleiner blinkender Punkt über dem Wald nach Saint-Martin-des-Palliers hin; dicht bei uns der Schein der Kohlenbrennerei: das ist alles.

Ich steige herab ins Haus. Ich zünde meine Kerze an. Es ist ein altes Haus aus dem siebzehnten Jahrhundert, das mal einer adeligen Familie gehört haben muss. Man hat es mit Sorgfalt verziert. Das Leben ist in dieser Gegend zweifellos sehr vornehm gewesen. Die großen Eichentüren, mit Holzkreuzen vernagelt (man kann die Zimmer, in die sie führen, nicht betreten: die Dielen sind morsch, man würde durchtreten), sind mit Hochreliefschnitzwerk versehen, darüber erheben sich Türpfeiler aus Stuck, die Jagdszenen und kleine Galanterien im italienischen Stil wiedergeben. Sicherlich hat hier ein Künstler aus dem Piemont den Gips bearbeitet. Barocke Wildschweine hat er modelliert, furchterregend und zugleich sehr dekorativ. Wenn er sich schon von der Region inspirieren ließ, hat ihn die Region auch inspiriert, die drei Frauen zu modellieren, die auf dem Schlussstein bei den Türen im ersten Stock prangen? Mein Gastgeber ist natürlich Junggeselle. Ein siebzigjähriger Mann, der so etwas wie Leidenschaft nie gekannt hat. Das einzige lebhafte Gefühl, was er wohl überhaupt je verspürt hat, ist Schüchternheit, die ihn überkommt, sobald fünf oder sechs Personen um ihn sind. Er liebt seine Gewohnheiten und demzufolge ist er treu, jedoch, so wie man blond oder brunette ist, ohne darüber nachzudenken. In sonstiger Hinsicht hat er von allem ein bisschen: Er ist ein bisschen geizig, ein bisschen schlau, ein bisschen unmenschlich, ein bisschen gut. Er liebt nicht. Er macht, was er zum Leben braucht, also gibt er sich einen Anschein von Gefühlshaftigkeit, das heißt von Wehrlosigkeit, ist aber einmal das, woran ihm liegt, in Gefahr, dann ist er zu unvorhersehbaren Gewalttaten fähig, was geradezu verrückt erscheint, weil diese außerhalb jeder Norm liegen, die ein gesellschaftliches Gemeinwesen zuließe. Er wiegt die Dinge mit seiner Waage, und er setzt durch, was er will. Er hat keinen Hund, weil er nicht jagt (sondern wildert), er hat nicht mal eine Herde. Er benutzt die Zimmer der ersten Etage (die einzig bewohnbaren Zimmer neben dem Untergeschoss) von einem Prachtbau mit fünf Etagen, mit Stuck verziert, mit Wappen und Restbeständen an Fresken. Für seine Gemüsevorräte hat er Vorratskammern angelegt, und in einer dieser Kammern schläft er auf einer Strohmatratze in dem Winkel zwischen einem Kamin aus weißem Marmor, dessen Gesims von Amoretten getragen wird, und einem hohen Fenster, dessen Fensterläden immer verriegelt sind. Vom ersten Stock zum Untergeschoss hat die Treppe noch immer ihr Treppengeländer mit Balustrade, breite, prunkvolle Treppenstufen und einen schönen Schwung. Das Untergeschoss ist vollständig besetzt von einem großen, für den Empfang bestimmten Saal.

Die Region ist übersät mit Schlössern: La Verdière, Esparron, Saint-Martin, Allemagne, Aiguines. Keinerlei Vergleich zu den Schlössern der Loire: dort sind es Festungen, denen man ein bisschen Geschnörkel zugefügt hat. Die einen liegen halb vergraben in den Tälern, kaum versehen mit einer kleinen Schießscharte; die anderen halb versteckt im Wald, überragen die Bäume mit einer kleinen Dachluke an der Turmspitze. Von Nahem kommen sie einem kein bisschen entgegen; sie haben den gleichen Charakter wie mein Freund. Die Gesellschaft, die diese ins Feld gesetzten Häuser im Sommer bewohnte, kam von Aix und hatte das Bedürfnis, viel Luft zu bewegen. Von daher die wechselseitigen Besuche, die Feste, mal hier, mal dort gegeben, die Karawanen von Karosserien, die im Wald zirkulierten; eine ganze Fuhre schöner Damen auf den verwilderten Wegen, die dem italienischen Gipsarbeiter wohl Modell gestanden haben mochten für seinen Stuck. Zum Klang der Violinen wurde im großen Zimmer getanzt, wo mein einsamer Siebziger seine Hausmannskost zubereitet, seine sieben Sachen hortet, seine Tauben erwürgt, seinen Hasen das Fell abzieht und wie ein Wildschwein schläft.

Ich habe ihn gefragt, wie er zu diesem Haus gekommen ist. Er hat es von seinem Großvater geerbt, der mit Monsieur Léon befreundet war. Zu dieser Zeit zählte das Dorf 350 Einwohner. Die Böden auf den Lichtungen waren alle kultiviert. Der Großvater war Bauer. Monsieur Léon war gezwungen gewesen, ihm einige Stück Land zu verkaufen. Es hatte sich so ergeben, dass es genau die waren, die dem Landsitz seinen ganzen Wert gaben. Er hatte Wäldchen verkaufen müssen. Eins nach dem anderen waren sie an den Händler gegangen. Dann hat man den Forstreis zusammengekratzt. Übriggeblieben ist eine Erde, die zu nichts taugt, voller Steine, kaum ausreichend, um Thymian und Pfefferkraut hervorzubringen. Keiner hätte etwas davon gekauft, nicht mal für drei Sous pro Hektar; hingehen und gratis nach Luft schnappen, ist hier schon alles, was diese Erde zu bieten hat. Schließlich hat der Großvater mit seinem Freund, Monsieur Léon, den Kauf des Haupthauses (welches das hier ist) gegen eine Lebensrente arrangiert. Danach haben sie sich zerstritten. Monsieur Léon hat nie überhaupt irgendetwas verstanden. Er verstand einfach nicht, hier zu leben. Hier war nicht Aix oder Marseille; was Paris betraf, wer hat das schon gesehen? Er verstand nicht zu halten, was er hatte, und als man es ihm nahm, wunderte er sich. Man kann noch so viel Geduld oder Freundschaft haben, aber schließlich kommt der Augenblick, in dem man tut, was man tun muss, und diejenigen, die nicht zufrieden sind, gehen zum *Friedensstifter*. Er wollte einen Prozess anstrengen. Man sagte ihm: »Wenn Sie genug Heller zum Leben haben, dann nur zu.« Er hatte aber kaum etwas. Es ist eine Sache, von nichts auszugehen, eine andere aber, von allem auszugehen; das sind zwei vollkommen verschiedene Welten. Er träufte Wasser in seinen Wein. Er war wahrlich gezwungen dazu. Alles in allem hat man ihm drei Jahre gezahlt. Monsieur Léon führte nicht das wahre Leben.

Das wahre Leben, heute Abend leben wir es, sitzen am Kamin, die Suppenschüssel auf den Knien. Mein Wirt ist kein einfacher Mensch. Auch die paar hundert Familien aus Tausenden von altem Schrot und Korn sind es nicht. Er ist sogar ein sehr komplizierter Mensch, mit einem Wort, ein sehr zivilisierter Mensch.

Dieses Land besitzt eine solche Vielseitigkeit, dass es jeder Einheitlichkeit spottet. Der Dialekt, den man in der Camargue spricht, hat hier nichts mehr zu bedeuten; und der von hier hat nichts gemein mit dem aus dem Lure-Gebirge; von Avignon bis Marseille ändert sich dreimal die Bedeutung für dasselbe Wort; auf der Jahrmarktswiese von Sisteron erkennt man einen Kerl aus Manosque oder aus Digne (was fünfzig Kilometer entfernt liegt) an der Art, das *r* zu rollen, während die Sisteroner die s-Laute pfeifen. Von Arles bis nach Barcelonnette über Aiguilles, Aix, Vauvenargues, Rians, Moustiers, Rougon, Castellane und Saint-André-les-Alpes wird das Wort »chaudron« auf dreißig verschiedene Weisen ausgesprochen. Ein Bursche aus der Haute-Provence wird einem Mädchen vom Rhône-Ufer nicht klarmachen können, dass sie ihm gefällt, es sei denn, er spricht französisch oder gestikuliert (was er auch wirklich tut, statt geschwollen daherzureden). Die Bäume von Carpentras wachsen nicht in Sault. Die Platane von Cavaillon, falls es nicht eher ein bastardierter Ahorn oder Feigenbaum ist, vegetiert in Barrême. Der Pappelbaum aus den hoch gelegenen Tälern geht ein in Donzère; der Weidenbaum von Céreste verschwindet an den Ufern der Bächlein vor Sisteron. Die schnelle Durchfahrt im Auto lässt am gleichen Tag mehr als fünfhundert Landschaften vorübergleiten, wobei die eine zur anderen nicht den geringsten Bezug hat. An jeder Straßenbiegung ändert sich das Schauspiel, scheint seinen Spielraum auszuwechseln. Von der Ebene von Canjuers, die wie ein Fleckchen Mondlandschaft aussieht, bis zur Landschaft um L'Isle-sur-la-Sorgue liegen 300 000 Kilometer Raum und Zeit. Die Rhône und die Durance haben nichts gemein. Die Durance ist nach Cadenet hin, wenn man talaufwärts blickt, ein aus Kanada entsprungener Fluss unter Birken und Espen; wenn man stromabwärts blickt, ist sie wie ein Brief von Madame de Sévigné aus der Provence. Die Durance bei Remollon, das ist der Styx; in Sisteron, ein Hubert Robert; in Manosque, die Seidenstrümpfe aus Parmentier; unterhalb von Pertuis, ein Gemeinderasensprenger. Auf kurzen Abschnitten kann die Höhe um 1000 Meter und mehr variieren. Carpentras liegt 102 Meter hoch. Achtundsechzig Kilometer weiter liegt Sault 766 Meter hoch; neunundzwanzig Kilometer weiter liegt Banon 760 Meter hoch; vierzig Kilometer nach Banon liegt Manosque, 300 Meter hoch. Inzwischen ist man am Ventoux vorbeigekommen, 1900 Meter, und am Lure, 1800 Meter. Marseille hat 0, Aix 175, Saint-Julien-le-Montagnier 800, Vinon (fünfzehn Kilometer von hier) 285. Keinerlei Gemeinsamkeiten zwischen dem Menschen der Ebene und dem der Bergwelt; von der Ebene zum Gebirge, sind es in den meisten Fällen allerhöchstens vierzig Kilometer. Nach dreißig Kilometern entlässt das Verdon-Tal einen aus seinem Colorado in einen kleinen Corot. Vom Argens-Tal aus wandert ein Familienvater in einer Stunde zur Hochebene von Valensole rüber; er hat sich einfach dreihundert Jahre zurückversetzt. Da gibt es nicht *den* Thymian, es gibt Thymian verschiedenster Arten; es gibt nicht *das* Pfefferkraut, es gibt zwanzig Arten von Pfefferkraut; es gibt nicht *den* Lavendel, es gibt eine große Mannigfaltigkeit von Lavendel, die farblich von violett bis verwaschen blau geht, dazu der Lavendel, über den der Nichtkenner sich täuscht. Die Dichte des Mutterbodens verändert sich von Schritt zu Schritt. Auf demselben Feld wuchert, wie die laufende Wellenbewegung einer Puddingschicht, Korn von eineinhalb Meter bis zu dreißig Zentimeter Höhe, ohne die versteckten Stellen von Gräbern römischer Krieger mitzurechnen, auf denen kein Korn wächst. Hier und da, mitten in der Wildnis, kleine Inselchen, wo sich urplötzlich ein üppiger Pfirsichgarten breitmacht; ganze Ebenen voller Mandelplantagen, so weit das Auge reicht, und plötzlich, in einer kleinen Mulde, Tomaten, Auberginen, Honigmelonen, Wassermelonen. Wenn man von Aix nach Rians über Vauvenargues läuft, dann läuft man innerhalb von dreißig Kilometern von Florenz zur Jeanne-d'Arc und durchstreift dabei Schottland. Der Süden des Lubéron, das ist Rom; im Norden, Lacoste; wenn man auf dem Kamm entlanggeht, der ganz schmal ist und wo Libanonzedern stehen, dann hat man von jeder Seite einen Fuß breit.

Wie sollte der Mensch nur auf einen Patron zugeschnitten sein, wenn doch dieses Land, auf zehntausend verschiedene Eigentümer verteilt ist? 1860 hat man mit einem Epos Traditionen schaffen wollen. Die »Stiere«, die Arles in Trab versetzen, bringen mehrere tausend Kilometer im Umkreis niemanden hoch. Marseille mit seinen Millionen Einwohnern hat keine Arena, außer einer sogenannten Örtlichkeit aus Holz, wo man Boule spielt. Wenn man dort einen Stier loslässt, dann nur, um Handel zu treiben. 98 von 100 Provenzalen haben nie einen Stierkampf gesehen, würden sich auch nicht einen Zentimeter fortbewegen, um einen zu sehen, und sind mit Herz und Sinn weiter als Grönländer von der Sache entfernt. Der Provenzale als »derber Spaßvogel« ist ebenfalls eine reine Erfindung. Im Gegenteil, er ist ein verschlossener und ernsthafter, sogar strenger Mensch, der von sich niemals weder gute noch schlechte Seiten preisgibt. Lacht er, so verzieht er kaum sein Gesicht. Nie hat jemand seinen Humor als kalt bezeichnet. Im Gegenteil, bedient er sich dessen doch ständig, aber mit solcher Finesse, dass man schon aus diesem Land sein muss, um ihn zu verstehen. Er legt es übrigens nicht darauf an, verstanden zu werden; er insistiert nicht; seine Feinsinnigkeit ist nicht für das Publikum bestimmt, sondern für ihn ganz allein. Die Beweglichkeit seines Geistes ist erstaunlich. Ein Aufschneider also? Da muss man schon unterscheiden. Wobei man sich eben täuscht, wenn man glaubt, dass die Provence ein gelobtes Land sei; es ist zu drei Vierteln ihrer Bodenfläche ein höchst armes Land. Da muss man das, was nicht ist, erfinden. Sie sind erfinderisch. Nicht, dass sie wegen euch lügen, sie lügen für sich. Sie wollen nicht euch überzeugen, sie versuchen sich selbst zu überzeugen. Ich kannte mal eine alte Jungfer, die sich Söhne erfunden hat. Sie war achtundsechzig Jahre alt, immer noch ganz rüstig, wie die Alten im Hochland eben sind; sie legte jeden Tag zwei Kilometer zurück, auf heiklen Wegen, nur um zu der Straße zu kommen, wo der »Fußgänger« langkam, das heißt der Briefträger (der übrigens mit dem Fahrrad unterwegs war). Und jeden Tag fragte sie ihn, ob er Briefe von ihren Söhnen hätte. Sie hatte beschlossen, dass es drei seien: einer verheiratet in Marseille, und zwar mit Kindern, einer ohne Kinder verheiratet, Lebensmittelhändler in Toulon, und einer, der seinen Militärdienst machte (mit achtundsechzig Jahren, einen Sohn von zwanzig Jahren, das war schon witzig!). Alle wussten, dass sie absolut gar niemanden hatte. Alle Tage antwortete ihr der Briefträger: »Nein, heute habe ich nichts.« Und die Nachbarn, die ihr auf ihrem Weg begegneten, fragten: »Na, haben Sie Neuigkeiten?« Sie erklärte dann, warum sie keine hatte. Sie erfand Masern, Kinderkrankheiten, Sorgen im Geschäft, Probleme mit den Schwiegertöchtern. Sie hat kürzlich ihren letzten Sohn nach Indochina reisen lassen. Solche Sachen währen länger als zwanzig Jahre. Die »Fußgänger« geben die Weisung einer an den anderen weiter, wenn sie ausgewechselt werden.

Prachtvolle Herden, niemand hat so schöne wie die armen Schäfer, die nie mehr als drei Mutterschafe besaßen. Das ist keine Sache, aus der man schließen sollte, dass sie sich so etwas ausdenken; das ist für sie eine Sache der Absicherung. Den Prahlhans mit Gesten und großen Worten gibt es nicht. Den Menschen, der mit Händen redet, gibt es nicht. Südländische Komik gibt es nur auf der Bühne und im Kino. Es gibt demzufolge Leute, die, was sie im Theater oder Kino gesehen haben, imitieren, wie das kleine Dienstmädchen, das einen Star nachäfft; aber die findet man nur in den großen Zentren, an der Küste, und neun von zehn sind keine herkunftsmäßigen Provenzalen, denn die Côte d'Azur, Marseille, Saint-Tropez, Cannes sind mit viel mehr Fremden als Einheimischen bevölkert. Dieses falsche Getue ist eine Zeiterscheinung von Charakteren, die dies Land nicht hervorgebracht hat. Die Zwischenhändler vom *Cours* Julien in Marseille oder diese Frauen aus der Fischhalle spielen ihre Rollen nur vor den »Fremden«, die sie unfehlbar herausfinden. Doch wenn sie geschäftlich mit ihren Landsleuten zu tun haben, würden sie sich schämen, sich zu gebärden »wie im Theater«. Die Leute von hier sind ernst, verschlossen und schüchtern. Vor allem verschlossen, um es genau zu sagen: verschwiegen, fähig zu einem Stillschweigen, das zwanzig Jahre währen kann. »Der Enthusiasmus«, von dem man in einer Hymne so viel Lärm macht, ist eine literarische Schwindelei. Ich habe gesehen, wie das *Coupo Santo* gesungen wurde (übrigens von einem Lehrer aus der Ardèche), in einer Versammlung von provenzalischen Bauern aus hundert Wohngebieten. Sie blieben stumm, frostig; man hätte sie für englische Lords halten können (in Wahrheit verstanden sie nicht mal ein Drittel der Wörter des Lieds, das in einer Sprache geschrieben war, die ihnen unbegreiflich ist). Und eins war wahrlich sichtbar wie die Nase mitten im Gesicht, dass ihnen charakterlich der »Enthusiasmus«, die Tollheit, die Trunkenheit, nicht mitgegeben war. »Was haben sie denn?«, fragte mich der Lehrer, der an geschriebene Texte glaubte. – »Nichts,« erwiderte ich ihm. »Sie sind eben von hier und verhalten sich so, wie sie sich immer verhalten haben.«

Man wird mir sagen, dass die Dinge in Arles, in Tarascon ganz anders sind. Das glaube ich. Versuche ich doch gerade deutlich zu machen, dass Arles und Tarascon nicht die ganze Provence ausmachen. Dass sie tausend Gesichter hat, tausend Seiten, tausend Eigenschaften und dass es eine falsche Beschreibung abgäbe, wenn sie als ein unteilbares Ganzes vorgeführt würde. Die Böden der Rhône haben eine Fauna, eine Flora, eine Population, die keinerlei Bezug zu dergleichen auf den Plateaus und den Bergen hat. Das leichte Leben in den Obst- und Gemüseanbaugebieten schenkt den Leuten in der Tat einen offeneren Charakter. In der Beziehung gibt es sicherlich den klassischen Provenzalen. Doch die Provence ist das Land der Kontraste. Ich rede jetzt nur über den Menschen; und zwar den Menschen von 1954. Der Bauer des Comtat, in seinem auf fetten Schwemmböden errichteten Landhaus, der mit modernen Hilfsmitteln arbeitet, hält sich mit Marktberichten auf dem Laufenden, schließt sich in Kooperativen zusammen, besitzt Lastwagen, die zu den Hallen nach Paris fahren, exportiert

Erdbeeren per Flugzeug, empfängt englische und deutsche Schneidermeister, und treibt regelmäßig seinen Handel mit ihnen. Daher diese Gewandtheit, der »Schneid«, der *weltmännische Sinn*. Je weiter er herumkommt, desto mehr wird er zum Jedermann, allerdings mit dem Unterschied, dass er Lateiner ist. Er hat einen Sinn für die Beredsamkeit; er steht ganz unter dem Einfluss des Mittelmeers: Er ist sensuell, das heißt im Allgemeinen schlemmerhaft. Er versteht nicht nur, den schönen Tag zu genießen, sondern sich schöne Tage zu verschaffen. Er wartet nicht endlos auf sie und nimmt sie nicht so, wie sie kommen; er gestaltet sie, er versteht, sich im Voraus auf sie zu freuen. Bis ihm eines Tages sein Geld wichtiger wird. Aber bis dahin hat er seine Gartenlaube, sein Schattenplätzchen, seine Freudenmahle, eben eine ganz romanische Konzeption der Lebensfreude. Er ist zu hübschen Gesten fähig, zu einem Lyrismus à la Mistral. Wenn er unüberschreitbar die Grenzen seiner Großzügigkeit bestimmt, so ist er auf alle Fälle innerhalb dieser Grenzen freizügig, und sie sind weit genug gezogen, um mehr als die Ehre zu bewahren. Am liebsten bittet er zur Tafel. Auf die ist er stolz. Zu normalen Zeiten kann er mit einer frischen Zwiebel auf sparsamste Weise umgehen, aber wenn er zu sich lädt (und er lädt rasch ein), dann sind es sogleich die hochzeitlichen Festmahle von Gamache. Zum Thema Hochzeit ist festzustellen, dass es keineswegs an Gelegenheiten, in Saus und Braus zu leben, fehlt. Doch hier wird mehr »romanischer« Feinschmeckerei denn veritabler Fresslust gefrönt. Oft ist der Gastgeber kein starker Esser, aber die beladene Tafel muss kleine Schreie der Bewunderung hervorrufen. Er wünscht eben, den Kaiser zu spielen und wie eben jener zu empfangen. Er gehört zu den Maßlosen, und hier auf diesen Versammlungen, die er leitet, beköstigt und betränkt, hier unter seiner Laube, vor seinem

Haus, angesichts seiner Felder, hier wo der Wein in Strömen fließt, lässt das *Coupo Santo* seine tiefen Echos erschallen. Übrigens, er setzt Bauch an bei dieser Kost, selbst wenn er wenig verzehrt. In solchen Augenblicken aber wird er extrem empfänglich für lyrische Poesie. Das Provenzalisch, das er spricht, ist in etwa die Sprache des Frédéric Mistral. Wörter, die er nicht begreift, überspringt er und das mit umso weniger Schicklichkeit, je mehr es ihm nicht auf den Sinn ankommt, sondern auf die Akustik. Das Getöne. Er tönt, er lärmt. Alle sollen lärmen. Das Gedicht lärmt: Das ist das Entscheidende. Außerdem hat das Gedicht ein Qualitätszeichen; er würde sich auf der Stelle eher in Stücke zerreißen, als zuzugeben, dass er nie die Gefühle durchgemacht hat, von denen die Rede ist. Er ist durchaus ein gefühlvoller Mensch. Und er ist fett, rund und reich; er beschäftigt Dienstboten, er ist gut ausgestattet, er versteht es, die Markstücke, die Pfundnoten, selbst die ägyptischen Pfundnoten, in französische Francs und französische Francs in sonniges Wohlergehen umzuwandeln. Man sieht ihn nie nachdenklich brüten, weder über »Effizienz« noch »Rentabilität« noch »Rendite«. Seine Berechnungen sind alle *»à la romaine«* so gut angestellt, dass er sein Geschäft selbst beim Siesta-Halten abwickeln kann. Allerdings liebt er die Leibbinden aus rotem Leinen, die großen Hüte aus schwarzem Filz, die unantastbar heiligen Gewohnheiten, die groben Worte, das Zurschaustellen edler Gefühle. Des Öfteren lässt er seinen Bart wachsen und stutzt ihn wie Frédéric Mistral zurecht. Er bringt die Ochsen in Trab und rennt selbst, um sie laufen zu sehen. Häufig ist er Zuschauer heldenhafter Taten. Er kauft sich beim Eintritt in die Arena das Recht einzugreifen, das Recht, den Helden anzubrüllen. Er ist sehr schön in diesem Aufzug; denn er hat ein außerordentliches Vergnügen daran. In kaum wahrnehmbaren Varianten und Nuancen ist so ein Mensch Lebensmittelhändler oder Schlachter oder Milchhändler in den Städten, Marktflecken und größeren Dörfern dieser Region, die auf den Karten grün verzeichnet ist. Er geht übrigens auch auf die Radrennbahn und zu Fußballspielen, so wie er zum Stierkampf geht, ohne deshalb selbst irgendetwas an Fahrradreifen oder Bällen, oval oder rund, in seinen alten Schränken zu haben.

Doch dieser grüne Teil der Landkarten folgt der Rhône und steigt nur bis Pertuis die Durance hinauf. Die Camargue, die Crau sind weiß, die dunkelbraunen Teile aber, die den Bergen vorbehalten sind, ziehen sich über mehr als ein Drittel der Provence hin. Die Basses-Alpes, eins der größten Departements in Frankreich, haben kaum eine Population wie die Stadt Dijon. So was setzt Einöden voraus. Sie sind für sich genommen größer als alle grünen Landteile zusammen: das Plateau von Valensole, drei Bewohner im Umkreis von einem Quadratkilometer; das Plateau von Albion, zwei; das Lure-Gebirge, ein Bewohner; die Ebene von Canjuers, ein Bewohner im Umkreis von zehn Quadratkilometern. Wie verhält sich so einer, und was hat er für einen Charakter? Das ist deswegen umso interessanter, weil dieser Mensch, um fortzubestehen, gezwungen war, im tiefen Einklang mit seiner Welt zu leben, sich fest einklinken musste in die wahre Tradition.

Von Oktober an fallen große Teile der Landschaft in Schweigen. Nicht dass sie bis dahin sehr laut gewesen wären, dennoch waren da jeden Morgen Lerchen, und zur Mittagszeit der Stoßseufzer einer Erde, die die Sonne niederdrückt. Des Abends schrie das Waldkäuzchen. Jetzt sind die Nächte sehr kalt geworden. Der Raureif bereift die Weiten und ruft Fata Morganen von Salzseen hervor. Manche dieser Einsamkeiten sind bewaldet, andere sind kahl.

In der Wildnis gibt es eine Zivilisation. Der Wildnis kann man nicht einfach Grenzen zuweisen, nicht entscheiden, dass sie da aufhören soll und wir ab hier leben wollen wie die Fürsten. Lange vorher, ehe man die Regionen der Stille erreicht, richtet sich das Leben den benachteiligten Räumen entsprechend ein.

Die Dörfer tun sich zusammen. Die Häuser drängen sich aneinander. Die Dächer sind ineinander verschachtelt, eins über das andere, wie Schuppen vom Panzer einer Schildkröte. Außer ganz alter Gehöfte, außer weniger vereinzelter Bauernhäuser, älter als das Dorf, dessen Gründung sie herbeigeführt haben. Sie alle sind umgeben von einem Wall und gehen durch die Hinterpforte auf die Felder hinaus. Hier gibt's keine Ausschmückungen, keine Sonnenterrassen, keine Balkone; nichts, um sich zu zeigen oder Staat mit sich zu machen; im Gegenteil, alles, um sich zu verstecken. Die Mauern haben mehr als einen Meter Stärke; die Dächer sind niedrig und ihr Rückgrat ist aus gewaltigen Eichenbalken gemacht, dreitausend Kilo schwer, aufgerichtet vor fünfhundert Jahren.

Die Häuser sind riesig, düster, kühl; im Winter eiskalt. In der Ebene, den großen Tälern, da, wo die beiden Flüsse zusammenfließen, hat man moderne Häuser mit maximal vier bis fünf Zimmern (eher vier), ohne Schlupfwinkel, ohne Geheimnis, voller Sonne, so brennend heiß, dass der Bewohner recht oft für seine Siesta unter den Maulbeerbaum zieht. Man lebt mehr draußen als drinnen. Auf den Anhöhen aber herrscht nichts von Moderne. Da wohnt man in alten Häusern. Bisweilen flickt man sie zusammen, genauer gesagt, man passt sie seinen Bedürfnissen an, doch das geschieht nicht oft. Gar nicht so selten kommt es vor, dass ein Junggeselle oder eine alleinstehende Frau, Witwe oder Jungfer, ein Haus mit vierzehn Zimmern bewohnt; dabei ist jedes dieser Zimmer, noch dazu für sie ganz alleine, genau so groß wie das moderne Haus mit vier Zimmern. Es sind ehemalige Landhäuser der Herrschaften aus Aix oder Marseille, Herrensitze, Gasthöfe für ein nicht mehr funktionierendes Fuhrwesen, Notariate oder ganz einfach im Florentiner Stil ein Wohnsitz für den Bauern, der bei sich zu Hause brav für Familie und Klientel zu sorgen hatte. Alles weist auf eine Bevölkerungsabnahme hin, auf Landflucht, auf viele Weggestorbene. Man lebt in der Melancholie des Theaters antiker Tragödien, in der Melancholie einer verschwundenen Pracht ... Man ist lange, einsame Flure gewohnt, weite Zimmerfluchten, Räume, deren Wände sich im Schatten verlieren, Häuser, die man nie ganz ausgekundschaftet hat, Blaubartkabinetts, Treppen, die hinabführen, keiner weiß, wohin, Türen, die – wenn man sie überhaupt öffnet! – auf wer weiß was hinausgehen; Geheimgänge, Wandschränke, die ineinander übergehen, Labyrinthe, in denen man sich verliert, Keller, die zum Teufel führen. Die Kinder wachsen in diesem Klima auf, gewinnen hier die Geschicklichkeit, die sie später an den Tag legen werden, um das Leben zu meistern; Generationen folgen aufeinander, werden geboren, leben, altern und sterben in diesem Geist, schwemmen neue Nährböden für Legenden heran, wirbeln frischen Staub auf, verschließen nach außen hin immer mehr Türen und Fenster, mehr und mehr vor der Sonne flüchtend.

Der Hass auf die Sonne ist hier weit verbreitet. Geht man raus, dann nur vermummt wie ein Araber. Die Frauen hüllen den Kopf sogar bis runter zu den Nieren mit langen, schwarzen Schleiern ein. Die Männer behalten unter dem Hut die Mütze auf, lassen sich das Gesicht von Bart, Schnauzbart und Augenbrauen überwuchern. Nie ein nackter Oberkörper bei der Arbeit, nicht mal bei der Ernte. Die Jacke zieht man gerade noch aus, doch die Weste bleibt an.

Sobald aber die Winde wiederaufkommen und die kalte Witterung und dies fahle Licht, so bedeckt man sich schnell wieder, hüllt sich ein, verbirgt sich selbst bei freiem Himmel, tritt hier, in diesen Landstrichen, wo sich die Spiegelbilder und Reflexe bis ins Unendliche multiplizieren, nur noch versteckt hinter seinem eigenhändig geschaffenen Schatten nach draußen. Daher kommt dieser Beobachtungssinn, beständig wachsam geschärft, um Mann oder Frau, die da auf dem Weg langmarschieren, rasch wiederzuerkennen. Ein ständig wachsames Misstrauen, eine Lautlosigkeit, die kein noch so alltägliches Hilfsmittel unterbrechen kann, eine Neugierde, der Listen ohnegleichen zu Diensten stehen.

Dieses Leben ist voller Glück. Die Marktflecken, die kleinen Städte sind stets an königlichen Orten angelegt. Da ist die Flanke einer Anhöhe, die im Windschatten des Nordwestwinds liegt, da ist eine Talmulde, voll mit Pappelbäumen wie ein kleiner Golf, und wo das Hinterland genügend ansteigt, um wie ein Schutzschild gegen den Mistral abzuschirmen, da ist es manchmal nur ein kleiner Hügel, der den Blick freigibt. Denn diese versteckten Gestalten schauen gerne. Die geschlossenen Vorhänge sind mit Löchern durchsetzt. Wenn man von einer Herde, die scheinbar verlassen ist, den Schäfer finden will, muss man nur den Gipfelpunkt betrachten, oder den Felsen, der da herausragt, oder die höchste Terrasse; genau dort sitzt er wie der Vogel auf der Stange, um die große Weite vor sich zu haben.

Am Ortseingang dieser Marktflecken und kleinen Städte findet man häufig Reste aus dem Mittelalter: Befestigungstore, Wachtürme, Schutzwehre, bisweilen noch intakt. Diese Auszackungen, das Goldgelb der Wände, durchwachsen von einer winzig kriechenden Flechte, lebende Bronzefarbe, die hochfahrende Haltung der Häuser, die sich, eins über das andere, wichtigtun, das wellige Fries der Genueser:

alles konkurriert miteinander, um diesen Ausdruck spanischer Königswürde zu erzeugen, zu stolz, zu edel seit zu langer Zeit schon, um auch nur im geringsten Notiz von den Wundmalen ihrer Misere zu nehmen.

Die Straßen sind schmal, kurvenreich, um dem Wind auszuweichen. Das Geschäftsleben, ganz den alten Zeiten noch verhaftet, als es nicht ratsam war, zu dicht an den Mauern der Schutzwehr zu wohnen, flutet zurück zum Herzen der Ortschaft. Generell ist dies ein Netz von kalten, düsteren Straßen, in denen die Geschäfte den ganzen Tag über mit Lampen beleuchtet werden müssen. Auf einem kleinen, zentral gelegenen Platz, hinter zwei oder drei Platanen mit einem Springbrunnen, schläft tief im Boden die Kirche, zu der man niedersteigen muss. Rings um sie herum, stehen lauter alte Herrenhäuser, die Amtsstube des Notars, die Zweigstelle der Bank; manchmal Schaufenster, in denen Radiogeräte ausgestellt sind. Das Rathaus steht auf einem anderen Platz; auch hier ein Springbrunnen, fast immer modern, das heißt gusseisern mit Handgriff und Wasserhahn. Dort ist auch das Café du Commerce oder das Café de la République, der Frivolitätenladen, der in seinen Vitrinen Sexhöschen und Büstenhalter zeigt, das Tabakgeschäft, der Steuereinnehmer. Das Gasthaus liegt, wenn es alt ist, immer in der nördlichen Vorstadt, außerhalb der Wallanlage, dennoch stark genug, um einer Belagerung standzuhalten, umringt von riesigen Pferdeställen, in denen leicht fünfzig der größten Automobile Walzer tanzen könnten. Hierhin gehen die Bauern am Markttag. Ist das Gasthaus neueren Datums (dann heißt es Hostellerie und wird von einem, der nicht von hier ist, geführt), so hat man es ins südliche Randgebiet der Stadt gesetzt, voll in die Sonne, so dicht wie möglich vor »den Ausblick«. Es ist ein x-beliebiges Haus, das von oben bis unten weinrot übertüncht ist und dem sich kein einziger Einheimischer nähert. Seine Garage ist ein Wandschrank, in den man nur rückwärts reinkommt, nachdem man sich erst einmal angeseilt hat.

Abgesehen von den Messe- oder Markttagen sind die Straßen immer leer. Die Hausfrauen erledigen ihre Einkäufe frühzeitig und kehren dann zurück nach Hause. Anschließend gibt's keinerlei Grund mehr, auf die Straße zu gehen. Niemand ist gerne draußen. Es gibt Leute, von denen man weiß, dass sie seit zwanzig Jahren, manchmal noch länger, ihren Fuß nicht mehr vor die Tür gesetzt haben, und das ist keineswegs selten. Ich kenne sie aus Manosque, Sisteron, Riez, Forcalquier, und beim Schreiben der Namen dieser kleinen Städte wird mir klar, dass ich solche Leute überall kenne. Dies Land voll wunderschöner Aspekte fordert ständig zu einer Art freiwilligen Abgeschiedenheit auf. Das Gefühl, das in dieser Abgeschiedenheit wächst, bemächtigt sich der Seele aus einem tiefen Leid heraus, oder bloß als Folge einer heftigen Anwandlung von Stolz. Dann wieder führt ganz im Gegenteil der komplette Erfolg dazu, dass der- oder diejenige, die denken, dass sie ihr Lebensziel erreicht haben, sich endgültig verschließen. Einer zum Beispiel, der vielleicht hunderttausend in der Nationallotterie gewinnt, der würde sich regelrecht einschließen und überhaupt nicht mehr rausgehen. Nun ist so etwas meines Wissens noch nicht vorgekommen, aber andere Dinge sind schon geschehen. Zum Beispiel hat eine meiner Freundinnen ihren Sohn sehr vorteilhaft vermählt; ihre Schwiegertochter erwies sich als eine außerordentlich tüchtige Geschäftsfrau (sie verkaufte Korn). Das Geld floss in Strömen ins Haus; seit zwanzig Jahren, das heißt also, schon ein gutes Weilchen vor dem Krieg von 1939, hat diese Freundin dann buchstäblich nicht mehr den Fuß vor die Tür gesetzt, sie ist einfach nie mehr rausgegangen. Nun ist diese Frau aber durchaus eine sehr aktive Frau, die sich an dem Geschäft ihres Sohns und ihrer Schwiegertochter beteiligte, das außerordentlich gut ging und gut geführt wurde. Aber rausgegangen ist sie nicht mehr, auch nicht für eine Sekunde; nicht mal bei der Befreiung hat sie einen Schritt vor die Tür gemacht, um die amerikanischen Truppen vorbeimarschieren zu sehen, die durch die Stadt zogen, in der sie wohnte.

Solch ein zurückgezogenes Leben wird durch die großen, düsteren Häuser begünstigt, in denen man sich in einem Mysterium hin und her bewegen kann, das sich ständig erneuert, wenn es knackt im schweren Gebälk, wenn die rissigen Mauern sich absenken und die langen Sonnenstrahlen wandern, die durch die Türfugen und Bohrlöcher der Fensterläden fallen. Allein das Gefühl, das sich dabei regt, ist ein psychologisches Phänomen, mit dem man rechnen muss.

Menschenleere Straßen, und jeder in seinen vier Wänden. Hinten in den Gewölben der Handwerker kann man sie unter ihren Lampen arbeiten sehen, den Schuster, den Sattler, den Schneider, den Uhrmacher. Draußen aber ist wunderschönes Wetter, selbst im Winter, wenn der Tragödienhimmel kraft seiner ganzen Bläue mit seinem vom Sturmwind zu Boden gedrückten Licht die Farben der Welt und ihre Anordnung durcheinanderwirft.

Bis auf wenige Einzelheiten mag dieses Charakterbild für ein Porträt aller kleinen Städte der Haute-Provence stehen. Die Abweichungen von einer Stadt zur anderen sind geringfügig, beziehen sich eher auf Sachen wie Lage, Richtung, Höhe, doch niemals auf die Gesinnung der Menschen. Selbst in den Städten, wo die begriffsstutzigen Gemeindeverwaltungen viel Zeit, Geld und viel schlechten Geschmack darauf verwendet haben, die Ursprünglichkeit zu zerstören, entwickeln sich die Dinge in Wirklichkeit so, wie ich gerade sagte, und der Anblick ist genau der, den ich beschrieb. Man kann sie noch so viel mit modernen Konstruktionen überhäufen, mit Neonlicht beleuchten (wie es sich durchzusetzen beginnt: das ist die neue Masche), das Herz ändert man nicht. Der Eindruck der Modernität ist falsch und künstlich aufgesetzt. Drei Schritte in die Felder rings um die Stadt werden die eilfertigen Beobachter überzeugen: Schon ein kurzer Aufenthalt lässt die Berührung mit dem Mysteriösen zu, ein langer Aufenthalt erregt ganz plötzlich eine verdutzte Aufmerksamkeit.

Einem wie mir, der aus diesem Land stammt und der es noch nie für lange Zeit verlassen hat, erscheint dieses Bedürfnis nach freiwilliger Abgeschiedenheit (in einem so herrlichen Licht) vollkommen logisch und normal. Ich erlebe das und bin gezwungen, dagegen anzukämpfen; wäre ich nicht so misstrauisch, ich ließe mich davon fortreißen. Wenn ich es ganz für mich alleine befrage, dann komme ich zu dem Schluss, dass das Bedürfnis nach der Abgeschiedenheit die Frucht einer langen, uralten Mühsal ist, und dass es das beseelt, was man das Wesen schlichter Freuden nennen könnte. Oder ist es vielleicht doch nur physiologische Dumpfheit, und da hätte dies schreckliche Himmelsblau schon ein Wörtchen mitzureden.

Je weiter man sich in immer höher gelegene Hügel zurückzieht, desto mehr nimmt die charakteristische Strenge der Sitten zu, trotz der Wege für die Lastwagen und Busse hier herauf. Die farbenreichste Jahreszeit ist der Herbst, wenn sich die Blätter der Eichen gelb färben. Doch dann werden sie ganz rasch rostfarben und bleiben auch so. Das ganze Land ist rostig. Rostig in Aussehen, Gebaren und Wesen. Man muss lange durch die kleinen Täler kurven, bis man ein Dorf findet. Es scheint ganz allein von Hahn und Hennen bewohnt zu sein. Dazu ein paar Hunde, immer Jagdhunde, und Hündinnen, die zum Empfang um einen herumschwänzeln. Man hört ein Muli im Stall mit dem Fuß aufstampfen. Ist man völlig fremd an dem Ort, wird man keine Menschenseele erblicken, während jedermann (das heißt vier oder fünf Frauen und Kinder dazu) einen durch den Schlitz ihrer Vorhänge beäugen. Das einzige Geräusch, außer dem Muli, das da mit dem Fuß aufstampft, ist dies metallene Knistern des dürren Laubs, das in dem Geäst des Jungwalds hängt.

Den ganzen Herbst und Winter hindurch macht der Wald rings um das Dorf herum dieses Geräusch von Brandung, von Wasser, das an einem Strand über die Kiesel schwemmt. Auf den Dächern tobt der Wind. So weit der Blick reicht, entrollt sich vor den Augen der eintönige, wüste Raum: das Himmelsblau, makellos, ohne eine einzige Wolke, die Erde, mit rostfarbenem Blattwerk bedeckt. Das Nachbardorf ist fünfzehn oder zwanzig Kilometer entfernt.

Es ist nicht diese Entfernung, die erschreckt; es sind die unnötigen Schritte. Wozu dorthin gehen, wo nichts anders ist als hier? Mit solchen Sachen hat man schon lange abgeschlossen. Man hat alles probiert. Man hat sein Auto wie alle Welt. Man braucht nur den Anlasser zu betätigen, und schon ist man in der Kreisstadt. Genauso mühelos könnte man sogar noch viel weiter reisen. Wenn alles darauf hinausliefe, wäre das reichlich simpel. Als ob es nur genügte, sich einfach zu entfernen! Allein, man müsste sich vor allen Dingen von dem entfernen, was einen ausmacht. Gewöhnt ist man ans Grandiose. Nun, in dieser bis zur Endlosigkeit entrollten Landschaft sind das die Hügel und fuchsroten Berge, in diesem wolkenlosen Himmelsblau ist das dieser dauernde Wind, diese ständige Brandung des dürren Laubs.

Sie sind Liebhaber von Katastrophen jeder Art. Die Luft, die an Reinheit nicht zu überbieten ist, schafft dem Körper eine feurige Nahrung herbei, die in die Maßlosigkeit treibt.

Wenn man überhaupt je von sich selbst loskommen kann, sollte man es auf jeden Fall versuchen, mit all seinem Wagemut.

Der Schriftsteller, der diese Provence am besten beschrieben hat, ist Shakespeare. Welcher Art der Vorfall auch sein mag, der dem Leben einen Sinn verleihen soll, er ist willkommen. Je gewaltsamer er ist, desto erquicklicher ist er. Man erwartet ihn. Zaudert er zu lange, so wünscht man ihn herbei und schließlich provoziert man ihn. Der Tod ist selbstverständlich von auserlesenen Zeremonien umgeben. Es gibt solche, die Messer in Wunden drehen, Virtuosen, die ihren Nutzen aus allen Krankheiten ziehen. Der Donner ist nie zu stark, der Blitz schlägt nie zu nah ein, Angst hat man nie zu viel. Das gleiche Gefühl, das ein bisschen tiefer in die freiwillige Abgeschiedenheit treibt, erregt eine riesige Lust auf Freiheit.

Jede Nacht tost der Wind wie das Meer. Jeden Morgen springt die Sonne mit einem Satz in einen Himmel, so frisch gefegt wie eine Arena. Herausforderungen, denen man nichts entgegnen kann. Dennoch, man wird sich ein ganzes Leben lang mit seinem Los vergnügen können.

Wir sind weit davon entfernt, einen glücklichen Tityrus zu sehen. Ein magerer, aufrechter Mann hütet da unter dem Blätterdach der Buchen eine kleine, fröstelnde Herde. Seine Vorstellung vom Glück ist ganz unvirgilisch. Hoch herab von seinen Gebieten kann er bei klarem Wetter am südlichen Horizont den Glanz der kleinen Mittelmeerbusen in den Buchtungen der Berge schimmern sehen. Er aber muss sich mit der Rauheit der Gipfel abfinden. Das sind keine Felsen, die man, fröhlich auf seinem Brustkasten herumtrommelnd, wie ein Gorilla erklimmt. Das ist ganz einfach eine hoch aufgetürmte Woge, so ähnlich wie die, der Christoph Columbus trotzte. Tief unten in den Talmulden, da kann man, selbst wenn man auf den Turm bis zum Mastkorb hochsteigt, keinen Inder sichten, man sieht nur, wie dicht man von der großen Weite umringt ist. Wenn man auf den Kämmen dahinsegelt, mitten unter Schafen, oder wenn man, halb gebückt, mit der Sichel trachtet, dem tiefen Violett eines Lavendelfelds auf den Grund zu kommen, dann begreift man plötzlich, dass man nur aus sich selbst heraus, ganz allein, Lebenskraft schöpfen kann. Hier, auf dieser hohen See, ist das Lateinersegel zu nichts mehr nütze.

Leidenschaften muss man haben, denn die Menschen neigen zum Geiz, und Leidenschaften haben etwas Verschwenderisches; ohne sie ließe sich Brot leicht in Gold verwandeln. Rechts und links, so weit das Auge reicht, nichts als Roteichen, kaum größer als ein Mensch: was dem Stelldichein eine tragischere Note verleiht. Auf den Höhen, lauter gewaltige Buchen, keineswegs vereint, sondern einzeln dastehend; unter ihrer weißen Pferdehautrinde kann man die Muskeln zählen; singend stehen sie da, wie auf den Osterinseln die Statuen singen müssen, oder wie die, die die Grenzen des »Nirgendwo« eines Samuel Butler bewachen. Man wäre versucht, bei so viel Holz in diesem Freihandel von unerschöpflichen Reichtümern alles anzuzünden. Unter schwarzen Schleiern, in Röcken, die am Boden schleifen, gehen die Frauen auf kreuz- und quer laufenden Wegen ihren Aufgaben nach. Die Greise drehen sich im Kreise, schleppen schwerwiegende Hinterlassenschaften mit sich rum. Keinerlei störende Aufgeblasenheit: vier Quadratmeter Ödland wiegen alle Träume Cäsars auf; daher auch keine Missstimmung. Alles regelt sich friedlich, und alles, das ist viel. Man empört sich weder über eine versteckte Ansicht noch über eine verratene Absicht. Die Lust am Spekulieren erschöpft sich nie; man geht nicht verstandesmäßig vor, sondern nur geduldig, und zwar auf weite Sicht, sodass man sich, je mehr die Zeit verrinnt, umso mehr bis zur regungslosen Raserei an diesem Geduldspiel begeistert. Kein einziger Weg dieser Kantone ist kommunal, sie sind alle jahrhundertelang, Schritt für Schritt, entstanden und erhalten und erhärten sich Schritt für Schritt mit ihrer Benutzung. Sie führen genau dahin, wo man hinmuss. Man zerbricht sich nicht den Kopf, man läuft drauflos. Wenn man am Ziel ist, ist die Linie gezogen, das heißt der Weg ist da. Weil alles Gewohnheit ist, gibt es keine Kurzweil, läuft doch der Augenblick nicht davon; und er ist nie außergewöhnlich; er lässt sich immer gegen einen anderen austauschen, und der Tod selbst nimmt auch nichts weg. Die einsamen Landstriche entrollen sich endlos bis zum Horizont, berühren den leeren Himmelsraum; möglich, dass diese ewige Brandung der dürren Blätter von den Gestaden des Azurs herüberkommt.

Vor dem Fallen springen die Bucheckern auf. Die Schneide der Fruchthülse ist so durchscheinend wie Feuersteinsplitter, und der Baum trägt Tausende davon. In diesen kleinen Prismen des waldigen Gewölbes, das düsterer als ein Regenhimmel ist, irisiert das Licht. So stehen die Buchen da wie schwarze Flammen, umgeben von einem Lichthof. Sie hausen hoch oben in der Provence, weit über den ausgestorbenen Dörfern. Kleine Marktflecken, wo nur noch die Brennesseln wohnen, Gehöfte, von Füchsen bewirtschaftet, zusammengestürzte Monacos, Kirchen, verschlungen vom Efeu, Kirchturmstümpfe, Bürgermeistereien, eingenommen von Brombeersträuchern, Wachtürme mit Schießscharten, aus denen die Spitze des Wacholders herausragt, wie die Kapuze eines schwarzen Büßers, der dieses jungfräuliche Land rundum bewacht.

(1954)

10.
»Nie ist das Kennenlernen zu Ende...«

Nie ist das Kennenlernen zu Ende: Diesen Terebinthenbaum hier hatte ich ganz vergessen, und der Oktober macht ihn zum Kardinal; das Geläut dieser Herde, ich habe es bis jetzt nicht als Abendgeläut gehört, und ganz plötzlich reißt es mir den Horizont auf; und auch die Seele läutert sich.

Und dennoch, nichts hat meiner Liebe zu diesem Land den Weg bereitet! Ich bin mehr oder weniger zufällig hier geboren. Meine Mutter war Pariserin, geboren in der Picardie; mein Vater stammte aus dem Piemont. In dem Alter, wo man Dichter braucht, um die Welt zu verstehen, bot man mir *ex cathedra* einen Sänger aus dem Landwirtschaftsverein an, ein Spitzbart mit großem Hut, ein Diener vor Thron und Altar, voller Emphase, Falschheit und Wichtigtuerei. Nun ja, ich war schüchtern. Wo immer der Barde auf seine Trommeln einhieb und Grillen frikassierte, drängte es mich nur, das Seufzen der Einsamkeit zu hören.

Wenn die wahren Traditionen meines Landes aus diesen Maskeraden bestanden hätten, die man in Arles abzuhalten pflegte, aus diesem prahlerischen Getöse, das man in alle Winde hinausposaunte, dann hätte ich mich bei den Samoyeden einbürgern lassen. Wenn meine Sprache dieses Kauderwelsch gewesen wäre, das die alten Notare in Ohnmacht fallen ließ und den Geist begabter Gemüter zermürbte, dann hätte ich Chinesisch gelernt, um mich auszudrücken.

Doch neben diesem ganzen Kulturbetrieb schlechthin war in den hohen Regionen die reine Schönheit zu Hause. An solchen Orten, wo dem Boden kein bisschen Mischkorn mehr entrissen werden konnte, wo keine Gemeindeverwaltung hintergangen werden konnte, keine Plakette mehr anzubringen war, wo sich keine Statue mehr zur Einweihung anbot, wo es kein Bankett mehr zu leiten galt, keine einzige Frau mehr zu verführen war, dahin setzte ganz offiziell auch kein Dichter seinen Fuß. Dort würde das leidenschaftliche Wesen der Menschen die klebrige Psychologie seiner Gedichte, seiner Epen gar, nur lächerlich machen. Ihre hohe Schule würde die Kavalleristen des Karnevals aus der Fassung bringen.

Dort befand ich mich auf solidem Boden. Ich wagte mich mit kleinen Schritten mutig voran. Sogleich traf ich statt Lärm die Stille an; statt Geschwätzigkeit, das Schweigen; statt Gebärden, die Regungslosigkeit; statt Lachen, das Lächeln. Ein Lächeln, das interpretiert sein wollte und dessen man nie sicher sein konnte, ob man die Gründe dafür denn auch richtig erkannte. Unbegreifbarkeiten! Rätsel, die selbst das Licht nicht durchdringen kann.

So ein Mensch ist feinsinnig. Er weiß, dass man möchte, dass alles gesagt ist. Bei Sonne versteckt er sich. Man bekommt das, was man wünscht, wenn man nichts wünscht. Das Wesentliche? Das braucht Jahrhunderte. In der Einöde des Plateaus konnte man seinen Schattenriss noch für einen Baum halten. Kaum dass man sich entfernt, wird er wieder zum Baum. Man weiß genau das von ihm, was man von einem Baum an seinem Wegesrand wüsste.

Die Dörfer kleben an den Felsen wie Wespennester; kaum kommt man näher, hört das Gebrumme auf. Da kräht ein Hahn, ein Wind streicht vorbei. Sonst nichts. Vielleicht erscheint noch eine schwarz gekleidete Frau.

Von diesem Dorf zum nächsten muss man nicht in Kilometern, sondern in Wegstunden zählen. Die Wege sind Fährten. Fährten wovon? Man hört von verstohlenem Kommen und Gehen. Der Sommer ist so glühend heiß, dass man überall hin eine klare Sicht hat, außer auf den Reiserouten, wo dieses Hin und Her vonstattengeht. Nichts ist hier sicher; vor allem nicht, wenn man meint, in der Epoche des Fortschritts zu sein. Man denkt griechisch.

So ist die Beschaffenheit der Maßlosigkeit, die wir mit Pfeifen und Trommeln, mit dem geheiligten Pokal, mit Heiligenstern und all dem heiligen Schwindel versucht haben, zum Ausdruck zu bringen. Das ist die Maßlosigkeit des Prometheus und sicherlich mehr noch die des Ödipus, eine Maßlosigkeit, die kein Gott zulassen kann, ohne unterzugehen. Umso eher ein Autoschlosser, ein Hotelbesitzer, ein Fremdenverkehrsverein, eine um den lokalen Handel besorgte Gemeindeverwaltung, ein Touristenexperte.

Gott sei Dank sind die Wege frei. Die Massen sind weiter unten. Zu Zeiten, in denen man die Züge verdoppelt, läuft hier der Gang der Welt für jedermann immer noch ganz einfach.

*

Die Texte, die zum ersten Mal unter dem allgemeinen Titel *Provence* zusammengestellt worden sind, wurden in gewissen Augenblicken meiner Bekanntschaft mit diesem unbekannten Land und je nach Maßgabe meines Eindringens geschrieben.

Ich war ein professioneller Beobachter. Eine Bank hatte mich mit dem Verkauf von Wertbriefen beauftragt. Ich trug also Wertbriefe hundert Kilometer im Umkreis von Haus zu Haus. Ein Kollege fuhr mich in einem alten B-14-Wagen. Das war gut, um voranzukommen; es war sehr schlecht, um persönliche Kontakte zu knüpfen. Aber ohne persönlichen Kontakt kann man keinen Wertbrief unterbringen. Ich entwickelte eine Methode. Ich merkte sehr schnell, dass sie ausgezeichnete Ergebnisse brachte, aber auch, dass ich sie nur alleine anwenden konnte. Die Resultate zählten. Man ließ mich königlich in Ruhe.

Die Methode bestand darin, mich so oft wie möglich in die Eichenwälder kutschieren zu lassen, in die hoch gelegenen Einöden, die Einsamkeiten. Ich verabredete mich mit meinem Kollegen zu der und der Abendzeit an der und der Kreuzung, und so überließ man mich dann meinem traurigen Schicksal.

Von diesem Augenblick an war mein Schicksal nicht mehr traurig. Zuerst war es nur eine Amsel oder das Bellen von einem Fuchs, eine Blume, oder der Wind, der Geruch mit all den Geräuschen, dann die Begegnungen.

Das alte Fräulein Marie M…, zum Beispiel. Sie hauste in einem unglaublichen Adlerhorst von Schlossruine, die vierhundert Meilen im Quadrat die Einsamkeit beherrschten. Sie war mager, widerspenstig und reich. Millionen (die von 1920) reich. Es gab da einen Verdacht: das heißt, der Fahrer vom Bus nach Brignoles ahnte etwas, und ein gewisser anderer auch. Sie war einmal auf der Straße überfallen worden von Strolchen, die extra aus Marseille kamen; ein anderes Mal hatte sie in ihrer alten Schlossruine einer Art Belagerung standgehalten: Sie hatte sich daraus befreit, indem sie Gewehrschüsse auf einen sogenannten »Handelsvertreter« in Begleitung von ein paar Freunden abgegeben hatte, als der seine Beute nicht loslassen wollte. Er ließ sie Hals über Kopf fallen. Das Gewehr, mit dem Fräulein Marie geschossen hatte, war ihre eigene Koh-i-Noor. Nicht, dass man sich darunter etwa eine gewöhnliche Knallbüchse vorstellt. Es war eine Burton Express, verstärkt mit einem

Verlader, geeignet, um eine kleine, zweiunddreißig Gramm schwere Kugel einen Kilometer weit zu expedieren. Nur zum Schlafen trennte sie sich von ihrem Gewehr. Da sie angezogen schlief, musste sie beim Sprung aus dem Bett nur ihr Gewehr ergreifen, um gut gerüstet zu sein. Selbst ihren Kaffee machte sie mit umgehängtem Gewehr.

Am anderen Ende des Dorfes (wenn man dieses Gewirr von Ruinen, Schneeballbüschen, Brombeeren und Brennesseln noch Dorf nennen konnte) machte auch Babtistin R…, der Bewohner Nummer 2, seinen Kaffee mit umgehängtem Gewehr. Ich weiß wohl, dass dieses Gewehr aus Kontrastgründen eigentlich ein simples Jagdgewehr sein müsste. Aber nein: es war eine automatische Hebelarm-Winchester, die mit Einzel- und Schnellfeuer schoss, mit pneumatischer Kühlung und mit Teleskop. Allein der Erwerb dieser beiden Waffen könnte uns zu einer anderen Geschichte führen.

Fräulein Marie und Babtistin taten mehr, als sich nur hassen: Sie hassten sich tödlich. Sie hatten es aufgegeben, auf ihren Hass zu schwören, wie man auf Gott schwört. Die Gewehre waren ihre Skalpiermesser. Diese beiden Nachfahren ansehnlicher Familien, die einzigen »denkenden Schilfrohre« in einer wüsten Region von zwanzigtausend Hektar, zogen in der totalen Einsamkeit ihren Nutzen aus immensen Trüffelgebieten. Die Millionen, die man bei ihnen vermutete, habe ich nicht bloß gesehen, sondern auch in Händen gehalten und gezählt. Deshalb sagte ich eben, dass ich ein professioneller Beobachter bin. Bei meinem ersten Besuch hat mich Fräulein Marie mit ihrer Burton in Schach gehalten, wie sie jedermann gewohnheitsmäßig in Schach hielt. Von da bis zu dem Moment, befugt zu sein, ihre Moneten befingern zu dürfen, liegt eine Welt von kleinen Schritten und Winkelzügen. Die Strafmaßnahme auf psychologische Täuschung oder auf einen Stilfehler war sehr wohl etwas anderes als ein Artikel des Herrn Thibaudet (und ich betone Thibaudet).

Ich habe auch die Millionen von Babtistin R... in Händen gehalten. Er war genauso reich wie Fräulein Marie. Verstehen wir richtig: befingert, wie M. Littré sagt: mit der Hand berührt, mit der Absicht, sie zu beurteilen, und damit basta. Denn ich, eine Null zwischen diesen Großen, brachte nur Wertpapiere mit »Staatsgarantie« unter. Diese Garantie war gewisslich nicht geeignet, jemanden zu verführen, der wie ein König in seinen Domänen rumspazierte, mit einer umwerfend donnernden Winchester oder einer verstärkten Burton Express. Fräulein Marie und Herr Babtistin R... kauften mir die Royal-Dutch-Papiere ab.

Von ihren Fenstern aus sah ich jedoch, verstreut in der Einsamkeit, die Türme der kleinen, romantischen Schlösschen herausragen, die Wege, die ich noch zu durchlaufen hatte, hervorstürzen, die Fährten voll privater, köstlicher Nachforschungen sich öffnen.

(1957)

III

BILDAUSSCHNITTE UND REISEROUTEN

11.
Über eine Schulgeografie der Basses-Alpes

Als M. Isnardy mich besuchen kam und mir ein paar Absätze aus der Geografie der Basses-Alpes vorlas, die ihr wohl in den Klassen benutzt, erkannte ich sofort unser Departement. Es war, als säße ich in einem überaus mächtigen, zauberhaften Flugzeug: in einer Maschine, viel zauberhafter als all diejenigen, die man am Himmel vorüberziehen sieht, denn sie war wie die anderen zwar ganz hoch im Himmelsblau, aber sie verharrte regungslos in der Luft, und beherrschte das ganze Bodenprofil und die gesamte Geschichte dieses Profils, all das ländliche, handwerkliche, industrielle und künstlerische Leben, das hier zu Hause war, und ich brauchte mich nur über die Kante des Sitzraums im Flugzeug zu beugen, um wie von einem Balkon die majestätische Ansicht vor Augen zu haben. Ich betone: majestätische Ansicht. Sicher, wenn ihr auf euren Wegen und Straßen seid, die zu eurer Schule führen, so hat das, was ihr von eurem Land sehen könnt, oft überhaupt nichts Majestätisches an sich, so wie ihr Kinder (und auch ich) das Wort verstehen. Majestätisch, ihr denkt an Könige aus der Geschichte, mit riesigen Mänteln voll Pelz und Gold, oder ihr denkt eher an die Könige aus den Legenden mit noch viel mehr Pelz und Gold. Und ihr seid kleine Jungs und Mädchen, ein Meter zwanzig oder dreißig oder vielleicht sogar ein Meter fünfzig groß, und von dieser Höhe aus können eure Augen nichts nennenswert Großes von der Welt sehen. Das, was ich da sage, gilt eben auch für die kleinen Bergbewohner, die, werdet ihr mir sagen, nicht viel größer sind als ihr, aber der Weg, der zu ihrer Schule führt, liegt manchmal tausend oder fünfhundert Meter hoch, und so sehen jene immerhin ein ganz schönes Stückchen Fläche von dieser Erde. Nun ja, aber für sie gilt das gleiche, denn wenn sie auch tatsächlich von ihrer Höhe aus ein majestätisches Schauspiel von Bergen sehen, einer auf den anderen getürmt, so sehen sie doch nicht die Gesamtheit, das heißt das ganze Land. Ihr versteht, ich lasse mich nicht leicht fangen. Gerade diese Gesamtheit ist ganz besonders majestätisch. Und ich werde euch sagen, warum.

Wenn ihr ein Gebirge seht oder eine Anhäufung von Bergen und die vielen Blautöne der Täler, die ringsherum liegen, dann spricht und erzählt euch dieses große Schauspiel vor euren Augen eine ganz besondere Geschichte, die recht eigentlich die Geschichte vom Gebirge ist. Es ist eine Geschichte von Wildbächen, von Wäldern, von Weiden und von all den Dingen, die sich daraus ergeben, das heißt Sägemühlen, Viehzucht, Schafställe, Käseherstellung, lange gemeinsame Abendstunden im Winter, Menschen, die langsam sprechen, Adler, Murmeltiere, Gämsen, schließlich die Berge. Da habt ihr die Geschichte, die das Gebirge euch erzählt. Aber was wird aus dem Wildbach, nachdem er im Tal eine Biegung macht und man ihn jenseits des Tals nicht mehr sieht? Nichts verraten! Der Berg sagt euch nichts darüber. Er sagt euch: Ich geleite den Wildbach nur bis dahin, und bis da weiß ich, dass er durch die großen Felsbrocken hinspringt wie ein erschrockenes Pferd, und ich weiß, dass er die braunen Forellen tief unten in den Wasserlöchern leicht berührt, das weiß ich ganz sicher, und ich sage es euch, aber nach der Wegbiegung fließt er in ein anderes Land, und was er da macht, das weiß ich nicht mehr.

Sicher kommt er da zurecht. Und in der Tat, er beißt sich durch, und diejenigen, die in diesem neuen Land zu Hause sind, wissen, wie er das anstellt, offensichtlich indem er sich weitflächig ausbreitet, quer durch ein riesiges Kieselsteinbett, und indem er abgestandenes Wasser durch fette Böden voller Kornfelder trägt. Doch wenn sie zu der höheren Wegbiegung nach oben blicken, zu der Stelle, wo der Wildbach aus den Bergen heraustritt, sagen sie zueinander: Was macht er denn bloß da oben? Und wenn sie an der unteren Wegbiegung zu der Stelle blicken, wo ihr Fluss im Dunst des Flachlands verschwindet, fragen sie sich ebenfalls: Was macht er denn bloß da unten? Das, liebe Kinder, ist die Neugierde auf den ganzheitlichen Zusammenhang, die sie veranlasst, solche Fragen zu stellen. Und das ist, weil der Mensch den Instinkt hat, danach zu trachten, die Harmonie und Großartigkeit dieser Erde, die ihn trägt, kennenzulernen, denn er weiß, ohne es jemals gelernt zu haben, dass in dieser Harmonie und dieser Herrlichkeit eine köstliche Würze liegt, die all den Wert des Lebens ausmacht.

Und genau das wird dieses Buch, das ihr da in euren Händen haltet, für euch und für die Basses-Alpes tun: Es wird euch befähigen, das Ganzheitliche zu sehen. Es wird die Flüsse wieder mit ihren Quellen verbinden. Es wird vor euch die Gebirgsmassive wie einen Faltenwurf im Wollstoff ausbreiten. Es wird unter euren Augen die Täler in das Flachland einebnen, das von welligem Ackerland bedeckt ist wie kleine Stoffteile aus Samt. Es wird euch begreifbar machen, wie schön euer Land ist; dass die harmonische Ordnung des elementaren Lebens, des pflanzlichen Lebens, des Tierreichs, des menschlichen Bereichs hier genauso vollständig und deutlich zum Ausdruck gebracht ist wie in dem ganzen übrigen Teil der Welt. Und wenn ihr einmal gut nachdenkt, so wie nur Kinder nachdenken können, das heißt nämlich anhalten, unbeschwert schauen und träumen (was meiner Meinung nach die beste Art nachzudenken ist), wird euch klarwerden, dass in diesem bäuerlichen und handwerklichen Grund und Boden das ganze Glück der Welt liegt. Alles Glück, das die Menschen erwerben können, wenn sie aufgehört haben, Kinder zu sein (was auch ihr werdet). Und dass es niemals klug ist, sein Land nur zu verlassen, um dem Schatten der Vergnügungen nachzulaufen, die hier in ihrer sinnlichen Wahrheit so einfach zu fassen sind.

(1939)

12.
Basses-Alpes

Das Departement Basses-Alpes hat eine sehr reiche Vielfältigkeit und zugleich eine festgefügte Einheitlichkeit. Es besteht aus einer dichtgedrängten Ansammlung hoher und mittelhoher Berge und Höhenzüge, die vom Rhône-Tal und vom Meer aus auf die Alpen zugehen. Es gibt kein Flachland im eigentlichen Sinne. Einzig entlang der Wildbäche, die das Land zugleich bewässern und verwüsten, liegen in den flachen Landstrichen Gärten und Felder.

Der wichtigste, würdigste dieser Wildbäche, die Durance, tritt bei Pontis, nahe bei Savines, in das Departement ein. Nachdem sie ihre nördliche Flussgrenze bis in das Gebiet um Valerne verlängert hat, wendet sich die Durance nach Südwesten, stürzt sich zwischen die zwei herben Felsen und zieht dann mehr als siebzig Kilometer lang durch das fruchtbarste Tal der Gegend. Die Poeten haben dieses Tal die *Niere* genannt. Diese Poeten waren Bauern, die im wahrsten Sinne des Wortes nur für ihre Herden lebten. Die Niere vom Lamm oder von der Ziege, die sie jedes Jahr zu Ostern töteten, war der feinste Leckerbissen. Immer, wenn sie lyrisch wurden, erinnerten sie sich daran. Die Durance durchquert ein kleines Stück Flachland, das sie selbst geschaffen hat, und das bei Manosque an seiner breitesten Stelle vier Kilometer aufweist. Zur Blütezeit der Landwirtschaft war diese Region überzogen von Obstgärten. Im Frühling lag hier eine Stimmung ohnegleichen in der Luft.

Zu Zeiten landwirtschaftlicher Produktsteigerung – wie in unseren Tagen – wird sie von Traktoren überzogen, die das Land mit Kartoffeln bestellen. Auf gewissen Märkten, in Nizza natürlich, findet man Schildchen mit der Aufschrift »Kartoffeln aus Manosque«. Der Frühling unterscheidet sich von den anderen Jahreszeiten nur durch den gerippten Samt auf Kosten der Felder. Nach Manosque krümmt sich die Durance wie nach getaner Arbeit leicht gen Westen und eilt davon. Sie verlässt das Departement, und sogleich nimmt sie das romantische Gebiet von Mirabeau in Empfang, mit den letzten Birken, den letzten italienischen Pappeln, der letzten Landschaft à la Poussin. Die letzten in Raum und Zeit.

Kurz nach Pontis macht die Durance, als ob sie in dem neuen Departement noch nicht so recht zu Hause wäre, einen kleinen Abstecher in die Hautes-Alpes, wo sie entsprungen ist. Da, wo sie in die Basses-Alpes zurückkehrt, stellen die ihr, zur Besänftigung ihrer Furcht und um sie zu ermutigen, sogleich links einen Nebenfluss zur Seite: die Ubaye. Das Ubaye-Tal wird »das Tal par excellence« genannt. Ein strenges Tal; und wenn man über den Charakter der Männer und Frauen der Basses-Alpes sprechen wollte (was bald geschehen wird), dann würde ich sie, was das Wesentliche und das Geheimnisvollste anbetrifft, mit dem Ubaye-Tal selbst vergleichen. Winzige Mengen klaren Wassers haben in die stolzen, schroffen Berge mit viel Mühe und Arbeit tief eingeschnitten. Wenig Mutterboden. Der ständige Zusammenstoß von Wasser und Felsen, der immer weiter und bis in alle Ewigkeit andauern wird, verstopft das Bett des Wildbachs mit leidenschaftlichem Raub- und Treibgut von den Schlachtfeldern. Die Straße musste sich oft mit dem Steinbohrer tief im Verborgenen ihren Weg durch die Stille schlagen. Doch sobald sich ein Winkelchen in den Felsen hinein rundete, sobald der Berg eine weiche Stelle zeigte, sobald sich drei Kubikmeter Schlamm in einer kleinen Biegung ungestört absetzen konnten, so findet sich dort ein blühender Apfelbaum, hier ein Fleckchen Wiese, übersät mit Margeriten, eine Ziege am Pflock, ein Häuschen mit Geranientöpfen oder eins von diesen stolzen Gehöften, wo die Wirtschaft von couragierten Männern verrichtet wird. Wie die Buchecker in ihrer feuervergoldeten Silberhülse am Ende des biegsam kräftigen Astes einer Buche, so liegt die Stadt Barcelonnette am Ende dieses Tals.

Nach der Ubaye fließt der Durance auf der gleichen Seite die Blanche zu, die von Saint-Pons kommt. Ein schäumendes Wasser, ständig voller Erdabraum und zerbrochene Hochsitze mit sich führend, lauter Obstgartenwasser, dessen höchster Wert, vom metaphysischen Standpunkt aus gesehen, wäre, dass diese Wasser *Respekt erheischen*.

Nach der Blanche bewässert die Sasse, die von Bayons herkommt, Clamensane, Nibles, Châteaufort, Valernes, Orléans, Beaugency, Notre-Dame-de-Cléry, Vendôme (Vendôme!). In diesen Ortsnamen drückt sich immer noch das Denken aus. Dörfer, die aussehen wie die ausgedienten Nester vorgestriger Wespen, haben solche Namen von uralten Stimmen bekommen. An einem Winterabend vielleicht, da hat dann ein Mensch, der lange in der wilden Hochebene herumgeirrt ist, endlich, befreit von seinen Ängsten, vor sich die paar Häuser gesichtet, deren Anblick uns heute, im Zeitalter des Atomkomforts, entsetzt. Er aber wird für sich frohlockt haben: Bayons, endlich, oder Clamensane. Nibles, Châteaufort, Valernes! Das bedeutete das Leben und die Zuversicht zu überleben.

Bei Sisteron fließt, diesmal von rechts, auf die Durance der Fluss Buëch zu, ein Grandseigneur der Berge, der von Beauchêne kommt, von Lus-la-Croix-Haute, von Ferrand und von Garnesier, mit seinen Forellen und seinem Schilfrohr. Der Buëch, klug wie ein Bergmensch, verweilt einen Kilometer vor seinem Zusammenfluss im Drôme-Gebiet, wo er hat, was er liebt: ein bisschen dunkle Erde und Frieden. Ich glaube er entscheidet sich deshalb so, damit er dicht an den Terrassen eines schönen Hauses fließen kann, eines wahren Freudenpalasts, verglichen mit dem, was dem vorausging. Das Kämpfen darf man ruhig mal ein bisschen satthaben, ohne gleich das Gesicht zu verlieren. Denn die Neuzeit ist stets auf diese Weise zustande gekommen.

Jenseits von Sisteron, immernoch auf der rechten Seite, fließt der liebliche Jabron. Er führt nur noch wenig Wasser, das gemächlich und geradlinig an der Nordseite des Lure-Gebirges unter zahlreichen Weiden entlangzieht, mitten durch eine mittelalterliche Landschaft.

Ich meine nicht den Vanson, der ein bisschen tiefer von links kommt. Der Vanson hat noch weniger Wasser. Er kommt von Authon, ja sogar von Feissal her, das will heißen, vom Ende der Welt. Authon ist eine Försterei, und der Vanson kommt aus dem Innern von einem dreihundert Meter steil abfallenden Gelände. Winzig klein also, aber von großer Geheimnishaftigkeit. Seine paar Liter Wasser umspülen an unzugänglichen Stellen lauter Wunder der Natur aus den frühesten Zeiten der Welt.

Hier befinden wir uns im Herzen des Departements. In diesem Herzen liegt eine Fabrik für chemische Erzeugnisse. Die Poesie hat *Angina pectoris*. Die Bléone, die direkt vor uns einmündet, ist eine angegriffene Arterie, aber weiter oben ist sie sehr schön, bei Marcoux zum Beispiel, wo sie in der Stille das Geräusch *marschierender Legionen* erzeugt. Die Bléone ist ein wahrer Eichbaumzüchter. Sie ist also von edlem Geblüt. Sie hat nur den Nachteil, in einem Zeitalter zu existieren, in dem nur das edel ist, was Geld und Macht verschafft. Nach Marcoux bewässert der Fluss Digne. Man sollte nichts durcheinanderbringen: Marcoux ist ein altes Nest betagter Wespen. Digne ist der Sitz der Präfektur. Die Landschaft, die den Amtssitz umgibt, ist von jansenistischer Strenge.

Hinter der Bléone, hinter den Obstgärten von Peyruis, wenn man den Gebirgspass von Allos heruntersteigt, durch Schnee und hohe Kämme, gegen die der Wind braust, da durchläuft die Asse Elendsböden mit Elendsmaßnahmen, bevor sie sich vor Volx in die Durance wirft. Längs seiner mager dahinfließenden Wasser wird die Welt klein, ohne jedoch von seinen Möglichkeiten des Glücks irgendetwas einzubüßen. Kleine Felder, kleine Wiesen, einige kleine Gehöfte, kleine Obstgärten. Lauter Leben, zusammengerollt wie der Hund in der Sonne. Die Dörfer sind alle doppelt angelegt. Es gibt ein Da-oben und ein Da-unten. Das Obige ist ausgestorben. Das Untere hat sich, dem Wildbach zur Seite, langsam nach und nach auf den Schlickablagerungen nahe der Straße eingerichtet, da man annehmen durfte, dass diese Straße sich nicht gerade darum riss, die Gefahren des Lebens zu transportieren. Bisweilen setzt eine alte Frau ihr Wohnen, taub oder intelligent, im Da-oben fort.

Nach Manosque, nach der Kartoffelgegend, gerade da, wo die Durance sich abwendet und das Departement verlässt, nimmt sie den Verdon auf. Das ist der längste aller Nebenflüsse. Auch er kommt vom Allos her. Eine gewisse Zeit lang läuft er dann parallel zur Asse. Er kommt von so weit her, dass seine Quelle fast schon Barcelonnette berührt. Noch herrschaftlicher als der Buëch, noch abenteuerlicher, noch italienischer, so durchzieht er die Landschaften eines Dante. Er ist der *große Hund*, der Vicenza und Verona würdig wäre. Ebenso ist er heimlich ein König. Tief dringt er ein in grüne Dunkelheiten, die erschrecken. Ganze zwei

Drittel seines Laufs zieht er an wilden Ufern entlang. Nur die ersten Menschen, die ihre Wohnsiedlungen mit zurechtgehauenen Feuersteinen und rotgelben Schädeln durchsät haben, wagten, in solchen Höhlen zu leben.

Das also sind die Täler, Zweigen gleich, die ganz kleine, rote Kirschen tragen, Städte und Dörfer. An den Seiten dieser Täler wird die Bevölkerung immer dünner. Die Böden steigen an bis auf 2900 Meter Höhe. Die höchsten der rauen Gefilde in diesen Departements sind weiße Einöden, das Übrige aber lavendelbedeckte Landschaften von unendlicher Schönheit, die durch das Land Stille und Frieden von Buche zu Buche tragen, unter einem Himmel, so gleich und so blau, dass er ganz blass wird in der Weißglut des Sommers, wie ein zorniges Gesicht.

(1955)

13.
04

»04«, das ist tatsächlich ein Gebiet, ein französisches Departement, die Basses-Alpes. Wir wollen hier nicht seine Schwimmbäder aufzählen. Wir werden nur einfach seine Schönheit zeigen.

Zunächst sieht man, dass die Basses-Alpes gar nicht so niedrig sind. Sie haben ihren Anteil an den paradiesischen Herrlichkeiten der Provence und besitzen zugleich die Noblesse der Berge. Ihre Täler, ihre Anhöhen, ihre Plateaus haben diesen doppelten Charakter, doch beide mischen sich zu einer ganz persönlichen Seele.

Aus ihren Quellen entspringen unzählige Wildbäche. Einer beginnt sich in einer Bodenfalte der Hochlandweiden zu regen. Er ist der schönste, der Verdon. Dieser Fluss war einst der kaiserlichste, gewaltigste Gebieter unter allen Flüssen.

Zunächst rollt er sich auf die einfachste Weise der Welt wie eine Ringelnatter auseinander.

Sobald sich seine ersten Muskeln zeigen, fällt er sogleich in die heroische Gangart.

Er ist ein Kämpfer.

Er schnellt in langen Sätzen über die Stufen der Alpen herab.

Er zerteilt die Berge, er bahnt sich einen Weg durch den Fels.

Er ist ein unterirdisch wachsender König.

Er stürzt sich in das erschreckende grüne Dunkel.

Er ist ein galoppierendes Pferd. Springend durcheilt er die Szenarien Dantes.

Schließlich, im Tiefland, trifft er die Durance, und schläft ganz benommen im Schilfrohr ein.

Der Flug der Krähen sucht die Einsamkeit und die großen Weiten.

Der Friede lässt sich auf den Hochebenen nieder.

Man hat das göttliche Gefühl, sich fortzubewegen, ohne aus einem stillstehenden Zentrum herauszurücken.

Eine Karawane von Bäumen erwartet unseren Durchzug, um sogleich ihren Gang wieder aufzunehmen und zu verschwinden.

Ein paar zurückgebliebene Dickhäuter blicken uns aus unmittelbarer Nähe zum ersten Mal an.

Das tiefe Violett der Lavendelbüsche überzieht die wellige Dünung der Böden.

Auf offenem Meer vermeint man, Neptun auftauchen zu sehen.

Kein Lateinersegel reicht, um über diese hohen Seegründe zu ziehen.

Arcadie ist glücklich.

Unter dem Gesumme der Bienen ...

... rieselt der Honig.

der Wind trägt das Gewölk mit sich fort ...,

... ja, auch das metaphysische.

Die kleinen Marktflecken und die Dörfer sind instinktiv gewachsen, ohne vorgefassten Plan, wie Wespennester, Zelle für Zelle, Gehöft an Gehöft, Haus an Haus, mit Erdwällen, Hintertüren, Ziehbrücken, um sich zu verteidigen oder zu verschönern.

Die Städte machen sich an den Kreuzungen breit, an allen Flusseinmündungen, in den weitesten Tälern.

Bleiben nur noch ein paar vereinzelte Kapellen, … ein paar entlegene Brücken.

Die Sachkenner sind auf die Inseln geflüchtet.

Andere haben die Felsen mit ihren Legenden frisch gehalten …

… oder das charakteristische Studio in alten Häusern, Attitüden von Kraftmeiern …

… die Spitze der Zwinger, …

… die die weiten Böden mit ihren Flussgabeln beherrschen.

Der Geist der Dinge hat sich auf dem Lande niedergelassen.

Notre-Dame-de-Beauvoir, versteckt in ihren weißen Felsen …

… Notre-Dame-des-Champs, wie sie auf ihrem Gänseblümchenteppich sitzt…

… Reillanne, das auf seinem Hügel lauert…

… Saint-Martin-de-Brômes, das sich zusammenkauert wie ein Fuchs …

… Notre-Dame-de-Lure, in ihren *Brocéliande*-Wäldern …

… Notre-Dame-du-Bourg, die einst die Ritter der Tafelrunde in ihrer Vorhalle weihte …

… Speicher der Geschichte …

… Und ihre Quellen …

Hier ist das Leben wahr und vernünftig. Der größte Luxus unseres Zeitalters voller Lärm und voller Raserei ist die Stille.

Durch das wilde Heideland wandert die Herde mit ihren Kuhglocken. Man hört sie von Hügel zu Hügel trotten. Niemals wird sich der Schäfer von einer Maschine ersetzen lassen.

Dieser Beruf, der älteste auf der Welt, verlangt nach Mannshöhe.

Die Lämmer wundern sich über jeden Geruch, über Schatten und Licht, die vorüberziehen.

Alle Rosttöne des Herbstes legen das große Land ganz allmählich still. Die Rotfärbung des Ahorns, die Goldtöne der Pappeln, das Silber der Alpen-Lärchen breiten an den Wänden der Horizonte das königliche Teppichgewebe des Herbstes aus

... und die Stammbäume des Mysteriums.

In der Morgenfrische friert es.

Ein Salz überstäubt die Blätter und streicht das Wasser glatt.

Die trübe Dämmerung wird ganz träge.

Dann bricht der Winter herein, wie die Nacht.

Hühner und Leute, Männer und Mäuse kehren zurück in die Häuser.

Die Dörfer kapseln sich ein.

Der Frost bemächtigt sich der Höhen.

Und so beginnen die großen Schnee- und Freudenfeste.

Man spielt mit der jungfräulich frischen Luft, der Sonne, dem Himmelsblau und mit dem weiten Raum.

Der Schweiß der Geschwindigkeit dampft an den Hufen der Götter...

... oder man geht mit einer Art Traum im Herzen fort, geht der Unentbehrlichkeit von Reinheit, Weite und Ordnung nach. Man verlässt die Menschen.

Man steigt auf die beruhigenden Höhen zu. Hier stellt sich die Stille noch vollkommener ein.

Und zudem noch mehr die vollkommene Einsamkeit.

Man wird, weit fort von der Zivilisation und den gewöhnlichen Treffpunkten, sich selbst in der eigenen Tiefe suchen.

So also findet alles in der simplen Chiffre Platz, aus der unser Titel bestand. Das Verzeichnis der Reichtümer ist immer unvollständig. Wir haben nichts anderes getan, als auf Weganfänge aufmerksam zu machen. Wer in diese glücklichen Lebensräume eintreten will, findet die Tore geöffnet.

(1968)

14. Manosque

Ich bin in Manosque geboren und nie von dort weggegangen. Der Charme dieser Gegend ist unerschöpflich. Wenn ich Manosque sage, meine ich nicht streng genommen die Stadt, sondern dies ganze Schauspiel von Hügeln und Tälern, in denen die Stadt liegt und lebt, diese ganze Landschaftsarchitektur, aus der sie ihre Gewohnheiten entnommen hat.

Selbst bei einer so kurzen Reise wie von hier nach Marseille, finde ich schon auf der Heimkehr am Bahnsteig meines Bahnhofs diese prickelnde Luft der Basses-Alpes vor, und mit ihr mein Land, fast, als käme ich aus einer ganz besonderen Entfremdung nach Hause. Was hat diese Luft hier nur für einen eigenartigen Geschmack.

Einer, der Manosque nicht kennt und hier vielleicht zum ersten Mal ganz begeistert ankommt, der seine ganzen Erinnerungen aus all den Fluren schöpft, auf denen diese Stadt sich anordnet, wenn auch zugegeben, die Stadt selber viel von ihrem Charakter und ihrer Schönheit verloren hat, der hört oder schmeckt in der murmelnden Tiefe der Nacht, in dieser reinen Qualität der Luft, die er atmet, das wundersame Leben weiter Räume.

Das Tal der Durance ist fruchtbar, es riecht nach Heu, nach Kartoffeln, sogar nach dem Heu, das man in die Stiefel steckt, doch die Flussebene ist hier nur einige Kilometer breit, und nicht sie verschafft dem Land seine Qualität.

Jenseits von ihr sind die Anhöhen nördlich und südlich von seltsamen Einöden besetzt, von romantischen Landschaften, wo der Wind sich mit dunklen Essenzen parfümiert. Die Zwinger alter Schlösser tauchen aus diesem krausen unzugänglichen Hochwald auf, der aus Eichen und riesigen Buchen besteht. Ein ganz und gar virgilisches Bauernwesen hat sich hier sein menschliches Maß bewahrt. Esel- und Maultiergespanne karren noch bis in unsere heutige Zeit hinein die Oliven über die roten, tonerdigen Wege. Alte, hagere Weiblein in Röcken aus braunem Wollstoff tragen noch, wie der Messias, ihre kleinen Säckchen voll Trüffel zu Fuß auf die Märkte der Dörfer. Auf den einsamen Hochebenen, auf die sich der schönste blaue Himmel stützt, destillieren breitrückige, rotköpfige junge Burschen, gut genährt von Schweinefleisch, den Lavendel, und noch ein bisschen höher lassen die abgelegenen Felsen, weiß wie die Knochen nach der großen Sintflut, im Wind die Musik der frühesten Zeitalter sausen.

Das alles hat Manosque geprägt. Ob man sie nun rund, dreieckig oder viereckig sieht, eine Stadt hat ihre Gründe, die diverse Gründe nicht beachtet, und sie hat die Form, die ihr gefällt. Ob man sie zerschneidet, ob man sie zurechtstößt, ob man ihr weiß ich nicht was aufpfropft, ob man sie kämmt, striegelt, herausstaffiert und schön bürstet, sie hat eine Seele, die sich darum nicht kümmert, und mit der allein lebt sie ihr Leben. Man kann sie verkleiden, man kann sie schminken, spricht sie aber, so spricht die Stimme ihrer Seele, die man nicht auswechseln kann.

Ich bin wahrlich alt genug, um das gekannt zu haben, was man mit ein bisschen naiver Geringschätzung *die alte Zeit* nennt.

Es hieß das *arme* Manosque und glich innerhalb seiner Stadtmauern der Krone eines Königs. Seine schlecht gepflasterten Straßen sprachen nicht für reiche Bankkonten. Es war eine Stadt der Stifte, eine Stadt der Binnengärten, der Höfe, der Brunnen, der herrlichen Springbrunnen. Ich kann diese Kulissen, wo ich zum ersten Mal Shakespeare und Calderon las, keineswegs vergessen. Man hatte Petroleumlicht. Wir haben bei uns erst 1919 Elektrizität bekommen. Das war die Überraschung, die meine Mutter mir zur Feier meiner Rückkehr aus dem Krieg aufbewahrt hatte. Ich gebe zu, dass das praktisch war. Ich gebe zu, dass ich heute bei Stromausfall gerne zur Petroleumlampe zurückkehre.

Ich weiß sehr wohl, wenn einer so spricht, wie ich das hier tue, dass alle Welt höhnisch lacht und sich wie Kletten an die Entdeckungen der Moderne hängt. Kein Grund zur Beunruhigung: ich beanspruche nicht, das Heil in der Rückkehr zur Petroleumlampe zu finden. Ich kannte einen Mann, der schrie überall herum: Ich kann nur mit einem Badezimmer glücklich werden. Jetzt hat er's. Natürlich ist er nicht glücklicher als zuvor, noch dazu, da er nun mal behauptet, es zu sein und da er nicht mehr weiß, wonach er jetzt noch suchen soll, sieht er ganz verstört aus und hat den Drehwurm.

In fünfzig Jahren hat sich Manosque verändert. Ob nun, zum Guten oder zum Schlechten, das zu beurteilen, steht mir nicht zu; ich bin kein Verwaltungsbeamter, und was ich euch hier preisgebe, das ist die Betrachtung von Sirius, dem Unbeteiligten. Mehr noch als die Stadt sich fünfzig Mal geändert hat und niemand dafür verantwortlich ist, weder im Guten noch im Schlechten, sind es die Zeiten, die sich geändert haben.

Doch die Seele ist dieselbe geblieben, denn die Wildnis, die nur wenige Kilometer von hier entfernt liegt, hat sich nicht verändert. Man kann hier keine Neuerungen einführen; man ist hier gezwungen, mit den alten Mitteln zu leben, was ich aber die *kindlichen Mittel zu leben* nennen würde.

Quer durch alles, was ihr in Manosque sehen werdet, schaut nach seiner Seele, das ist ein Unterfangen, das sich lohnt.

(Weihnachten 1952)

15.
bis Manosque

Bestimmte Städte haben hochmütige Kathedralen aufzuweisen, mittelalterliche Schutzwälle oder Innereien von Märtyrern. Manosque hat seine Schönheit.

Natürlich besitzt auch diese Stadt wie alle Welt ihre Portale und ihre Kirchen: die Saunerie, der Soubeyran, Notre-Dame, Saint-Sauveur, und selbst das kleine Hôtel de la Grand-Rue, in dem die Pfarrei untergebracht ist. Die Liebhaber von kleinen Feinheiten können sich mühelos an alten Pforten ergötzen, an alten Steinen, an altem Eisenbeschlag; im Stadtviertel der Observantins oder in Aubette verbergen sich noch einige altertümliche Fassaden, an denen man die Geschichte ablesen kann; doch der wahre Schatz von Manosque ist seine Schönheit.

Schönheit, die schwierig zu definieren ist, wenn sie einen mehr oder weniger mit einem Schlag überwältigt. Alles, was man hier findet, haben hundert andere Städte auch: Licht, Sonne, Patina von Kalkverputz und Tonerde, graue Olivenbäume, Zypressen, rostrote Hügel; der Katalog hat nichts Außergewöhnliches. Das, was ihn ausmacht, ist die Ordnung, in der diese Elemente zusammengestellt sind. Ich kenne keinen Ort, an dem die tellurische Architektur edler wäre. Aufgrund einer banalen Geschichte, die sich angeblich unter François I. abgespielt haben soll, haben Leute, die nicht gut sehen konnten (weil sie sicherlich unter Kapuzen lebten), die Stadt Manosque-die-Keusche genannt (was natürlich falsch ist, denn sie ist ganz und gar Venus). So moralisch ausgeglichen und unversehrt, wie sie ist, passt nur ein einziger Name: Manosque-die-Rechtschaffene.

Von den vier Hügeln, die die Stadt umgeben, weiß man nicht, welcher der schönste ist. Einer von ihnen hat die Form einer Brust. Bei Theokrit machten sich die Schäfer einen Spaß daraus, Trinkschalen herzustellen, indem sie die Brust der Ziegenhüterinnen in Tonerde modellierten. Der Mont-d'Or ist genauso rein, genauso erregend wie einer dieser Abdrücke. Der Hügel von Espel und der von Thomassine versperren dem Nordwind den Weg. Die Bewegung des Himmels selbst hat die Hügel geformt. Die fügsame Kammlinie lässt in ihren Wogenmulden diese belebende Luft durchströmen, diese Köstlichkeit der Provence, Ausbeute der Lavendelfelder, dieser beißende, dieser wie ein Sorbet schmelzende Wind, den sich die Menschen, die auf solchem Boden geboren sind, nicht wegdenken können, und der sie mit Sehnsüchten verfolgt, wo immer sie auch hingehen mögen. Wer diesen Wind einatmet, der erfährt eine neue Wollust. In der Fremde (und das ist für uns bisweilen schlicht und einfach schon Marseille) ist der Manosquer als einer berühmt, der melancholisch ist und beständig über sein Land nachdenkt. Tatsache ist, dass ihm die Luft fehlt, dass seine Lungen diesen Sinnengenuss gewöhnt sind, dass er nach diesem Hochgenuss lechzt. Man muss Aischylos und Sophokles in den Olivengärten lesen, die die abfallenden Flanken des Espel-Hügels überziehen. Dann liegen die Helden und Götter neben einem im rotgelben Gras. Das Geschrei einer Elster ist die unfassbare Rede der Kassandra. Das Fuhrwerk von Xerxes ächzt in den Hohlwegen. Gerade eben nimmt ein Bauer, der auf sein Pferd einredet, die Stimme des Ödipus an. Von den Abhängen des Espel, in Blickrichtung rüber zum Thomassine, da liegt dies Dorf, das aus den Gärten auftaucht wie in einer Szenerie von Poussin, Argos. Es ist aber ganz einfach Pierrevert oder Élémir-Bourges, das hat das Kind schon im Gebetbuch seines Onkels gelernt. Der Höhenzug im Westen, Saint-Pancrace, trägt all die Holdseligkeit der christlichen Tugend. Ist das so, wegen seines Schirmherren? Wegen seiner kleinen Eremitage? Für mich ist das so, weil die Anhöhe in ihrer Herrlichkeit demütig geblieben ist. Im Frühling mit Mandelbäumen bedeckt, die sie wie eine Jungfrau verschleiern, im Mai und Juni mit goldenen Ginsterblüten bekränzt. Doch von diesen vier Anhöhen ist die vierte, die am niedrigsten gelegene, die weiblichste. Sie besitzt lauter vermischte Lieblichkeiten. Allerdings sind die Stürme, die sie durchziehen, ganz übel. Im Schutz dieser vier Hügel ist die Stadt Manosque entstanden. Von Ost nach Südwest reibt die Durance an ihren Getreideböden, an den berühmten Süßkartoffelfeldern entlang. Es ist noch nicht lange her (schlicht zur Zeit meiner Jugend), da war Manosque eine Handwerker- und Bauernstadt. Die einen sowie die anderen sind nach und nach verschwunden. Ich höre wohl, dass man hier immer noch die Böden bestellt, aber nicht mehr nach altväterlicher Art. Ich persönlich bedaure das. Aber gerade das, werden sie mir antworten, bringt den Gewinn an Erdbeeren, Pfirsichen, Artischocken, wenn man en gros anbaut und en gros auf den Märkten verkauft. Nun ja. Ich denke an die lange Viehtränke am Saunerie-Tor, wo sich am Abend alle Pferde der Stadt zum Trinken versammelten, an die Einfuhr des Heus, wenn die duftenden Heufuhren so vollbeladen durch die Straßen zogen, dass meine Mutter die Fensterläden ihres Ladens schließen musste; ich denke an die Versammlungen der Bauern, die auf kleinen Plätzen neben alten Maulbeerbäumen zusammentrafen, um ganz gemächlich über Gott und die Welt zu plaudern, mehr nicht.

Diese Philosophie, dieser Sinn für Freude und Wohlergehen, und die Verankerung, die man dem in der Materie gab, gehen aus dem Fleisch und Blut dieses Landes selbst hervor. Deshalb haben die modernen Zeiten es nicht zerstört. Trotz allem weiß man ganz gut zu leben. Die schmalen Gässchen bewahren ihre Kühle in den heißesten Sommern. Dort ruht auch höchst sanfter Schatten für die Augen. Sagte ich schon, dass man lernt, sich der Langsamkeit zu bedienen, während doch alle Wünsche der Menschen auf Schnelligkeit aus sind? Ja: mitten in diesen drückend schwülen Sommerzeiten, wenn der bescheidenste kühle Tropfen den ganzen göttlichen Segen enthält, dann lernt man, sich der Langsamkeit und einer gewissen muselmanischen Faulheit zu bedienen. Man lernt, den kleinen Freuden große Aufmerksamkeit zu schenken, vor allem lernt man aber, die einen mit den anderen zu verbinden. Und wenn man die Schönheit von Manosque mit einem Begriff definieren wollte, der alles einschließt, einen Titel, der alles sagt, dann hieße der:

L'École Normale Supérieure du Bonheur
Die Hochschule des Glücks

(November 1937)

16.
Reiseroute von Nyons nach Manosque

Der Reiter lief oftmals im langsamen Schritt; der Autofahrer nie. Der Reiter stieg manchmal ab, der Autofahrer nie. Der Reiter stellte mit seiner Montur ein Zwitterwesen dar, dessen Kopf und Intelligenz er war: Der Autofahrer ist mit seiner Maschine zusammen wiederum eine Maschine, wobei er aber nur der Hilfsmotor ist. Ich glaube, man sollte endlich anfangen, von »Reiserouten für niedrige Geschwindigkeit« zu sprechen, von Fahrwegen, auf denen es wichtig ist, »alle hundert Schritt anhalten zu können«, von Verbindungswegen, die einem vergönnen, ein Land kennenzulernen, statt es so geschwind zu durchsausen, wie der Pfeil den Apfel durchbohrt.

Ich erzähle manchmal Leuten von der Haute-Provence, die diese schon tausendmal »durchzogen« haben. Sie kennen nichts von ihr. Nicht mal die Straße, auf der sie mit voller Geschwindigkeit dahinsausen. Sie sind fähig, einem genau zu sagen, an welcher Stelle die Chaussee gut ist und an welcher sie schlecht ist, aber den Judasbaum, der durch die Eichen flammt, den haben sie nicht gesehen, und die Quelle, in der der Bläuling in dichten Scharen herumflattert, getrunken haben sie dort nicht. Sie sind irgendwo irgendein Mineralwasser trinken gegangen, in irgendeiner Bar; was sie eben auch bei sich zu Hause hätten tun können, ohne sich fortbemühen zu müssen. Sie mussten einen Lastwagen überholen, sie mussten rasch von einem Punkt zum anderen eilen. Doch die Welt befindet sich leider nicht dort, wohin ihr geht, sie liegt zwischen dem einen und dem anderen Punkt.

Es gibt eine Straße, die ich ganz besonders liebe. Keine Sorge, sie ist über alle Maße bekannt. Es ist die Straße, oder vielmehr es sind die Straßen, denn man muss mehrmals hin- und herwechseln, die von Nyons nach Manosque gehen. Lasst sie uns gemeinsam nehmen.

Ich werde euch nichts von dem erzählen, was ihr in den Reiseführern finden könnt, noch davon, was auf den Karten verzeichnet ist. Ich werde hier, wenn ihr wollt, einen kleinen Katalog anlegen, gezwungenermaßen beschränkt auf das, was dem Autofahrer fehlt, von einer Welt, die ihm entgeht angesichts der »Position«, auf die ihn die Maschine beschränkt hat.

Sechs Kilometer von Nyons entfernt kommt man auf der Route Nationale 538 an eine Abzweigung, von der aus man auf der Route Departementale 185 den Flusslauf eines Wildbachs hochsteigen kann, der zu recht seinen Namen, Rieu-Sec trägt; nach der dritten Kurve auf dieser kleinen Route, wenn ihr auf der rechten Seite hundert Meter zu Fuß geht und in ein kleines Tal absteigt, findet ihr eine kleine japanische Landschaft: drei wilde Pflaumenbäume (die im Mai in Blüte stehen), wie hingemalt, wie getuscht, mit bewundernswerter Sparsamkeit. Hinter ihnen ist das Gebirge von einer Zartheit und Durchsichtigkeit wie leicht bläulich gefärbtes Porzellan (hier muss man gegen vier Uhr nachmittags ankommen). Nur schauen, nichts anderes sollte man tun. Nicht fotografieren, so was bringt gar nichts. Die seltenen Schauspiele lassen sich nicht fotografieren. Still stehenbleiben und dem Wind zuhören. Das ist alles.

Ach, sicherlich, die Hinweise, die ich gebe, mögen sich, wie man sieht, stark von solchen unterscheiden, die euch von den romanischen Kapellen zu den Stiftskirchen lenken, von Klöstern zu Panoramaaussichten, von Louis XIII.-Schlössern zu antiken Theatern; dafür braucht es ein wenig Seele. Doch auch für das übrige braucht es eben Seele. Die Welt existiert nur im Zusammenhang mit sich selbst; ebenso das Glück.

Ich habe Faucon durchquert; ich habe auf halbem Wege zwischen diesem Dorf und Mollans angehalten, ich steige nun ab in das Flussbett der Ouvèze. Da, wo sie nahe an die Straße herankommt, spielt die Verschlungenheit der kleinen Wasserarme von diesem Wildbach ein bisschen Fontäne von Castalie; man muss weiter vordringen; ist es nötig, darauf hinzuweisen, dass diese Entdeckungsreise zu Fuß gemacht werden muss? Zu Fuß und langsam, indem man aufmerksam um sich herumschaut. Mit wachsamen Sinnen, um zum Beispiel nicht zu versäumen, den Geruch dieses alten Feigenbaums auszukosten, die Spiegelungen eines weißen Fisches wahrzunehmen, oder das schneidende Sausen in den Erlen, die der Wind wie mit Peitschen durchdrischt. So geht man denn hundert oder zweihundert Schritte stromabwärts; ich brauche hier nicht sehr ausführlich zu werden, das Schauspiel selbst wird einen anhalten: Es ist eins von denen, für die der Mensch natürlich geschaffen ist, und auf die er, egal wie seine soziale oder kulturelle Situation ist, immer instinktiv nimmersatt reagieren wird. Man kann dieses Schauspiel das ganze Jahr über beobachten. Im Winter werden die Pappeln wie Marmorsäulen dastehen, vom Blitz getroffen, von oben bis unten mit Rissen durchstreift, Schulter an Schulter werden die Wassermengen in ihren Felsrinnen dahinrollen, seltsame Vögel, putzig wie Landtagspräsidenten im noblen Stenz der Honoratioren, Klettervögel und Regenpfeifer, die in den Kiesgruben umherwandern, mischen der großen spirituellen Aufbruchsstimmung das nötige Maß an Übernatürlichkeit bei. Wenn es Sommer ist, dann wird der Zauber des Laubwerks, das flimmernde Blinken der Zitterpappeln, ein Hauch von Astrée und jener Flusslandschaft des Lignon, eine Antwort auf Fragen, die man sich sein Leben lang stellt, einem den köstlichsten Frieden bescheren.

Eigentlich müsste man bei jedem Schritt anhalten. Man müsste sich geradezu des Autos entledigen! Aber so weit seid ihr noch nicht; also, auf und davon, geben wir uns zufrieden mit ein paar Nummern aus diesem Katalog von mehreren tausend Seiten, nur um der Marschroute willen, auf die wir uns ja vom ersten Augenblick an beschränken wollten. Lassen wir – ach, leider – diese babylonischen Terrassen beiseite, auf die man eigentlich hochsteigen müsste, die die Route Départementale 5 nach Buis-les-Baronnies hin überragen (es ist wirklich schade), lasst uns die Départementale 72 nehmen, hin zum Pass von Fontaube.

Auf dieser Steigung gibt es viel zu sehen. Befreien wir uns also von diesem Blechdach, das uns auf den Kopf drückt, von diesem Wagentürrahmen, der uns die Sicht einschränkt, wir wollen ein paar Schritte gehen. Ich werde mich nicht im Detail verlieren, doch bis zu dieser Schäferei sollte man vorstoßen; man sollte sogar bis nach Plaisians gehen, von wo aus man einen außergewöhnlichen Blick über eine Landschaft à la Don Quichote hat, aber ich glaube, der Ausblick ist auch in den Karten verzeichnet (er ist keineswegs zu verachten). Ich werde nicht auf jede Einzelheit eingehen, was ich euch aber zeigen möchte, ist ein kleiner Ausschnitt, das flüchtige Gemenge zwischen Baum, Gras und Biene; ich will auch nicht von den Lavendelerien sprechen (man hat diese Strecke bisweilen die Lavendelroute genannt), Gastronomie und Verkehrsämter bedienen hinfort (in der Mehrzahl) die Lavendelerien. Ich bitte euch, gehen wir noch ein paar Schritte weiter! Da ist er, der Judasbaum. Da ist die

Böschung, unter die man sich setzen und die Bibel lesen muss. Da ist eine wilde Nelke. Und hundert Meter links vom Pass, am Rande einer kleinen Bodensenke, die ohne Zweifel den nahen Durchfluss eines unterirdischen Gewässers anzeigt, denn sie hat sich mit ein bisschen Schilfrohr hübsch gemacht, da sind die Vanille-Orchideen. Die Wurzel, die man mithilfe eines Messers ganz tief suchen und ausgraben muss, sie sieht aus wie eine kleine Hand, eine Alraune, die nach Vanille riecht.

Nun, da wir gerade bei den Gerüchen sind, sollte man auch sagen, dass man diesen Streckensabschnitt (nämlich den, der jetzt vom Fontaube-Pass zum Aires-Pass führt) genau dann durchlaufen muss, wenn die Linden blühen, und zwar nur zu dieser Zeit. Meine ausdrückliche Aufforderung, aus dem Auto zu steigen (das immer ein bisschen nach Benzin riecht), werdet ihr gar nicht erst nötig haben. Denn ihr seid tatsächlich mitten im Honig gelandet! Eure Lungen werden zu einem Bewusstseinsapparat, und auf einen Schlag wird euch klarwerden, dass es für euren Geist nicht gleichgültig ist, mit irgendwelchem Gas vollgepumpt zu sein oder mit reiner Luft, und zwar wie hier mit einer reinen Luft, die »nach allen Düften Arabiens« riecht. So lauft denn zu Fuß (es ist die Sache wert, zurückkommen zu müssen, um eure »Karre« zu holen, wenn ihr Wert auf sie legt), lauft die paar Kilometer, die den Fontaube-Pass vom Höhenweg des-Aires trennt. Hier, an diesem Ort, ist die Mischung der reinen Luft mit dem Duft der Linden am wirksamsten. Zu eurer Rechten könnt ihr von oben herab tief unten das enge, schwarze Tal sehen, das das Dorf Brantes birgt, und eine Handbreit vor euch liegt der Ventoux.

Hier werde ich ganz bewusst etwas unklar reden: Ich muss nämlich von einer gewissen Persönlichkeit sprechen und gleichzeitig ihren Frieden wahren. Also, ab einem bestimmten Augenblick müsst ihr auf dieser Straße, die ihr zu Fuß geht, ganz beherzt in das Ginsterbuschwerk einbiegen, das sich auf der linken Seite langzieht. Möglicherweise findet ihr einen kleinen Pfad. Folgt ihm. Er wird euch tausend Umwege durch Lindenwäldchen voller Bienengebrummel führen, durch kleine Seen mit Klee und blühendem Hahnenfuß, bis der Weg vor der offenen Tür eines Hauses endet, das nur eine Tür hat. Ich präzisiere, »nur eine Tür hat«, denn es stimmt: es hat keine anderen Öffnungen, weder Fenster noch irgend etwas anderes (es ist einfach unwahrscheinlich klein). Das heißt vor allem, dass ihr das Haus genau da verlasst, wo ihr eingetreten seid, und dass ihr beim Rausgehen genau das wieder antrefft, was ihr beim Eintreten zurücklassen werdet, und ihr werdet sehen, das ist kein Witz. Dieser Mensch, der da wohnt, wird euch sehr herzlich empfangen. Er verkauft nichts; ihr könnt euch wohl denken, dass ich euch nicht zu irgendwelchen Keramikprodukten, Handstickereien oder Schnitzereien aus Olivenholz gelockt habe, nein, das hier ist, wie gesagt, kein Handwerker, er verkauft nichts, und wenn ich euch um dieses Menschen willen hier hinführte, dann, das schwöre ich, einfach nur, um ihn zu sehen. Er wird euch auffordern, auf der Schwelle seines Hauses Platz zu nehmen, und ihr werdet frei und gelassen atmen und die Landschaft betrachten. Er wird euch ein Stück Brot anbieten, das er selbst herstellt, etwas Honig dazu, den ihm seine Bienen schaffen, und ein Glas frisches Wasser. Seid unbesorgt, denn offensichtlich ist er nicht gescheiter als ihr, zweifellos wahrlich nicht stärker, bestimmt nicht umsichtiger, nur dass er dieses Leben eben jeden Tag lebt. Jetzt aber zurück zu unserer »Karre«.

Der Geruch der Linden wird euch bis nach Reilhanette umgeben, bis zu der Straßenenge, die den Ventoux vom Lure trennt, bis nach Sault.

Lasst uns hier die Route Nationale 550 nehmen. Gleich hinter Saint-Trinit haben wir wieder einen Weg, den man zu Fuß gehen sollte. Solche Kastanienwäldchen, so ein Niedergehölz, diese Beschaffenheit der Stille, deren Zauber man kosten sollte, die tausend Seiten dieses hunderttausendfachen Katalogs werden uns mit jedem Schritt lauter Freuden darbieten. Ich will noch mal auf die Qualität der Luft kommen. Die nämlich, die ihr gerade eben noch eingeatmet habt, war ganz durchduftet. Diese hier ist herb. Gerade war sie noch ein Sorbet, jetzt besteht sie aus Sauerstoff, dem nur ein kleiner Hauch Eis beigemischt ist. Man braucht dieses Erzeugnis nur einmal eingeatmet zu haben, um zu begreifen, aus welch vermufften Alkoven heraus wir sonst unsere Hoffnung vergeblich zu schöpfen trachten. Unser Blut ist aus dem gemacht, was wir einatmen, unsere Intelligenz, unsere Logik ist geschaffen aus dem Blut, das unser Gehirn durchströmt. Diese Luft ist hunderttausendmal wirksamer als Monsieur Descartes.

Ich muss zum Schluss kommen; schade. Über weich geschwungene Anhöhen hinweg, die alle auf ihrem Gipfel das Trugbild eines Tempels tragen, gleitet die Straße dahin, auf ein Ziel zu, auf das ihr euch im Voraus schon festgelegt hattet (ohne irgendetwas zu kennen), und das war ein Dreisternehotel oder die »Côte d'Azur«. Nur zu, ich werde euch nicht mehr aufhalten.

(1964)

17.
Reiseroute von Manosque nach Bargemon

Nur zwanzig Jahre ist es her, dass Manosque zwei Drittel seiner Schönheit noch besaß; wollte man sie vollständig finden, müsste man vor die Zeit von 1914 zurückgehen, als Manosque zugleich ein großes Bauerngehöft und die Hauptstadt wilder Landstriche war. Ich erinnere mich sehr gut an die Zeit, in der die Stadt Viehherden, Pferden und Fuhrwerken Schutz bot, in der sie jeden Morgen aus ihren Pforten die Karren und Schäfer ins Tal niederströmen ließ, als die Sicherheit der Stadt in der Obhut des Eremiten lag, der auf der Saint-Pancrace-Anhöhe wohnte. Er war betraut mit der Aufgabe, die Glocke zu läuten, wenn von Westen die Gewitter (das Einzige, was gefährlich werden konnte) aufkamen. Da sah man dann die Schafherden mit ihren Mutterschafen in wilder Flucht herbeistürzen. Ergänzt werden muss, dass die Stadt zu dieser Zeit von mehr als hundert Jahre alten Ulmen umgeben war, voller Nachtigallen, und dass auf den Plätzen und an den Straßenecken Fontänen, verziert mit Ornamenten von Puget, ihr Wasser in die Bassins niederwarfen.

Alles ist verschwunden. Manosque ist nur noch ein Sammelsurium von Siedlungen für sozial Bedürftige, scheußlich und unbeständig. Die Kleingeister führen nur noch das Wort Moderne im Munde; es ist ihnen gelungen, ihre Architektur bis ins Lächerliche zu treiben. Ziemlich selten ist sie wirklich so gut, dass es lohnt, auf sie hinzuweisen.

Ein Spaziergang durch manche Stadtteile, Schulen, Elendsquartiere und Siedlungen ist der reine Hohn. Die Materialien, mit denen diese grotesken Gebäude erbaut sind, haben glücklicherweise eine sehr schlechte Qualität; in zwanzig Jahren wird man davon nur noch Ruinen besichtigen können. Die zwei Kirchen zeugen allerdings noch von der Erhabenheit der Vergangenheit: Saint-Sauveur und vor allem Notre-Dame; was das Tor der Saunerie anbetrifft, so wurde in den zwanziger Jahren von dem ebenfalls modernen Gemeinderat daran herumgepfuscht, sehr zum Schaden jeglicher historischen Rekonstruktion.

Die einzige qualitativ wertvolle Architektur (und ihre Jahre sind gezählt) ist die der Hügel, der Hochebenen, der Einöden. Schaut man auf die Durance, würde man nicht denken, dass einige zehn Kilometer entfernt von ihr ganz einsame Gebiete existieren, trocken und voller Wind. Der Fluss läuft von Osten nach Westen; rechtwinklig zum Verlauf seiner Wassermassen braucht man nur eine Stunde nordwärts zu reisen, um die Wildnis des Lure zu erreichen und jenseits davon das Gewirr von Bergen, die ineinandergreifen und sich mit dem Vercors verbinden; genauso braucht man nur eine Stunde nach Süden zu fahren, um auf die dantesken Höhenstraßen des Verdon zu kommen und in die wilden Plattformen der Haut-Var eindringen zu können: in das Canjuers mit all diesem Chinesische-Mauer-Gebröckel, das die Weinberge von Bargols, Carcès, Brignoles beherrscht, dazu das zarte Weidengebüsch von Draguignan.

Man braucht zum Beispiel nur die Straße im Süden aus Manosque heraus zu nehmen, vier oder fünf Kilometer breit die Ebene zu durchfahren, und schon kann man die Durance überqueren. Vor der Zeit von Serre-Ponçon und all der Ränkeschmiederei der E. D. F. (Elektrizität von Frankreich) war die Durance ein stolzer alpiner Wildbach; ihre stürzenden Wasser glichen einer Horde von Pferden. Jetzt ist sie ein mulmiger Fluss voller Insekten. Er zieht an dieser Stelle ganz dicht an den Flanken des Plateaus von Valensole entlang.

Dieses Plateau ist vor ungefähr dreißig Jahren von einem gewissen Blanchet wahrlich seiner Krone beraubt worden, denn der wollte unbedingt den Lauf der Dinge ändern. Anstelle der großen Mandelbaumgärten, die über das Plateau hin wuchsen, sah dieser Blanchet, der, glaube ich, (das soll hier keine Anspielung sein!) irgendwo einen Mühlenbetrieb besaß, riesige Getreidefelder entstehen. Er ließ die Mandelbaumgärten abholzen, um eine Art künstliches Manitoba anzulegen. Es blieb künstlich und ohne großes Resultat, doch in den Fußstapfen dieses Attilas des Mehls sind die Mandelbäume nicht mehr wiedergewachsen. Die kleine Bauernschaft, die sich aus dem Börsenmanöver rausgehalten hat, besitzt noch immer ihre Felder, ihre Mandelbäume, ihren Lavendel, ihre kleinen Bauernhöfe, deren Mauern aus abgeschliffenen Kieselsteinen bestehen und die Farbe einer Brotkruste haben. Dieser Bauernstand schafft die Schönheit ringsum und macht die ganze Seele der Ortschaften aus. Bei ihr muss man sich bedanken, wenn die Straße einen bis zu dem Ausblick hochführt, von dem aus man Hunderte von Quadratkilometern überblickt, bis zum Mourre de Chanier im Osten, zur Sainte-Victoire im Westen, zum Ventoux im Norden, zum Berg Apollon im Süden. Freundliche, wohlgeratene Gebirge sind das, schön gezackt und überaus geeignet, im Morgenlicht ein hübsches Blau anzunehmen.

Valensole hat eine spanische Kirche (zumindest hält man sie dafür). Sie ragt mit der Spitze ihres seltsamen Glockenturms über das Plateau hinaus. Einen kleinen Augenblick lang scheint es, als entsteige sie ganz lebendig einem Ozean von Lavendel, gleichsam wie die christliche Cypria. Die Ortschaft ist stufenweise übereinander am Hang eines sonnigen Tals errichtet (daher auch der Name). Man muss sie sozusagen über die Dächer angehen. Von Nahem ist Valensole eine seltsame, durch die Gewalt des Windes geradezu ausgestorbene Hauptstadt. Während der Perioden des Mistrals saust und tönt es in seinen Gässchen wie aus Hörnern, die zum Untergang blasen, und aus allen Winkeln stieben Wolken von Staub, Staub, der rot und beißend ist, durchsetzt von Strohhälmchen, die sich von den Stallungen losgerissen haben. Die Kirche, die wir für spanisch hielten, ist ein wahres Denkmal für die ganze Herrlichkeit, für die Strenge und Melancholie, die so riesigen Einöden innewohnt.

Einige Kilometer von dort entfernt gelangt man durch recht urwüchsige Wälder von Weißeichen in die offene Ebene, wo das Dorf Puimoisson seine Segel setzt. Hier können die Grundzüge des Lebens nur mithilfe geradezu altertümlicher Beherztheit zusammengehalten werden. Es ist noch nicht so lange her, zwischen 1930 und 1935 etwa, da wurde das Land jedes Frühjahr reihenweise von Selbstmorden heimgesucht. Mal war es ein Bassin (obwohl Wasser weiß Gott knapp war), in dem einer sich ertränkte, mal ein Baum, an dem einer sich erhängte. Nach vier oder fünf Opfern willigten die Götter ein, nach allen Regeln der Kunst von einem alten Priester ausgetrieben zu werden, der ganz allein die fluchbeladenen Orte durchlief, unter seinem goldbestickten Umhang in der einen Hand die Monstranz, in der anderen den Weihwedel. Nach der Zeremonie machte man sich wieder ans Leben, das heißt daran, sein ganzes Leben lang Stunde für Stunde konfrontiert zu sein mit einer gnadenlosen Pracht und Herrlichkeit.

Durch den Niederwald, der jedoch trotz seines kurzen Wuchses eine keltische Tiefe bewahrt, führen euch ein paar

Schleichwege in die Gegend von Montagnac, wo euch einige Freuden vorbehalten sind. Es ist das Land der Trüffel und der Gastfreundschaft. Jede kleine Kneipe wird einem für weniger als nichts von seinem Gemenge duftender Pilze kosten lassen. Auf den ersten Blick könnte man meinen, diese unübertrefflichen Wonnen seien wahrlich der Verzweiflung ganzer Schutz und Schild. Dem ist nicht so: denn nur durch den Vorgeschmack auf das Paradies, beginnt die Seele zu verzweifeln; für mich gibt es keine tragischere Erinnerung als diejenige an eine Reise im Morgengrauen mit einem Überlandbus, der (gleichzeitig mit mir) hundertfünfzig Kilo dieser schwarzen Perlen transportierte. Anfangs war ich entzückt. Zum Schluss angeekelt, wie Astronauten, die Opfer der Raumkrankheit werden.

Von Montagnac geht es geruhsamen Schrittes oder mit langsam rollenden Rädern weiter auf das romanische Riez zu, wo zur Zeit der Renaissance der Bruder des Sultans Bajazet eine Weile bewacht wurde. Er diente den Christen als Geisel gegen die Türken. Diese alte, kleine Stadt, die noch vier überaus schöne Säulen eines Tempels zurückbehalten hat, der unter Augustus starken Zuspruch fand, sowie Gässchen von herzergreifend mittelalterlichem Gepräge, war während seiner türkischen Periode voller Mamamouchis, Krummsäbel und Huris. All diese Konstantinopelerie starb in den Gefängnissen Alexander VI. dahin.

Von diesem Abenteuer hat das Land sich den Hang zum Theater bewahrt. Ich spreche nicht von Menschen, die wie alle anderen sind (allerdings immerhin noch mit einem Anflug von Originalität), sondern von der Architektonik der Landschaft. Einige Kilometer von hier aus kommt man zum Beispiel nach Roumoules und kann nicht umhin, an die »breughel'schen Niederungen« zu denken oder an diese Szenerien, auf die sich die Martyrien von Mantegna stützen.

Die große Inszenierung aber ist Moustiers-Sainte-Marie vorbehalten. Unmittelbar nach einer Wegbiegung betritt man, eines Abends vielleicht, ein Schloss, wo mit großem Aufwand *Die Passion* von Arnoul Gréban gespielt wird. Da ist Bethlehem, da ist das Golgatha, erträumt von Hubert Robert, und dicht am Rand der Straße die Wiesen, die Narzissen, die Weiden, die Quellen, die Bächlein, wo Poussin seine Mythologien kampieren ließ. All das, was man woanders gar nicht fände (es sei denn auf Bildern), befindet sich hier. Es ist mit einem Schlag eine überaus großartige Produktion. Die Inszenierung muss haarsträubend viel gekostet haben.

Wenn man vom Theater so recht gesättigt sein wird, dann empfehle ich, hier eine Nacht zu verbringen, in der alle Lampen verlöschen, und gegen Mitternacht auf dem Platz von Moustiers, wenn alle Welt schläft, dem Geräusch des Wildbachs zu lauschen, der in seiner Talschlucht spielend zwischen den Echos hin- und herspringt. Tagsüber hört man ihn nicht, doch wenn man ihn einmal vernommen hat, begreift man urplötzlich mit einem Erstaunen voller Entzücken, dass die Felsen, die Zypressen, die Oratorien, die Kapellen und die Kreuze wirkliche Materie sind, und ihr Regisseur ist Gott.

Ab hier gibt es für die Herrlichkeit der Szenerie kein Halten mehr. Wir sind bei jenen Toren, die man gemeinhin als die »Schluchten des Verdon« bezeichnet. Es ist eine shakespearehafte Landschaft mit einer Spur Victor Hugo und viel Gustave Doré. Desgleichen denkt man an Dante. Tiefe Abfaller, jähe Sturzwände und Schlünde liegen da vor einem. In diese Schwindeligkeiten möchte ich gleichsam ein bisschen Ordnung bringen. Wenn ich diese Orte angehe, dann über eine Marschroute, die die Abgründe miteinander in Einklang bringt; ich schlage den Weg ein, der geradezu widerwillig auf das linke Flussufer zusteuert. Man trifft auf eine Brücke, die sich wie eine Brombeerranke schwingt. Dieses kunstvolle Werk, fast ein bisschen westgotisch, wagt sich über das Flussbett des Wildbachs nur sträubend voran, indem es sich von Böschung zu Gegenböschung hangelt. Unter ihr fließt meist nur ein schmaler Wasserstrahl; mehr oder weniger ein grüner Streifen, und einige hundert Meter oberhalb tut sich gähnend eine merkwürdige Pforte in den Felsen auf. Sogleich stellt man sich vor, was für ein Monster in gewissen Augenblicken da herauskommen muss, wo ein Kunstwerk, auserkoren dazu, ihm die Stirn zu bieten, sich mit so viel Dornen abschotten muss.

Man sollte sich beeilen, um diese Brücke noch zu sehen: ein künstlicher See der E. D. F. wird sie bald fortschwemmen. Man stößt hier auf zwei Weisen, sich der Welt zu bedienen; die eine hat ihr den Zauber belassen, die andere lässt sie schwer zur Ader. Es wird nicht lange dauern (sofern es nicht schon so ist), dass die Leute sich neben ihren Waschmaschinen unsterblich langweilen werden.

Die Straße führt, ohne dabei ihren westgotischen Charme zu verlieren, an herben Abstürzen entlang. Der Blick fällt, je weiter man hochkommt, durch die Breschen bestimmter Wildbäche auf eigenartige Einöden. Man sieht sie sich im Süden dehnen bis hin zu einem fernen Blau, das nicht das der Gebirge ist, sondern das wie der Horizont eines fernen Meers aussieht. Sie sind mit dem dunklen Gekräusel von Eichen und Wacholderbäumen und dem düsteren Grün des Buchsbaums bedeckt. Weit entfernt taucht weithin sichtbar der Turm eines Taubenschlags auf. Dort, wo Taubenhäuser bekanntermaßen überaus üblich sind, stützt so ein Turm den Kadaver eines Gehöftes, verwahrlost seit Louis XVI. und offen allen vier Winden preisgegeben. Übrigens ist auch Schluss mit dem Wissen, dass die Wildtauben Vögel von grausamster, lüsterndster und jämmerlichster Art der Welt sind.

Gerade hier führt euch die Straße in bester Ansicht das Schloss von Aiguines vor Augen. Es ist ein überaus schönes Exemplar von unvergleichlicher Erhabenheit. Ihm stand, wie gesagt, nicht viel zur Verfügung, außer zu verschwinden. Das Schloss ist geblieben. Es hat vier Türme, mit Zwiebelmuster versehen, und ein fließendes Gewässer, das man laufen lässt und zugleich auf indirekte Weise auch in großen Bassins aufspart, die voller friedlicher Fische sind. Den Hang, auf den das Schloss hoch hinaufgesetzt war, hat man sich zunutze gemacht, um durch die Zypressen lauter Treppen herunterlaufen zu lassen, und da man in der Kargheit eine gewisse Wirksamkeit sah, hat man vor dem weiten Ausblick auf die verlassenen Domänen mit ihren Wildtauben schön flach eine wunderbare Esplanade zur Meditation angelegt. In jeder Weise ist dies ein hoher Ort. Er ist sogar noch höher, als man denkt. Man kommt also dort an, meist mit dem Auto, und man hat all das, was man modernen Komfort nennt, zu Hause gelassen (was da wiederum auf einen wartet). Und plötzlich wird einem hier bewusst, dass uns da unten das Wesentliche fehlt. Aber was? Die Zeit! Die Zeit zu leben, die Zeit zu existieren, die Zeit, sich selbst auszuloten. Das, was Fontenelle angesichts des Todes humoristisch »die Schwierigkeit zu sein« nannte. Da habt ihr eure Conditio mitten in den ganzen »technischen Spielereien«, mit denen uns die Wissenschaft belustigt, die vom Zigarrenabschneider bis zur Atlas-Rakete reicht. Hier erfährt man plötzlich mit einem Schlag, wozu das Leben gegeben ist und dass man darin nicht lebt. Jeder Mensch gäbe alles dafür, um die hundert Schritt auf einer solchen Esplanade tun zu können, ehe man in diesen Mauern, gegen die der Wind anheult, schlafen geht.

Von diesem metaphysischen Podest aus muss man die Balkons des Verdon ansteuern, denn auf die Abgründe sollte man sich vorbereiten. Die nämlich sind nicht einfach nur senkrecht zum Zentrum der Erde verlaufende Avenuen, (was schon mal gar nicht so schlecht wäre), sondern so etwas wie Falltüren, aus denen gemarterte, bronzefarbene Felsen hervorbrechen, die aus der Tiefe der Finsternis so unerschrocken gen Himmel geschleudert sind, dass man sich fragt, ob dies nicht irgendein dämonisches Gebärdenspiel ist, das nun versteinert vor einem liegt. Kurzum, der Geist imaginiert und erkennt bisweilen angesichts der maßlosen Schauspiele das Absurde (und dies ist, weiß Gott, eins davon!). Wenn ihr schwindelfrei seid, neigt euch über den Abgrund der Aussichtswarte von Rougon. Tausend Meter tiefer, da schimmert ein dünner Silberfaden, da windet sich still und leise eine kleine Schlange. Nichts steigt aus diesen Tiefen hoch, es sei denn die krachenden Ritterspiele von ein paar Krähen und, wie knisternde Seide, dies Geräusch aus den Moospflanzen längs entlang der tiefen Abstürze, wo das Wasser des Wildbachs aufsprüht und durch das Flechtwerk rieselt. Manchmal, wenn sich ein Strahl der Sonne in den Schlund hinabsenkt, dann sieht man Fragmente eines Regenbogens aufleuchten, wie Himmelsleitern übereinandergeschichtet. Die Vögel scheuen sich, von einem Ufer zum anderen über diesen Hohlraum zu fliegen, in dem die kosmischen Kräfte sich gemächlich regen. Einzig die Raben geben sich diesen Mysterien ganz ungeniert hin. Sie lassen sich mit ihrem ganzen Gewicht (das leicht ist) herunter in den Abgrund; mit kleinen Krächzern schweben sie genüsslich gewichtig im Gegenwind der Hölle; sie schießen wie halb verbrannte Kohlestückchen aus dem Erdfeuer hoch und, gestützt auf ihre Schwingen, sieht man sie an Höhe gewinnen, bis sie hinter den Kammlinien des Sumac verschwinden.

Denn auf der anderen Seite dieser Gebirgskämme liegen die großen, stillen Einöden des Canjuers. Dort werden sie dann Jagd machen auf Zwergmaus und Wachtelbrut, auf die Eier der Lerchen, die Vipern und langen Goldnattern, die im Lavendel schlafen.

Man muss sich beeilen, will man das Canjuers noch sehen. Ein Olymp, doch nur noch kurze Zeit; bald schon wird es in ein Schießfeld umgewandelt sein. Militärflugzeuge werden in diesen unveränderbaren Himmelsräumen brüllen; durchlöchern werden sie diese übergoldeten Böden, wo Zoologie und Mythologie sich mischen und zu jeder Tageszeit in Fleisch und Blut Gott Pan erschaffen. Enteignet werden sie sein, die Menschen mit ihren stummen, farblosen Augen, die das tibetanische Kloster von Lagnerose bewohnen, und das große Geschlecht der Patriarchen und ehrwürdigen Kinder, die selig sind mit ihrem Ackerbau voll Verzweiflung und Wunder in diesem Port-Royal-der Felder von La Barre. Mögen die, die an den (mechanischen) Fortschritt glauben, nur kommen und hier eine Luft einatmen, von der sie niemals gekostet haben; mögen sie nur kommen und sich sättigen an einer Stille, von der sie manchmal zu träumen versuchten; den Wert der Sache werden sie allemal später erst begreifen. Zwei oder drei Schäfer in diesem Ödland der kleinen Herden und Mutterschafe, sicherlich zwanzig Kilometer einer vom anderen entfernt. Der Himmel ist so rein, die Erde ist so eben, dass sie sich sehen werden, ohne einander zu begegnen, ohne den Wunsch zu haben, sich je zu begegnen; zufrieden mit dem, was ihr eigen ist, sowohl an Weideland als auch an innerem Reichtum, geht niemals einer auf den anderen zu, um dessen Bekanntschaft zu machen. Sie kennen sich über die Hunde, die sich manchmal des nachts besuchen, und über den Ton ihrer Kuhglocken, den die Atmosphäre, fein und dünn durch die Höhe, bis weithin trägt.

Nach fast vierzig Kilometern Ödland durchquert man die Ruinen einer gallo-romanischen Stadt, die größer als Paris war; auf jeder Seite der Straße ziehen sich, so weit das Auge reicht, die Steinhaufen von zusammengestürzten Häusern hin.

Endlich zeigt eine Rauchfahne, die am Horizont zittert, Bargemon an, und man steigt voller Staunen in ein mittelalterliches Dorf ab, das nach all dem, was man gesehen hat, aussieht wie eine Vorwegnahme des Jahres 2000.

Über das Tal hin, wo üppige Weidenbäume träumen, kann man von hier aus schon das Rumoren der Route Nationale 7 und selbst der Côte d'Azur hören.

(1963)

18.
Liebreiz von Gréoulx

Der Rheumatismus ist eine weit verbreitete Krankheit, aber es gibt eine ganz andere genauso weit verbreitete Krankheit, die unbedingt zu unserer menschlichen Spezies gehört und erklärtermaßen tödlich ist (eine Volksweisheit): das ist die Langeweile.

Wer kann sich schon damit brüsten, von einer derart moralischen Gesundheit zu sein, dass er sicher ist, vor den Attacken dieses Übels immer geschützt zu sein? Einmal ist es die Erde, unvermittelt verdüstert sie sich, kein Mensch weiß warum, ein andermal ist es gar die Luft selbst, die das Blut nicht mehr durchrieselt, und unser Kopf hat ohne Bilder keine Geschichten mehr zu erzählen. Ich sagte tödliche Krankheit, ohne Frage; auf jeden Fall eine höchst qualvolle Krankheit, deren Anfälle unerträglich sind und einen in äußerste Not bringen.

Ich kenne keinen heilsameren Ort gegen die Langeweile als Gréoulx. Ich weiß sehr gut, was man gegen meine Behauptung vorbringen kann, aber ich weiß auch, dass dieser begnadete Ort mit den alten Heilkräften der Quellwasser den Rheumatismus heilt und deren Gebrauch man, älter als die Welt, wahrscheinlich von weit mehr zurückliegenden Zeiten als von denen der Römer herleiten können muss; dieses Land, dessen Zauber ich aufzählen will, heilt die Langeweile mit Mitteln, die von Gott zu solchem Gebrauch geschaffen sind. Die einzigen Heilmittel überhaupt, wie ich meine. Und ich würde es begrüßen, wenn man mit mir über diesen Punkt von Anfang an einer Meinung wäre.

Ist man es aber nicht, soll ich dann etwa die Nichtigkeit der Mittel demonstrieren, die der Mensch gegen die Langeweile erfunden zu haben glaubt? Aus der Periodizität, die in den Städten mit Kinovorführungen zur *Permanenz* geworden ist, kann man ihren totalen Mangel an Effizienz herleiten. Schaut euch die Gesichter der Leute an, die diese *Eldorados* und andere Gärten der Hesperiden betreten: voller Hoffnung sind sie, und wie hastig und eilig sie sich in das Wunderland der düsteren Säle stürzen! Lasst uns getrost dies Gesicht hier, das seinem Heilmittel verfallen ist, zwei schöne Stunden in die Beize dieser Doping- und Drogenseance legen, und beim Hinausgehen, da wollen wir ihn dann abpassen. Ist der Mensch nun entlangweilt, verzückt, hoffnungsvoll, geheilt, oder ist er ganz einfach nur ruhiggestellt wie nach Aspirin? (Sogar das Aspirin hat nur provisorische Wirkung.) Vom bloßen Anblick würde man derartiges nicht behaupten. Er geht noch verdrießlicher raus, als er reingegangen ist. Die Droge hat ihm, während er sie nahm, nur die Langeweile vertrieben. Trägt er folglich Hoffnung mit sich fort? Nein. Seine Einbildungskraft, wird die ab so einem Augenblick ein edleres Blut erzeugen? Nein. Er kennt nur eins, hin zur nächsten Vorstellung, er wartet auf die neuen Programme wie andere auf Kokain und Morphium, er »betäubt« sich, er entlangweilt sich nicht. Und man kann das gleiche Unvermögen, Langeweile zu heilen, bei allen neuzeitlichen Heilmitteln konstatieren: Tanz, Alkohol, äußerste Laster, bis zur Grausamkeit, zur Bösartigkeit, selbst Sadismus, was sich alles schließlich nach einer kleinen Erregungszeit als untauglich erweist, die Langeweile aus dem kurzen Leben der menschlichen Kreatur zu verjagen. Was soll man anderes tun? Nichts. Und so ist es nun mal, denn zwei Milliarden aufrechtstehende Säugetiere, die täglich vierundzwanzig Stunden lang suchen, haben doch nur das gefunden, was ich soeben beschrieb, und haben als einzige Hilfsquelle schließlich nur den Dreh gefunden, diese Hausmittel in den Grenzen ihrer Möglichkeiten zu perfektionieren.

Nun aber, habe ich mir natürlich sagen lassen, dass die Welt seit geraumer Zeit existiert, und ich denke mir, sie hätten, wenn es gegen diese tödliche Krankheit kein natürliches Heilmittel gegeben hätte, schon lange aufgehört zu existieren. Wer daran zweifelt, braucht nur nach Gréoulx zu kommen. Diese Landschaft hat ihren *Zauber*.

Ich gebrauche dieses Wort in seinem alten, medizinischen Sinn: gibt es doch Wundertäter, die das Unheil bannen, die Brandwunden, den Sonnenstich, selbst die Tollwut (ich würde mich darauf nicht verlassen!). Was die Tollwut betrifft, die nicht in den Zuständigkeitsbereich des Institut Pasteur gehört, so bin ich sehr wohl sicher, dass Gréoulx sie bannen kann. Stellt einen ganzen Katalog von Weltschmerz zusammen, den das moderne Leben den Menschen zugefügt hat, und wenn Gréoulx das nicht heilt, dann fress ich einen Besen, wie der Deutsche sagt.

Nehmt den wütendsten Hitzkopf, allerdings, das versteht sich, unter der Bedingung, dass er noch ein »menschliches Wesen« ist: Der größte Zauberer der Welt kann keinen Hasen aus dem Hut zaubern, wenn der Hase nicht schon im Hut ist – also nehmt den größten Hitzkopf und führt ihn an einem Junimorgen hierher, um die Stunde, zu der der Himmel noch zwischen Knallblau und Saftgrün zögert, während sich die Wolkenflotte, die weit weg ablegt von den Alpen, in Fantasieregatten davonmacht, wenn der Flaum der Nacht noch auf den Blättern und Gräsern glänzt. Wenn er den ersten fünfundzwanzig Schritten trotzt, die er unter den Linden in voller Blüte tut, wenn der Duft, der seine Lungen bläht, ihn nicht sämtliche Gerüche vergessen lässt, die bis eben noch seinen Geruchssinn reizten, wenn ihr nicht seht, wie sein Gesicht sich in staunenswerter Schnelligkeit verjüngt, wie seine Augen wieder naiv werden und sein Mund sich rundet wie der eines Säuglings, dann gibt es keine Hoffnung mehr für ihn, und wenn die Höllenschinder schon dabei sind, ihre Spicknadeln und Beile zu wetzen und er auf der Stelle von denen verlassen sein wird, die ihn lieben und die er liebt, dann kommt es daher, dass er verdorrt ist, und bleibt ihr in seiner Gesellschaft, so riskiert ihr, beim geringsten Windstoß von glühendem Sand bedeckt zu werden, als ob ihr Arm in Arm mit der Sahara spazieren ginget. Aber ich glaube nicht, dass er sich diesen fünfundzwanzig ersten Schritten widersetzen kann. Selbst Don Juan würde dem nicht widerstehen. Von diesem Augenblick an wird er von Freude zu Freude gehen, von Beruhigung zu Ruhe, vom Glücksgefühl zur höchsten Lust; er wird den heilbringenden Rausch der Faulheit kennenlernen, die unwahrscheinlichen Reichtümer der geringsten Minute, und wenn er letzten Endes mit aller Gewalt gezwungen wäre, dies Land zu verlassen, dann wären Eisenzangen nötig, um ihn herauszureißen.

Braucht ihr berufenere Bürgen als mich, dessen Gutgläubigkeit euch (mit vollem Recht) dennoch verdächtig ist? Daran mangelt es nicht. Nehmen wir zum Beispiel den Präsidenten von Brosses. Er ist ein Burgunder aus Dijon; er ist jung, was ihn ganz lebhaft erscheinen lässt. Er fährt nach Italien; man kann ihn unterwegs auf seiner Reise die Glasbläsereien durcheinanderbringen sehen, wie ein von sicherer Hand geschleuderter Kieselstein die Ware durcheinanderbrächte. Das bedeutet, dass er kein Mann ist, der sich von blühenden

Linden beeindrucken ließe. Man sieht ihn zu Pferde aufbrechen (er hat von seiner Reise einen überaus munteren, jedenfalls sehr bekannten Bericht zurückgelassen); und eines Abends wird das Quartier aus purem Zufall in Gréoulx aufgeschlagen. Und er berichtet folgendes:

»Sie glauben gewiss, dass ich schon in Italien bin«, schreibt er, »nichts reist schneller als ein Sessel. Ich, der ich tatsächlich nur meinen Aufenthalt wechsele, ich erreiche kaum noch die nächste Umgebung. Um alles zu sagen, ich bin in der Provence. Beklagen Sie mich; es ist die Dürre selbst. Ich würde den Himmel verfluchen, jetzt nach vier Tagen mörderischer Sonne, wenn ich nicht seit zwei Tagen, die niemals enden sollten, in einem Dorf wäre, wo man Heilwasser trinkt und das sich Gréoulx nennt. Ich wage kaum, hier fortzureisen. Es ist die reinste Oase nach der Wüste. Das viele Grün, die vielen Wasser, all die Anmut des Ortes und ich weiß nicht was für ein Segen, diesem Fleckchen Erde anhaftet, der nicht mal eine Meile lang ist, das macht mich schlaff und fesselt mich in einer Weise, dass ich, wäre da nicht das Versprechen an Mylord Travers, der uns am 7. in Ventimiglia erwartet, diesen Aufenthalt mit Lust verlängern würde. Doch, lang lebe Mylord, ohne ihn würde ich vielleicht meine Tage hier ohne Italien und ohne Burgund verbringen.«

Da haben wir ihn, den *Verzauberten* und ich wiederhole, er ist ein kühler Kopf. Fähig, den Duft der Linden und Feigenbäume tief in sich einzuatmen, braucht es doch mehr als einen Baum, ja eher zwei, um ihn enthusiastisch zu stimmen. Das beweist er im Folgenden, wenn er Schritt für Schritt den Zauber von Florenz bespricht, die Unversehrtheit von Siena und die Heiligkeit von Rom.

Braucht ihr noch mehr Bürgen? Wir haben die Qual der Wahl. Wollt ihr beispielsweise Mirabeau? Nicht den

Mirabeau-Tonnerre der ersten Nationalversammlung – der sich mit kindischem Schabernack »auf dem Sprung« im Gasthof zu Versailles in Manosque begnügte, sondern lasst uns den nehmen, dem man den Spitznamen Mirabeau-Tonneau gab für seine majestätische Fettleibigkeit. Verlassen wir uns nicht zu sehr auf diese Fettleibigkeit. Er ist scharfsinnig wie eine Schwertklinge, die er noch dazu recht gut handhabt. Er selbst hat in Koblenz die Brigade der Todeshusaren gegründet, an deren Spitze er stürmisch angriff. Aber wir brauchen keinen Krieger, bestenfalls einen mit ausgezogenen Stiefeln. Hier ist, was er in Vauvenargues schrieb (zu diesem Zeitpunkt ist er in der Garnison von Nancy):

»Auf den Rat von Madame Pierrisnard habe ich Gréoulx gesehen. Ich bedaure die zwölf Meilen nicht, die ich zurücklegen musste, in diesem Land, das mir kaum etwas an Hoffnung ließ. Mehr als hundert Mal habe ich unsere liebe Freundin und ihr Überzeugungstalent sowie meinen fatalen Hang zum Gehorsam verwünscht. Einen ganzen Tag lang habe ich nur bei den berühmten Wassermelonen Erfrischung gefunden, die man mir, schön ausgekernt, in Pertuis angeboten hat. Doch seit meiner Ankunft hier ist meine Ausdauer belohnt worden. Sie wissen, wie sehr ich Ihre Terrassen und Ihre große Mauer mag: auf die Gefahr hin, dass Sie an wer weiß was für eine epikureische Deformation glauben, muss ich gestehen, dass ich das, was ich hier vorgefunden habe, sehr liebe. Nichts Besseres gibt es für das Glück, für den Frieden, für die Regung eines heiteren Gedankens. Stellen Sie sich vor, wie ich ernsthafte, moralische Konfrontationen mit der Arie aus *Chloris si tant est que l'Aurore …* durchflechte, die ich ständig und ohne Sorge, ob ich sie nun richtig singe, vor mich hin trällere. Das ist der Zustand, in den mich Lustwäldchen und Kühle versetzt haben … Ich bitte Sie, kein Wort davon an Monsieur de Mollans.«

Da habt ihr unseren Tonneau, weit entfernt von Todeshusaren. Er ist in Gréoulx, und er trällert Lully. Der Haudegen enthauptet nur noch mit kreiselndem Rohrstock das Grindkrautgestrüpp auf den Feldern. Fügen wir dem noch hinzu, dass Mirabeau-Tonneau grüne Augen hatte, einen Schlemmermund, die weiche Hand eines Prälaten und einen schwer zu befriedigenden Geist. Da er Lully trällert, bringt er mich auf einen kleinen, braven Mann, den ich sehr gerne mag, Grétry, den großartigen Grétry der *Jahreszeiten* und der *Hymne an die Nacht (Die Erde und die Woge …* – ich, im Gegenzug zu Mirabeau-Tonneau, ich pfeife Grétry, wenn ich in Gréoulx bin).

Grétry, der in Marseille an Land geht, und der von Genua her mit einer Art Marktschiff kommt, halb Zollboot, halb Gemüsekarren, Grétry, der in Marseille krank aussteigt, seekrank von sechzehn Tagen Largade, einem maritimen Südwestwind, der ihm unaufhörlich um die Nase wehte. Grétry, der schier Mittelmeer-betrunken ist und der vor lauter Übelkeit nicht mal mehr ein Salzfass angucken kann. Er hat zu tun in Théus, nahe bei Gap, bei seiner alten Freundin. Eine Gefühlsangelegenheit, ein Bedürfnis, in mütterlicher Zärtlichkeit gewiegt zu werden. Kaum ausgestiegen, hastet er los, und ohne Rücksicht auf seine anhaltende Seekrankheit springt er ins Hôtel zum Malteserkreuz, verlangt Kutsche und Pferd; er macht kaum halt in Aix, schläft kaum in Saint-Paul. Doch, was macht er in Gréoulx, wo er vorbeikommt, wo er nur vorbeifahren muss (sein Quartier ist in Riez)? Er hält an, er schreibt an Madame de Marsante:

»Ich habe nicht widerstehen können. Ich habe haltgemacht. Die drei Schönen (seine Töchter, die bald sterben sollten, jung, wie Rosen im Maifrost), die drei Schönen tummeln sich in Gras und Gewässern wie die Nymphen des Theokrit. Mich dürstet nach Ihnen, doch die Anmut hier gibt mir zu verstehen, dass Ihr es verdient, vor allem einen beruhigten und lachenden Mann wiederzutreffen. Eine Stunde entfernt von Ihnen bin ich festgenagelt und butterweich geworden. Was kann da ein Tag und eine Nacht schon schaden. Ich werde erst morgen wieder abreisen.«

Das also erzählen authentische Reisende von Gréoulx' Liebreiz, und jeder hat seine Sehnsüchte im Herzen: Abenteuer, Ruhm oder Liebe. Wenn man mir nun mit aller Gewalt widersprechen will, so widerrufe ich dennoch nichts, selbst wenn man behauptete, dass ich nur bescheidene Bürgen beisteuern würde, deren Zeugnisse man in Bibliotheken aufsuchen müsse.

O ja, weil unsere Welt ihre Lebhaftigkeit und Fröhlichkeit verloren hat und weil Lebhaftigkeit und Lust demzufolge Museumsstücke geworden sind, Überreste aus verschwundenen Zeiten; weil nur noch einige Hornspieler übriggeblieben sind, die die Geister zugrunde richten, beharrlich darauf versessen, die Herrlichkeit der Tage zu trüben mit ihren Hornsignalen zur Suppenzeit, zum Rapport, zu Kommando und Appell. Doch zu jener Zeit selbst, wo man zu genießen verstand, blieben diese Bezeugungen nicht unbeachtet, man brauchte sie, und ich werde euch dazu mit meinem überaus geliebten Stendhal den Beweis liefern.

Ach, dieser werte Mann! Auch er spricht von Gréoulx, und mit welchen Worten, werdet ihr gleich sehen. Allerdings ist er nicht dort hingekommen. Er ist nicht dorthin gekommen, wie er auch nicht mehr als zweihundert reelle Kilometer von den *Memoire d'un touriste* zurückgelegt hat. Er schreibt sein Buch »für den Broterwerb« in Paris (dem Himmel sei Dank für die Ernährungsbedürfnisse der Genies), indem er sich der Reiseberichte bedient, die er schätzt. Er bemüht sich, nichts von dem, was wichtig ist, zu vergessen, er hält darauf, von allem zu sprechen, im Guten wie im Schlechten. Marseille ist wie eine vergorene Zitrone (und dennoch hat die Venture-Straße seine Liebschaften beherbergt). In Aix sieht er nichts als Dumpfheit. Dagegen spricht er auf bezaubernde Weise von Venelles, wo, wie er sagt, »die rechte Luft ist!« (Man riecht, dass er am Fuß der Sainte-Victoire reichlich geschwitzt hat.) Von der Ebene von Meyrargues nach Perolles sagt er, »sie ist flach und mit Weiden bedeckt«, mehr nicht (ohne weiteres). Er spricht von einem schrecklichen Umstand in Saint-Paul, wo er eines Tages durchmusste, als man die Ställe ausmistete (will sagen, dass er den Bericht von jemandem gelesen haben muss, der hier eines Tages durchgezogen ist, als man die Ställe schrubbte, denn er schreibt das alles in Paris, ohne sich zu rühren). Und was sagt er von Gréoulx? (Was gleichbedeutend ist mit der Frage: was sagen die Leute seiner Zeit von Gréoulx?)

»Ich bin«, sagt dieser Zimmerreisende, »an der Durance entlanggekommen, nahe bei einer Kapelle, die über diesem lärmenden, grauen Fluss voller Kieselsteine liegt. Mein Pferd hat dort sein Hufeisen verloren, und erst der Hufschmied des Gehöftes konnte diesen Huf wieder richten. Zum ersten Mal sehe ich da, dass zu einem Gehöft ein Priestertum gehört. Es trifft also zu, dass die Bauern anscheinend ihrem Hufschmied eine Sonderbehandlung gönnen. Ein geschickter Mann ist das, er hat mir anschließend den kürzesten Weg gezeigt, um nach Gréoulx zu kommen. Ich bin dort um drei Uhr nachmittags angekommen, von der Sonne gebraten und höchst unangenehm mit Distelpulver bestäubt, was mich ins Fluchen brachte. Schlechte Laune und Juckreiz, alles hat sich hier beruhigt. Das Wasser der Bäder ist ölig wie Milchrahm, und ich kenne kein größeres Glück, als was mir anschließend widerfuhr: in frischer Wäsche umherziehen unter dem Laubdach der gewaltigen Platanen. Bemerkenswert ist, dass die Gesichter der Bürger hier Beseeltheit und Frieden ausstrahlen. Das ist ansteckend.«

Also müssen diese Beseeltheit und dieser Frieden damals weit bekannt gewesen sein, wenn Stendhal, ohne Paris zu verlassen, diese Zeilen schrieb.

Aber wozu soll es gut sein, weiterhin Belege und Beweise anzuhäufen, auf die man, wenn man weiter bis zu Ariost zurückgeht, wieder stoßen könnte. Seit wann hat die Schönheit Bürgschaften nötig? Und ich spreche hier von der höchst klassischen, von der höchst griechischen, und selbst von der eines Racines, von der höchst französischen unter allen Schönheiten.

Wenn es ein Buch gibt, das man in diesem zauberhaften Gebiet ununterbrochen lesen könnte, dann ist das die *Odyssee* mit ihrer ganzen Kraft und Lebhaftigkeit, mit ihren irdischen Überresten voller Widerschein all der Göttinnen, mit ihrem Geräusch von Wind und Wogen (des nachts erzeugen die Platanen in Gréoulx dasselbe Grummeln wie der samtene Wogenschlag der windstillen Meere). Wenn es ein weiteres Buch geben kann, das man hier lesen sollte, dann ist es *Phädra*: das habe ich probiert. So treffend, so volltönend und so würdig der Vers ist, so leidenschaftlich und scharfsinnig, kann er doch jeden Augenblick verglichen werden mit der schlichten, dennoch wundervollen und herzzerreißenden Harmonie der dürren, ockerfarbenen Gräser, der grauen Mäuerchen, der Olivenbäume, die in einem wässerigen Blau miteinander vermischt daliegen wie Hügel im Brustharnisch einer Amazone.

Und will man an das Innerste meiner Gedanken (und dieses soll wohl unter uns bleiben, denn lasst uns unsere

Rezepte der Zauberei sorgfältig hüten), in das, was der Seele hier entspricht, um dort die Harmonien des Friedens und der Ruhe zu begleiten, so sind da die Märchenbilder und Düsterkeiten Shakespeares und vor allem die verwunschene Maßlosigkeit eines *Don Quichote* in der Sierra. Träumend unter den Sternen, in den lauwarmen Falten einer Mattigkeit, die eines Gottes würdig ist.

(Gréoulx, 22. Juni, 1950)

19.
Revest-du-Bion

Ich kenne es jetzt, das Herz dieser Haute-Provence, ich habe darin gewohnt, mitten im Rhythmus seines Herzschlags, es hat mich mit seinem Blut und mit seiner Glut überflutet, und da tauche ich nun aus ihr hervor, nackt und klebrig, wahrlich, als ob ich endlich geboren wäre.

Ich bin seit einigen Tagen in Revest-du-Bion, bei meinem Freund, dem Maler Eugène Martel. Wir speisen zusammen bei unserem Freund Bonniol. Wir schütteln die Hände unserer Freunde, die Maurels, Martels und die Louis' aus Rivièregrosse. Bonniol hat uns erst einmal mit mariniertem Wildschwein und Drosseln bewirtet. Inzwischen ist er wieder zu einer sanfteren Kost zurückgekehrt, zum Glück für unsere armen, vereinsamten Leiber. Abends reicht er uns einen Thymiantee, falls er sich nicht gerade irrt. Falls er sich irrt, macht er uns einen Sellerieaufguss. Das passiert, wenn Madame Bonniol zur Abendandacht geht, um den diensthabenden Bruder predigen zu hören.

Revest-du-Bion liegt auf tausend Meter Höhe, genau dort, wo das Plateau anfängt, direkt unter dem großen Windhobel, ganz eingehüllt in Späne aus Wolken, mitten in dem weiten Heideland, das sich sanftmütig, wie die Schwingen eines Adlers, rund um uns herumbiegt. Ich bewohne eine kleine Mönchszelle, wo das Fenster durch ein Bollwerk von fast zwei Meter Dicke hindurchgebrochen ist. Auf der anderen Seite der Fensterscheibe, die Stille. Und manchmal ein merkwürdiges Murren von Fell, das sich an der Hauswand reibt. Der Wind. Wir haben Juni und es ist kalt. An diesem Abend sagte der erste Mann, der bei Bonniol eintrat, um meine Geschichten zu hören: »Es wird schneien.«

In diesen vergangenen Tagen sind wir mit Martel die friedlichen Wanderwege abgelaufen, die von lauter Schönheiten gesäumt sind. Das ganze Plateau zieht sich wie eine breite Dünung rings um das Dorf herum. Im Osten liegt der Ventoux wie ein Löwe und schnaubt seinen eisigen Odem aus, und vor ihm galoppieren die Hügel wie eine langgezogene Herde in Bocksprüngen dahin. Martel kennt Zeit und Ort, kennt exakt den Ort, zu dem man seine Schritte lenken muss, um vor sich, wie im Sturzflug auf die harmonischen Ebenen hin, das große Fest der Farben und Formen zu haben. Wir sind den Weg zur alten Mühle hochgegangen. Dann sagte er zu mir:

»Noch ein paar Meter, drehen wir uns. Da ist es.«

Da war es.

Auf Höhe unserer Lippen sanken die Getreidefelder im Wind wellenartig schillernd wie moiriertes Blei in die Niederungen. Da hinten eine blaue Lücke, die aus dem Fauchen der Bäume ihren Atem holte, danach erhob sich die Erde, verfilzt von einer seltsamen Graswolle bis zu den Pinienwäldern, die sich am Horizont ohne Unterbrechung von einem Saum zum anderen dahinzogen. Hinter den Pinien erstreckte sich eine weitere Leere, schrecklich weit, wo ohne Unterlass mächtige Vögel aufblitzend emporstiegen, und da hinten in der Ferne, wie auf dem Rückgrat eines niedergegangenen Tiers den Himmel tragend, der Ventoux mit all den Muskeln und Schwellungen auf seinem granitenen Knochengerüst.

Es war da, zwei Meter weiter war es nicht mehr da. Stattdessen etwas ganz anderes: Der Pass von Négron mit all den

Hautflechten verlassener Dörfer, mit der Lagerstätte an der Quelle, dem versiegten Brunnen, dem Kastanienbaumwald, der Sandbank von Saint-Christol … Wir haben den ganzen Tag lang gemächlich die Wallfahrt gemacht. Ohne Gnade drängte die Erde um uns herum lauter märchenhafte Schönheiten zusammen. Wir sind mit einer guten, stillen Schwermütigkeit heimgekehrt. Ich habe meine Mönchszelle, weiß und schweigsam, wieder angetroffen, ich bin schlafen gegangen, trotz der Helligkeit, die noch an die Scheiben klopfte, und ich bin eingeschlafen unter der gewaltigen Decke der Landschaft, die Arme ausgebreitet über das weite Heideland, den Kopf auf Hügel voller Kornblumen gestützt, die bleifarbenen Getreidefelder in Augenhöhe, mit ihrem Geruch nach frischen Laken und Liebe.

Heute, am Sonntag, hat Eugène Martel mit seinem Neffen, dem Notar in Sault, telefoniert, den wir dann an Bonniols Tafel als unseren Tischgast hatten. Ein großer Junge, sympathisch und klardenkend mit schönen, schweren Augen, gut beschlagen in den Geisteswissenschaften. Dann ist der Vetter Léon Maurel gekommen, um mit uns Kaffee zu trinken. Wir haben ihn vorgestern kennengelernt. Er war gerade dabei Viehfutter zu mähen. Und wir jagten Schmetterlinge. Er sagte uns:

»Kommt hier her.«

Er hat seine Stute angehalten. Er hat mir die Schmetterlinge mit dem Hut gefangen.

Er ist also für einen Kaffee zu uns gekommen, und im Nu haben wir beschlossen, diesen Nachmittag die Karsthöhle von Servi zu besuchen, eine Schlucht nahe bei der Petite Pelissière. Gleichzeitig – es liegt auf dem Weg – zeigte Martel mir die große Eiche von Bournas. Zu Beginn ist die Straße noch eine Straße, aber dann biegt man nach links auf kaum abgesteckte Wege, das Ginstergebüsch schrappt über die Unterseite des Wagens, Stechginstergesträuch verkrallt sich an den Wagentüren, das Auto prustet mit kleinen Stößen durch die Erde und schaukelt wie ein Schiff. Einen Augenblick lang hatten wir den Weg verloren, da hat Maurel dann mit drei Männern, die Heu wendeten, gesprochen.

»Das ist Macimine«, sagte er beim Zurückkommen.

»Macimine«, sagte Martel, »da können wir nicht vorbei, ohne anzuhalten, was wird er sonst sagen, es ist mehr als vier Jahre her, dass wir uns nicht mehr gesehen haben.«

»Nein«, sagt Léon Maurel, »ich habe ihm gesagt, dass Sie in Gesellschaft sind. Zurück, Monsieur Charles, den Rückwärtsgang, bitte, und den Weg in den Eichenwald.«

Die Karsthöhle von Servi ist eine Art schwarzes Maul in gleicher Höhe mit dem Plateau, ohne Barriere, ohne Ankündigung, versteckt hinter Buschwerk. Man könnte da mit dem Auto ganz leicht hineinfallen. Die Höhle ist ohne Grund. Fünf Meter davor sind wir stehengeblieben.

Von einer Seite ist sie steil abschüssig, von der anderen Seite geht es bis zu einer gewissen Stelle sachte abwärts. Wir haben uns auf diesem sanften Abhang ein bisschen in die Kluft vorgewagt, haben Steine in die Öffnung geworfen, und sie unten drinnen scheppern, zerspringen und dann sich verlieren gehört. Von Zeit zu Zeit steigt aus diesem Schlund so etwas wie ein Seufzer auf, der in der Sonne erstirbt.

»Das ist ein Loch«, sagt Martel.

Wir kehren durch das Heideland ohne Weg und Steg zurück, und recht bald stehen wir dem weiten Flügelschlag des Plateaus aufs Neue gegenüber. Die kleinen Augen von Martel glitzern. Er schaut um sich wie ein Schiffskapitän. Er streckt den Finger aus, um mir etwas zu zeigen, und jedes Mal taucht an der Spitze seines Zeigers der Horizont auf und sein schwermütiger Rhythmus.

Plötzlich, als wir gerade aus dem Kastanienwald treten, stoßen wir direkt auf Macimin. Da steht er mit seinem Sohn und einem Nachbarn. Er war zum Hof zurückgegangen. Es hat ihn gewurmt, zu wissen, dass Martel da war. Er war voller Verlangen. Er sagte sich: abwarten. Er hat gesehen, wie das Auto wendete. Er sagte sich: Sie werden durch die Kastanien fahren. Und dann: da wollen wir uns hinstellen, sie können nicht umhin, dort vorbeizukommen. Und schon sind sie da.

»Ich wusste«, sagt er, »dass du dicht an meinem Hafer vorbeikommen würdest.«

»Macimin, ablehnen können wir wohl nicht«, sagt Martel, »aber nur fünf Minuten.«

Wir bringen ihn zwischen Martel und mir im Auto unter. Er sitzt ganz steif da, die Hände auf den Knien, den Kopf erhoben. Er riecht nach Kastaniensaft und Tabak. Er hat ein rundes Gesicht, backsteinrot, mit einem kleinen, kurz geschnittenen Bart, ein Schnurrbart, ganz weiß, wie ein Stechginsterbusch, ausgehöhlte Wangen, auf denen sich alle Lücken in seinem Mund abzeichnen, und kleine, lebhafte Augen, munter und gleißend wie ein Wind im jungen Hafer.

»Der Zufall entscheidet«, sagt er und sieht Martel dabei an. »Kurz, du bist nun mal da.«

Sein Gehöft erhebt sich jenseits des Graslands. Es liegt mitten in der Heide. So weit man sehen kann, weder Hof noch Dorf: Hügel, Wälder, Erde voller Kieselsteine. Der Hauptteil des viereckigen, einfachen Gebäudes ist von einer Wachtmauer aus ungemörtelten Steinen umgeben. Wir treten ein. Eine gerade Außentreppe, leicht zu verteidigen, geht zur Pforte hoch.

»Steigt hinauf.«

Ein alter Labrador bellt.

Und schon habe ich das Herz der Haute-Provence betreten. Zehn Quadratmeter Holzbalken. Das Dunkel wird durchbrochen von dem zuckenden Gezwinker eines kleinen Kaminfeuers und von einem Strahl der Sonne, der durch die Fuge im Fensterladen dringt und zu zittern beginnt, wenn der Wind am Haus rüttelt. Mitten im Dunkel steht eine hoch- und breitgewachsene Frau, ganz in Schwarz, mit Auriga-Tunika. Alles Licht im Raum liegt auf ihr, wie Blätter von einem vergoldeten Efeugewächs.

Sie hat an einem schwarzen Ausguss die Gläser gespült.

Jetzt sehe ich den breiten Tisch, den Brotschrank, die Feuerstelle mit einem kleinen Häufchen Glut, und alles dazu sauber wie der Mühlstein in der Mühle. Der Labrador hat sich unter dem Tisch schlafen gelegt, den Kopf an die Schuhe seines Herrn gelehnt. Macimin hat sich neben uns gesetzt, die Füße geschlossen, die Knie gespreizt, die Hände auf den Knien, den Oberkörper gerade, den Kopf ein bisschen zurückgelegt, als ob er durch die Zimmerdecke den gewaltigen Deckel des Himmels über der gewaltigen Welt betrachten würde. Hier drinnen hat er seine tierische, erdhafte Kraft gefunden. Er hat die Wachtmauer hochgezogen, die Türschlösser geschmiedet, die Treppen aufgetürmt, die Balken aneinandergefügt, die Türen zusammengenagelt, Stroh ausgelegt, die Schafe eingepfercht, mitten in der Wildnis und in der rauen Gewalt des Windes Schutz geschaffen, die dunkle Stube, wo seine Frau sich ausruht in der nüchternen Redlichkeit der langen, sperrigen Falten ihrer Röcke, während der Nordwind draußen die Espen biegt und die Nester der Falken hin und her schwingt.

»Lange her, dass du in Revest warst«, sagt Martel.

»Sieben Jahre. Ich habe ein Pferd, das scheut.«

Er fragt uns nach Neuigkeiten von André.

»Es geht ihm gut.«

»Umso besser«, sagt die Frau.

Sie hat sich neben ihren Mann gesetzt. Sie sieht ihn mit Augen voller Bewunderung an, noch immer voller Bewunderung, trotz des langen Lebens Seite an Seite, das sie alle beide mitten ins Greisenalter geführt hat. Und jetzt, während er von dem Tag spricht, als er eine Wagenbremse geschmiedet hat, von damals, als er das Wildschwein getötet hat, von dem Augenblick, an dem er Angst gehabt hat mit seinem Pferd, das auf den Abhängen am Berg scheute, da summt sie zur Stimme ihres Mannes halblaut vor sich hin, Zustimmung, Ausruf, leiser Kommentar, ihre eigene Angst, Bewunderung, sanfte, wundervolle Bewunderung in ihren Augen und – da sehe ich plötzlich, während der Klotz Eichenholz im Kamin hochloderte – die liebliche Treue, die über das ganze, marmorne Gesicht leuchtet.

Bevor er uns gehen lässt, hat Macimin uns den Glanz und Reichtum seiner Farm gezeigt.

»Ein federleichtes Wässerchen.«

Ja, ein fusseliges Wässerchen, federspitzengroß, das in ein kleines Reservoir rinnt.

*

Da steigt der Revest vor uns auf. Wir sind wieder da, nachdem wir den Eichenbaum von Bournas gesehen haben, und der einsame Baum vermischt sich in meinem Kopf mit diesem einsamen, friedfertigen, von Gott erfüllten Mann.

Alles, was dir unmöglich erschien, ist da, du brauchst nur zuzugreifen. Allein deine Einfältigkeit hat dich daran gehindert. Du musst wagen, was der andere gewagt hat. Einfachen Leuten, wartend am Wegrand, die Hände erhoben, gegen den leeren Himmel, nur denen gibt man.

Gleich wird Madame Bonniol kommen und dir farcierte Zucchini anbieten.

»Falls Ihnen der Sinn danach steht, Monsieur Jean!«

Später wirst du deine Kerze ausblasen, du wirst tief vergraben im Bett das bisschen Wärme unter der gefalteten Bettdecke suchen, und in der Stille des Hauses wirst du das Hin- und Herschwingen der hohen Standuhr hören, die wahrlich eine großzügige Zeit angibt, um Abgründe und Horizont im Leben voll zu durchmessen.

Leg dich nieder in deinen Schlummer, wie der Leichnam, der durch die Tür tritt; morgen wird neues Leben in deinen Adern rinnen.

(1933)

20.
Das Lure-Gebirge

Ihr könnt mir glauben, Kameraden, dass ich euch nicht die Tour vermasseln will, seid ganz beruhigt. Ich sehe euch noch beim Abstieg aus dieser Gegend. Der Abend brach an, wir waren müde. Die Straße folgte dem Wildbach. Der Rastplatz lag hinter dem Hügel. Man musste, auf tausend Wegen und Umwegen, nur dem grünen Wasser folgen, das allein imstande war, sich durch die bleifarbenen Felsen Bahn zu brechen, und ich pfiff die ganze Zeit, um die Gangart festzulegen und die Müdigkeit zu vergessen. In Sicht des Dorfes, allerdings weit genug entfernt, um unter uns zu sein, haben wir angehalten. Wir hatten so viele schöne Dinge gesehen, dass unsere Augen wie Fuchsaugen leuchteten. Eine Blauerle wurde über und über von den letzten Reflexen des Tageslichts angestrahlt. Einzig nur beleuchtet. Sie allein war Tag und Licht auf der weiten, dunklen Erde, sie allein, mit ihren Silberblättern. Allein auch wir mit unseren lauteren Herzen.

Erinnert ihr euch? Henri Fluchère sagte:

– Wirst du keine Witze machen? …

Ich sagte:

– Nein, ich mache keine Witze, aber trotzdem, werde ich von diesem Land erzählen.

Rey gesagt:

– Warum? Behalten wir es für uns.

– Ich glaube nicht, sag ich noch, dass wir, ihr und ich,

dieses Land nur für uns betrachten können. Schwer wird es auf unseren Herzen liegen, als ob wir einen Gott aus Stein gestohlen hätten.

Und Jacques Lévy-Puget hat gesagt:

– Er hat recht. Lassen wir ihn offen sagen, was er will. Das wird anderen nur guttun.

Und das haben wir dann beschlossen:

In Anbetracht dessen, dass ich der Führer gewesen bin und dass ich das bis an den Wolkenrand blaue Land als erster in Augenschein genommen hatte, habe ich auch das Recht, darüber zu sprechen, aber da anempfohlene Menschenhebe bei sich selbst anfängt, da wir fünf fröhliche Gesellen sind, die fest entschlossen sind, nichts in den Schmutz ziehen zu lassen von dem, was wir gesehen, berührt, geatmet und gefühlt haben, so habe ich nur das Recht, über dies Land zu sprechen, wenn ich Menschen, die etwas davon verstehen, Lust darauf verschaffe – und auch den richtigen Weg anzeige.

– Die wir dann auch das Vergnügen haben zu treffen, hat Jacques gesagt.

Und zugleich presste er die Kinnladen zusammen und blickte starr geradeaus.

Ich habe gesagt:

– Seid unbesorgt, ihr habt es mit einem Ehrenmann zu tun, der seine Fehler auch eingestehen kann. Oft habe ich, wenn ich die Freude gefunden hatte, alles herausgeschrien, und auf diese Weise habe ich mir hundertfach Bergtäler verdorben, Weideland unter Weiden. Lauter von Weißdorn und Wildbach versperrte Straßen, ich habe sie den Schmutzfinken geöffnet. Alles ist um mich herum eingestürzt, so sicher wie nach der Apokalypse. Jetzt stelle ich mir für mich selbst noch mal eine neue Welt zusammen. Ich bin Egoist: Daran bin ich mehr als ihr interessiert.

Sie wussten es.

– Diejenigen, die kommen werden, sagte ich, die werden quer durch meine Worte gegangen sein. Ich werde ihnen alles sagen, was zum Finden nötig ist, aber ich werde sie auch warnen, dass sie ohne Herzensgüte niemals dies Land betreten können, das das schönste aller Wunderwerke ist.

Und danach rauchten wir eine milde Pfeife.

*

Im Osten und Süden liegt das Tal der Durance. Im Westen das Tal der Rhône. Im Norden die Gedrängtheit der Berge, die sich gegen das Vercors lehnen. Die Einfallstraße liegt in einer Talmündung, versteckt hinter einer Gipsbrennerei und drei Zedern, von Kopf bis Fuß ganz weiß, weil sie stets im Staub der durchgesiebten Steine stehen. Man fährt bis zu einem gewissen Punkt mit dem Auto. Das, was ich einen gewissen Punkt nenne, ist ein zweigeteiltes Dorf: ein verlassenes Dorf und ein belebtes Dorf. Bis dahin hat sich die Straße an einer Felswand aus blauem Schiefer entlanggeschlängelt. Hier und da öffnet sich die Felswand, lässt einen Wildbach durch, der die Straße zerstört, darunter aber so allmählich und träge seine Schlammerde ablagert, dass aus ihr irdische Paradiesgärten hervorgehen, mit Birnbäumen, höher als Eichen, Wiesen, so blutvoll durchströmt, dass sie davon ganz blau sind, und mit zauberhaftem Weidengebüsch voller Meister der Musik und Träumerei, aus deren Schar sich gegen Mitternacht ein Vogel erhebt, groß wie eine Getreideschwinge, goldfarben, und dessen Schrei ein langgezogenes »Ah! Ah!« ist, wie die Stimme einer Frau, die singt, sich aber nicht mehr des Lieds entsinnt und vergnüglich weiter vor sich hin moduliert. Genauso ist es und nicht anders.

Ich saß im ersten Auto mit Rey und Henri. Hundert Meter hinter uns fuhr das Auto von Jacques, in dem Charles

Kardas saß, der Fotos gemacht hat, um zu zeigen, dass dieses Land existiert.

Einen Augenblick lang gibt Rey, der den Wagen fuhr, einen unterdrückten Schrei von sich und bremst. Er braucht uns nicht zu warnen. Wir sehen es selbst. Da ist eine Schäferin. Sie läuft am Wegrand, ihre kleine Herde folgt ihr nach. Sie ist so schön, dass wir neben ihr ohne Geräusch vorbeifahren, das Auto läuft sachte im Freigang. Wir überholen sie. Wir geben Jacques ein Zeichen. Aber wir legen kaum dreihundert Meter zurück, bis Rey bremst, hält, uns anschaut und sagt:

– Nein, wir müssen sie noch mal sehen.

Jacques holt uns ein.

– Wir meinen, sagen wir, dass man sie noch mal sehen muss.

– Das meine ich auch, sagt er.

Er seufzt:

– Das Land ist schrecklich.

Wir verstecken erst mal unsere Autos unter Weiden auf einem Sandweg.

Wir steigen jenseits der Straße wieder hinauf bis in die hohen Heidebüsche. Wir sagen kein Wort. Sie kommt. Ich habe noch nie eine derartige Frau gesehen. Was ich da sage, haben alle vier Freunde einer nach dem anderen auch gesagt. Der eine den einen Tag, der andere den anderen Tag, als er sich erinnerte. Von Zeit zu Zeit sprechen wir noch von ihr. Sie ist uns ständig vor Augen. Nein, wirklich ohnegleichen!

Sie ist kaum sechzehn Jahre alt. Stämmig, rosig, rein. Sie singt. Eigentlich gar keine Stimme. Sie hört auf zu singen, die Harmonie pflanzt sich ohne sie fort, in den Bäumen, im Glockengeläut ihrer Schafe, im Weidengebüsch, im Wildbach, im Echo, im Weidenbaum. Sie läuft barfuß. Sie hat kleine, fleischig braune Füße mit schönen, gespreizten

Zehen. Die Fesseln sind ebenso mollig, die Wade ist hart, marmorn das Bein. Ihre Brust ist eine Frauenbrust. Zu beiden Seiten Arme wie die Henkel vom Korb, wie die Henkel von der Öl-Kruke, wie Korbbögen vom Getreidescheffel, mit dieser gewissen Beuge, die die Männer vor hunderttausend Jahren erfunden haben, um ihren Händen Halt zu bieten, rund um schöne Vasen herum, die den Reichtum der Welt in sich schließen. Das Gesicht ..., nein, nicht das Gesicht. Sie ist an uns vorübergeschritten. Ihr Gang war Musik. Nie hatten wir eine schönere Freude, als sie gehen zu sehen, eine schönere Freude habe ich nie erlebt. Man konnte sich den Mann vorstellen, wie er ihr den Wasserkrug und den Getreidescheffel aus den gekrümmten Armbeugen nimmt, sie kraft seiner Arme hochhebt und feierlich Öl und unvergänglichen Weizen davonträgt.

Sie ging vorüber, schlug einen Weg quer über den Hügel ein, stieg auf, verschwand. Wir werden sie nie mehr wiedersehen.

*

Das Land? Da ist es.

Die Weite eines Erdreichs ohne Grenzen, wellig, perlfarben, mit vielen Bäumen. Wie dieses Erdreich seine Bäume trägt, wartet nur, ich sage es euch gleich. Zunächst wie Horizont, wie lauter Wolken. Warum?

Was ist daran so besonders? Wandernde Wolken und doch keine Himmelswolken, Wolken von der Erde her. Ich mache mich schwer verständlich. Weil, ich selber habe schlecht begriffen. Allein, seht her, was sich abspielt: in einem gewöhnlichen Land steigen die Wolken am Horizont hoch, kommen näher, ziehen immer höher, entfernen sich dann, steigen nieder, sinken wieder – aber erst, wenn sie sehr weit von uns weg sind – bis zum Erdboden herab.

Sie entschlüpfen uns. Niemals kann man sie mit der Hand berühren. Wer von uns hat nicht die Lust verspürt, Wolken zu berühren? Hier berührt man sie. Sie ziehen auf gleicher Höhe mit der Erde. Sie umgeben euch, es schwindet einem plötzlich jeglicher Mensch, jeder Freund, ja, die ganze Welt. Man ruft. Und es antwortet ein Baum. Denn dieses Land hat nur hohe Bäume: Birken, die keine Schösslinge, keine Zweige, noch sinnloses Blattwerk hervorbringen, es sei denn zwanzig Meter über dem Boden. Da aber entfalten sie einen Blätterwuchs, der dichter, schwerer, schöner und melodischer nicht seinesgleichen hat. Man ist verloren in lauter Wolken. Man ruft. Ein Baum gibt Antwort. Die Antwort eines Baums, das ist wahrlich die Rede Gottes. Das ist reine Güte! Das ist Hoffnung! Das ist Gesundes! Das ist Freude! Die Wolke geht vorüber. Der Baum schweigt. Man findet in den Kreis der betörten Freunde zurück.

Die wenigen echten Bauern, die diese eigenartig schönen Böden bewohnen, sind misstrauisch und hellsichtig. Man kommt nur an sie heran, wenn man zuvor mit ihnen Freundschaft geschlossen hat, und mit ihnen Freundschaft schließen, heißt begreifen, was Freundschaft ist. Sie haben die Angewohnheit, das Land zu durchqueren und von einer Birkenreihe zur anderen zu ziehen und das braucht Stunde um Stunde. Diese ganze Zeit über begleitet sie die Stimme der Bäume. Was sollten sie auch in dem Handel, den die Menschen so treiben, zu gewinnen haben? Nichts; und könnten doch alles verlieren. Sie haben uns aufgenommen.

(1934)

21.
Die Erhebungen des Vaucluse. Gordes

Die Anzahl der Autos nimmt in absurden Proportionen zu. Die Städte sind verstopft von diesen Kraftfahrzeugen, die klumpig geronnen an den Straßenwänden kleben, so wie man heutzutage sagt (das ist modern), das Cholesterin gerinnt an den Wänden der Blutgefäße. Die Straßen selbst sind dem nicht mehr gewachsen, diesen Strom der vier Räder in Umlauf zu halten, die sich stoßen, aneinandergeraten, gegenseitig zerquetschen oder an einem Baum von Sully zerdrückt werden und, alle viere in die Luft, ihre Toten an Böschungen, auf Feldern und im Staub verstreuen. Man spricht nur davon, die Straßen zu erweitern. Das würde nur Aufschub verschaffen. Für eine gewisse Zeit wird die Beförderungsleistung dem Anschein nach reguliert sein, aber da nun mal die Anzahl der Autos weiterhin in absurden Proportionen steigen wird, wird sich auch der Zeitpunkt wiedereinstellen, zu dem man die Straßen aufs Neue, wiederum in absurden Proportionen, erweitern wird.

Es gibt nur eine Lösung, nämlich das Denken ändern. Es gibt zwei verschiedene Arten des Gebrauchs von Autos (und Straßen). Da gibt es den Reisenden und da gibt es denjenigen, der den Ausbruch sucht, frische Luft, Sonne, Freiheit, den man in einer gewissen Epoche als Neugierigen bezeichnen konnte oder als »honnête homme«. Der Reisende kann per Eisenbahn reisen (die inzwischen so schnell, so komfortabel und so gemütlich geworden ist), was aber den Neugierigen betrifft, wie kommt es, dass er nicht sieht, dass er sich getäuscht hat? Er muss schon sehr verliebt sein in diese Ansammlung von Blech, von Getrieberädchen, von Kolben, worin das Benzin karburiert, dass er nicht gewahr wird, dass sein Instrument und dessen Mechanik ihn niemals dahinführen wird, wohin er will. Ich spreche nicht von dem Dummkopf, der, den Hintern im Sitz, sich schlicht und einfach befriedigt mit Standortwechsel, Geschwindigkeit und Landschaft, die er zusammen- und durcheinanderwirft, noch spreche ich von dem geistig Armen, der sich jahrein jahraus mit seiner Durchschnittsgeschwindigkeit begnügt, ich komme auf meinen »honnête homme« zurück. Derart herumkutschiert in seiner Blechbüchse (oder in der Wanne seines Kabrioletts hockend), bricht er nicht etwa aus, er wechselt nur schlicht und einfach den Platz. Niemals geht es bei seinen physischen Bedürfnissen um solche Regungen, die Freude erzeugen. Nur noch mit der Handhabung seiner Pedalen beschäftigt, ständig Steuer und Hebeln unterworfen, ist er niemals frei, ist so sehr sogar Gefangener seiner im innersten sinnlosen Gesten, dass, wenn diese Gesten quasi natürlich geworden sind, er sich nur noch langweilen kann: Er ist mit nichts verbunden, es sei denn damit, gut zu fahren, in jeder Hinsicht gut zu fahren, eben gut fahren, um gut zu fahren, was streng genommen nichts ist.

Die Arbeit von François und Claude Morenas trägt mehr zum Glück bei als tausend Autobahnbaustellen. Seit Jahren sind sie an der Arbeit und haben die Karte mit den Verzeichnissen von Fußpfaden für lange Marschrouten angefertigt. Wenn man sich vom Elend des Autofahrers überzeugen will, braucht man nur diesen »Fußgängerführer« mit dem Guide Michelin zu vergleichen. Alle Reichtümer belaufen sich auf Asterisken (die man höchst unangemessen Sterne nennt), Gäbelchen und kleine gezeichnete Bettchen; von Zeit zu

Zeit wird auf einen romanischen Portalvorbau hingewiesen, auf eine Renaissancefassade, die man nach Schweinshaxe mit Senfsoße besichtigen kann, auf einen nahen Aussichtspunkt, wo man zum Pinkeln absitzen kann, auf eine historische Prächtigkeit, ausersehen dazu, den Benutzer zu überzeugen, dass er kein absoluter Trottel ist (was natürlich nur ihn selbst überzeugt). Der erste Führer hingegen lässt uns in das Leben dieses Landes eintreten. Das ist ein Peru der Reichtümer von größter Seltenheit. Das, was bestimmte Stadtkinder, selbst der kleinsten Städte, nie gesehen haben (und gewisse Erwachsene auch nicht), das, wofür der moderne Mensch sich abrackert, um es sich überhaupt wünschen und dem nachjagen zu können mit seinen aufgesattelten Anhängerstützen, das liegt da vor seinen Augen, die es in seiner ganzen Wahrhaftigkeit sehen, vor seinem Mund, der es einatmet, es aufsaugt und zum Greifen nah liebkost, zu liebkosen lernt: Die Stille, die Einsamkeit, das Dahinziehen von Schatten und Licht über die Erde, die Gewalt, die Zartheit des Windes, der Geruch der Luft, die Reinheit des Wassers, das Echo der Täler, die göttliche Verwirrung der Intelligenz angesichts der einfachen Dinge, das ganze Gefüge der Mythologien. Hier gibt es nichts Halbverdautes, alles ist in ursprünglicher Beschaffenheit, die Wesenheiten sind unversehrt.

Die Erde, der Himmel, das Feuer sind da, für euch allein. Die Landschaften sind ganz persönlich; bei manchen seid ihr die ersten, deren Augen darauf ruhen, und über andere haben vorher vielleicht (mehr oder weniger) hundert große Geister nachgedacht.

Die Luft, die ihr atmet, hat zuvor niemand geatmet, das Wasser, was ihr trinkt, kommt aus dem Schoß der Erde, dieser Vogel singt für euch, nur ihr alleine habt gesehen, wie dieser grünlich schimmernde, einem Goldklumpen ähnelnde Mistkäfer das Blattwerk von diesem Fenchel überquert, wie diese Bläulinge über diese Wasserlache tanzen, wie dieser Wiesel vom Eichbaum herabgleitet, diese Ringelnatter den Weg überquert, ihr allein habt gehört, wie es in der Tiefe der Täler braust, ihr seid die einzigen, die (ganz zwanglos) die Versammlung der Götter oben auf den Berggipfeln sehen.

(1. Juni 1961)

22.
Die Schluchten des Verdon

Nichts ist romantischer als die Mischung dieser Felsen und dieser Abgründe, dieser grünen Wasser und dieser purpurfarbenen Schatten, dieses Himmels, ähnlich dem homerischen Meer, durchweht von einem Wind, der mit der Stimme toter Götter spricht.

(1959)

23.
Die Crau

Von der Mitte des Frühlings an beginnt die Crau, sich mit Schafen zu bedecken. Man hatte sie in kleine Parzellen unendlich vieler Schäfereien und Ankerplätze gepfercht, um den Winter zu überdauern. Jetzt strömen sie von allen Seiten in Hundertschaften, Bataillonen, Regimentern, Armeekorps, Horden und bringen die Erde unter Millionen kleiner Schritte zum Dampfen. Die Tiere schauen zu den Alpen hin. Durch unmerkliche Bewegungen versammeln sie sich, sie stoßen und drängen sich von Osten her zusammen. Jeden Morgen wittern sie, blöken sie der aufgehenden Sonne entgegen. Man spürt, dass es weniger um Menschenbefehle geht, als dass sie nach ganz natürlichen Prinzipien gehorchen. Die Schäfer machen weniger den Eindruck zu kommandieren, als dass sie von der Herde mitgezogen werden, und wenn man sie rund um die Satteltaschen beschäftigt sieht, wie sie die Maulesel und Karren beladen, erinnert es an Schiffbrüchige, die die Flöße herrichten.

Ist es die Stimme eines Patrons, eines Generals, eines Gottes, oder ist es die natürliche Gewichtigkeit von hunderttausend Tieren, die so mitreißend wirkt? Doch eines Morgens stehen sie alle da, das Maul hin zur Straße gerichtet. Schritt für Schritt, ohne Hast, aber mit einem Starrsinn, den nichts aufhalten kann, setzt sich die Wanderschäferei in Gang. Durch Salon, durch Lambesc, durch Coudoux, durch all die kleinen Täler, die gegen das Plateau von Trévaresse,

Aix-en-Provence, zum Sainte-Victoire-Gebirge hin ansteigen, laufen sie auf das Tal der Durance zu. Während die ersten Maultiere, die die Packtaschen tragen, von Rognes her in die Wälder der Steineichen eindringen, schlagen andere den Weg über die Brücke von Malemort ein, bevölkern Tausende von Tieren die Straßen nach Charleval, La Roque-d'Anthéron, Saint-Estève, Le Puy-Sainte-Réparade, indem sie die breiten Weiten der Durance-Niederungen vom Geklingel, Geblöke, von Schreien, Pfiffen und Gedröhn aus ihrem Marsch widerhallen lassen.

Für diese ersten Gebiete, durch die der Almauftrieb zieht, kehren gleichsam »die Tage Roms« zurück. Der Staub qualmt unter dem Getrappel der Herden, wie er aufqualmte unter den marschierenden Legionen. Nicht mehr die alten Mauerwerke aus Cäsars Zeiten, die Torsos von Minerva, die Tempelruinen sind hier anachronistisch, sondern all die automobilen Blechkisten, welche dieser Masse unzähliger Tiere auf den Leim gegangen sind. Autos von Touristen oder Händlern, Lastwagen, Lieferwagen, die nicht rechtzeitig von den Invasionsrouten abgebogen sind, stehen zwischen Platanen an den Grabenrändern. Die Fahrer, die vor ein paar Augenblicken noch zum 20. Jahrhundert gehörten, zur Welt der Geschwindigkeit, liegen im Widerstreit mit den uralten Eigentümlichkeiten ihrer Vorväter. Man kann nicht umhin, die natürliche Erhabenheit sofort zu begreifen, die da, gesteuert von den zwingenden Notwendigkeiten des Lebens, aus diesen riesigen Bewegungen stammt. Man regt sich nicht auf wie bei einer gewöhnlichen Verkehrsverstopfung. Man wartet. Man begreift. Die alte Neugier wird befriedigt. Mancher, der vor fünf Minuten noch einen Sportwagen fuhr, ist wie erfasst vom Hauch einer Regungslosigkeit, die einst den Maler der Höhlenwände beseelte. Er bewundert die gewaltigen Hörner der Widder; er verspürt einen himmlischen Schrecken angesichts dieser Flut von Mäulern, die den Ostgebirgen zugewendet sind; er erfaßt etwas vom Ruf des Menschen, der voranzieht, der in diese Horde und dieses Chaos Ordnung bringt, der diesem gigantischen Ortswechsel den Weg weist; etwas hat ihn angerührt von dem, was in seiner menschlichen Natur an höchst Einfachem und ganz Wesentlichem liegt; er ist aus dem mechanischen Getriebe hinein ins Leben versetzt worden. Es dreht sich nicht mehr darum, die Gangschaltung zu bedienen oder den Tank vollzutanken, es geht darum, zu überschlagen, zu welcher Zeit man denn diesen Mutterschafen eine Pause verschaffen müsste, die da herhumpeln und einander rufen, diesen Lämmern, die starrköpfig dem Gleichschritt einer gnadenlosen Wanderung folgen.

Wie eine Flut, eine Springflut, die aufwärts in die Flüsse hochsteigt, so steigt diese immense Truppe mehrerer hunderttausend Tiere das Tal der Durance wieder hoch, flutet unterwegs in Städte, Dörfer und Weiler, schwemmt über die Straßen zu den Hauptorten der Region, reibt sich Wolle und Wollschweiß ab an Mauern von Banken, Präfekturen und Läden, reißt freie Auslagen um und fällt über alle Brunnen her.

Je höher diese Woge steigt, desto kriegerischer werden die Tiere. Die Luft der Höhen, die ihnen in Schwaden entgegenschlägt, voller Duft der Hochweiden, verleiht den Halsglocken tüchtig Kraft. Das Gebimmel klingt härter, das Blöken wird herrischer. Von der Höhe der Plätze und Hügel, die über die weit verzweigten Täler ragen, sieht man Staubwolken dampfen, die dieser obstinate, leidenschaftliche Marsch aufwirbelt.

Dort oben im Gebirge sind die Lager bereits bereitet. Quartiermacher sind vorausgeeilt, um die Sennhütten zu öffnen, die Strohmatten an die Luft zu tragen, die Gehege wieder herzurichten. Wenn man hier hoch genug über dem Boden stünde, um das Ende des noch weit entfernten Auftriebs zu sichten, könnte man in der Einsamkeit der Berggipfel die Rauchfäden erkennen, die aus den alten Schornsteinen steigen, wo man schon auf sie wartet. Aber tief nach unten hin, dort, wo diese Mongolenhorde beharrlich dahinstampft, da sieht man immer noch nichts als Straße. Gewiss doch, seit dem Abmarsch aus der Crau hat diese Straße sich verändert; man ist hier bereits in einem anderen Land. Schon lange hat man das Land der Tamarindenfrüchte, Salzkraut, Kardy-Artischocken verlassen, man hat selbst das Land der Olivenbäume und Terrassenfelder hinter sich gebracht, man hat die Gegend der hohen Eichen erreicht, der Birnengärten, der kühlen Gewässer, mit bereits fettem Kräutergras. Längst haben die Tiere während der Rast an den Ruheplätzen von immer reicheren, duftigeren Weiden probiert. Längst haben sie am Wildbach von einem Wasser getrunken, von dem man dort unten, in der trockenen Crau nur träumen kann. Die ganze Müdigkeit vom langen Marsch, das ganze Drama dieser unaufhaltsamen Drängelei voran, ist längst belohnt worden. Aber sie müssen noch viel höher, noch viel weiter steigen.

Gegen alle Vorstellung verliert diese Flut im Davonziehen nichts von der Kraft ihres Beginns. Sie gewinnt dazu, sie wird immer furchtloser. Jeden Abend, bei Einbruch der Dämmerung, macht die Trift am Straßenrand halt. All das, was sie an animalischer Leidenschaftlichkeit in sich trägt, kehrt zu seiner Ursache zurück: das Mutterschaf säugt seine Lämmer, der Schafbock geht von Liebschaft zu Liebschaft, von Kampf zu Kampf, von Schnarren zu Geschnarr. Dann, in einer tiefen Stille, fallen die Tiere in den Schlaf. Das ist die Stunde, in der der Schäfer sich für einige Minuten in den Menschen seiner Zeit zurückverwandelt. Er raucht seine

Pfeife oder denkt an das Lied, nach dem er da unten mit seinem Mädchen des Sonntags immer getanzt hat. Auch er zieht hoch; auch er wechselt sein Leben. Eine neue Luft füllt seine Lungen.

Unterdes ziehen Sonne und Sterne ruhig ihre Bahn. Zwanzig Tage sind es schon, seit sie aufbrachen, und sie brauchen noch gute vierzehn Tage, bis sie angekommen sind. Der Sommer rückt heran, sie müssen vor ihm eintreffen. Man bricht also schon in stockfinsterer Nacht auf. Man weckt mit einem Peitschenhieb die Tiere, mit Pfiffen, mit Hundegebell; man schwenkt Lichter mit ausgestreckten Armen. Man schreit Befehle. Man setzt Kerzen auf die Tragsattel der Lasttiere an der Spitze des Zugs; man hakt rote Leuchten an den Karren ein, man verdoppelt die Hintermänner. Die Nacht füllt sich auf einen Schlag mit dem Lärm eines Sturzbachs. In den verschlafenen Städten öffnen die Händler und Bürger nur halb die Augen. Ein verworrenes Getöse von Geschichten und Legenden schlüpft in ihren Schlummer. Die Hunde der Höfe werden unruhig, die Echos rollen. Die riesigen Truppen setzen ihre Rüstung in Bewegung und ihre Glocken bringen die gesamte Klangfülle der Täler ins Beben.

Täler, immer enger, je mehr sie zu ihrem Ausgangspunkt steigen; die Trift immer länger, je enger die Passage ist, durch die sie müssen. In dem Augenblick, in dem der Sommer an die Berge rührt, wenn die ersten Blumen auf den Hochweiden von Allos erblühen, auf dem Wiesenland am Berg Viso, in der Einöde des Lautaret, da setzen die ersten Maultiere, sogleich gefolgt von den ersten Schafen, den Fuß auf festen Bergboden. Seit dem Abmarsch aus der Crau hat sich die Trift aufgeteilt. Sie überzieht die Alpen ab dem Pass von Tende bis nach Modane; aber bis sie endlich über die Hochweiden ausschwärmen kann, musste sie sich erst noch in eine ganze Menge Täler verteilen. Ein Teil der Schafe ist in Richtung der Berge von Barcelonnette gezogen, ein anderer Teil nach Briançon, ein weiterer in Richtung Grenoble. Es gibt Unterkünfte für den Auftrieb bei Montgenèvre, nach Névache hin, andere am Pass von Larche, am Pass de-la-Madelaine, wieder andere in Richtung Lus-La-Croix-Haute im Massiv vom Jocond und Garnesier. Doch alles ist seit Jahrhunderten so gut geregelt, dass just in dem Augenblick, wenn sommerliche Blumen auf unseren Weiden sprießen, das erste Lämmchen, dazu bestimmt, dies Blumenkraut zu fressen, auf dem Weg mit der Schnauze voran zum Vorschein tritt. Hier jedoch bricht der unaufhaltsame Elan zusammen, der die Tiere durch die Straßen stieß. Sie wissen, dass sie ankommen werden. Der Marsch verlangsamt sich. Das ist keine Bewegung mehr von Suchen und Erringen, das ist ein Marsch der Besitzergreifung. Die Männer machten den Eindruck, zu führen; in Wahrheit haben sie nichts geführt. Wenn die Schafe keinen Schäfer gehabt hätten, hätten sie ganz alleine die Crau verlassen, und ganz von selbst wären sie auch in den Bergen angekommen. Sie hätten vielleicht ein bisschen mehr Zeit dafür gebraucht, sie wären sicherlich weniger zahlreich angekommen, aber angekommen wären sie. Wenn die Schäfer sie gestern im Rastquartier hätten festhalten wollen, so hätten sie es nicht vermocht. Die Schafe wären entwischt und hierhergelaufen. Wenn die Schäfer sie heute weitertreiben wollten, würden die Schafe dableiben, wo sie sind. Sie sind angekommen, und sie wissen es.

Und so beginnt ein friedliches Leben. Das Sommerland ist erreicht. Mögen Nebelschwaden die Herde umzingeln, Kälte und Frost der Höhenlage sie überfallen, eisige Unwetter sie durchnässen, die Herde bleibt da, sie klammert sich fest, sie ist zu Hause. Sie lebt, sie frisst, sie vermehrt sich. Sie läuft nicht mehr, sie lustwandelt, bewegt sich mal hierhin, mal dorthin. Sie wandert nicht mehr von Sehnsucht zu Sehnsucht, sondern von Freude zu Freude, sie hat ihre Ruhe gefunden. Für lange Monate hat sie sie gefunden.

Doch sie hat sie nicht für immer gefunden. Das Zünglein an der Waage, das die Bewegung bestimmt, ist ein himmlisches Instrument. Die Gestirne des Sommers gehen langsam gen Westen nieder. Jeden Morgen wird der Himmel des aufdämmernden Tags ein bisschen mehr vom Sternbild des Winters übersät. Am Verhalten dieser Schafhorden, die auf den Gipfeln der Alpen ein ausgewogenes Leben führen, ändert das offenbar nichts. Doch eines schönen Tages richten sie die Mäuler zur Straße hin, die herabführt. Das Gras welkt unter dem ersten Frost dahin. Die Maulesel sind aus ihrem Pferch getreten, sind beladen, die Peitschen schwingen sich in die Luft, die Pfiffe brechen los, und die ganze Horde setzt sich auf der Straße in Bewegung, hin zu den Ebenen, der Sonne entgegen, dem Winterlager zu. Die Wege füllen sich aufs Neue, die Nächte der kleinen Städtchen werden wieder zu Nächten der Urzeit. Die Trift lässt ihre Woge zurückfluten.

(1961)

24.
Das Mittelmeer

Dieses Meer trennt nicht, es vereint. Es drängt den Völkern seiner Küsten trotz verschiedenartiger Herkunft und gegensätzlicher Religionen die gleichen Gesten auf. Der Spanier der Sierra-Regionen bringt seinen Esel hoch wie der Libanese; der Olivenabschläger vom Var schlägt an seinen Baum wie der in Delphi; man sieht bei Aigues-Mortes die gleichen Hitzeluftspiegelungen wie im ägyptischen Alexandria; die Thunfischfänger von Carr schleppen ihr Thunfischnetz, indem sie dieselben Lieder singen wie die Fischer von Tyrus oder Pélus; vom selben Drehfuß, scheint es, sind die Umdrehungen in Schwung gebracht worden, die die Wasserkrüge von Griechenland und die der Balearen, wie auch die von Tanger abgerundet haben; im August schläft Marseille, wie Karthago schlief; Cartagena trocknet seine Trauben wie Rhodos.

Lange Zeit habe ich in den Hügeln um Manosque herum die Szenerie der Orestie gesehen; so ein kleines Tal im Norden des Sainte-Victoire-Gebirges scheint von dem Seefahrer Sindbad beschrieben worden zu sein; dieser Landmann kommt bei Theokrit oder Virgil vor; dieser Drosselfallensteller kommt in der arabischen Geschichte von Tabari vor; dieser Schweinehändler aus Draguignan ist so listig wie Odysseus; dieser Faulpelz von Neapel schimpft wie Achilles; dieser andalusische Karrenführer trinkt genauso aus dem Tonkrug, wie Harun al Raschid. Sogar die Toten werden mit derselben Wehklage beweint, und der korsische Totengesang hat den gleichen Tonfall wie das Klagen der Berber.

Nicht über das Meer hinweg, sondern mithilfe des Meeres hat sich überall dieser Austausch vollzogen. Setzt einen Kontinent an seine Stelle, und nichts von Griechenland wäre herübergekommen nach Arabien, nichts von Arabien rüber nach Spanien, nichts aus dem Orient in die Provence, nichts von Rom nach Tunis. Doch über dieses Wasser werden seit Jahrtausenden Mord und Liebe getauscht, und eine spezifisch mediterrane Ordnung setzt sich fest.

(1959)

IV

TRADITION UND WANDEL

25.
Legenden von der Haute-Provence

Alle Legenden der Haute-Provence stammen aus drei Quellen, tief versunken in der Zeit.

Die jüngsten Legenden sind nach arabischem Geschmack. Sie sind gewöhnlich in Dörfern zu Hause, die hoch oben auf die Felsen gesetzt worden waren. Es sind jene, die vom Leben der Aquädukte und Brunnen erzählen. Der Held, sei er nun Emir, Sklave oder Kaufmann, ist immer sympathisch. Je schwärzer er ist, desto dickere Lippen hat er, je weißer seine Augen sind, desto mehr wird er geliebt. So liebt man in diesen armen Dörfern den arabischen Raubgesellen von außergewöhnlichem Stolz.

In den Geschichten von jenen Männern geht es fast immer um Wasser und um Quellen; und die Prinzen sind vor allem Brunnenmeister. Sie sind die Gebieter über Kühle, über Gischt und Schaum, Schatten und unterirdische Wasserläufe, wo in Wasserrinnen aus kaltem Gestein Teerwasser dahinplätschert.

Sicher, man spricht in diesen Geschichten bisweilen auch von Liebe. Das muss schon sein. Diese Legenden machen fast den Eindruck, sich dafür zu entschuldigen. Wenn sie euch ein Landsmann erzählt, so wird er euch das zarte Misstrauen der Frau, das ihr aus den geschriebenen Wörtern nicht entnehmen könnt, mit seiner Betonung und mit seinen Gesten verständlich machen. Seine Begeisterung, das Beben seiner Stimme aber, das wird er aufheben für den Augenblick, an dem das Aquädukt die Täler und Berge überspringt.

Manchmal ist der Held römisch, ohne genauere Erläuterung an der Grenze zwischen Römer und Araber. Und alsbald streicht auch die immergrüne Eiche, gebeugt unter der Last ihres Blattwerks, mit den Spitzen ihres Gezweiges sanft über die Wolle der virgilischen Mutterschafe. Nahe bei dem Dorf Saint-Geniez-de-Dromon gibt es einen Stein, der Schriftstein heißt. Und das hier sagt er in schöner Großbuchstabenschrift: »Ich, Dardanus, Präfekt von Cäsar, der ich, mit Ruhm und Ehre vollgestopft, abwarf die Bürde der Macht, habe mich in diese Berge zurückgezogen mit Galba, meiner ehrenwerten Frau, um von nun an hier im Frieden der Herden zu leben.«

Die etwas älteren Legenden sprechen von der Geburt Christi. Sie sind in allen Ländern weit verbreitet. Aber die Haute-Provence ist ein raues Gebiet. Lange Zeit brauchte sie die Hoffnung, und sie verbiss sich geradezu darin, diese selbst in der Hoffnungslosigkeit zu finden. Bethlehem war zu weit fort. Wenn diese Ereignisse jenseits des Meers geschehen waren, wer wusste denn, ob das auch wirklich wahr war. Und es musste wahr sein, um jeden Preis. Also haben sie die gesamte Geschichte umgeformt. Nicht nur in der Haute-Provence, sondern in ihren Städten ist alles geschehen. Die Krippe stand hier. Die Leute vom Nachbardorf werden sagen, dass sie bei ihnen stand: Lasst sie reden. Der Stern, einer mit Namen Arniaud hat ihn gesehen. Der Stall, der war da unten, an der Ausfallstraße von Pigne, im letzten Haus rechts. Und Vénérande, die hat das Kind gewaschen. Die Fleischbrühe, die Maria getrunken hat, die hat ein gewisser Barbe gemacht, mit dem Fleisch von einem Ochsen, der dies Gras gefressen hatte, was ihr da gerade vor euch seht. Der Neffe Toubille hatte die Nachricht überall verbreitet. Die Anbetung? Also, was die Anbetung betrifft, da war einer, den sie Maure nannten oder Maurin, also, der war wohl nicht von hier, das muss ich schon zugeben, aber eins kann ich euch versichern, Jesus ist hier geboren. Bethlehem! Ach, glaubt doch nicht an ihr Bethlehem. Er ist hier geboren. Und wenn die Geschichte zu Ende ist, können wir wieder das riesige, raue Land beschauen, mit seinen Schieferbergen, die aussehen wie der Leviathan.

Etwas weniger Legenden gibt es von der dritten Kategorie, aber dafür sind sie auch ein bisschen älter. Das sind die Nachmittagslegenden, die Sommerlegenden in der vollen Mittagssonne. Da ist einmal ein Ziegenbock gekommen. Er lief auf seinen Hinterpfoten. Er hatte himmlische Augen. Man hat sich nicht mehr aus dem Haus getraut. Die Dörfer waren wie ausgestorben, wie heute in der Siestazeit. Wenn man seine Augen gesehen hatte, stürzte man fort, zur Tür hinaus. Ich spreche von den Frauen, den Mädchen. Man war gezwungen, sie festzuhalten, sie anzubinden; manchmal auch, sie zu töten, und dennoch, der letzte Sprung, den sie machten, war der zur Tür. Jene, die trotz allem entkamen, die sah man wie auf Ziegenbeinen in einem Zug ins Gebirge laufen, dann waren sie auf immer verschwunden. Sie wurden zu Zedernköniginnen. Hoch oben in den düsteren, wuchtigen Gebirgen, da standen damals Zedern, die man immer noch sehen kann. Sie wuchsen unter diesen Bäumen zu Königinnen heran. Und dann? Na ja, das ist alles. Es gab da auch eine Frau, also einen Frauenleib. Ich kann gar nicht darüber sprechen. Der verzaubernde Blick des Ziegenbocks war nichts gegen sie. Sie trug niemals Kleider. Man konnte sich im Übrigen nicht vorstellen, dass sie hätte Kleider tragen können, selbst wenn man ihr welche aus Glas hätte schneidern können. Warum aber? Es wäre eine Sünde gewesen, wenn sie welche angelegt hätte. Dann verschwanden die Männer. Zu was wurden sie? Zu nichts: Sie begriffen etwas. Was begriffen sie? Das kann ich euch nicht sagen.

Doch die älteste Legende, die werde ich euch noch schnell erzählen. Im Luberon gibt es ein Dorf, das heißt Vitrolles. Eines Morgens sind die Bauern hinausgegangen: Da war alles wie verwandelt. Die Bäume, die bleiben doch immer dieselben, würdet ihr sagen, ihre Umrisse würdet ihr wiedererkennen, aber ebenso wie, wenn ihr einen Mann seht, er zu lachen beginnt und ihr ihn immer noch wiedererkennt, lachten die Bäume. Das ließ sich jedoch nicht sehen. Der Ackerboden lachte. In Vitrolles gibt es Mandelfelder, Pinienwälder, Wintereichen und immergrüne Eichen; der Boden ist entweder beackert oder liegt in natürlichen Wiesen da: Alles lachte und jedes hatte sein eigenes Lachen. Und nach und nach fingen die Männer an zu lächeln. Und alles wurde einfach. Das Ganze dauerte einige Tage, dann fiel alles in seine Gewöhnlichkeit zurück. Da entdeckten die Jäger im Gebirge eine gewaltige Spur, die durch die Wälder lief. Alle Zweige der Bäume lagen nieder, als ob irgendetwas hier durchgegangen sei. Auch das ist alles, mehr nicht.

(November 1937)

26.
Die Santons

Wir haben alle Krippen gebaut; dann haben unsere Kinder wiederum Krippen gebaut. Nun, wenn wir es genau betrachten, sehen wir, dass es mehr als ein wunderbares Winterspiel ist; es ist ein Mittel des Ausdrucks. Im Grunde genommen sind wir immer noch in der Epoche der Höhlen: Wir müssen immer noch auf Wänden malen.

Da sind nicht nur die Krippenfiguren. Es gehört auch der Aufbau der Landschaft dazu. Eine Landschaft von Judäa ist es nie. Es ist immer eine, die uns vertraut ist; der Marseiller stellt Marseille dar; der Manosquer Manosque; der Pariser Paris. Und auf diese Weise ist, uns zufolge, Gott in den Felsen von Allauch geboren, auf der Anhöhe des Mont d'Or oder im Gehölz von Boulogne. Das bringt ihn uns großartig nahe. Noch dazu sind Allauch, der Mont d'Or oder das Gehölz von Boulogne (oder der Wald von Fontainebleau, oder dieser durchsichtige Wald nackter Birken, nahe eines gefrorenen Teichs, in den hinein Breughel sein *Massaker der Unschuldigen* setzt) auf dem Aufsatz der heimischen Kommode aufgebaut, auf dem Gestell einer Anrichte, auf dem Buffet, von dem man den Nippes weggeräumt hat. Wenn es je irgendeine Art und Weise gegeben hat, die Legenden der Rindfleischsuppe anzupassen, dass man nämlich zumisst und gleichzeitig einverleibt, dann hier. Hier konkurrieren alle Haushaltsgegenstände miteinander. In meiner Zeit bestanden die Hügel, die ich mit grauem Papier veranschaulichte, aus einem Substrat der Werke von Eugène Sue, Alexandre Dumas und einem Exemplar der Gedichte von Malherbe. (Es ist eigentlich nur dazu benutzt worden. Ich frage mich, warum mein Vater dieses Buch unter seinem Schusterwerktisch aufgehoben hat.)

Im letzten Jahr haben meine Töchter das Plateau von Valensole dem Bethlehem einverleibt, denn sie verfügten über dicke Lexikonbände des Bescherelle. Ebenfalls hatten sie für den Boden diese großen, grünen Löschpapierbögen benutzt, die mir als Schreibunterlage dienen, sodass wir nun tatsächlich mitten im Frühling waren, nämlich in der Zeit, in der die frische Saat den englischen Teppich unter den Mandelbäumen ausrollt. Zu meiner Zeit, da machte ich die Flüsse aus Schokoladenpapier. Flüsse, die ziemlich anders aussahen als unsere Durance (der einzige Fluss, der mir in diesem Alter zu sehen beschieden war), denn die Schöpfung (und vielleicht sogar selbst die von Gott) vollzieht sich immer in Bezug auf die Wirklichkeit, also bisweilen auch gegen die Wirklichkeit. Aufgepasst aber mit dem Schokoladenpapier! Das war aus echtem Blattzinn, so echt, so schwer und so dick, dass meine Mutter das Stanniol sorgfältig aufbewahrte, es zu Kugeln zusammenknüllte, und wenn die Kugel groß genug war, damit die Löffel und Gabeln wieder neu verzinnte. Dies Schokoladenpapier, das kunstvoll in die Spalten der mit grauem Papier überdeckten Bände von Eugène Sue gehängt wurde, gab pompöse, üppige Wasserfälle her, die alle Wasserbauingenieure zum Träumen brächten. Das heutige Schokoladenpapier schafft nur ein mageres Wässerchen, ohne Widerschein, bei dem man sich am Ende fragt, ob es überhaupt trinkbar ist, ob es nicht verunreinigt ist, mit Erdöl oder Salz. Ich habe meinen Töchtern gesagt, dass es meiner Meinung nach mehr wie Judäa aussähe als früher meine norwegischen Wasserfälle. Sie haben mir aber geantwortet, dass Judäa ihre geringste Sorge sei, und dass sie eine Beschaffenheit anstrebten (d. h. auf der Suche nach ihr seien), die das tiefe Wasser veranschaulichen kann, das blaue Wasser, das Wasser der Donauarme und vielleicht sogar das schier uferlose Wasser der Amazonasströme, das in allen provenzalischen Köpfen spukt.

Da sind wir also, weit entfernt von den heiligen Orten, von der heiligen Geschichte. Aber es tut gut, zu sehen, dass nichts sich ohne Träumen und Wünschen vollzieht; nicht mal das »Heilige Kind«.

Was die Krippenfiguren anbelangt, so sagt die Art und Weise, wie sie in die Landschaft eingebettet werden, etwas über das seelische Geheimnis aus. Ich bin meine ganze Kindheit hindurch von überaus gottesfürchtigen Damen und Dämchen umgeben gewesen. Alle haben selbstverständlich Krippen gebaut. Rings um den Stall, wohlverstanden (dennoch immer geschmückt mit Sternen und sogar mit langem Schweif), ordneten sie ihre bäuerische Landschaft aus Tonerde an. Vor dem Stall, ganz richtig, die Heiligen Drei Könige, dann, auf Wegen, Hügeln, in Tälern, auf Brücken, in den Prärien, unter Bäumen, das wandernde Fußvolk.

Ein Volk, beladen mit Stockfisch, (komisches Geschenk für eine Schwangere aus Kleinasien), mit Zuckerhüten, mit Spitzenballen, sogar mit geschliffenen Messern. Das ist aber nicht das Wesentliche. Wo ich sie auch sehe, immer sind die Krippenfiguren ringsum in der Landschaft verstreut. Einige dieser gottesfürchtigen Damen und Dämchen, die hundert, ja, zweihundert Objekte zurechtgerückt haben, bauten Krippen, wo schließlich der arme, kleine Stall ganz alleine unter seinen Sternen mit Kometenschweif rumstand. Die ganze übrige Völkerschar der Figürchen hielt dumm auf den Wegen Maulaffen feil. Gerichtet – oh, sicherlich – hingerichtet zum Stall, jedoch nur müßig herumstehend, die Zeit vertrödelnd, ja, selbst listig den Schlauen spielend, richtig beschäftigt, Leben zu demonstrieren, ein Leben, egoistisch für sich selbst.

Nun denn, ich sah (ich war vier Jahre alt, und das Schauspiel erschütterte mich so sehr, dass ich es später nachahmte) eines verhängnisvoll düsteren Abends im Dezember 1899 die Krippe von einem armen Mädchen, schlecht angesehen im Viertel (von recht üblem Ruf sogar, die zu besuchen mir verboten war – und wohin ich dennoch auf meinen kleinen Füßen lief, denn sie war hübsch, traurig und mit vanilleduftendem Reispuder parfümiert). Dieses arme Mädchen (dem ein schlechter Lebenswandel nachgesagt wurde) hatte zu den heiligen Figuren und den Königen nicht mehr als lumpige zwanzig Krippenfiguren kaufen können. Sie konnte keine Landschaft dazu bauen, oder hatte keine Zeit, oder nicht Geistesgegenwart genug gehabt. Auf dem nackten Küchentisch, direkt in die kleinen Vierecke (mit den Löchern) des Wachstuchs hatte sie das heilige Kind gesetzt, ohne Sterne, noch Kometenschweif, und ringsherum dicht aneinandergedrängt, in der gleichen Armut (die ausweglos schien), gemeines Volk und Könige vermengt.

(1953)

27.
Über die toten Olivenbäume (I)

Ich habe viel über die Haute-Provence geschrieben, sei es, dass mir ihre Landschaften als Szenario meiner Romane dienten, sei es, dass ich das Bedürfnis verspürte, einfach nur die Schönheit dieser urtümlichen Landschaft zu verkünden. Ich schreibe in diesen ersten Apriltagen von 1956, die auf einen Winter folgten, der später sicherlich einmal als *der große Winter* bezeichnet werden wird. Mehr als drei Wochen lang hat ein Frost ohnegleichen die Schönheit dieser Landschaft zerstört. Jetzt sind die Olivenbäume gerötet, die Eichen weißlich, die Pinien rostfarben.

Dem Besucher, der vom Norden herunter der Sonne entgegensteigt, dem verbirgt die Freude an der Sonne das Ausmaß des Unheils. Vielleicht findet er das sogar pittoresk, diese neuen Farben, diese seltsamen Harmonien, diese Rötungen und diese aschfarbenen »Kamelien-Damen«. Er befindet sich jedoch mitten unter toten und absterbenden Bäumen.

Dieser Tage habe ich mit einer Gruppe von Eignern und einem höheren Beamten vom Landwirtschaftsamt eine Tour durch die Ölbaumpflanzungen gemacht. Wie alle anderen auch, die Olivengärten besitzen, so hatte ich *die meinen* auch schon vorher besichtigt. Ich hatte ein paar Zweiglein abgebrochen, um zu sehen, ob der Saft noch in den Zweigen hochstieg. Ich hatte mir schon Hoffnungen gemacht.

M. B. vom Landwirtschaftsamt ist ein genauer Wissenschaftler, allerdings von erschütternder Menschlichkeit. Er hat vor unseren Augen Autopsie und Chirurgie derart durchgeführt, dass nichts mehr zu wünschen übrig blieb: die Bäume, die noch nicht tot sind, sind im Begriff, am Frostbrand zu sterben. M. B. hatte, bevor er zu uns kam, die Alpes-Maritimes, das Var, die Rhône-Mündungen, das Vaucluse, das Drôme-Gebiet besucht. Sein Resultat lautete: zwei Millionen fünfhunderttausend tote Olivenbäume.

Ganz im Gegenteil zu dem, was mit Menschen geschieht, bleiben tote Bäume aufrecht stehen. Abgesehen von den Verfärbungen (von denen ich meinte, sie wären, aus dem Auto heraus betrachtet, vielleicht pittoresk anzuschauen) sieht man augenblicklich das Ausmaß der Katastrophe noch nicht. Im Sommer erst wird man begreifen, im kommenden Jahr wird man niedergeschmettert dastehen. Die Haute-Provence wird ein vollkommen anderes Gesicht bekommen. Man wird so um die drei Millionen Olivenbäume bis zum Boden beschneiden müssen. Dieses *Zurückschneiden* wird natürlich neue Olivenbäume hervorbringen, aber erst in *zwanzig Jahren*. Und erst in gut hundert Jahren wird man wieder so große Bäume sehen, ähnlich denen, die gerade gestorben sind.

Was wird man wohl wiedersehen? Falls man sie pflegt. Nun, wer wird sie pflegen? Die Olivenpflanzungen, die unsere ganze Freude waren (unser Öl, das ist eine andere Sache), waren in einer Epoche gepflegt worden, die sehr verschieden von der unsrigen war, wo das Verlangen, Geld zu verdienen, wenn auch genauso brennend wie heute, mit Geduld und Beharrlichkeit erzwungen wurde, da jegliche Technik fehlte. Sogar durch Vernünftigkeit erzwungen, weil es keine anderen Auswege gab, und weil es *einfacher war, vernünftig zu sein*. Man veranschlagte damals eine Wartezeit von zwanzig Jahren. Die lässt man nicht mehr zu. Man glaubt, es sich nicht mehr leisten zu können, so etwas zuzulassen. Vielleicht glaubt man das sogar zu Recht. Wer wird heute zwanzig Jahre auf eine Ernte warten, und noch dazu eine Ernte, die *sich nicht lohnt*? Denn nicht die Oliven der Haute-Provence fallen bei den Olivenkursen ins Gewicht. Bezüglich der Olivenkurse zählt das Desaster der Haute-Provence nicht, zählt derart gar nicht, dass nach M. B.… eine Ernte, die sich in Tunesien und in Spanien hervorragend anlässt, den Ölbaum-Ölkurs (um diesen Pleonasmus hier zu benutzen, der präzisiert) senken wird.

Folgendes hat man also den Olivenhaineignern gesagt: ihr werdet zwanzig Jahre warten, zwanzig Jahre lang Geld und Arbeit investieren, und am Ende der zwanzig Jahre werdet ihr wieder Oliven haben, die den Landschaften ihr Gesicht von gestern wiedergeben werden, die euch aber keinen Sous einbringen. Wer will wetten, ob man dieser Stimme zuhört? Ich nicht. Drei Millionen Olivenbäume werden verschwinden. Werden verschwinden, um Platz zu machen, aber wofür? Die großen Eigner werden experimentieren. Ich habe von Gründüngung reden hören, um den Boden anzureichern. Ja, und was dann? Pfirsichgärten an den geschützten Stellen (die rar sind); aber auf windumstürmten Anhöhen, auf den Terrassen, aufgefressen von der Hitze, in dem grenzenlos weiten Heideland, wo es nur eine Handvoll zu pflücken gibt? Die entblößte Erde, unaufhörlich gestampft und getreten von der Sonne, sie wird im Wind auf und davon fliegen, fortrinnen im Schlamm der Wildbäche, das Land wird sich entfleischen. Von einem Afrika wird zu sprechen sein.

Diese Umwälzungen gehen nicht vonstatten, ohne das Leben und das soziale Gefüge in Mitleidenschaft zu ziehen. M. B. erzählte uns von so einem Dorf im Var, nahe bei

Toulon, wo er zur Inspektion hinkam. Die ganze Bevölkerung erwartete ihn versammelt auf dem Dorfplatz: schweigend, wie man im letzten Jahrhundert noch auf den Doktor warten konnte in einem Dorf, das von der Cholera heimgesucht war. »Nun«, sprach M. B. …, »ich bin leider in dem, was uns hier angeht, nicht der gute Doktor; ich kann nichts anderes als nur das Übel konstatieren.«

All die Leute, die da waren, dem Verdikt unterworfen, lebten von den Oliven; recht und schlecht, ohne viel Aufwand, aber sie lebten davon, und das seit Generationen. Was wird aus ihnen werden? Die jungen Leute (sagt M. B. …) könnten doch im staatlichen Schiffsbau anfangen. Und die Alten?

In einem anderen Ort, nach Buis-les-Baronnies hin, da nimmt ein junger Mann, der vom Militärdienst heimkommt, bei der Landwirtschaftsbank eine Anleihe auf, kauft zweitausend Olivenbaumstämme und verheiratet sich. Jetzt hat er eine Familie und eine Million Schulden. Lasst diesen mal zwanzig Jahre warten, und zwar für nichts, nur zum bloßen Vergnügen für die Augen: wird er in zwanzig Jahren eine Chance haben, um geschäftsmäßig den Kampf aufnehmen zu können mit den Ölbaumpflanzungen in Tunesien und in Spanien? Er ist jung, er wird wieder auf die Beine kümmen, sicher, aber er wird nicht mehr der Mensch sein, der er eigentlich hätte sein können. Eine einzigartige Kunst zu leben ist hier umgeschlagen.

Eine Lebenskunst, in der die Traditionen, selbst die der Geschmackserforschung, eine Rolle spielten. Man sollte dies hier vergleichen mit dem, was ich anderswo von der Provence sage.

Die natürliche Ordnung, die uns umgibt, bestimmt unsere Lebensweise und unser Denken. Heute sind wir Transformationsapparate. (Wenn wir überhaupt noch irgendetwas anderes sein können.) Die Chemie der Stoffe, die wir mit unserem *Chylus* umwandeln, wie man im 18. Jahrhundert gesagt hätte, geht in unsere Taten über. Angesichts des Ausmaßes des Unglücks fragt man sich, ob dieses Land noch ein Land der Öl-Kultur bleiben wird (außer, es wird ein Land der Erdnussölkultur), ob es überhaupt noch ein Land mit romanischer Kultur bleiben wird.

Denn nicht nur die Oliven sind tot, auch die Eichen, die Pinien und überhaupt all das, was einem hier ermöglichte, Virgil und was Virgil gemacht hat, besser zu verstehen. Zu wem werden wir fortan aufblicken bei unserem Abstieg in das Reich der Hölle?

(1956)

28.
Über die toten Olivenbäume (II)

Nach dem strengen Winter 1956 sah man das Skelett der Olivenbäume hervorkommen. Bis dahin waren sie ganz und gar griechisch, ganz Belle Epoque. Und plötzlich waren sie desorientiert; durch Zeit und Raum waren sie gereist, bis zur Rohheit und Wildheit der Totems; sie bedeckten von nun an die Hügel mit rituellen Diagrammen. Das, was die Poeten in den Totentänzen mit Ritter, Dame, Mönch, König, Papst und Kaiser des Mittelalters gemacht hatten, das hatte der Frost mit den Bäumen gemacht, und vor allem mit den seit Ewigkeiten stehenden Bäumen, über die die Jahreszeiten immer, ohne sichtbares Zeichen, hinweggegangen waren. Von einem Tag zum nächsten, nach Nächten mit minus dreißig Grad, war ihr Schicksal besiegelt; nach ein paar Wochen kam ihre wahre Identität zum Vorschein. Die Stelle, an der der Ölspendergarten stand, mit dem man bis jetzt gewohnt war, in gutem Einvernehmen zu leben (das heißt in wahrer Scheinheiligkeit), offenbarte eine grausame Simplifizierung, womit man ab jetzt nicht mehr tricksen konnte, und was zu keinerlei Lüge mehr taugte. Wie am Ende der Papst, in Schande entblößt, reduziert auf ein Gehäuse aus Knochen, durch die nur noch der Wind pfeifen kann, wie der Ritter, abgekocht im letzten Wettkampf, bis auf nichts als Knöchelchen, wie die Frau, die zu einer simplen Anordnung hübsch mathematischer Hebel geworden ist, so zwangen uns die Gerippe der Bäume zu der Umfrage, ob wir nicht ständig hinter der Wirklichkeit und hinter dem Stand der Welt überhaupt zurückgeblieben waren. Urplötzlich, in der Epoche blühenden Fortschritts, verlangte man von uns, auf einen überaus wichtigen Gedanken zurückzukommen. Alles, was uns staunenswerterweise immer wie kaltherziger Verstand vorkam, methodisch, automatisch, logisch, technisch, das galt es, neu zu durchdenken, wahrlich mit kühlem Verstand, methodisch, automatisch, logisch, technisch, bar jeglicher Romantisierung moderner Wissenschaft, wie sie mit meisterlicher Präzision ein Fantasy-Dichter wiedergibt.

Die Landschaften, die bisher *natürlich* gewesen waren, wurden magisch, und ihre Transformation ließ einen die außerordentliche Kompliziertheit des Natürlichen erkennen. Gewisse Täler voll virgilischer Freude waren zu Plätzen für Waffen der Hölle geworden. Ohne die ganze Hoffnungsprahlerei richteten die Hügel den Schauplatz des »Nach-dem-Tod«-Spektakels her, in das man zitternd vor Angst und Neugierde eintrat. Man vernahm eine Stimme, die wahrlich moderner war als die der modernen Zeiten, das Rasseln der kleinen Rechenmaschinen klang falsch, verfasste vielmehr eine ganze Architektur zum Thema Irrtum, eine Symphonie zum Thema Uneinigkeit, alles so ausgewogen, alles so geistreich, sowohl Architektur wie Symphonie, sodass jene Architekturen, mit denen die Welt bisher erbaut war, und die großen Rechenmaschinen zu knurren anfingen wie Tiger, das heißt mit einem offenkundigen Erhaltungsinstinkt. Wo also im Mittelalter der Totentanz das Ende der ganzen Vanitas anzeigte, schufen die achthunderttausend Gerippe am Frost gestorbener Olivenbäume eine neue Vanitas, von der an sich die Welt im Krebsgang rekonstruieren konnte. Eine Abmagerung, die den Geist nackt, frei und gewichtlos zurückließ, und wie in den altertümlichen

Totentänzen sah man das Skelett des Papstes, des Kaisers, des Ritters oder der Dame einen Polkaschritt andeuten und sogar »das Bein in die Luft werfen«; hier war es der Geist, der alle Scham verlor, zu einer anderen Ethik übertrat, Raumentdeckungen machte (so es eine Geometrie im Raume gibt).

Wie waren die alten Mythen des Pan doch erholsam im Vergleich zu dieser so objektiven, so konkreten Wirklichkeit, zu diesem so fadenscheinigen Mysterium, zu diesen Gräbern, die den Gutachtern die Gebeine nicht mehr entgehen ließen, wohl aber die Entblößungen à la super-french Cancan, voller Humor, weil so etwas den Auftakt bildet zu endlosen Wiederholungen und stets zu vergeblichem Zweck und Ziel.

Daher liegt in der Anlage dieser »toten Körper« der Wettstreit mit der ebenen Fläche, genauso nüchtern wie in der Seele des Euklid, aber um wie viel rührender, weil, bei der simplen Erinnerung an das graue Blattwerk, zur Zeit der Belle Epoque noch griechisch grün, das diese Architektur so lange getragen hatte, verstehen wir schließlich, dass sie der Stützbalken für unsere Freude war, noch bevor sie (wie es sich gehört und wie jeder weiß) dem Universum diente, als Gerüst.

(19. Dezember, 1958)

29.
Der Lavendel

Der Lavendel ist die Seele der Haute-Provence. Ob man sich nun von der Drôme her, dem Dauphiné oder vom Var her nähert, dieser Boden präsentiert seine einsamen Weiten, die violett überzogen und voller Duft sind. In den Einöden des Lure-Gebirges erstreckt sich der wilde Lavendel, so weit das Auge reicht. Die Abende verströmen zur Zeit der Ernte seinen Duft. Die Farben des Sonnenuntergangs sind lauter Streu aus geschnittenen Blumen. Die rudimentären Brennkolben, aufgestellt in der Nähe der Zisternen, blasen rote Flammen in die Nacht. Ihre Rauchfahnen, die der Wind mit ein bisschen Karamelgeruch durchmischt, werden den Schlummer der einsamen Schläfer in der Einöde verzaubern. Wenn man diese Nächte und diese Tage erlebt hat, ist man schier angekettet an den Geist von diesem Duft. Es reicht dann schon ein Lavendelbüschel, aus dem euch, und zwar in einer Sprache von eigenartiger Dichte, die ganze Fülle essenzieller Ungezwungenheit entgegenkommt, die den Zauber dieses Hochlandes ausmacht. Verschmelzt euch nur mit weit entfernten Landschaften Amerikas, Chinas oder Belutschistans, ihr da, versunken in eure nüchternen Bücher oder gescheitert in privaten, sozialen oder kosmischen Dramen, hier sucht euch die Frische heim, die Ruhe, und die Größe der Haute-Provence zieht euch heftig zu sich hin und regt euch an. Wer immer aus diesem Land ist – oder es bewohnt, nicht wie ein Tourist, sondern wie ein Mensch, das heißt, indem er seinen Verstand und sein Herz daran teilhaben lässt –, für den ist es die größtmögliche Quelle der Kraft. Wie viel Kraft aber in einem Duft stecken mag, das wird nur denjenigen unmäßig erscheinen, die sich, während sie die Seele einer Heimat berührten, nie selbst die Seele stärken mussten.

30. Die Bauernhöfe halten mit dem Jahrhundert nicht Schritt

Man baut keine modernen Gehöfte. Genauer gesagt spreche ich über eine Region, die im Süden vom Mittelmeer abgegrenzt wird, im Westen von der Rhône, im Osten von den Alpen, im Norden vom Verlauf der Isère. Sowohl in den großen Tälern, wie denen der Durance und der Drôme, als auch in den Hügellandschaften, in den Bergen, die sie umgeben oder in den Ebenen, wo die Flüsse des Comtat zusammenfließen, überall wohnen die Bauern in Bauwerken, die aus dem 17. oder 18. Jahrhundert stammen. Ich spreche natürlich nicht von diesen »Einfamilienhäusern in der Vorstadt«, die aus den Frischgemüse- und Frühobstgebieten schießen, um Cavaillon, Avignon, Orange, Carpentras herum. Auch nicht von der Bevölkerung, die von Kultur, Transport und Export der Frühjahrsprodukte lebt, welche mit freiwilliger Landwirtschaft nebenbei, und das mit außerordentlichem Gewinn, die Gesetze der Natur grundsätzlich schon überschritten hat. Sie können uns nichts beibringen, es sei denn, dass, wer seine Gesetze ändert, auch sein Gefühl verändert. Das sieht man recht gut, sogar auf nur wenige Meter Entfernung, nahe bei L'Isle-sur-la-Sorgue zum Beispiel, wo die einfache Straße von Avignon nach Apt die Trennungslinie zwischen zwei Zivilisationen ist.

Auf der rechten Seite von dieser Straße nach Avignon hin sind die Gehöfte aus Geröllsteinen gebaut, mit Kalk verputzt, dort haben die Mauern eine Dicke von einem

Meter fünfzig, sind niedrig und gedrungen, mit römischen Ziegeln bedeckt, die vor Alter in allen Farben schillern, und stammen aus dem 17. Jahrhundert; auf der linken Seite sind die Bauernhöfe aus Ziegelsteinen gebaut, mit industriellen Produkten überstrichen, sogar *mit funktionellen Farben*, haben fünfzehn Zentimeter dicke Wände, sind hoch gebaut, manchmal mit zwei Etagen, mit flachen Ziegeln aus Marseille bedeckt, unveränderlich blutrot, und stammen (die ältesten) von Monsieur Fallières. Rechts sind alle Zeichen einer bäuerlichen Zivilisation sichtbar, man könnte meinen, sie stammten aus China, mit stattlichen Misthaufen. Links haben die Häuser dieses falsche Gebaren der Durchschnittsmenschen an sich, die eben auch ihr Jagdzimmer haben. Rechts baut man auf klassische Weise an: Getreide (das kurzhalmig wächst), Kartoffeln in den Hügelniederungen, ein bisschen Wein und Lavendel an den Hängen; und man geht auf den Höhen des Plateaus zur Jagd. Links betreibt man Intensivanbau, unter Glas, unter Strohmatten, man heizt mit Heizölanlagen, man schützt die Pfirsichblüte, indem man alte Reifen abbrennt, man geht zur Zerstreuung nach Cavaillon ins Kino und auf die Tanzbälle, manchmal hat man Fernsehen, auf jeden Fall hat man Telefon und Radio, schon allein, um die Kurse der Börse zu verfolgen: Die ganze Welt lehnt im Januar Erdbeeren ab, weil Russland seine Zahnschmerzen hat.

Diese linke Seite (an der Straße von Avignon nach Apt) kann uns nichts beibringen; in drei- oder vierhundert Jahren, wenn davon überhaupt noch irgendetwas an Staub oder Scherben übriggeblieben ist, dann sind diese Überreste vielleicht voller Lehren; im Augenblick handelt es sich nur um ein gewaltiges Aubervilliers oder Kremlin-Bicêtre, wo Leute leben, die viel Geld verdient und dabei ihren Charakter verloren haben. Dagegen erscheint die rechte Seite wie das unvergängliche Abbild der ländlichen Siedlung. Von der einen Seite heißen die Höfe (wie es sich gehört): »Mein Vergnügen«, »Mir reicht's« oder »Villa Jeannette«, auf der anderen Seite nennen sie sich: »La Margotte«, »Die Feldheuschrecke«, »Die Komturei«, »Der Pfau«, »Die Polnische Mühle« und sogar »Die Pertuisane«. Doch um die rechte wie die linke Seite kümmert sich derselbe Ingenieur für Agrartechnik.

Vor einiger Zeit war ich Zeuge eines Gesprächs zwischen einem Bauern von diesseits rechts, das heißt einem Bauern, der ein Bauernhaus aus dem 17. Jahrhundert bewohnte, und einem Ingenieur für Agrarwesen. Ersterer war ein alter, kerniger Bauer, der sich mit Schafen auskannte, mit kleinen Weinbergen, Getreide, Kartoffeln und Lavendel. Dieses Gespräch fand auf den wilden Böden des Haut-Var statt, nahe der Einöden des Canjuers. In diesen Gegenden ist es heroisch Landwirtschaft zu betreiben: Es ist wie bei Robinson Crusoe eine Kunst, hier muss man in allem Bescheid wissen, und Gott hatte beschlossen, dass man auf Irrtümer kein Recht hat. Hier war eine Kunst der Finesse vonnöten, und dazu brauchte man die Dekrete der Vorsehung, bevor sie überhaupt ausgedruckt waren.

Der alte Freund, bei dem ich gerade war, ist seit tausend Jahren ein Bauer aus diesen gnadenlosen Ortschaften, wenn man sich klarmacht, dass er einfach der gegenwärtige Nachfolger von fünfhundert Generationen seiner Familie ist, die, mal hier, mal da, immer Bauern in dieser Region gewesen sind. Der Agraringenieur war ein junger Kerl von dreißig Jahren. Frisch von der Schule und ganz unter der Fuchtel der Verwaltung. Es ging für meinen alten Freund darum, eine finanzielle Unterstützung zu bekommen, um aus einem Holperweg, der seit Jahrhunderten als Hofauffahrt diente, eine Straße zu machen. Der Bauer wollte gerne einen

Teil der Kosten auf sich nehmen, erbat aber für den Rest die Agrartechnikerhilfe. Der Ingenieur kam auf den Hof, ich war dort übrigens nur zum Vergnügen: dieser Bauernhof war so schön wie die schönsten und ältesten Häuser in der Toskana. Er war einmal ein Amtssitz vom Templerorden gewesen und ist im 17. Jahrhundert zum Bauernhaus umgebaut worden. Es ist eine Art tibetanisches Kloster und zugleich eine feudale Festung.

Seine Schafställe haben die Feierlichkeit von Kathedralengewölben, das Dunkel seiner Schatten ist samtartig, seine Flure schallen und sein Obdach ist durch und durch schützend für den, der die nächtlichen Ängste der wilden und öden Gegend kennt und selbst die am Tage. Hier komme ich her, um einen Frieden zu genießen, den man nur selten woanders findet, und um wieder Kontakt aufzunehmen zu den »Wesenheiten«. Zu vermerken ist noch, dass mein alter Freund und seine Familie, seine Frau, seine beiden Töchter, seine drei Söhne (einer wird nach Algerien gehen), in gleicherweise sensibel sind wie ich und aus denselben Gründen; sie verstehen alles auf bloße Andeutung hin. In Paris würde man sie für »Bauerntölpel« halten, aber hier, wo man den Pariser für einen Dummkopf hält, sind sie feinsinnig, klarblickend und den Göttern so nahe wie die griechischen Helden.

Der Ingenieur verzog das Gesicht vor dem schönen Kamin, der uns beglückte und zusammenführte (vor ihm hätten sich auch andere beglückt und vereint gefühlt); er sprach von Ölheizung, er fragte, wo die Waschmaschine stünde; er unterrichtete meinen alten Freund von der »Notwendigkeit, mit seinem Jahrhundert Schritt zu halten«; er war erstaunt über die winzigen Fenster, die Mauern von zwei Meter Dicke durchbrachen. Man gab ihm zu bedenken, dass an diesem Ort, wo man lebte, der Wind an mindestens hundertfünfzig Tagen im Jahr blies, ein fürchterlicher Wind, der den Rindern nicht nur die Hörner vom Kopf schlagen, sondern sie selber ganz davontragen konnte. Darauf hielt er uns eine gehaltvolle Vorlesung über die modernen Materialien, die so manchen Widerstand aushielten, etc. Kurz, er war sehr unzufrieden mit diesem Bauernhof (der sich »Silance«, mit »a« nannte). Wir waren in schönster Manier abgekanzelt worden. All der moderne Komfort entwich den Nasenflügeln des Ingenieurs, wie der Dampf den Nasenlöchern der Hengste entweicht, wenn sie an ihrem Zaumzeug nagen, und er beschloss, dass der Landtag, der Staat, ja, Frankreich, niemals einwilligen würde, auch nur einen Pfennig zu geben, um einem »derart baufälligen, ja sogar gesundheitsschädigenden« Gebäude eine Zufahrt zu erlauben. Man gab ihm zu bedenken, dass die Baufälligkeit äußerst harten Verhältnissen standhielt, dass die Gesundheitsschädlichkeit dem Großvater beschert hatte, immerhin erst mit siebenundneunzig Jahren –, der Großmutter mit hundertdrei Jahren zu sterben; er aber wollte rein gar nichts verstehen. »Wenn sie nicht mindestens, ... mindestens«, sagte er, »ein Badezimmer und eine Toilette einrichten lassen«. Da hatten wir's, die großen Worte waren gefallen.

Mein alter Freund ist kein Sturkopf: er hat sein Badezimmer gebaut und sein Klosett dazu. Die Badewanne ist von großem Nutzen, wenn man das Schwein absticht, die übrige Zeit wird sie mit Kartoffeln gefüllt. Das Klosett dient zu gar nichts: der Mist ist zu kostbar. Im Übrigen hatte der Ingenieur vergessen, dass man in »Silance« nur Wasser hat, wenn man sich die Mühe macht, es aus dem Brunnen hochzuziehen. Das Röhrenwerk und die Armaturen des »sanitären Bereichs« sind Attrappen, aber dank jener Tricks hat man einen einigermaßen gangbaren Weg bekommen.

Ich bin sehr interessiert an den Verwaltungsapparaten und Amtspersonen, die bewirken wollen, dass *die Bauernhöfe mit ihrem Jahrhundert Schritt halten*. Man hat nicht so oft Gelegenheit zu lachen. Wenn es im 20. Jahrhundert eine Art zu leben gäbe, die ganz und gar der im ersten Jahrhundert gliche, dann wäre es sehr wohl die bäuerische Lebensart. Man braucht im Jahr 1959 exakt genau so viel Zeit wie unter Pontius Pilatus, um ein Getreidekorn zum Keimen zu bringen. Und es sind nicht die Laboratorien verschiedenster politischer Konfessionen, die egal was verändern mit ihren zweiköpfigen Hunden, ihren Versuchsaprikosen, groß wie Birnen und ihren Johannisbeeren, geschwollen wie die roten Luftballons unserer Kindheit. Wenn man aufgehört haben wird, sich mit Experimenten und Badezimmern zu amüsieren, dann wird man sich daran erinnern, dass es vom Tierkreis abhängt, ob Früchte zu ihrer Größe und eben in ihrer Jahreszeit wachsen, und ob Gehöfte auf den Feldern gedeihen.

(1959)

31.
Häuser in der Provence

Es gibt den Abklatsch, und es gibt das Ungewöhnliche. Es gibt das blaue Meer, die roten Felsen, die Strände, Sonnenblumenöl, Frittiertes, die falschen Cowboys, die Stierkampfvereine, die Magali-ma-bien-aimée Bars, die Schäfchen von Monsieur Séguin, die Restbestände aus gängiger Literatur, die Kunstbemühungen vom Fremdenverkehrsamt, die bekannte Provence, wo es niemals irgendwas zu kennen gab, und die unbekannte Provence, wo es alles zu entdecken gilt. Wenn man nun die Provence allein mit dem Ziel bewohnen will, eine Grenze um sich zu ziehen, und dann nur noch an der Lochkante das Bild von sich herauszutrennen braucht, um es seinen Freunden in Postkartenformat zuzuschicken, da gibt's kein langes Zögern, da muss man nur das erst Genannte wählen; das wäre den meisten Menschen ihr Pfefferkraut wert, seiner Wirkung ist man sicher; man würde sich langweilen (wie überall anders), aber man würde beneidet werden: »Ach, sag mal, hast du das mit Paul gehört, wo das nur liegt, wo der gerade ist! Sieh mal, was für ein blauer Himmel! So viele Monate ohne Regen, immer Sonne, und die Grillen! Jeden Sonntag Stierkampf, jeden Abend Boulespiel, täglich drei Pastis, und für die hohen Feste Alfonse Daudets Mühle auf Rädern, die man mit Schalmeien und Trommeln in den Straßen umherfuhrt. Ja, das ist ein Leben!«

Es ist in der Tat ein Leben. Man kann auch ein anderes haben. Man braucht sich also nicht zu verwundern, wenn man in eine Welt tritt, in der es diesen Jux nicht gibt. Manche dieser Landschaften sind jämmerlich, aber das mit Würde, andere haben eine Aristokratie, die ein bisschen herabschauend ist, alle sind wortkarg. Man erhält immer das, was man verdient. Seid ihr von Wert, dann wird es euch das Land schon sagen; seid ihr nichts wert, so werdet ihr hier nicht bleiben: Es weiß euch fortzujagen. Aber es ist empfänglich für das geringste bisschen Freundschaft, für den schwächsten Versuch von Zärtlichkeit; für die einfachste Geste der Verbundenheit, es wird wie ein Pfau sein Rad schlagen, gurren wie eine Taube, nachgeben unter euren Wünschen. Das wird euch überraschen, es ist grau. Dies ganze Blau, dies Ocker, Rot, Grün, das man in den Auslagen der Schreibwarenläden sieht, wenn ihr das mögt, dann bleibt bei den Schreibwarenauslagen. Hier aber bietet sich euch ein einfaches Grau dar. Aber ein Grau mit allen Nuancen, ein Regenbogen an Grau. In der Hochsommerzeit überwiegt ein Strohgelb, im Winter ist das Blau tonangebend, im Frühling der rosige Farbton; es gibt keinen Herbst. Das ist alles.

Eh wir weitermachen, muss noch ein Missverständnis beseitigt werden. Das Wort Provence lässt vergessen, dass wir hier tatsächlich im Süden sind. Hier ist einem die Sonne verhasst wie in allen Südregionen. Wenn ihr sie liebt, kommt nicht hierher, geht nach Saint-Tropez. Kommt ihr aber, so seid gewiss, dass hier alles dazu angetan ist, vor der Sonne zu fliehen. Schaut euch an, was die machen, die nicht hergereist, sondern hier geboren sind: Sie bedecken sich, sie verhüllen sich, sie laufen niemals mit bloßem Körper herum, nicht mal mit entblößtem Kopf: Sie tragen große Hüte, schwarze Schleier, Hemden, zugeknöpft bis zum Hals, bis zu den Händen; sie bewohnen düstere Häuser. Die Italiener, die spottlustig sind (und wissen, wie der Hase läuft) sagen: »Die Sonne, die ist für die Engländer.« Hier, wo man nicht viele Engländer sieht, sagt man: »Selbst Hunde suchen den Schatten.« Sicher, wenn man vom Norden her hier ankommt, alles neu, alles schön; da scheint es, als ob man niemals satt werden kann. Doch nach Jahr für Jahr Sonne noch und noch weiß man, was das ist, man weiß, was man davon zu halten hat, man weiß, was man zu erwarten hat. Es ist eine Sache, ihr en passant zu begegnen, eine andere Sache ist es, mit ihr zu leben, ein ganzes Leben lang: Man ist gezwungen, dies Leben dementsprechend umzuwandeln. Ihr solltet das eure so umwandeln, als ob ihr hierbleiben wolltet.

Nachdem dies geklärt ist, lasst uns herumschauen. Es ist eine Poussinsche Landschaft, oder eine nach Hubert Robert: Eichbaumgruppen, lauter Olivengärten, lauter Heideland, bedeckt mit Thymian, mit Felsen, manchmal ein bisschen bombastisch, allerdings aschfarben, ganze Seen von Lavendel, am Horizont im Osten die Alpen »in Glorie«, in südlicher Richtung Sainte-Victoire und Sainte-Baume, und hinter den zwei Heiligen, da wird der Himmel von den Meeresspiegelungen weiß. Das Land ist hoch gelegen. Es ist ein Plateau, das sanfte Hügel trägt. Sobald man es sieht, weiß man, wenn man einen Sinn für Stille und Frieden hat, dass man hier seine Ruhe finden wird.

Man muss nicht gleich am ersten Reiz hängenbleiben. Vom ersten Tag an werden euch an die zwanzig Häuser begegnen, alle eins schöner als das andere, alle hinlänglich verfallen, um in euch sogleich die Lust zu wecken, sie euch nach eurem Geschmack herzurichten. Doch Vorsicht, man muss schon wissen, warum sie verlassen worden sind, warum man sie verkauft. Für die einen ist es eine Frage des Wassers, für die anderen ist es die Lage, für manche ist es subtiler. Das Wasser: unnötig, zu betonen, ihr könntet ohne Wasser nicht leben. Wie aber machten es die, die das Haus an dieser Stelle gebaut haben? Sie gingen das Wasser mit Eseln holen, mitunter kilometerweit. Die schlechte Lage, die euch gut erscheinen mag, wenn ihr zum Beispiel nur an den schönen Ausblick denkt, was oft der Fall ist, die wird genauso unerträglich sein wie das fehlende Wasser. Dieses Land hat bisweilen fürchterliche Zornesausbrüche, und es ist starrsinnig wie ein Maultier; der Wind kann hier wochenlang, ja, sogar monatelang mit Sturmstärke blasen, er ist von solcher Heftigkeit, dass manche Dörfer da, wo er ununterbrochen gegen die Mauern anstürmt, durch ganze Epidemien von Selbstmorden verödet sind. Wir sind nicht mehr an der Côte d'Azur. Doch da ihr, gerade um von dort zu fliehen, hierhergekommen seid, lasst uns weitersuchen. Für gewisse Häuser, sagte ich, sind die Gründe der Verwahrlosung subtiler als solche, die sich aus Mangel an Wasser oder aus der schlechten Lage ergeben. Sie sind verwandt mit solchen, die jemanden ein unfruchtbares Land aufgeben lassen. Es gibt unfruchtbare Häuser. Sie haben alles, außer der Fähigkeit, das Glück zu schaffen. Dies kommt, man weiß nicht wie, aus einem speziellen Glanz des Lichts, aus einem Übermaß von etwas: Stille, Trauerspiel der Dämmerstunden, oder aus einem Mangel: gewisse Landschaften haben nicht die geringste Abstufung von Grautönen; man wird sich dessen nicht sofort bewusst; aber auf lange Zeit hin ist das tödlich. Alles ist bisweilen noch viel mysteriöser, an der Grenze primitiver Tabus. Das Land, das Neue. Das ist es doch, wonach ihr strebt, nicht wahr?

Die echten Häuser verstecken sich. Ihr werdet sie nicht alleine finden; es muss euch jemand an der Hand nehmen.

Hier aber ist so eins. Es liegt in einem Tal. Die Täler sind die Wasserlinien für Brunnen und Quellen; auch wenn kein Wasser sichtbar ist, wenn man Riedgras und Weiden hat, muss man nur scharren; wenn Scharren nicht ausreicht, bohrt man ein bisschen und man findet es. Generell aber gibt es einen Brunnen oder, was noch mehr Wert hat, eine Quelle; oft sieht man ein Schilfrohr, tief in der Böschung, das einen hauchdünnen Wasserstrahl destilliert, lautloser als ein Marienfädchen. Das genügt. Rührt es nicht an, ihr kennt hier nichts, die Nymphe könnte sich erschrecken; ich weiß von Quellen, die ein bloßer, schlecht ausgeführter Schlag mit der Hacke für immer versiegen ließ. Sucht den Kunstmenschen auf. Es ist gemeinhin ein Mensch, der liebt, das gehört zusammen, er wird euch einen bezaubernden Brunnen bauen, seiner Art nach ist er Japaner; er kennt alles: die Bedeutung der flachen Bassins, der tiefen Bassins, die Formung, um sie zum Klingen zu bringen, die Länge, die man je nach Mengenabfluss dem Rohr des Brunnens geben muss, damit das Geräusch des Wassers, das in die Becken fällt, einer für das Ohr zart abgestimmten Sanftheit entspricht. Es scheint, als käme ich nicht zur Sache, keineswegs, ihr werdet begeistert sein, wenn ihr während der Mittagsglut der Hundstage in dem geräumigen, düsteren Zimmer eure Siesta haltet und dann das Gemurmel eures Brunnens vernehmt, das euch die Bäume und Mauern zurückwerfen. Das ist süße Musik aus dem Paradies. Aus diesen Zartheiten ist das Glück gemacht

Davon gibt es noch mehr. Diese Häuser der Täler sind nach der heroischen Zeit des 19. Jahrhunderts von Leuten gebaut worden, die nicht mehr die Zwangsaushebungen Napoleons zu befürchten hatten, sowie das Banditenunwesen, das daraus folgte. Sie haben sich freiwillig, keineswegs aus Furcht, verborgen. Sie haben also weit verbreitet Buschwerk und Wälder gelichtet; solche Wälder bestehen im Übrigen meistens nur aus Pinien und sind folglich durchsichtig wie aus Glas. Wenn sie einen Bestand von Eichen aufweisen, die ein viel dichteres Blattwerk abgeben, dann haben sich immer einige *Louis XIV.*-Liebhaber gefunden, um Durchbrüche und Zugänge zum Zwecke schöner Aussicht anlegen zu lassen. Das Licht liegt demzufolge sehr lebendig auf den Fassaden. Man wird feststellen, dass die Fenster klein sind, zuweilen sogar ähnlich wie Schießscharten. Natürlich, um sich zu verteidigen, aber um sich gegen die Sonne zu verteidigen. Hütet euch wohl davor, sie zu vergrößern, ihr werdet sonst tausend Tode sterben. Ihr werdet erleben, wie schön der Schatten ist und dass er eine Haut wie Pfirsich hat. Das wird euer Hauptnahrungsmittel sein. Bis jetzt habt ihr noch nicht vom Schatten gekostet. Ihr werdet schon sehen! Die Sonne macht dumm, der Schatten berauscht, der Schatten erlöst. Die Schattenfresser sind fröhlich, die Sonnensäufer sind nur arrogant; im Übrigen sind es immer die Fremden. Sie wissen nicht, wie man die heimischen Naturalien verzehren muss. Eine Tür, ein Fenster, nur eben halb offen, lässt gerade so viel Licht eindringen, wie nötig ist, um die Farben zu beleben, die ihr hinten im Schatten anordnet; so werdet ihr das Vergnügen haben, zu sehen, wie sie langsam ans Tageslicht treten. Und sogleich kommt das Auge auf seine Kosten. Von allen Dingen, niemals Sonnenbrillen, sie entstellen alles, ihr bewegt euch in einer falschen Welt. Wenn ihr nicht ohne Sonnenbrille in die Sonne gehen könnt, bleibt im Schatten, das ist an sich schon der Beweis dafür, dass Sonne, in dieser Weise genutzt, schlecht ist. Ihr geht rein, und die Dunkelheit hüllt euch ein. Für ein oder zwei Minuten tappt ihr noch im Düstern, dann kommt die Welt, eure Welt nach und nach wieder zum Vorschein. Ein Renoir oder ein van Gogh sind nicht nötig (hat man sie aber, dann umso besser; möge man sie genießen), da genügt allein schon ein Häufchen reifer Kornähren, ein bisschen farbiger Raphiabast, ein Kupferkessel, ein Stück Stoff, ein Schal, das Strohgeflecht eines Stuhls, ein gewachstes Holz, ein Glas mit etwas klarem Wasser darin, eine Rose, ein Spiegel, eine Goldverzierung, ein Terrakottaboden, damit alles um euch herum an Fülle und Tiefe gewinnt.

Nur in den ersten Morgenstunden sollte man rausgehen, wenn alle Kräuter duften: Die Luft schleift ein bisschen Kühle von der Alm mit sich herab; hinten am Horizont klappert der Lärm, der aus den Marktflecken und Dörfern kommt; das Licht ist strahlend, ohne seine Unerbittlichkeit; alles, was lebt, gibt sich ein morgendliches Stelldichein, alles ist beseelt; oder die Abendstunden, nach dem Sonnenuntergang bis zu den Mitternachtssternen. Die übrige Zeit aber verbringt man im Haus. Von zehn Uhr morgens bis um sieben Uhr abends bewohnt man das Dunkel. Man geht sparsam mit Licht um, wenn man Türen und Vorhänge öffnet, halb öffnet und dann schließt, je nach Stellung des Lichts. Auf diese Weise kann man jeder Stunde, die vorübergeht, ihre Färbung und ihre Bedeutung verleihen. Eine Architektur der Strahlen wird in eurer Träumerei vielfältige Paläste errichten. Und derjenige Strahl, der in der Sonne abstürzt, platt auf den Bauch oder Rücken, ist weit davon entfernt, an den Mysterien zu zweifeln, die er dem offenbart, der sich mit seinen Fantasien an ihn schmiegt. Ein Treppenhaus, durch das er hinabgleitet, indem er bei jeder Stufe zurückprallt von dem gewachsten Ton, ein Dachbodenfenster, durch das man ihn schräg herabgleiten lässt, ein Fensterladen, durch dessen Schießscharte er seine Pfeile schießt, und alle Kombinationen von Schatten und Licht, die man herzustellen lernt, verleihen der Gewaltsamkeit des Lichts etwas Aristokratisches. Es ist unverkennbar, dass wir unser Dasein mitten im Widerspiel zum Allgemeinen erfahren. Charakter braucht man dazu und ein bisschen Seele. Das ist nicht jedem gegeben.

(1965)

32.
»Eine Landschaft, in der man glücklich ist …«

Es ist ganz unverkennbar, dass wir eine Epoche wechseln. Wir müssen Bilanz ziehen. Wir haben ein Erbe, das uns die Natur und unsere Vorfahren zurückgelassen haben. Die Landschaften sind Seelenzustände gewesen und können das für uns selbst und für die, die nach uns kommen, immer noch sein; den Steinen der Denkmäler ist eine Geschichte eingeschrieben geblieben; die Vergangenheit kann nicht vollständig abgeschafft werden, ohne auf inhumane Weise die ganze Zukunft auszutrocknen. Die Dinge verändern sich vor unseren Augen mit einer ungeheuren Geschwindigkeit. Und man kann nicht ständig behaupten, dass diese Veränderung ein Fortschritt wäre. Unsere »schönen« Schöpfungen lassen sich an den Fingern einer Hand abzählen, unsere »Vernichtungen« sind zahllos. Diese Wiese da, dieser Hügel, sind die Beute von Bulldozern und anderen Maschinen; man macht platt, man begradigt, man macht nutzbar; aber man nutzt immer mit materiellem Interesse, was zwangsläufig das niederste ist. Ein solches Tal wird verstellt, dieser Fluss da wird kanalisiert, in dieses Wasser setzt man Turbinen. Man macht Zeitungspapier aus Zedern, deren Samen einst die Kreuzritter in ihren Taschen heimbrachten. Um die Straßen gut befahrbar zu machen, schlägt man die Baumreihen von Sully nieder. Um Parkplätze zu schaffen, werden römische Kapellen demoliert, Herrenhäuser aus dem 17. Jahrhundert, alte Hallen. In trägen Wellenbewegungen geißeln die Autobahnen jungfräulich liebliche Landschaften. Öl-Raffineriekombinate lassen sich an römischen Weihern nieder. Man will alles in Betrieb setzen. Das Wort »funktionell« hat mehr Unheil angerichtet als Attila; nach seinem Durchzug ist wirklich kein Gras mehr gewachsen. Man ist dermaßen wissenschaftsgläubig, (wohingegen sie, die Wissenschaft selbst, an gar nichts glaubt, nicht mal an sich selber), dass man voll Überdruss all das verwirft, was bis jetzt das Glück der Menschen ausmachte, und dies teuer zu bezahlen, wird nicht lang auf sich warten lassen.

Durch was ist diese Art Vorgehen bedingt? Durch den edlen Drang zum Fortschritt? Nein: durch das Verlangen, Geld zu verdienen. Hört dem politischen Gerede zu, lest die Zeitungen: Man spricht nur von »wettbewerbsfähigen« Preisen, von Ertrag, von Gewinnspanne etc. Wenn man sich in Geldsachen auskennt, sollte man schließlich einsehen, dass Geld sich nicht ausschließlich nur mit Runkelrüben, Butter, Öl und Stahl machen lässt. Man sollte sehen, dass es künstlerische Schöpfungen gibt, die mehr einbringen als Ölquellen und alle Hochöfen des Mosel-Tals zusammen. Das Kunstzentrum von Florenz erbringt mehr für die Stadt, die Region, für die Florentiner der Innenstadt und Stadtrandsiedlungen als alle Industriezweige, die diese Region umfasst, mehr noch als diese Industrien tausendmal multipliziert brächten. Wären sie übrigens tausendmal mehr, liefen sie Gefahr, dass ihnen Regionen, in denen zehntausendmal mehr Industrie wäre, Konkurrenz bieten würden, und wenn sie mithalten könnten, müssten sie auch noch den Kunden nachlaufen, und mit Geschick und allen manipulativen Tricks dahinter her sein, ihre Auftragsbücher vollzukriegen. Wohingegen es beim Kunstschatz nur die Konkurrenz gibt, die diesem von seinen Künstlern vermacht worden ist, von der jeweiligen Malerschule, Bildhauerschule, Bauakademie, ihren Kathedralen, Klöstern, dem Palazzo Vecchio. In Milliardenhöhe fällt das Geld in florentiner Geldbeutel und auf Ladentische; milliardenfach rollt der Rubel in Venedig, in Rom, in Milliarden überschwemmt das Geld die Halbinsel, vom Piemont bis nach Sizilien. Man brauchte genauso viel Ölquellen und Hochöfen, um auf das gleiche Resultat zu kommen! Das Genie von ein paar Künstlern, dazu die bewahrende Klugheit ihrer Erben, das reichte. *Die Pilger von Emmarus, Die Nachtwache, Die Treuhänder der Tuchwaren, Die Anatomie-Stunde*, das sind Dinge, die keinen Europäischen Markt, der Devisen einbringen muss, nötig haben.

Oft braucht man selbst einen Fra Angelico nicht, oder einen Rembrandt. Schauen wir auf unsere Region: Es ist unbestreitbar, dass der Verkehr zwischen Moustiers-Sainte-Marie und Pont-de-Soleils oder zwischen Aiguines und der Brücke von Artuby nicht existieren würde, ohne die »Präsenz« der Schluchten von Verdon. Wenn der Belgier oder der Deutsche oder der Engländer, oder selbst der Italiener sich auf diesen Reisewegen fortbewegt und seine Francs, seine Markstücke, seine Pfunde und Lire in den Restaurants der Region lässt, dann tut er das für ihren malerischen Reiz. Man muss sich sogleich richtig verständigen, was das heißen soll. Im Allgemeinen handelt es sich um eine Landschaft, die einem Arm- und Beinmuskeln verschafft: Die Canyons des Colorado wären dafür das beste Beispiel! Es ist tatsächlich wahr, dass im Falle jener (alles in allem) bescheidenen Schluchten von Verdon unlängst eine lärmende Öffentlichkeit diese die Canyons des französischen Colorado genannt hat, was falsch, dürftig und dümmlich ist. Es existieren dann wohl auch Landschaften wie der »Tour Eiffel«, das »Belvedere«, die »Schöne Aussicht«, das Pittoreske sozusagen als Massenware, mit der man sich vollstopfen kann. So eine Landschaft umgibt sich mit drei Sternen, Vorstadtkneipen und Zusatzversicherungen. So etwas wird mit Rundreisen durcheilt. Hier der Mont-Saint-Michel, da Les Baux etc.

Ferner gibt es die Modelandschaft. Etwas Derartiges wird wie ein Parfüm, ein Tweed, ein Tanz, eine Whiskymarke auf den Markt geworfen. Ein Touristenbüro, ein schlauer Bürgermeister, eine Konföderation umsichtiger, gieriger Geschäftsleute zieht sich einen Maler auf die Seite (gewöhnlich ohne Talent oder mit einem großen Öffentlichkeitswert), einen Schriftsteller, oder mehrere von jeder Sorte, und diese Personen fangen an, nur noch auf diese Landschaft zu schwören. Hier soll das Licht am schönsten sein. Hier soll die Einsamkeit am einsamsten sein. Hier ist die Folklore am volkstümlichsten, hier findet man die Lebensart, die am meisten..., hier sind die Dinge am wenigsten ... Kurz, hier muss man von nun an unbedingt seine Ferien verbringen, wenn man zu einer bestimmten Gesellschaft gehören will, oder glauben machen will, dass man dazugehört. Mit dieser Methode kann man selbst noch das rauste, unfreundlichste Gebiet mit Kunden füllen. Es mag von Mücken heimgesucht sein, von Skorpionen, Schlangen, von Fieberkrankheiten, von was ihr wollt, die Mode macht alles exquisit, wahrlich exquisit für den, der die meisten Impfungen, Bisswunden, Gesichtsschwellungen haben wird. Es kann brennend heiß oder eisig sein oder ganz brutal beides, man freut sich daran, man macht darauf aufmerksam, dass es eben nichts Banales hat. Diese Touristenfallen haben oft ein zähes Leben. Namen zu nennen, ist nutzlos, sie sind überall.

Aber da ist noch die andere Art des Pittoresken. Die ist mit Maß geschaffen und mit Subtilitäten (das ganze Gegenteil des vorherigen). Es ist eine Landschaft, in der man glücklich ist, weil die Farbtöne in sanfter und liebreicher Weise aufeinander abgestimmt sind, weil das Linienspiel ein harmonisches Gefüge schafft, weil es sich hier gut leben lässt. Es ist das Bewundernswerteste an malerischer Schönheit. Sie kann sich weit über ein ganzes Land ausbreiten. Sie muss sich nicht mehr auf einen bestimmten Ort beschränken, wo jenseits der Grenzen die Banalität grassiert, sondern sie bedeckt riesige Flächen, organisiert sich in all ihrer Vielfalt so gut, dass die Horizonte überall endlose Varianten von Lebensglück bieten. Flachland, das sich in Hügeln verliert, Hügel in Bergen, Täler in Talmulden, Flüsse in Meeren, Wiesen in Wäldern, Ackerböden in Sümpfen, Heideland und Brachen in Einöden. Das Pittoreske ist ganz offensichtlich die wirkungsreichste Landschaft. (In Bezug auf Geld, wohlverstanden, da Geld nun mal das ist, was die meisten Leute anspricht und da darüber auch die Frage steht und fällt, ob wir »modern« sind oder nur alte, reaktionäre Trottel; und vor allem, weil man uns nur zuhören wird, wenn wir von Geld sprechen, und da wir so vielleicht eine Chance haben, zu retten, was gerettet werden muss.) Das ist die effektivste Landschaft in Bezug auf Geld, denn es ist immerhin ein ganzes Land, welches wegen seiner Qualität die Leute anzieht und zurückhält. Man muss nicht mehr tun, als sich nur dem Leben zu überlassen. Die Hauptsache ist, dass es intelligent genug ist, sein Erbteil an Schönheit zu bewahren. Denn diese Schönheit hängt nur an einem seidenen Faden. Nichts ist leichter zu zerstören als eine Harmonie, schon eine einzige falsche Note reicht.

Vor Jahren hatte ich monatelang mit einem Bürgermeister diskutieren müssen, der nicht dümmer als jeder andere Bürgermeister war, weil ich versuchen wollte, ihn zu überzeugen, dass ein Wiesenland (das man von den Stadttoren aus sah) und auf das er versessen war, um da irgend so etwas wie ein Silo oder eine Kooperative »hinzupflanzen«, dass also das Wiesenland mit seiner grünen Farbe aus lokaler Sicht sehr viel wichtiger sei als der Getreidespeicher oder die Kooperative. Offenkundiger konnte es nicht sein: Die scharfen Linien der Alpen, mit Eichen bedeckte Anhöhen, die Entfaltung einer Hochebene voller Mandelbäume, die diesen kleinen Marktflecken umgaben, den die vorüberziehenden Touristen so liebten, das alles hatte nur hinsichtlich dieses bezaubernden Flecks Grün von der großen Wiese seinen Wert und seine Qualität. Was man diesem Grün auch antat, es abzuschaffen oder einfach zu verkleinern, hieß doch immer, es ganz zugrunde zu richten. Der eben genannte Bürgermeister schimpfte mich einen Poeten, was bei gewissen Dummköpfen das Zeichen für Geringschätzung und Herablassung ist. Er »pflanzte« seinen Getreidespeicher oder seine Kooperative unter Beifall von allen Seiten. Ein Jahr danach gaben sie alle klein bei, und ganz besonders die Hoteliers aus der Region. »Die Leute machen nicht mehr halt«, sagten sie. »Sie kommen vorbei, werfen einen kurzen Blick auf uns und fahren weiter.« Man legt eben keinen Wert darauf, ein Silo oder eine Kooperative vor Augen zu haben. Denn diese Konstruktionen, noch dazu moderne, tragen nichts zum Lebensglück bei. Dies geschah vor fünf Jahren. Heute gibt es nicht ein einziges Hotel mehr in der Stadt, von der ich spreche. Doch, wohlverstanden, nicht einer dieser armen Leute wollte an das simple Grün der Wiese glauben.

*

Die Dummheit und der Mangel an Geschmack sind nicht die einzigen Feinde schöner Landschaften, wir haben auch noch das, was wir unter dem allgemeinen Namen Wissenschaft zu bewundern beschlossen haben. Es reichen schon einige »richtig« aufgestellte Hochspannungsmasten, um die ganze Schönheit zu zerstören, ob sie nun schlank oder stattlich beleibt sind. Diese Masten sind immer »richtig aufgestellt«. Sie stehen immer »schön mittendrin«. Da ist nicht dran zu rütteln! Auch wenn klar ist, ja geradezu offenkundig, dass man drauf und dran ist, eine Erbschaft von hohem Wert zu zerstören, die Antwort lautet: »Das ist der Fortschritt!«

Aber nein, das ist nicht Fortschritt. Was es auch sein mag, es ist nicht wahr, dass, was von Schönheit zu Hässlichkeit übergeht, Fortschritt heißen kann. Es ist nicht wahr, dass wir nur lauter gut gehärteten Stahl brauchen, Autos, Traktoren, Kühlschränke, elektrisches Licht, Autobahnen, wissenschaftlichen Komfort. Ich weiß, dass all diese Roboter das Leben erleichtern, ich bediene mich ihrer ausgiebig wie alle. Doch der Mensch braucht auch die geistige Stütze. Die Schönheit ist das Stützgebälk seiner Seele. Ohne dieses würde er sich in den Palästen seines automatisierten Lebens zu Tode stürzen.

Eben das hat die Gesellschaft für Wissenschaft und Literatur der Basses-Alpes begriffen. Sie legt euch anschließend ein riesiges Verzeichnis der Kunstschätze unseres Departements vor.

(1966)

* Anm. Dieser Abschnitt legt den Vergleich mit dieser Passage aus einer späteren Aufzeichnung nahe: »Ich kenne ein kleines Dorf im Var (warum seinen Namen verschweigen, es ist: Saint-Martin-des-Pallières), das ein Wiesenland schützen ließ. Weil dieses Wiesenland einen schönen, dunkelgrünen Fleck auf einer kleinen Anhöhe machte, wo dieses Grün in der Tat ein Segen fürs Auge war. Bravo!!! Einige

intelligente Männer haben gereicht; vielleicht hat auch nur ein einziger die anderen überzeugt«. (»Carnets«, *La Nouvelle Revue Française*, August 1961). (Anmerkung des Herausgebers)

33. Protest gegen die Anlage eines Nuklearzentrums in Cadarache

Die Stadtverwaltung von Manosque (ich zitiere diese Stadt, weil sie die bedeutendste in der Region ist), der Generalrat der Basses-Alpes und die gewählten Vertreter des Departements haben dummerweise (ich bestehe auf das Wort) und das geradezu mit einer Begeisterung von bornierter Naivität und landwirtschaftlicher Verbandspolitik der Schaffung des Nuklearzentrums von Cadarache zugestimmt.

Ich möchte drei Fragen stellen:

Wird das Zentrum, das der Bevölkerung als Forschungsinstitut angekündigt war, nicht im Endeffekt ein Produktionszentrum sein?

Stimmt es, dass es bei der Einstellung von Spezialisten, die für dieses Zentrum vorgesehen sind und durch Freiwillige gewährleistet sein sollte, größte Schwierigkeiten gibt, Freiwillige zu finden, und dass man gezwungen ist, das Dienstpersonal einzusetzen?

Man wird mir sicherlich antworten, dass gerade die Produktion in Cadarache keinerlei Gefahr darstellen werde, warum ist dann dieses ungefährliche Zentrum nicht ganz einfach in Paris aufgestellt worden, genauer gesagt, in den zwecklosen Gärten des Élysée-Palastes? Die Nachbarschaft der Seine würde dem Zentrum sicherer als die Durance die Menge Wasser garantieren, die für den Betrieb nötig ist.

Cadarache ist 8 Kilometer Vogellinie von Manosque entfernt: 10 000 Einwohner; 4 Kilometer von Corbières, Sainte-Tulle, Vinon: 4000 Einwohner; 9 Kilometer von Gréoulx-les-Bains: Kurort; 600 Meter von der Route Nationale nach Marseille–Briançon mit starkem Verkehrsaufkommen entfernt.

Wenn man mir antwortet, die Lage des Élysées sei so zauberhaft, dann werde ich, ohne das zu bestreiten, antworten, dass die von Cadarache dies nicht weniger ist. Wenn man mir sagt, dass trotz seiner attestierten Harmlosigkeit dieses Nuklearzentrum irgendeine Gefahr für Paris und für die Gäste des Élysée in Umlauf bringen könnte, so werde ich antworten, dass unser Schicksal und dasjenige unserer heutigen und zukünftigen Kinder ebenso überaus wichtig ist.

Kurz, es sollte eher darum gehen, in Kenntnis zu bringen, was für einen Vorwand man geltend machen kann, um physisch und metaphysisch den Standort dieses Nuklearzentrums (als ungefährlich, wie alle Nuklearzentren, eingestuft) in der Gegend von Cadarache zu rechtfertigen.

(1961)

34.
»Das ganze 19. Jahrhundert hindurch …«

Das ganze 19. Jahrhundert hindurch und während der ersten Hälfte des 20. Jahrhunderts haben sich die Bergdörfer der Haute-Provence und des Dauphiné entvölkert. Einige Orte wie Redortiers (im Kanton von Banon), wo es um 1750 noch sieben Notare gab, sind heute nur noch weiße Flecken in den Ausläufern des Lure-Gebirges; alle Häuser sind zusammengestürzt und der Wind hat alles im Staub verweht; genau genommen ist nichts mehr übriggeblieben. Diese Entvölkerung hat mehrere Gründe, die hier aufgeführt werden sollen.

Am Ende des 18. Jahrhunderts hat die Revolution das Schloss verschwinden lassen und damit das soziale Bindemittel aufgelöst, das oft die Bevölkerung zusammenhielt; die Einwohner waren von den neuen Ideen beunruhigt, was Neugierde und Gründe zum Herumwandern schaffte; die Menge kam in Bewegung. Zu Beginn des folgenden Jahrhunderts haben die fürchterlichen napoleonischen Aushebungen die Jugend, die in die Buschwälder desertierte, auseinandergejagt. Das ganze 19. Jahrhundert durch haben die dreizehn Choleraepidemien, die von 1927 bis 1998 das Land verwüsteten, eine große Anzahl Leute umkommen lassen: In den Omergues-Gebieten im Tal des Jabron wurden 1832 alle Bewohner des Dorfes dahingerafft; kaum war das Dorf wieder bezogen, wurde es 1854 aufs Neue bis auf siebenunddreißig Überlebende der dreihundertfünfundneunzig starken Bevölkerung vernichtet; Saint-Vincent, zu 90 Prozent zerstört, wurde im Tal wieder aufgebaut. Schließlich wird seit dem Beginn des Modernismus ein großer Teil leichtsinniger Gebirgsbewohner von den Möglichkeiten des mechanischen Zeitvertreibs und von den Möglichkeiten eines monatlichen Gehalts verlockt; Frauen und Mädchen strömen in die Kinos und in die Neon-Tanzbars, Jungs und junge Männer werden mit dem Lochstempel in der Hand von den Métros verschlungen, laufen mit Briefträgerranzen vor dem Bauch in den Straßen herum, oder drehen, bedeckt mit silberfarbenen Käppchen, die Handkurbel des Rheostaten vom Straßenbahnführer. Es muss aber auch gesagt werden, dass sie in ziemlich vielen Fällen dazu gezwungen waren; kleine Bauern, mit Böden, die auch noch zwischen Brüdern und Schwestern aufgeteilt werden mussten, das reichte nicht mehr, um sie zu ernähren; es war nicht nur leicht, der Versuchung nachzugeben, es war auch zwangsläufig. Blieben also nur noch die Alten übrig, zu alt zum Fortgehen, die schließlich wegstarben. Oder es hielten, mitunter bis nach dem Krieg von 1914 (der den Todesstoß versetzte), die Tölpel durch, die Poeten, die Idioten; so auch eine mit Namen Marie, die wie drei Frauen zusammen für den Fortbestand von Saint-Julien-le-Montagnier sorgte, bis hinein in die Zeit der »Sommerfrischler«.

Die Fluchtbewegung schlug nach dem Krieg von 39 ins Gegenteil um. Jetzt begriff man, dass das Leben nicht rosig war. Da lernte man, dass man für eine Stange Porree auch Erde brauchte. Man kam ins Grübeln, dass da oben schließlich Erde war, und Porree und sehr wohl andere Dinge auch, dort oben, von wo man fortgegangen war. Es stand außer Frage, zurückzugehen, das versteht sich, man war ansässig geworden, man hoffte auf die spiegelnden Fensterfronten des sozialen Wohnungsbaus, und schließlich trug man die Fabrik nicht unter den Sohlen seiner Schuhe mit sich fort, wie die Volksweisheit das so schön sagt, aber man verspürte ein Bedauern: Das verlassene Dorf tauchte in den Gesprächen wie die Hesperiden auf. Die ununterbrochenen Entdeckungen der Wissenschaft, ihre rapide Vermehrung schafften sehr bald einen stumpfsinnigen Wohlstand. Man träumte plötzlich nicht nur vom Freisein in den Bergen, sondern auch von den reinen Freuden der Wildnis. Milliarden Leute kauften plötzlich Holzkohlegrills. Da klettert eine kleine Anzahl von »Rückkehrern« (per Auto) die Gebirgshänge, unter ihnen befand sich, das muss man zugeben, ein großer Anteil von Einfaltspinseln, ähnlich denen, die als letzte auf ihren Fahnenfluchtplätzen geblieben waren. Man bricht in Entzücken aus über die Schönheit von ruinierten Scheunen; noch das kleinste Stückwerk Eisenbeschlag eines Maultiers oder einer Türangel wird für ein Museumsstück erachtet. Nachdem die erste Aufregung verklungen ist, kommt man gleich noch mal drauf zu sprechen; der Einfaltspinsel mit (in den meisten Fällen) seiner Gitarre schlägt sich in die Büsche. Dann kommt »der Sommerfrischler« und, unter die Sommergäste gemischt, der Anarchist, der alte, gute Anarchist, aus dessen Geist sich alle Gesellschaften konstruierten. Diese hier konstruiert sich also, oder genauer gesagt, rekonstruiert sich. Neue Vorhänge hängt man an alte Fenster, setzt Dächer auf Mauern, die nach allen Himmelsrichtungen dem Wind preisgegeben sind.

Wenn diese Gegend nicht die Beute der Architekten und Ästheten wird, dann wird die unversehrte Schönheit in diesen Bergen vielleicht ihre letzte Zuflucht finden.

(12. Juli, 1965)

INDEX DER ORTSNAMEN

Aigle (Gebirgsmassiv) 59
Aiguilles (Éguilles) 221
Aiguines 57, 59, 61, 215, 219, 286, 365
Aires (Pass) 118, 276
Aix-en-Provence 29, 38, 49, 57, 68, 70, 104, 209, 219–223, 231, 296, 298, 321
Albion (Plateau) 27, 193, 194, 229
Allemagne (Allemagne-en-Provence) 219
Allos (Pass) 53, 62, 74, 214, 257, 324
Alpes-de-Haute-Provence (Departement) *siehe Basses-Alpes*.
Althen-des-Paluds 33
Antibes 77, 182
Apollon (Berg) 211, 281
Apt 29, 349, 350
Argens (Fluss) 57, 212, 222
Arles 25, 26, 38, 40, 140, 217, 221, 223, 226, 241
Artuby (Fluss) 365
Asse (Fluss) 15, 27, 62–64, 95, 257
Aubagne 46
Aups 58
Aurélien (Berge) 67
Autapie (Berggipfel) 62
Authon 256
Avignon 26, 34, 36, 69, 71, 91, 140, 203, 204, 217, 221, 349, 350
Aygues (*oder* Eygues, Fluss) 215

Bandol 49, 184, 211
Banon 193, 216, 222, 373
Barcelonnette 73, 74, 214, 221, 255, 257, 325
Bargemon 51, 52, 59, 64, 279, 289
Barjaude (Gebirge) 56, 59
Barjols 140
Barles 214
Baronnies (Gebirgsmassiv) 95, 115, 215
Barrême 74, 214, 221
Basses-Alpes (Departement) 59, 77, 142, 207, 229, 249, 251, 253, 254, 259, 264, 369, 371
Bayons 255
Beau-Soleil (Gebirge) 59
Beaupré 49
Beauchêne 255
Bédarrides 33

Belgentier 49
Berbené (Berg) 54
Berre (See) 28, 34, 41, 209
Blanche (Fluss) 255
Blanche (Berggipfel) 53, 62
Blauvac 33
Bléone (Fluss) 64, 95, 256, 257
Bonpas (Brücke) 36, 217
Brantes 276
Briançonnais 25, 26
Brignoles 57, 104, 244, 280
Buëch (Fluss) 27, 255–257
Buis-les-Baronnies 275, 342

Cadarache 371, 372
Cadenet 203, 222
Calavon (Fluss) 195
Camargue 40, 68, 70, 217, 221, 229
Camp d'Annibal 214
Canjuers (Ebene) 27, 54, 59, 60, 62, 64, 67, 213, 222, 229, 280, 288, 351
Cannes 27, 50, 213, 225
Caramy (*oder* Camari, Fluss) 95
Carcès 29, 58, 212, 280
Caronte (Brücke) 28
Carpentras 29, 32, 33, 196, 215, 221, 222, 349
Carpiagne (Pass) 48
Carro 41
Carry-le-Rouet 27, 95
Cassis 26, 27, 46, 47, 70, 181, 183, 184, 210, 211
Castellane 53, 54, 74, 215, 221
Cavaillon 27, 49, 67, 203, 221, 349, 350
Céreste 76, 221
Chamail (Gebirge) *siehe Chamay* 59
Chamatte (Gebirge) 62
Chamay *siehe Chamail*
Charleval 321
Charnève 31
Chasteuil 54
Châteaufort 255
Cheval Blanc (Gebirge) 62
Comps 53
Comtat 29, 32, 49, 51, 61, 65, 69, 91, 203, 217, 226, 349
Corbières 140, 372
Correns 58
Côte d'Azur 68, 72, 178–180, 225, 278, 289, 358
Côte-Longue (Gebirge) 62
Cotignac 58
Coudoux 320
Coupe (Gebirge) 62
Couronne (Kap) 41, 133, 217
Courrouit (Berggipfel) 53
Crau 26–28, 37, 38, 40, 41, 209, 229, 320, 323–325
Cugulet (Berggipfel) 62

Denjuan (Berggipfel) 62
Dentelles de Montmirail (Bergmassiv) 32, 33, 68, 69
Die 26
Dieulefit 95
Digne 62, 74, 221, 257
Diois 27
Donzère 30, 217, 221
Douard 42
Draguignan 52, 140, 179, 212, 280, 327
Drôme (Drôme-Tal) 27, 256, 340

Drôme (Fluss) 99, 141, 349
Durance (Fluss) 25–27, 36, 38, 51, 61, 63, 64, 69, 71, 73, 82, 91, 95, 136, 141, 143, 164, 190, 193, 203, 204, 215, 217, 222, 229, 253–255, 257, 260, 264, 270, 280, 298, 311, 321, 322, 336, 349, 371

Éguilles *siehe Aiguilles*
Embrunais (Region) 214
Empeloutier (Berggipfel) 53
Encrême (Fluss) 27, 99
Entreconque (Felsen) 37
Entressen 37
Esparron 58, 219
Espigoulier 37
Estaque (Gebirgskette) 41, 47, 210
Estellon 32
Estérel (Gebirgsmassiv) 29, 50, 51, 160, 213
Eygalières 36
Eygues *siehe Aygues*
Eyguières 37

Faucon 274
Fayence 51, 212
Feissal 256
Ferrassières 193
Font Sancte (Bergspitze) 53
Fontaine-de-Vaucluse 170
Fontaube (Pass) 118, 275, 276
Forcalquier 70, 71, 196, 234
Fos 41
Fréjus 50

Gadagne 203
Gap 27, 296
Garéoult 49
Giens 81
Gourdon 53
Grand Bérard (Berggipfel) 62, 214
Grand Coyer (Berggipfel) 62
Grande Levade (Kanal) 33
Grasse 53, 95, 143, 179
Gréoulx-les-Bains 290–300

Haut-Var 327, 340, 341, 347, 351, 369
Haute-Drôme 67
Homme-Mort (Pass) 195
Huveaune (Fluss) 46, 210

Istres 40
Izoard (Pass) 53

Jabron (Fluss) 195, 215, 256, 373
Jonquières 32

l'Isle-sur-la-Sorgue 203, 222, 349
La Barre (Bauernhof) 56, 288
La Brillanne 65
La Ciotat 49, 184, 210, 211
La Commanderie (Herberge) 196
La Nouguière (Bauernhof) 57–59
La Roque-d'Anthéron 321
La Roquebrussanne 49
La Verdière 143, 213, 217, 219
Lacoste 223
Lagnerose (Bauernhof) 56, 288
Lambesc 320
Largue (Fluss) 66

Laure 42
Lautaret (Pass) 324
Lauzon (Fluss) 66
Le Puy-Sainte-Réparade 321
Le Revest 193
Le Rove 42, 47
Le Sambuc (Bauernhof) 195
Le Trayas 27
Les Baux-de-Provence 37, 40, 366
Lorgues 58, 211
Loube (Gebirge) 49
Lubéron (Gebirge) 223
Lure (Gebirge) 25–28, 30, 61, 64, 65, 67–70, 73, 91, 141, 215, 221, 222, 229, 256, 277, 280, 309–314, 347, 373
Lus-la-Croix-Haute 25, 26, 255, 325

Malemort 32, 321
Manosque 65, 91, 140, 190, 196, 204, 221, 222, 234, 253, 254, 257, 264–267, 268–271, 273, 279, 280, 295, 327, 335, 371, 372
Marcoux 256, 257
Margeries (Inseln) 31
Marseille 26, 27, 41–47, 61, 68, 70, 136, 140, 145, 160, 161, 181, 209, 210, 214, 217, 220–225, 231, 244, 264, 269, 296, 298, 327, 335, 350, 372
Marseilleveyre (Bergmassiv) 47, 211
Martigues 41
Martyr-Reclos (Kapelle) 52
Mas-de-Montfort 36
Malaucène 193
Maures (Gebirgsmassiv) 57, 160, 211, 212
Mazan 32
Méounes 49
Mercantour (Bergspitze) 214
Meyrargues 298
Mirabeau 29, 193, 254, 294–296
Mollans 274
Mondragon 29, 30
Monges (Berggipfel) 62
Monries 40
Mont Blanc 69, 162
Mont Cenis 53
Mont-Saint-Michel 366
Montagnac 283
Monteux 33
Montferrat 53
Montgenèvre (Pass) 64, 138
Montgenèvre (Gemeinde) 27, 325
Montrieux 49
Mourre de Chanier (Gebirge) 54, 61, 214, 281
Moustiers-Sainte-Marie (*siehe* Notre-Dame-de-Beauvoir) 61, 192, 215, 221, 284, 365

Nartuby (Fluss) 53
Nesque (Fluss, Gebirgsschluchten) 69, 217
Nibles 255
Nizza (Nice) 26, 49, 55, 95, 143, 180–182, 211, 214, 254
Notre-Dame (Pass) 57
Notre-Dame-de-Beauvoir (Kapelle) 62, 215, 261
Notre-Dame-de-Cléry 255

Notre-Dame-de-l'Ormeau (Kapelle) 52
Notre-Dame-de-Lure (Kapelle) 261
Notre-Dame-des-Cyprès 52
Notre-Dame-de-l'Espérance 213
Notre-Dame-des-Selves 52
Nyons 29, 32, 273, 275
Nyonsais (Nyonner Gegend) 68, 69, 95, 115

Ollioules 29
Oppedette 160
Orange 32, 34, 193, 200, 349
Oule (kleine Bucht) 48
Ouvèze (Fluss) 95, 118, 119, 274

Parpaillon (Berggipfel) 214
Pelat (Berg) 53, 62, 214
Pelvoux (Berggipfel) 26, 53, 62, 67, 69, 214
Pernes 32
Pertuis 196, 222, 229, 295
Peygros (Berggipfel) 54, 59
Peyruis 257
Pierrevert 140, 270
Pigette (Bauernhaus) 195
Plaisians 275
Pompe (Berggipfel) 62
Pont-de-Soleils 365
Pontis 253, 254
Porquerolles 81
Port-Cros 81
Pourrières 29
Puberclaire 214
Puimichel (Plateau) 52
Puimoisson 282

Ranjarde 32
Ranquet (Bucht, Kessel) 41
Redortiers 373
Reilhanette 277
Reillanne 98, 261
Remollon 222
Restefond (Berggipfel) 53
Revert-du-Bion 103
Revest 104, 110, 216, 181
Revest-du-Bion 100, 301–307
Rians 160, 221, 223
Rieu-Sec (Fluss) 273
Riez 193, 214, 234, 283, 296, 364
Rocca Bianca (Berggipfel) 53
Roche-Saint-Secret 32
Rochebrune (Berggipfel) 53
Rognes 321
Roquefort 211
Rouet (Mörser von Rouet) 136
Rougon (Aussichtsturm) 221, 287
Roumoules 283

Saint-André-les-Alpes 221
Saint-Auxile 52
Saint-Barthélemy 43
Saint-Bel-Homme (Kapelle) 52
Saint-Chamas 28
Saint-Christol 193, 303
Saint-Didier (Marktplatz) 34
Saint-Estève 321
Saint-Étienne-les-Orgues 70
Saint-Eutrope 34
Saint-Florent (Kirche) 34
Saint-Geniez-de-Dromon 332
Saint-Honorat (Insel) 81, 181

Saint-Jean-Cap-Ferrat 81
Saint-Julien (Felsen) 115
Saint-Julien-le-Montagnier 26, 208, 211, 212, 222, 374
Saint-Jurs 62
Saint-Martin-de-Brômes 58, 261
Saint-Martin-des-Pallières 217, 219, 369
Saint-Maximin 57
Saint-Nicolas 210
Saint-Ours 53
Saint-Paul-lès-Durance 296, 298
Saint-Pancrace (Hochebene) 270, 279
Saint-Pons (Rhône-Mündung) 255
Saint-Pons (Alpes-de-Haute-Provence) 210
Saint-Rémy 37, 40
Saint-Sauveur 268, 280
Saint-Trinit 278
Saint-Tropez 183, 184, 212, 225, 356
Saint-Trophime (Kloster) 40
Saint-Vallier 53
Saint-Vincent-les-Forts (Camp d'Annibal) 214, 374
Saint-Zacharie 160
Sainte-Anastasie 49
Sainte-Anne (Kapelle) 52
Sainte-Baume (Gebirgsmassiv) 26, 30, 49, 57, 61, 67, 115, 136, 210, 357
Sainte-Jalle 99
Sainte-Marguerite (Insel) 81, 181
Sainte-Tulle 140, 372
Sainte-Victoire (Gebirge, Berg) 26, 30, 57, 61, 67, 70, 115, 209, 210, 281, 298, 321, 327, 357
Salernes 58, 140, 212
Salon-de-Provence 26, 38, 40, 44, 320
Samatane (Kreuzung) 38, 40
Sanary 49
Sasse (Fluss) 255
Sault 29, 193, 216, 217, 221, 222, 277, 303
Savines 253
Séderon 196
Seillons-Source-d'Argens 29
Senez 74
Séolane (Gebirge) 62
Septèmes 43
Serière de Lagne (Gebirge) 56
Seyne-les-Alpes 74, 214
Sicié (Kap) 49
Silance (Bauernhaus) 353
Silence (Bauernhaus) 193–195, 216
Sioune (Bergmassiv) 59
Sisteron 25, 64, 67, 73, 193, 196, 203, 204, 221, 222, 234, 255, 256
Sorgues 33
Sumac (Bergkamm) 287

Tarascon 226
Tavernes 58
Ténibre (Berg) 53, 62
Théus 296
Thorame-Basse 74
Thoronet (Abtei) 29
Toulon 49, 140, 161, 211, 224, 342

Tourves 140
Trévaresse (Gebirgsmassiv) 38, 320
Tricastin 31
Trois Évêchés (Gebirge) 62, 214

Ubaye (Fluss) 214, 254, 255
Uchaux (Wald) 32

Vaccarès 27
Vaison-la-Romaine 29, 215
Val-de-Ricard 42
Valence 27, 30, 68, 69, 95
Valensole (Plateau) 64, 75, 190, 222, 229, 281, 336
Valensole (Dorf) 281–282
Valernes 255
Valouse 32
Vanson (Fluss) 256
Var (Fluss) 26, 27, 29, 68, 95
Varages 58
Vaucluse (Plateau) 64, 315–318, 340
Vaumale (Talkessel) 59
Vauvenargues 221, 223, 295
Venasque 32
Venelles 42, 298
Ventoux (Berg) 26, 27, 30, 32, 61, 68–70, 91, 115, 193, 195, 217, 222, 276, 277, 281, 302
Verdon (Fluss) 27, 57, 59, 60, 64 162, 215, 222, 257, 259, 280, 284, 287, 319, 365
Vérignon 57
Vidauban 212
Vierge-des-quatre-Chemins (Kapelle) 52
Villars-Brandis 54
Villecroze 58
Villeneuve 70, 143
Villesèche 195, 217
Vinaigre (Berg) 51
Vinon 222, 372
Viso (Berg) 69, 213, 324
Vitrolles 334
Voga (Berggipfel) 53
Volx 257

Dieses Buch erschien im Rahmen des Förderprogramms des französischen Außenministeriums, vertreten durch die französische Botschaft in Berlin.

Matthes & Seitz Berlin · Paperback · 059

Erste Auflage dieser Ausgabe 2024

Großbeerenstr. 57A, 10965 Berlin
info@matthes-seitz-berlin.de

Umschlaggestaltung: Pauline Altmann, Palingen
Satz: psb, Berlin
Druck und Bindung: GGP Media GmbH, Pößneck
ISBN 978-3-7518-0123-2
www.matthes-seitz-berlin.de